大学问

始于问而终于明

# 儒学的
# 近代转型

干春松　著

GUANGXI NORMAL UNIVERSITY PRESS
广西师范大学出版社

儒学的近代转型
RUXUE DE JINDAI ZHUANXING

广西师范大学出版社·大学问
品牌策划 | 赵运仕
品牌总监 | 刘隆进

策划编辑 | 张洁
责任编辑 | 张洁
责任技编 | 伍先林
营销编辑 | 赵艳芳
封面设计 | 今亮后声·小九

**图书在版编目（CIP）数据**

儒学的近代转型 / 干春松著. --桂林 : 广西师范大学出版社，2023.3
ISBN 978-7-5598-5442-1

Ⅰ. ①儒… Ⅱ. ①干… Ⅲ. ①儒学－研究－中国－近代 Ⅳ. ①B222.05

中国版本图书馆 CIP 数据核字（2022）第 176279 号

广西师范大学出版社出版发行
（广西桂林市五里店路 9 号 邮政编码：541004
网址：http://www.bbtpress.com）
出版人：黄轩庄
全国新华书店经销
广西民族印刷包装集团有限公司印刷
（南宁市高新区高新三路 1 号 邮政编码：530007）
开本：880 mm ×1 240 mm 1/32
印张：15.5 字数：350 千
2023 年 3 月第 1 版 2023 年 3 月第 1 次印刷
印数：0 001~5 000 册 定价：88.00 元

# 目录

第　二　部　分

## 制度与心性：儒家的合内外之道



第　三　部　分

## 儒学第三期发展预设下的儒学史重构

第 四 部 分

## 儒学的学科化<br>与摆脱困境的可能性



第 五 部 分

## 附录：<br>讲演与访谈

# 序

## 一、为何是国学而不是儒学?

现代性在全球范围的扩展往往伴随殖民运动，这种国际政治秩序和经济秩序的重建对于弱势国家而言，则意味着主权的丧失和文化价值体系的崩溃。由此，国家主义和民族主义作为一种反抗性的思想资源，必然在“丧权辱国”的悲愤情绪中滋长起来。尤其是像中国这样一个具有独特的文化传统和复杂的历史背景的文明体，如何调动自身的文化传统来建立现代国家，既是抵御外敌的精神要求，也是建立一个新国家所需的凝聚力的源头。

传统的中国就是建立在跨文化和多种族的区域之上的，儒家观念为之提供了凝聚和维护一个共同体的文化资源，此文明亦以礼乐文明名之。在殷周革命之后，周公制礼作乐，以血缘为纽带，以亲亲、尊尊、贤贤相结合的方式来封土建国，奠定了周王朝数百年的基础。虽秦灭六国，建立起郡县制的大一统国家，但在精神脉络上，依然保留了礼乐制度的精神。

就统一六国建立郡县国家而言，秦代最为重要的举措是统一文字和度量衡，并建立起联络各地的交通和讯息沟通渠道。谁也不能否认，文字的连续性为文明的稳定性和传承性提供了基础，所谓“百代皆行秦政治”说的就是秦朝所确立的基本政治制度和国家形态成为后世大一统帝国的基本政治制度。不过，秦始皇所推行的暴力统治，以及大一统帝国初建过于庞大的财政压力，导致其统治难以持久。因此，在经历了“与民休息”的汉初政治经济政策之后，汉代的国家实力逐渐壮大，汉武帝之后的帝王逐步探索以儒家为主体的价值体系以确保大一统国家得到稳定而丰富的儒家意识形态的支持。

对于国家治理而言，文字和度量衡等属于“工具性”层次的设置，而精神性的因素决定了国家的“性格”。比如对于“连续性”的建构在早期的历史著作中就已经十分明显，司马迁的《五帝本纪》这样的作品，就是把早期中华文明的发展建构成一个连续政治体的发展。这样的历史观念也导致后世的中国历史书写强调不同的政权，乃至不同民族所建立的国家，都是在一个“天下秩序”下的“分分合合”。毫无疑问，历史延续性是儒家的春秋大一统观念的“时间性”的表达。在漫长的历史发展过程中，尽管墨家、道家、法家以及中国化的佛教等亦共同完成和丰富了中国人精神世界的拼图，但是无论王朝如何更迭，儒家对世界和秩序的理解很大程度上担负起了中国精神价值的主体性功能。

至宋明时期，汉字、儒学、汉传佛教等相继传入朝鲜、日本、越南等地，并通过朝贡体系等构筑起“吸引－交换－保护”的国家间体系。文明的相互交融下，东亚共同体并非依赖武力而形成，而是呈现出一种价值感召力和利益吸引力相结合的“文明秩序”。

在发源于欧洲的“民族－国家”体系的冲击下，儒家文明共同体受到冲击。民族－国家体系作为市场交换体系的产物，通过主权、人口和明确的边界确立起国家作为一个独立利益主体的地位。同时，在国家内部却建立起包括私有财产合法性、选举、议会等在内的国家治理体系，在现代化的进程中呈现出巨大的活力。然而，这一新的国家间体系也会带来结构性的困境：即个人权利利益主体与国家权力利益体系之间的矛盾。在国与国之间发生竞争或冲突时，国家通常会作为利益主体。值此之际，国家的利益往往会凌驾于国民的个人权利之上。不过民族－国家体系与政教分离、地理大发现、工业革命、资本主义生产方式等相伴而发展，使人类进入了世界历史的阶段，世界各地因生产力水平的差异而形成了国家间的“差序格局”。由此，这些代表人类科技和经济发展水平的所谓“文明国家”，对于落后和资源型国家而言，其实是掠夺者和殖民者。随之而来的问题是，国家的利益和个体的利益何者优先？在国与国的关系中，能否为了本国国民的利益去牺牲其他国家国民的利益？

就中国人的感受而言，欧美的民族国家体系秉持了一种本国优先的原则，并以此来为其殖民活动辩护。这样，欧美的现代化过程常常与以掠夺为标志的殖民运动结合在一起。为了为殖民运动做辩护，军事和经济竞争也伴随着文化和价值的竞争。1840 年之后，中国面对英、法等国的军事打击和经济掠夺，中国政治家和知识群体从军事失败中意识到传统的“天下”体系已经无力应付“民族－国家”体系的冲击。在亡国灭种的危机中，人们意识到唯有确立中国人的国家意识，才能摆脱个人和国家之间脱节的状态，确立起国民的国家意识，以抵御西方的殖民掠夺。但这种“对内文明，对外野蛮”的体系，并不符合中国人固有的“王者无外”的价值观，因此，我们在理智上接受社会达尔文主义的逻辑，另一方面，又在情感上加以反思和批判。

在这样的矛盾之中，带有民族主义色彩的“国学”概念得到普遍的关注。与儒学所不同的是，“国学”所指极为宽泛，几乎可以包括古代的所有学问。虽然也有提倡“国学”的人会强调“国学”指的是民族文化中有活力的因素。

在当下中国，“国学”可能会被指认为文化保守主义思潮的一部分，但在 19 世纪末 20 世纪初，“国学”更多是一种防御性的概念，它所呈现的是人们在现代性冲击之下，对民族性因素消退的忧虑和不安。在不断失败的屈辱中，“国学”还体现出对未来国家形态中民族价值的坚持。

说到底，以“国学”来代替原先中国的经、史、子、集四部之学，是受到进化主义影响，当时的人们将中国落后的原因归咎于原先中国的知识体系和教育模式。虽然所有倡导国学的人，都会强调“国粹无阻于欧化”，但这句话更接近于做为他们接引西方文化的“掩护”。他们实际上已经接受西方文化在军事和经济强势“加持”下所拥有的优势性地位。如此，“国学”乃是一个折中的观念：一方面需要通过强调自身文化传统的意义来激发爱国热情，另一方面则需要通过区分“国粹”和“国渣”来调整本土文明与西方文明之间在思维方式和价值理想上的差异，更多的时候甚至需要通过证明本土文明与外来文明之间的一致性来“证明”固有文明的价值。因此，在 19 世纪末，推动“国学”的最重要的团体和刊物就是“国粹派”与《国粹学报》。他们的核心主张体现出两种基本的方向：一方面是提出“国魂”概念，来为新的国家认同寻求依据，另一方面是区分儒学与君学，把儒家的精神从与政治权力密切结合的状态中分离出来。

以国学来取代儒学，还因为清末废除科举而带来的传统文化体系的重组。从 1898 年建立的京师大学堂即民国之后的北京大学来看，在这种新式的教育体系里，儒家经学的存废成为争论的关键。晚清学制的主导者张之洞已经意识到现代教育与经学教育之间的矛盾，试图以存古学堂的建制来弥补新式大学体制中经学的困境。

在1911年之后，蔡元培等人干脆取消了大学中的经学科，而将传统儒家的经典视为“科学”研究的对象，而分置于不同的学科之中。比如将《周易》《论语》等纳入哲学学科，而《尚书》《春秋》等纳入历史学科，《诗经》则成为文学学科的研究对象。

章太炎或许可以称得上是学科转型过程中的典范人物。作为康有为在政治上和学术上的对手，他是古文经学的殿军。与今文经学的“异议可怪之论”相比，章太炎的学术研究模式更为接近学科化的西方学术模式。以后来成为国学研究典范的章太炎、黄侃学派的文字训诂历史掌故之学为例，其研究突出了中国学术传统的独特性，延续了乾嘉汉学脉络的学术进路，既与西方传入的分科之学不同，又与现代学术所要求的“科学”精神相符合。章太炎的弟子们在民国初年占据了北京大学人文学研究的主要教职，体现了这种研究对民国初年学术风气的决定性影响。

胡适等人回北大教学带动了更为激烈的反传统风气，章太炎被顾颉刚等人称为“伪装的经师”，傅斯年、顾颉刚一代新学人有着更为彻底的“科学”态度。1918年成立的北京大学研究所国学门，虽有许多章门弟子参与，但其研究旨趣并没有完全承袭章太炎学派的风格，他们关注民俗和歌谣等研究，强调俗文化与经典文化之间的对立。在章黄（章太炎和黄侃）学派的主要成员相继离开北大之后，北京大学的国学研究更倾向于强调科学性和民间性，并在价值上因为疑古学派的形成而试图将国学与国家认同和价值认同等“情感因素”剥离。

20世纪20年代国学研究的另一典范是清华大学国学院，在声名显赫的王国维、陈寅恪、梁启超、赵元任的指导下，按后来清华国学院院长陈来先生的说法，走了一条“汉学化的国学”道路，这一理路呈现出与国际学界的中国研究接轨、合流的新的“世界化”的研究方法。例如王国维、陈寅恪都主张“把地下的实物和纸上的遗文互相释证”“外来的观念和固有的材料相互参证”“异国的故书和吾国的古籍相互补正”三种方法，都可以说与当时法国和日本的汉学、中国学的研究方法是一致的。因此，在近代学术发展的历程中，大学中的国学研究机构虽然以研究传统文化为其主要方向，但在方法上，却是去价值化的“科学主义”式的。那么，若是要继承儒学的价值，就只能走民间化的路。

20世纪90年代之后，国学概念重回人们的视线。当时北京大学的季羡林、张岱年、汤一介等诸多先生提倡国学，试图提倡一种更为温情的对待传统文化的态度，引发了社会上强烈的争议，其关注点是弘扬传统所可能产生的意识形态风险。

到了21世纪初，国学研究似乎又有重返晚清时期的问题意识的意味：强调文化自信和国家认同。2004年中国人民大学国学院成立时就强调了要继承中华文明的精神，反思全盘西化，重建文化自信的理念。因此，21世纪的国学热，很大程度上是与经济发展之后，确立民族自信和文化自觉的需要相一致的。尤其值得注意的是这个阶段国学热背后的民间推动力量。民间的读经运动，甚至企业家借助传统文化来进行自我精神调节和企业管理，都是这个阶段国学热的重要表象。从学术研究的视角来看，国学热的兴起则与人们关于“中国哲学合法性”的争论有着很大的关联性。

## 二、栖身于哲学学科中的“儒学”还是儒学吗？

中国哲学学科的成立是西方教育制度和学科体系传入中国的后果，按照这个学科重要的奠基者冯友兰先生的说法，中国哲学是以西方哲学为基本范式来整理中国思想的资料。因此，很快就出现了是“中国哲学”还是“哲学在中国”，或者如冯友兰先生自己所要区分的“中国底哲学”还是“中国的哲学”的争议。这样提问的关键并不在于否定中国是否应该存在“中国哲学”这样一门学科，而在于要质疑“中国哲学”的学科特性，能否展现中国智慧的特点或中国古代思想家所关注的核心问题。这个质疑里有一个引而不发的议题是，当人文学科“肢解”了经学体系时，儒家的价值何以赓续？

对于中国哲学合法性的讨论，引发了许多质疑，许多专业人士肯定了中国存在哲学以及哲学学科的引入对于理解中国古代思想的重要性，认为有关合法性的争论是无中生有的炒作。这些理解没有关注到“合法性”争论背后的价值焦虑，即处于游魂状态的传统其价值在知识传授体系内何以存在的问题。作为21世纪初这场争论的深度介入者，我认为这个问题要从两个角度去理解。首先，对近代以来以“哲学”范式来整理中国思想的正当性的质疑，背后有一个预设，即学科化的方式割裂了中国传统学术的整体性，从而难以使中国文化的独特性得到展现，进而难以“解释”中国古代的思想，更难以让这样的思想成为民族自信的重要支撑。所以，提出“国学”或者“经学”学科是试图解决这样的困境。从古代哲人的核心关切来看，以西方哲学的观念和范畴来整理中国思想，只会让中国哲学成为西方哲学的丑陋的背景，其典型可见黑格尔在其《哲学史讲演录》中的尖锐表述。在黑格尔看来，孔子等人的思想看起来只像是道德的教诲而已。

其次，合法性争论的另一个角度也值得重视。刘笑敢先生则认为现代学术要求人们确立自己在学术领域的身份意识，也就是当你将自己定位为学术研究者，或民族文化精神的继承者，或大众文化的推广者等不同的身份时，所采用的学术标准和行为规范是有差别的。由此，刘笑敢先生认为中国大陆的研究者往往在不同的身份之间游离，因而造成学术评价体系的混乱。

很显然，刘笑敢先生的区分并非专门针对中国哲学学科，却对“中国哲学合法性”的争论构成了一种回应。无可置疑，这种“合法性”争论背后的民族情感和文化认同的预设导出的问题是，在中西交流如此充分的背景下，在学科分化已经被普遍采用的情形下，这种“情感”因素，是否会成为学术研究的客观化目标的障碍。因为一旦失去客观化的标准，那么现代学术评价便成为不可能完成的任务。这些问题，延续了近代以来王国维和蔡元培等人对纯粹、客观学术的肯定。其次，我们应如何面对“中国哲学”这个新学科的不完善。当下的“中国哲学”研究模式固然有“格义”的弊端，对这种弊端的克服是否一定需要否定这个学科本身，还是可以通过提升研究深度、贴近问题意识等方式加以克服？在这些问题上，近年来有了很多深入的思考。比如陈少明在《做中国哲学》一书中所提出的：在思想资源方面，应贴近经典文本，从古典生活经验中获取题材与灵感，挖掘事物的深层意义。同时，还可以探讨那些古人津津乐道，但现代教科书置之不理的意识经验，如感、耻、报、不忍等等，丰富我们对古典道德人格及其培养方法的理解。

目前，国学的学科化遇到了障碍，舒大刚、朱汉民等先生提出的儒学学科化的倡议也难以落实。这个结果可以理解，究其实，很难用学科化的方式来解决学科化的困境。如果是通过将国学或儒学学科化的方式来解决儒家价值传承的现实困境，必然会产生新的“合法性”危机？对处于文化逆差下的中国思想界而言，这些问题将长期存在：我们该在西方的学术体制下，保存和发展本土性的文化传统；抑或我们已经不再需要那个参照系了。

## 三、制度儒学与儒学的整体性继承和发展

对于我自己的研究而言，参与“中国哲学之合法性”的争论与我对儒学在传统中国的存在方式的关注有关，这些问题意识基于对儒家经典的阅读以及儒学史的认知，受到了许多师友的影响，其中包括目前已经离世的法国人杜瑞乐（Joel Thoraval）。

和杜瑞乐先生相熟的原因是他和毕游塞（Sebastien Billioud）组织了一个“儒学在田野”的国际合作课题，目的是以人类学的方式研究儒学在当下中国的影响，这种研究方式大家并不陌生，比如费孝通先生的《乡土中国》，林耀华先生对福建宗族的研究，都是典范性的作品。但在学科壁垒比较严重的当下，对儒学进行田野式研究对我而言有巨大的吸引力，也影响到我对儒家的认识。

我猜测此课题的创意来自杜瑞乐先生。他的生活经历极其丰富，在东亚地区的日本、越南等都工作过。我们在东京大学开会期间，经常一起去涩谷一带的居酒屋喝酒，他特别喜欢展示他的日语能力。他来中国的时候，身份是法国高等社会科学研究院的研究员。在这个阶段，他对中国的中医教育很有兴趣，也曾去北京中医学院（现为北京中医药大学）了解中医教学的状况。经过几年的跟踪调查，他发现许多中医学院的学生毕业以后去做了西医。除了西医更容易找到工作这个原因之外，杜瑞乐发现，按西医的教育体系进行中医培养似乎是行不

通的。

随后，杜瑞乐先生将问题的思考推进了一步，他接下来提出的问题是，如果西医的教育体系培养不出中医，目前中国大学的儒学教育体系能培养“儒生”吗？换句话说，目前中国的大学儒学教育是要培养儒学的研究者还是新一代的儒家价值的传递者呢？在杜瑞乐看来，中医作为一种实践性很强的“技术”，大规模的课堂教育难以承担经验等非知识因素的传递，进而言之，儒家作为一种实践性的价值体系，知识性的传递也只完成了儒家教育的基础部分。

儒学知识化的一个直接后果是儒家不再担负社会秩序的正当性基础和是非善恶的标准，如此，儒家就被一部分人理解为仅仅是放在博物馆里的“展览物”而已。所以，在我看来要了解儒学的未来命运，必须梳理儒学在中国传统社会中的存在方式，以及儒生群体的自我定位和社会角色。这些问题也是我们经常在一起讨论的主题，有些主题在他和毕游塞所著的英文著作 *The Sage and the People：the Confucian Revival in China* 中有充分的展开。

儒家学派在形成之后，其核心关切可以用“修己安人”来概括：通过自我道德人格的养成，并将之转化为秩序安排的原理，来成为秩序落实的实践者。儒家的价值观念及其对秩序的理解十分适合大一统帝国的意识形态需求，它可以逐渐通过制度化的方式来确立其作为价值观的基础地位。在我看来，儒家的制度化存在着一种双向互动的关系，即“儒家的制度化”和“制度的儒家化”。儒家的制度化是指儒家的思想体系通过经学和选举制度体制性地占据价值优先地位。而制度的儒家化则表现为政治制度和落实政治制度的官员构成主要由儒家人士来设计和落实。这个双向互动的枢纽就是“科举制”。

随着西方现代化和殖民主义深入中国，儒家已难以维持其价值高地，随着科举制的废除，制度化儒家终于解体。

在制度化儒家解体之后，儒学该如何发展呢？这是每一个关心中国文明未来的人都在探索的问题。我个人的选择是从个案研究入手，比如对近代国家观念的研究、对梁漱溟文化观和秩序观的研究等，以此来分析和判断面对现代性挑战时现代儒家知识分子所作出的努力及其后果。之所以选择与社会政治关系密切的问题，是因为这些问题展现了儒家所面临的困境，也昭示着儒家浴火重生的可能。

如何建立现代中国关于革命和改良、民族和文明等近代思想界和政治界中心议题的讨论框架，思考儒家在与西方相遇的情形下可能的发展方向。我特别关心经学与近代政治的关系，比如康有为和章太炎的经学争论和他们在政治问题上的分歧。公羊学体系固然是康在维新时期的思想资源，为他从历时性的角度来安顿儒家价值的不同层次诉求提供了合理说明，但这种经学与政治间过于紧密的结合也导致了对儒家价值的神圣性的损害。

在 1949 年之后的一段时间内，活跃于港台乃至海外的新儒家学者，也是我们理解儒学“现代化”之可能性的重要方向。港台新儒家在儒家花果飘零的境况下做了维持儒家生机的艰辛工作，并培养出了一批立志弘扬儒家文化的学者，其中突出者包括杜维明、刘述先等。

以钱穆、徐复观、唐君毅、牟宗三、张君劢为代表的新儒家们坚持中国文化的本位性，但是面对五四以来的民主、科学浪潮，他们仅关注儒家价值与民主、科学之间的衔接。固然，中国需要接受民主体制和科学精神，但是否要通过迎合民主和科学来确定儒家的现代价值，却是一个可疑的思路。从这个意义上“内圣开出新外王”和“良知坎陷”等议题显然是将儒家的发展前景局限为启蒙价值的佐证，而不是将儒家看作是启蒙和现代性的反思者。

对于儒家可能的发展和儒家思想的理解呈现出百花齐放的现状，我所做的“制度儒学”层面的研究也仅仅是一得之见，心之所愿则是这个古老的文明能焕发出新的生命。

上述三个方面，是我在思考儒学的近代转型和现代发展过程中总结的问题，这些问题在本书中都得到了讨论。对这些问题的研究占据了我的大部分精力，也出版了一系列相关的著作，最近的包括《伦理与秩序：梁漱溟政治思想中的国家与社会》（商务印书馆，2019 年）、《理想的国度：中国近代思想中的国家意识》（四川人民出版社，2022 年）。如果说，那两本书的内容主要侧重思想家个人或集中于政治理论问题的讨论，本书则主要是从思想史的角度来理解儒学转型中的一些关键问题。本书写作时间较长，编辑成书稿最初是受到了朱汉民教授的督促，虽因故未得完满，未损岳麓书院之雅意。后又得到了广西师范大学出版社张洁的支持。尤其要感谢外交学院的孙铁根先生在编辑本书时所提供的无私帮助，他仔细核对了引文，订正了一些表达方式，付出了极大的辛苦，不胜感谢。

干春松

2021 年 8 月 6 日

# 第　一　部　分

# 民族国家与天下秩序：
# 西学东渐与中国文明观的调适

# 导 语　这个世界会好吗？

1918 年 11 月，即将要过生日的梁济问他儿子梁漱溟，这个世界会好吗？当时刚去北大教书的梁漱溟回答说：这个世界大约会一天天地好起来的。可是梁济似乎没有从这个回答中获得活下去的信心，随后他便跳湖自杀了。在自杀前，梁济写了遗书，说他的死是由于并不能从混乱的民国政局中看到希望，民国初年民不聊生的局面，对不起“共和”理想。而更让他失望的是作为价值依托的“诗礼纲常”不再是维系人心的基石。

梁济的困惑可能是许多晚清士人的共同精神困境，只是他选择了以自己的生命来惊醒国人。这个时候最为引领思想风潮的是陈独秀、李大钊、胡适、鲁迅等人所发起的新文化运动，这场运动有一些简明的口号极具鼓动性。比如民主、科学，比如打倒孔家店。示人以鲜明的与传统决裂的姿态，鲁迅笔下的阿 Q 和“救救孩子”的呼唤给了这种决裂以具象性的呈现。

现代化的运动，在后发国家无一不引发普遍性与本土性的激烈矛盾。在经历了近百年的探索之后，中西文化的冲突依然存在，但中国文化的自信却随着国家能力的增强而日渐恢复。人们开始反思近代以来对传统的态度，并积极从古老的文明中寻求基于中国本土的现代性和全球化方案，儒家又回到了我们的生活中，虽然它的形象依然不甚清晰。

# 第一章 近代以来中国人的文化认同危机及重构

中国近代以来的诸思想文化问题，根植于复杂变革的中国社会。而在这诸多问题中，儒学所遭受的冲击为最大。在西方首先发生的现代化的潮流，以其所创造的巨大的物质财富及支撑这种创造力的政治法律制度确立起新的文明标杆，不断侵蚀乃至瓦解其他文明模式的合法性基础。面对西方的强大和富足，要维护国家的主权和民族的独立，就必须接受这种西方的文明模式，以便“师夷之长技以制夷”（魏源语）。这让当时的中国人陷入了两难之中：要维护国家的尊严和独立，就必须让自己接受西方式现代化逻辑。但若是由此而放弃了本土的文化理念、价值观念，就是没有“尊严”的“虚幻”的独立。

其实，20世纪初的中国知识分子已经认识到，这个新的文明模式存在着对内和对外关系的双重标准，即如杨度所概括的“对内文明”“对外野蛮”。他们的法律和权力只赋予主权国家内部的“公民”，而为了维护国家内部的公民的福利，他们不惜采取侵略和掠夺的方式来损害别国公民的利益。基于这种民族-国家模式而建立起来的国际秩序，也是现代帝国主义的源头，对落后国家不仅是主权上的侵夺，还包括价值上的歧视。

所以，近代的现代化过程造成了国人在“情感”和“理智”上的冲突。中国人在情感上难以舍弃自身文明的价值，但在理智上又认识到学习西方是国富民强的不二选择。儒家就是在对西方文化的“适应”和“拒绝”的矛盾中展开其近代转型之路的。

## 第一节
## 现代性与国人文化认同危机的发生

中国的现代性[①]的历史发展是以追求建立现代化国家作为重要动力的。在近代中国面临的亡国灭种危机中，现代化的努力最直接的目标，就是建立一个主权独立、自由富强的国家。要达到这个目标，就要吸收西方技术和模仿西方的政治法律制度。

但是这个过程充满了挑战。清王朝担心学习西方的措施会让他们失去政权；饱受儒家观念滋养的知识群体，则恐惧纲常的坠落。而日本的迅速崛起让政治变革变得不容等待。因此，戊戌变法、清末新政等接踵而起。与预备立宪这样的大政治变革相比，废除科举似乎只是一个阻力甚小的变革措施而已。但清政府显然没有意识到随后所要发

① 现代性是一个十分复杂的概念。本书在使用这个概念时强调制度变迁对中国社会的影响，主要是接受了吉登斯的概念，即：“它首先指在后封建的欧洲所建立而在20世纪日益成为具有世界历史性影响的行为制度与模式。‘现代性’大略地等同于‘工业化世界’；现代性的第二个维度是资本主义，它意指包含竞争性的产品市场和劳动力的商品化过程中的商品生产体系。”（［英］安东尼·吉登斯：《现代性与自我认同：现代晚期的自我与社会》，生活·读书·新知三联书店，1998年，第16页）有人批评吉登斯的现代性描述忽视了文化问题，“吉登斯不认真对待文化问题，……认为不探讨从目前有关文化的政治、文化资本、文化差异、文化同质性和异质性，族群性，民族主义、种族、性别等等争论中产生的问题，人们也可以合理地说明当代的世界，这整个想法就令人难以置信。”（罗兰·罗伯森：《全球化：社会理论和全球文化》，上海人民出版社，2000年，第187页）本文的展开或许是参考了这种批评，但始终认为制度的变迁是中国文化认同危机出现的根本的和首要因素。

生的问题，科举制度的废除事实上抽空了其统治秩序的基本支持群体，那些饱读诗书来博取功名的人与传统政治之间存在着互相支撑的关系。

在废除科举仅仅五年之后，清政府在革命和禅让的不确定性中丧失了统治权，民族－国家模式取代了传统中国的大一统王朝模式。

制度是文化的凝聚，传统制度的产生和延续，归根到底是各种习俗和规则在长期的博弈中逐步稳定和形成的，从这些制度中人们感受到安全和“效能”。而近代以来，在与西方冲突中中国的一系列军事失败和对这些失败根源的探讨，最后变成了对儒家观念体系“效能”的怀疑和否定。这样，通过技术、制度到观念层面的深层变革，中国人对历史和文化价值进行认同的共同基础便不复存在。更为严重的是，强烈的民族主义和启蒙主义的结合，导致了人们对于制度移植的热情，要建立一个强大的国家需要全面现代化，但西方反思现代化的思潮则容易跟中国的民族主义结合转化为对现代化的抗拒，文化认同的危机便由此产生。

辛亥革命的不彻底性人所共知，模仿欧美而建立起来的政治模式被旧时代延续下来的地方军事势力所破坏，袁世凯的帝制闹剧和袁世凯覆灭之后的军阀割据局面，充分说明了缺乏生产方式支撑的制度移植必然会失败，并造成更为激烈的文化认同危机。

文化认同危机[①]产生的最深层根源是在原有的生产方式的基础上引入新的社会组织方式，这不仅使城市经济难以发展，农村的生态也遭受根本破坏。而文化认同危机在思维方式上的表现，则是中国人赖以理

① 也有人认为中国人并不存在“认同危机”。白鲁恂（Lucian Pye）并不承认制度变革对中国人所造成的认同危机，“其他大部分的转型制度都通常有过那种认同危机，中国人大体上没有经历过”，“他们几乎对他们中国人的身份没有产生过怀疑”。“他们对外部世界越开放，就越来越自觉地认识到自己中国人的身份”。*The Sprite of Chinese Politics: A Psychoculture Study of the Authority Crisis in Politic Development,* The MIT Prress: 1968. pp. 5-6.

解世界的历史观和宇宙观的崩坏。

中国传统历史观的解释力受到空间的限制，这是因为东亚区域内长期以来并不存在能与中华文明相抗衡的其他文明或国家。这促成了我们对于历史的连续性的观念，以及以中国为中心来理解“天下”和“世界”的空间概念。在这样的区域内部，文明的等级秩序由中心不断向四周扩散，构成了以中国为中心，以周边为四夷的差序格局。但是现代性的逻辑却是时间性的，即新的取代旧的。[①]这种观念随着进化论思想的传播而深入人心，使近代中国的文化观逐渐由“中西”之别转变为“古今”差异，即由空间不同的多元文明观转向时间轴上的“先进”与“落后”。作为这种历史观的逻辑延伸，陈独秀和胡适等人所领导的新文化运动有明显的文化决定论倾向。许多人开始将中国落后的原因归咎于自己的文化传统，特别是儒家思想因其在传统中国的影响力而成为众矢之的。发生于20世纪20年代的“科玄论战”和随后的社会历史观论战，使这种“时间”性的历史观进一步得到确认。具有讽刺意味的是，这种历史观是如此深入人心，以接续儒家传统自居的现代新儒家也难以摆脱这种新的时空观念，并致力于说明儒家的价值观与西方价值观之间并不存在根本性的冲突。

所谓“认同”，说到底是对共同时空背景下不同文化系统的一种态度、一种识别，因为每一种文化认同总是以某一文化系统为参照背景，以确立自我形象。后发国家在现代化过程中被强制“抛入”一个新的文化参照背景之中，它们需要重新识别自己，卑微地在新的时空中去改造自己，迎合强势文明所指向的前景。作为现代化运动的发源地，西

① 按甘阳在列奥·施特劳斯的《自然权利和历史》中译本序中的描述：“现代性的逻辑就是，新的就是好的，最新的就是最好的，因此青年必然胜于老年，而创新必然胜于守旧。”引自［美］列奥·施特劳斯：《自然权利与历史》，彭刚译，生活·读书·新知三联书店，2003年，第10页。

方的价值观念和社会构成方式自然成为现代化的一种标准形态，这种标准形态在进化的观念中被规定为“先进”，而其他的社会形态自然是落后的，从而是必须改变的。中国要摆脱“挨打”的地位，就必须抛弃糟粕，吸收精华。在很长时间里，“精华”和“糟粕”的标准就来自西方文明的核心观念。

所以这种“现代性”识别就是认同“西方”的过程。在这个认同的过程中，我们不可避免地会按照新的（其实是西方的）标准对自己的文化传统进行一次完整、彻底的清算。鸦片战争之后中国的一系列文化论争，基本上可以说都是不同的文化“自我”进行自我识别的过程。中国人的文化认同危机，根源于在原先背景下比较一致的形象在新的背景下被多元化和多向化了。

全球化就是现代性在世界范围的“扩散”。经济全球化趋势的加剧，使文化认同问题进一步凸现为一个普遍的全球性问题。全球化、现代性、文化认同是一个密切相关的问题逻辑链。无论是“文明冲突论”还是“历史终结论”，都是基于这种认同危机而提出的，并明显地以西方的地方性经验作为普遍经验的例证。的确，由于现代话语的全球性扩展，导致在制度层面上出现了很明显的趋同现象。这种趋同是如此之强烈，以至于人们相信，与此伴随的文化模式的趋同（例如个人主义文化的普遍化）也是不可避免的。但实际情况并非如此，因为每个民族与国家的文化适应方式受制于自身的历史与传统，这种调整与适应也就各不相同，出现了多样化的形态，构成了所谓“多重现代性”的局面。通过对近代以来中国的政治界和知识界对于这个问题的思考历程的梳理，或可勾勒中国人在面对这种认同危机时的不同反应，说明文化认同问题与近代中国政治社会变革的密切联系，从而为我们当今反思现代性和文化认同问题提供正确思考的背景。

## 第二节
## 寻求解决文化认同危机的探索

文化认同危机的核心问题，是如何解决以西方为模本的制度系统、价值观念与“地方性”、民族性文化之间的冲突。在 20 世纪初的中国，这个问题是以全面怀疑儒家文化的价值而呈现出来的。

最初的应对方式是“师夷之长技”而不学他们的制度，更遑论价值体系了。面对西方的先进技术和管理经验，近代有识之士借助儒家传统中的“道器”范畴，将技术和武器等同于“器”，而制度和价值等同于“道”，通过“道”“器”分离的方式，来为学习西方撑开空间。“中体西用”即这个理路的最经典表述，以维护儒家纲常秩序不坠。即使寻求对西方的更大范围的接受，也要通过“经典解释”的方式，从儒家经典中找依据。康有为、廖平等借助公羊学来为改革做论证就是那个时代最为典型的理路。康有为意识到中国的制度变革不可避免，但依然坚持要从传统的儒家思想资源中发掘这种变革的合理性。这也是他写作《新学伪经考》和《孔子改制考》的重要原因。

即便如此，《新学伪经考》《孔子改制考》等已经引发儒学内部的尖锐争论，叶德辉等人甚至以“其貌若孔，其心则夷”来告诫人们要警惕康有为以儒家经典为掩体，来偷运西方价值的危险。

在某种意义上说，叶德辉他们对康有为的批评并非空穴来风，对于康有为而言，他的经典解释就是为他的政治目标而进行的“托古”。他吸收和改造了公羊学的“通三统”“张三世”的观点，“托古改制”地建构出由升平世、据乱世向太平世进化的理论体系。而不同时代的政治制度和文化价值则明显地借鉴了西方的社会发展模式，康有为甚至将平等、个人等观念确立为人类之“公法”，这事实上就是要为学习西方提供正当性的证明，同时又深刻地关注到制度变革所必然要处理的儒家思想的安顿问题。在具体的制度设计上，他一方面强调必须改革科举，推行西政、西学，但同时又在新的制度体系中为儒家价值寻找新的载体，康有为的“孔教”论就是那个时期提出的。1895年，康有为在“公车上书”中提出了一种新的制度化的方式，以保证儒家思想的传播和影响力，以挽救“人心之坏”，抵御“异教”的诱惑，其具体的举措包括设孔庙，奖励去海外传播儒家“教义”的人。[①] 戊戌变法失败之后，他更为系统地思考了价值观念对于国家凝聚力建设的重要性，尤其是在流亡欧美期间，他对西方教会系统有了更新的认识，看到了将儒家从政治制度中分离出来的必要性，而更为制度性的孔教设计通过陈焕章而得到落实。

辛亥革命之后，康有为认为完全模仿西方的政治模式和精神性资源将无法保证国家的统一和秩序的安定，他撰写了许多文章，强调儒家的价值观对于社会秩序的重要意义。在康有为看来，任何一种政治设计如果脱离一个国家的文化和社会现实，都会导致社会的崩溃。因此，他继续在实践上试图通过将孔教立为国教的方式来建构中国人的文化认同的依据。[②]

但这时候，人们的知识来源已经多元化，而以“物竞天择，适者生存”为口号的进化论思想已经成为一种新的信仰。对于新兴的留学生群体和新教育体制下成长起来的人来说，儒学被认为是中国进步的阻力。虽然他们并非没有看见儒学所拥有的内在价值，但在新的“时间”

---

① 康有为：《上清帝第二书》，载姜义华等编：《康有为全集》第二集，中国人民大学出版社，2007年，第43页。

② 关于该问题的详细讨论可参看干春松：《保教立国：康有为的现代方略》，生活·读书·新知三联书店，2015年。

架构中，他们推论出，为了迎接那个想象中的新的中国，他们必须与儒家告别。《新青年》在很大程度上正是适应了这种心理需要。

以《新青年》为代表的知识阶层，首先关注到孔子和儒学与旧制度之间不可分割的关联。陈独秀、李大钊等人对将孔教立为国教的议案提出了尖锐的批评。张勋复辟失败后，陈独秀更认定尊孔和复辟是“相依为命”的，“孔教与共和乃绝对两不相容之物，存其一必废其一，此义愚屡言之。张、康亦知之，故其提倡孔教必掊共和，亦犹愚之信仰共和必排孔教”①。现实的政治事件使陈独秀等人认为，如果不解决价值观的问题，任何制度的变革只能是表面的变革。而激进的思想方法导致他们采取非此即彼的态度。他们将东方文化和西方文化看作是绝对不同的两种体系，进而以进化论的立场强调，东西文化的差别不是文化多元性的体现，而是“古今”“新旧”的差别，是不同时代的文化。以儒家为代表的中国文化是一种落后的文化，已不适应现代文明的发展和中国走向独立富强的需要，是一种应该抛弃的文化；儒家文化和民主、科学的价值观之间没有任何妥协的余地。陈独秀认为，当时许多人将孔子和后世的儒家相区分，关于“真孔子”和“假孔子”的争论是毫无意义的。启蒙运动的另一代表人物胡适也认为，当时的中国是万事不如人。

在这种非此即彼的选择之下，儒家传统被摒弃，甚至包括文字和生活习惯，在反传统的人看来这些都与传统价值观不可分离，读文言文写的文章就会沾染传统的“习气”。

新文化运动对于现代中国的重要意义在此无需赘论。但是应当指

---

① 陈独秀：《复辟与尊孔》，载任建树编：《陈独秀著作选编》第一卷，上海人民出版社，2009 年，第 372 页。

出，启蒙思想家们简单地看待传统，进而企图以一种“浪漫主义”化的“科学”和“民主”来覆盖中国的文明特性，将之作为解决现代化和文化认同的途径，这种取向显然是忽视了制度和文化之间的内在联系。在传统的中国社会中，中国人已经将儒家价值观作为无需证明的真理（天理），因此以儒家的观念来判断是非已经成为中国人的“集体无意识”，而这种感觉曾给中国人提供了稳定和安全的感受。但新制度和文化习惯之间的冲突却需要新的合法性来化解，正是在这种意义上我们不能忽视康有为建立孔教会的真正意图。

## 第三节
## 对启蒙的反思：“新启蒙运动”中的民族化、中国化

辛亥革命之后，中国在政治上主要是借鉴西方的政治框架，但在意识形态上却始终与儒家观念有所联系。北洋军阀之借助儒学自不待言，一向以“革命”为旗帜的国民党，也以“民族主义”作为其标志性口号。孙中山先生的“三民主义”首先强调的就是“民族主义”。孙中山认为，强权国家提出的“世界主义”目的是要维护他们对压迫弱小民族的垄断地位：“我们受屈民族，必先要把我们民族自由平等的地位恢复起来之后，才配得来讲世界主义。……我们要发达世界主义，先要民族主义巩固才行。”[①] 孙中山也重视民主主义和民生主义，认为“三民主义”与社会主义、共产主义是有一致性的，但他在论述中，十分强调“三民主义”和儒家传统之间的继承关系。虽然孙中山也批评了中国人只重家族不重国家的观念，但他还是认可家族主义可以作为国家主义的

① 孙中山：《三民主义》，九州出版社，2011 年，第 44 页。

基础。

1925年孙中山先生逝世后，国民党内部的不同势力形成尖锐的对立，尤其是围绕着孙中山所确立的国共合作的方针，分歧巨大。为了给国民党的分离势力提供思想支持，戴季陶以总理遗嘱的正统解释者身份，强调“三民主义”和儒家传统之间的关联性，将国民党所主张的国民革命和共产党的阶级革命区分开来。戴季陶将他的解释称为“纯正的三民主义”，认为孙中山是儒家道统的现代传人，其思想源自儒家的伦理道德观念。他说：“在思想方面，先生是最热烈的主张中国文化复兴的人，先生认为中国古代的伦理哲学和政治哲学，是全世界文明史上最有价值的人类精神文明的结晶！要求全人类的真正解放，必须要以中国固有仁爱思想为道德基础，把一切科学的文化，都建设在这一种仁爱的道德基础上面，然后世界人类才能得真正的平和，而文明的进化也才有真实的意义。”[①] 实质是要借助民族主义来对抗中国共产党的世界革命立场。

蒋介石接受了戴季陶的观念，试图通过三民主义的儒家化来抵抗马克思主义和阶级斗争理论的影响。他综合“三民主义”和孙中山在《建国方略》等著作中的思想，提出了“五大建设”，即心理建设、伦理建设、社会建设、政治建设和经济建设，并发起了“新生活运动”，认为民族的复兴不仅是武力的强大，关键是国民道德的高超。

国民党在意识形态上对儒家传统的认同，也体现在他们的制度设计中，比如孙中山的五权宪法，就是西方的三权分立加上考试权和监察权。在孙中山看来，后两种权力是传统文化对现代政治制度的贡献。

---

① 戴季陶：《孙文主义之哲学的基础》，载桑兵等编：《戴季陶集》，中国人民大学出版社，2014年，第422页。

但总体而言，国民党对儒家传统的认同，更多地是被用来作为与中国共产党的政治意识形态争夺影响力的工具。

在学术文化领域，儒家的境况有些萧瑟。“科玄论战”中张君劢对人生观的独特性的说明，只能说明在科学主义日渐兴旺的时代，儒家价值要寻求的栖身地。社会历史观论战则证明了儒家属于过去的“封建”时代，只是小农经济的产物。现代新儒家的思潮的主要代表人物，都在证明儒家思想与西方价值之间的“不矛盾”，即使是梁漱溟的多元文化论，也有线性历史观的基调。现代新儒家的心性论倾向，反而表明儒家难以在现代政治和社会秩序的建构中发挥作用。儒家越来越逼仄地只能在大学里寻求“学术化”的生存空间。虽然我们能够理解现代新儒家“曲线救儒”的良苦用心，但必须指出，现代新儒家以迎合启蒙的方式寻求文化认同犯了方向性的错误，最终使儒家思想沦为启蒙思想的注脚，而难以说明儒学在现代中国社会生活中依然能发挥其作用。

20世纪30年代至40年代，中华民族的救亡与复兴成为中国政治和文化的压倒一切的主题。于是，政府主导的儒家化倾向和学术领域的保守主义立场，在中国面临日本侵略日趋严重的压力之下转化为一种合力。民族救亡的意识必然增强对于本国精神力量重要性的认识，从而导引出文化民族主义倾向。在以一致抗日为前提的社会背景下，带有国民党政府背景的“中国本位文化”讨论和中国共产党关于中国化马克思主义的理论探索，都对儒家的命运提出了新的看法。

有证据表明，发表于1935年1月的《中国本位的文化建设宣言》与当时国民党的宣传策略有一定的关系。如果将之看作是一种政治姿态，我们可以认为是国民党政权试图进一步丰富三民主义中民族主义方面的内容，来激发国人在大敌当前时的凝聚力。如果是作为何炳松等知识阶层对于西化风潮的反思，则可视之为在民族主义的背景下对中国发展道路的新思考。“中国本位文化”论强调从中国的现实出发，去创造一种新的文明。不过本位文化过于模糊的折中立场，既遭到胡适等人的批评，也难以得到持保守立场的知识界的广泛共鸣。在这个阶段，吸收了唯物辩证法和罗素的分析方法的张申府、张岱年兄弟所提出的“综合创新”的文化观更具有理论启发性。①

张氏兄弟的文化立场后来升级为“新启蒙运动”思潮，新启蒙运动提出五四启蒙的任务没有完成，隐含着对国民党政府借用儒家观念来论证集权的行为的批评，提出要发动新的启蒙来启发国民的思想，即“用民主的自由的思想来对抗独断的教条，用科学的文化来代替迷信的愚蒙”②。而参加过五四启蒙运动的张申府，则明确提出要矫正当时的偏激立场：“新启蒙运动很可以说就是民族主义的科学、民主的思想文化运动。对于自己传统的东西是要扬弃的。所谓扬弃的意思，乃有的部分要抛弃，有的部分则要保存而发扬之，提高到一个更高的阶段。五四时期的启蒙运动有的地方不免太孩子气了。因此，为矫正‘打倒孔家店’的口号，我曾提出：‘打倒孔家店，救出孔夫子。’就是认为中国的真传统遗产，在批判解析地重新估价，拨去蒙翳，剥去渣滓之后，是值得接受承继的。”③

张申府《论中国化》一文是对毛泽东《论新阶段》的呼应，的确，“新启蒙运动”强调科学、大众和民族的旨趣与中国共产党在延安时期的主张高度一致。在延安时期，中国共产党人重视对“中华民族新文

① 关于张氏兄弟在 20 世纪 30 年代的文化观，可参看干春松：《创造的综合和文化的创造主义——张岱年 20 世纪 30 年代的文化观》，《清华大学学报》2004 年第 4 期。

② 艾思奇：《什么是新启蒙运动》，载丁守和主编：《中国近代启蒙思潮》下卷，社会科学文献出版社，1999 年，第 170 页。

③ 张申府：《论中国化》，载杜运辉编：《张申府集》中册，河北人民出版社，2017 年，第 540 页。

化”的探索，不但在政治上探索着中华民族摆脱半殖民地半封建统治的“解放之路”，而且也探索着中华民族精神世界、意义世界秩序的重建。正像毛泽东指出的：“我们共产党人，多年以来，不但为中国的政治革命和经济革命而奋斗……不但要把一个政治上受压迫、经济上受剥削的中国，变为一个政治上自由和经济上繁荣的中国，而且要把一个被旧文化统治因而愚昧落后的中国，变为一个被新文化统治而文明先进的中国。”[①] 一句话，就是要建立“中华民族的新文化”。

毛泽东以马克思列宁主义基本原则为指导，总结中国古代文化和近代文化的基本状况，提出了建设民族的、科学的、大众的新文化主张，指出只有这样的新文化才能真正成为中国人的民族凝聚力和文化认同的依据：

> 这种新民主主义的文化是民族的。它是反对帝国主义压迫，主张中华民族的尊严和独立的。它是我们这个民族的，带有我们民族的特性。它同一切别的民族的社会主义文化和新民主主义文化相联合，建立互相吸收和互相发展的关系，共同形成世界的新文化；但是决不能和任何别的民族的帝国主义反动文化相联合，因为我们的文化是革命的民族文化。……
>
> 这种新民主主义的文化是科学的。它是反对一切封建思想和迷信思想，主张实事求是，主张客观真理，主张理论和实践一致的。……
>
> 这种新民主主义的文化是大众的，因而即是民主的。它

① 毛泽东：《新民主主义论》，《毛泽东选集》第二卷，人民出版社，1991 年，第 663 页。

应为全民族中百分之九十以上的工农劳苦民众服务，并逐渐成为他们的文化。[①]

这种“中华民族的新文化”——新民主主义文化，是以马克思主义为指导的，体现了马克思主义的科学世界观和方法论，体现了无产阶级和广大人民群众的利益诉求和价值倾向，同时又主张批判地吸收本民族传统文化的精华，认为这是发展民族文化提高民族自信心的必要条件，因而具有很强的感召力和凝聚力。较之当时的自由主义、现代新儒家或官方儒家的保守立场，新民主主义文化观具有更大的包容性，符合中国人现代性追求的基本诉求。对于民族性的强调，既是当时战争状态下民意的体现，也是以文化来凝聚人心的重要方式；对于科学理性精神（主客观相统一）的追求，延续了启蒙的精神；而“大众”则意味着隐含的民主意识。延安整风后，中国共产党人把毛泽东思想确立为指导思想，排除了王明等人以教条主义对待马克思主义的错误做法，新民主主义文化观成为主导性观念，中国的民族革命迅速取得胜利，主要原因即在于此。毛泽东思想对教条主义的胜利，也可以说是“重构的现代性”对于“移植的现代性”的胜利，昭示了“重构”“结合”“创造”是中国现代性发展的必由之路。毛泽东思想从语言形式到思想内容都体现了很强的民族特色，尤其是它吸取了传统的“大同”社会理想，展现了社会主义理想与传统社会理想之间的内在关联。可以说，包含新民主主义文化观在内的毛泽东思想既主张“洋为中用”，又主张“古为今用”，从而把中华文化推进到一个新阶段。

从扩展意义上说，包含着新民主主义文化观在内的毛泽东思想，既

① 毛泽东：《新民主主义论》，《毛泽东选集》第二卷，第706—708页。

科学地指明了被压迫民族的解放之路（这是现代性的重要内容），代表着现代性的“第二个发展阶段”[①]，又展示了“解放”之后的社会理想，它是“真理”和“价值”的统一。

## 第四节
## 当代中国经验和对文化认同的追求

1949年之后，中国现代化建设既取得过骄人的成就，也遭遇重大的曲折，然而，挫折与成功一起积累成丰富的经验，尤其是对于“实践是检验真理唯一标准”的大讨论，确立了实践而不是固定的教条才是检验中国发展道路是否成功的关键。邓小平正是在此基础上创造性地提出了建设中国特色社会主义的理论，开启了中国现代性之路的新探索，使现代性内涵在科技发展、体制改革、民主建设等方面得到了卓有成效的推进。

在当代中国，中国人的文化认同随着经济发展和国力增强而有所增强，同时又面临新的重大挑战。首先是社会主义市场经济导致利益主体多样化，带来观念和行为方式的多样化，促使文化呈现多元化和差异性趋势。二是经济全球化趋势正在“创造流动的空间、电子空间，没有中心的空间，可以渗透疆界和世界的空间”[②]。特别是信息技术和全球媒介的发展，使文化传播突破了传统的领土疆域，塑造着一种越来越同质化的全球意识和全球文化。在经济全球化和媒介全球化的背景下，

---

① 霍布斯鲍姆（1990年），转引自［英］安东尼·D.史密斯：《全球化时代的民族与民族主义》，龚维斌等译，中央编译出版社，2002年，第8页。

② ［英］戴维·莫利等：《认同的空间：全球媒介电子世界景观与文化边界》，司艳译，南京大学出版社，2001年，第156页。

虽然殖民时代早已过去，但经济和政治的不平衡却并没有消失，民族文化（尤其是处于弱势的民族国家的文化）的认同危机日趋尖锐。对全球性和本土性关系的思考成为抗拒和反思全球化趋势的重要武器。

亨廷顿的“文明冲突论”展现了对认同危机所可能带来的全球冲突的担心，福山的“历史终结论”过于乐观地宣称了西方模式的唯一性，两者都渗透出西方文化中心主义的气息。虽然世界各地的学者对这些判断都提出了批评，甚至福山本人的乐观态度近年来也有所减弱。[①] 但是我们不能无视这样一个事实：西方文化凭借其经济和科技的强势地位，对多元文化的共存构成威胁，传统的殖民形式虽然已经消失，但隐形的殖民特别是文化殖民现象却并未减弱。

20 世纪下半叶，中国实行改革开放，以一种更加务实的态度回归到现代化道路上。而当时经济上的巨大落差一度造成人们对自己文化的否定，典型话语就是蓝色 / 黄色、海洋 / 黄土的二分式话语。作为对自我否定的矫正，现代化过程中对本土性特色的关注，又导致了对民族思想文化的情感性肯定。因此，保守和激进的争论成为 20 世纪 90 年代中国思想界的焦点，并转化为自由主义和民族主义之间的分裂。[②]

1978 年开始的改革开放政策使中国经济的活力得到展现，中国经济的高速增长在 21 世纪初加入世界贸易组织之后达到高峰，目前已经成为世界最重要的经济体之一。中国在全球政治和经济体系中的重要性增强，也刺激了人们对中国文化资源的信心，在“中华民族伟大复

---

① [美] 福山认为民主国家与其他的国家都会面临政治衰败的问题。“如果说新兴和老牌的现代民主国家都面临一个难题，那就是未能提供国民所期待的实质性功能：人身安全、共享的经济增长和优质的基本公共服务，即实现个人机会所必需的教育、卫生和基础设施。”见弗朗西斯 · 福山：《政治秩序与政治衰败：从工业革命到民主全球化》，毛俊杰译，广西师范大学出版社，2015 年，第 547 页。

② 2000 年围绕“长江读书奖”的争论被视为自由主义与左翼思潮决裂的标志性事件。而在此前现代化与民族自强、国家利益等分享着共同的话语体系。

兴”的目标下，民众也展现出对优秀传统文化的温情与敬意。

就中国近代以来的思想历程而言，对于本土思想资源的认同，最初源自对于外来的观念的“不适应”而出现的应激反应，从张之洞的“中体西用”、杜亚泉的调和论到胡适、陈序经的西化论，总体的趋势是越来越能接受外来的文明。相比周边的日本和印度等同样面对西方挑战的国家，中国人对于传统的态度是最为“决绝”的。所以，文化保守主义的立场在中国并不是而且从来也不可能是一种对全球化趋向的抵制和抗拒，确切地说，应将之理解为一种反思性的（例如对于传统价值的再认识和再估计）和选择性的（有意识地强调传统中的某一部分，例如现代新儒家强调儒家的超越性以便为采用西方的政治制度和民主观念提供合理空间）文化行为。当人们在寻求纯粹的“中国性”的时候，所依据的本土思想资源事实上早就是全球结构的一部分，也就是说它们已经在全球化的建构中发挥着作用。但每个时代都会有极端的现象出现，比如，将对本土思想资源的强调，局限于中国古代思想资源的“回忆”和“复原”。这种倾向强调古代观念的超前性和对于现实问题的针对性，类似于晚清“西学中源”说的思维模式。有人提出中国古代的思想潜在地蕴涵着能解决所有现实问题的真理性判断，比如宣称“天人合一”可以拯救人类，等等。这种对传统的态度不但难以回应文化认同的困境，更是回避了中国当下的经验和对这种经验的创造性思考。

应对文化认同危机，首先是以开放的心态去接纳世界，肯定现代化的目标以及民主、科学、个人权利这些“基本”的价值准则，但近代以来中国现代化的曲折历程又意味着，制度移植和价值搬运并不能使这些价值在中国得到制度性落实，更需要通过教育和参与的方式来使之成为本土文化的组成部分。

解决文化认同危机的有效方法是利用自身文明的成就来理解和融

合其他的文明成就并创造出新的价值观，不是简单的“回顾”和“回归”。文化认同对于现代中国而言，不仅是一种文化立场，更具有战略意义。我们在不断地寻找一种中国和世界、传统和现代之间的平衡，这种平衡并不是类似于“中体西用”这样的折衷性方案，关键是在自己文化的价值基础上创造出密切回应时代和中国发展中出现的重大问题的新文明形态，其本土性格使其能为中国人所愿意接受，又有感召力和凝聚力。这种新文明肯定不是单一的文化资源能独自完成的，无论是新儒家、新道家还是其他的理论探索，都可能是新文明体系的一个组成部分。

近代以来的文化认同危机也通过普遍性和特殊性争论而展开，我们反对将西方强势文明简单化为一种“普遍性”的价值，反对将自身文化传统特殊化。换句话说，强调本土文化价值的意义，不是拒斥外来文明。从多元性角度来认识中国的特殊性是中国人认识世界后的一个反思性的态度。从另一个角度看，本土思想的价值只有与全球的问题背景相关联，才能生发出意义。而这一过程中的价值来源是多样化和多区域性的，多样性之间的碰撞会导致更多的共享性，而不是独占性或排他性。这就是我们总结近代以来中国人追求现代性、解决文化认同危机的艰辛探求后所得出的结论。

# 第二章 天下秩序与现代国家

## ——民族国家与儒家资源

对于后发的现代化国家而言，卷入全球性的现代化浪潮，意味着他们要与自己的传统进行一番“断裂”式的告别，而类似于中国这样具有独立的文化价值系统的文明体而言，这样的告别尤其艰难，因为，这不仅是与“过去”断裂，同时也是与“自身”的断裂。在探索现代化的进程中，中国人不仅要承认自身的文明传统难以应对新的国家间关系格局，也要承认自身的生产力发展程度与西方国家之间存在着“发展阶段”上的差距。近代中国所遭遇的文明冲突主要是来自外来的军事和经济压力，首先要应对的是国家间的竞争关系，传统的王朝政治模式难以适应“万国竞逐”的新局面，因此，由传统的天下秩序进入西方人开创的民族国家体系，是一个不得不然的选择。

传统儒家对于世界的认知是天下主义式的，并无主权意义上的国家意识，由个体的自我，向家国天下扩展，最后达成天下大同。许多学者指出，儒家所指的天下与现实中的“中国”有重合性，以此来说明“天下”观念并非如其宣称的是“王者无外”，而仅仅是一种包装成普遍性的“地方性”理想而已。类似的批评并非毫无根据，但这并不能颠覆天下观念的逻辑发展。在任何时候，人们对于世界的地理认识只能局限在自己生活经验或想象力所能到达的地方，传统的地理认知制约了人们对天下之广阔性的认知，他们所能想象的边界只能依托于经验性的地理空间，这导致了他们的“无外”被现实的国境线所框定。

儒家的这种开放式的世界认知体现在对种族关系的认识上，是夷夏关系可据文明程度的升降而转移，构成一个以儒家伦理为文明标准的流动的中心 - 边缘体系。而体现在国家意识上，则是超越国家局限的王者无外的道德感召系统，这种感召力针对所有人，国家只是通向天下的中间环节。

这种认知在面对自威斯特伐利亚条约以来以主权国家为主体的新世界秩序的时候，屡遭挫折。一方面，建立现代国家势在必行，另一方面，中国的弱势地位，让近代参与建国运动的政治人物和知识群体又在价值观上对民族国家体系予以批评和超越。这种两难处境，是近代中国人在国家问题上的最大纠结点。我们可以通过康有为对于孔教的设想来理解这样的矛盾性认识。

## 第一节<br>“国家主义”背景下的儒家困境

“国家”意识在中国所遭遇的最大困境在于，人们是在列强的“围猎下”认识到建立民族国家对于应对以国家间竞争为主的全球体系的必要性的，所以并没有完全在价值上“认可”民族国家。从现实的情况看，清王朝是一个多民族共生共存的帝国模式，如何在保全原有的土地和人口的基础上，来建立人们对新型国家的认同感，也是一个难题。当人们以单一民族国家为模型来理解未来的中国的时候，就会对国家的统一产生“反作用”。

“国家意识”的产生是与人们对清王朝无力应对西方挑战的认识加深相伴随的。如果说鸦片战争的失败让国人初步认知西方的强大的话，在甲午战争之后，建立民族国家则成为实践选项。尤其是在20世纪初孙中山所领导的革命派崛起后，改良派和革命派之间争论的主题就是“民族”和“国家”问题。经历了主张技术性的“器物”模仿的洋务运动和主张“制度”性模仿的戊戌变法之后，中西对立的情绪逐渐被敉平，分歧只在于模仿西方的哪一种政治模式来建立新的国家。

西方“器物”的引入，虽然也被讥之为“奇技淫巧”，但并不对中国传统的制度体系和观念系统产生真正冲击。而制度的变革则不然，首先制度本身就是文化价值的“现实化”，其次制度是社会秩序的基础。如此，制度变革必然冲击价值体系。在近代中国，价值冲击的矛头逐渐集中指向儒家，特别是儒家的纲常伦理。

何以儒家成为众矢之的呢？

首先，儒家的秩序是以天下为基准的，建立国家首先要批评天下主义。

天下主义在处理不同文明和种族关系时以文明作为判别中心与四夷的标准，因此，早期中国的观念更像是一个文明的共同体，王柯说：“先秦时代的中国人在将蛮、夷、戎、狄与‘中国’加以区别时，并非像当代的体质人类学那样，以人的形体、毛发、肤色等身体条件为标准进行区分；更没有能够像当代的文化人类学那样，认识到‘拥有共同的生活地域、语言、历史、风俗习惯、生活方式以及共同体意识’是构成民族集团的重要条件。他们所注重的只是生活方式、生产方式及以此为基础形成的行为方式和价值观，把着眼点完全放在文化的差异上。”[1]以文明观来处理不同部族和国家之间的关系，是基于这样一种信念，即相信礼乐文明的吸引力和感召力，并相信人存有对礼乐秩序的共感和共信。

天下秩序可能在宋代发生了一些转变，按葛兆光先生的说法，已经“由实际的策略转为想象的秩序”，“在政治史上，过去那种傲慢的天朝大国态度，变成了实际的对等外交方略；在思想史上，士大夫知识阶层关于天下、中国与四夷的观念主流，也从溥天之下莫非王土的天下主义，转化为自我想象的民族主义”。[2]综合葛兆光先生的其他论述，他认为天下秩序并非真正“王者无外”，而是存在着等差性的中心－边缘结构，并认为民族国家的认识到宋代就已经形成。的确，传统的大一统国家更接近于王朝国家，而非真正意义上的天下秩序。毫无疑问，天下主义的理想和现实之间一直存在紧张关系，但不能因为事实上的“国家”形态就否定天下理想对于现实的塑造和矫正作用，也不能将宋代王朝直接等同于现代意义上的民族国家。

影响近代中国的“民族国家”理念诞生于15世纪的欧洲，真正刺激中国人认识到建立民族国家的必要性的是西方对领土、主权的多重侵略，与此相伴随的还有在现代化过程中所形成的一整套政治经济模式。

若以民族国家来取代王朝国家，就是要以自由经济的模式来取代传统的以家庭为单位的生产方式，要以民众的政治参与取代皇权的全能性统治。与现代民族国家体系互为支撑的是自由经济的模式，这种以私有财产的天然合法性为核心并鼓励自由竞争的新经济形态，要求生产

---

① ［日］王柯：《从“天下”国家到民族国家：历史中国的认知与实践》，上海人民出版社，2020年，第43—44页。

② 葛兆光：《宅兹中国：重建有关“中国”的历史论述》，中华书局，2011年，第47页。

要素和市场的全球性配置，这使得儒家以家庭为基础的自给自足的生产方式难以为继。建立在平等和人权基础上的西方政治制度和价值体系与传统中国注重等级、缺乏个人权利的秩序理念之间产生尖锐的对立。而西方的强势使中西差异被认为是“先进”与“落后”这种发展阶段的差异。随着这样的认知模式的固化，儒家作为中国秩序的价值基础，便被视为“落后”的代表，甚至要对中国的缺乏竞争力负责。

在天下秩序下，儒家建构起一套以道德吸引力为原则的秩序原则，并在不断塑造的“先王之道”中呈现，这种理想对后世现实秩序具有批判和纠正的功能。有人批评天下秩序是一种“乌托邦”，这实质上是否定了价值观的现实意义。我们可以看到各种类型的乌托邦激励人类不断探索理想的现实化方案。从某种意义上说，近年来中国学者对天下主义的阐述，就包含有对现代民族国家体系的批判性向度。因为民族国家内的个人权利和国民福利，并不能惠及主权国家范围之外的人民。在全球性市场秩序下，不同发展水平国家之间的公平竞争秩序往往成为掠夺弱势国家的理据。在去殖民化的今天，在自由和平等成为普遍价值的今天，国家和国家之间的贫富差距在加大，这充分说明，现代民族国家体系的最终形成是建立在国家能力差异之上的“差序格局”。

## 第二节
## 建设现代国家的精神源头何在？康有为和孔教会

在甲午战争和《辛丑条约》的持续刺激下，戊戌变法和清末新政接踵而来，废科举，预备立宪，如此这般，最终的结果是制度化儒家的解体。在我看来，废除科举制对制度化儒家是致命打击，这导致了儒家价值的承载者和传播系统的消失，另一对儒家构成致命一击的是新法律的制定。新法律所秉承的平等原则解构了“爱有差等”的儒家礼治秩序，[1] 纲常伦理难以得到制度支持。这些变革的最终的目标是要建立一个能够与西方抗衡的新国家。怎么将中国建设为一个现代国家，康有为、梁启超、章太炎、孙中山等人都提出了各自的方案。其中，康有为方案带有儒家国家的色彩，他认为在这种大转型的过程中，儒家的价值可以起到增强国家凝聚力的作用。在晚清的政治格局中，康有为虽然是一个争议很大的“失败者”，但他的政治设想却十分富有创造性，康有为建立儒家国家的构想中一个重要的步骤就是“孔教会”的尝试。

在1890年代的戊戌变法时期，康有为的思路是在维护清政府的前提下进行政治变革。这个阶段，康有为在理论上是通过“托古改制”的方式来为现实中的制度改革寻找合法性，这是他写作《新学伪经考》和《孔子改制考》的动因。

在《新学伪经考》和《孔子改制考》中，康有为认为古文经是由刘歆伪造的，并说刘歆的所作所为，是为了掩盖孔子作为“制宪者”的身份。通过对孔子和周公的辨析，康有为强化了孔子为万世制法的“素王”形象，他说：“孔子拨乱升平，托文王以行君主之仁政，尤注意太平，托尧、舜以行民主之太平。”[2]

康有为变法理论的关键在于对“三世说”的阐发。通过“三世说”，康有为指出社会发展是由“据乱世”向“升平世”和“太平世”不断上升的过程，孔子对不同的时代都提出了自己的制度设计。他批评晚清保守势力拘泥于孔子为“据乱世”制定的伦理和制度，并视之为孔子思想之全部。他呼吁人们应该抛弃成见，当中国社会向“升平世”

① 关于制度化儒家解体的更详细的分析可参阅干春松：《制度化儒家及其解体》（修订版），中国人民大学出版社，2012年。

② 康有为：《孔子改制考》，《康有为全集》第三集，第150页。

转化的时候，就应该采取孔子为升平世所制作的秩序。对此，梁启超采用了另一种说法。他说孔子因材施教，对不同的人有不同的教法，以此来批评一部分人难以体察孔子思想的深邃之处。他在《论支那宗教改革》一文中，介绍了康有为哲学的基本思路：孔子之思想有不同的表述方式。有一种是针对一般人的，主要学习儒家经典，比如《诗》《书》《礼》《乐》，这是所有人都要学习的。还有一种是针对特别的人，可称为“特别之教”，包括《易》《春秋》。他说：“得《春秋》之传者为孟子，得《易》之传者为庄子。普通之教，谓之小康；特别之教，谓之大同。”这就把《礼记 · 礼运》篇中的大同、小康这一历时性的社会发展阶段转变为孔子所制定的共时性的不同治理之道。“大同之教，非小康弟子之所得闻。既不闻矣，则因而攻难之。而自秦汉以至今日，儒者所传，只有小康一派，无怪乎孔子之真面目不可得见也。”①

学者们普遍认为，康有为的大同思想起源甚早。他于 1885 年开始研究数学，并用几何形式编著《人类公理》。这书的内容反映在写成于 19 世纪 90 年代的《实理公法全书》中。②康有为说：“凡一门制度，必取其出自几何公理，及最有益于人道者为公法，其余则皆作比例。”③将制度之合理性诉诸“几何公理”，是近代中国天理观向科学性转化的标志。这些作品，包含着康有为极为激烈的想法。比如，康有为说“人类平等是几何公理”，而认为“差等”不符合科学公理，是人为制定出来的“人立之法”，不尽合理。如此这般，几乎所有儒家的伦常都是违背了几何公理的，这构成对儒家秩序的根本颠覆。也因为如此，许多

① 参考汤志钧等编：《梁启超全集》第二集，中国人民大学出版社，2018 年，第 12 页。

②《康有为大同论二种 · 导言》，朱维铮等编：《康有为大同论二种》，生活 · 读书 · 新知三联书店，1998 年，第 7 页。

③ 朱维铮等编：《康有为大同论二种》，第 3 页。

人认为康有为的大同理想违背了儒家的价值。

康有为借助托古改制的方式，就是为了封住那些反对变革的人的嘴。他在给光绪帝的奏文中直接地道出了他之所以托古之原因："诚以守旧者不欲变法，实为便其私途，而往往陈义甚高，动引孔孟程朱，以箝人口。……臣故博征往籍，发明孔子变法大义，使守旧者无所借口，庶于变法自强，能正其本，区区之意，窃在于是。"[①] 以解释经典的方式来为自己的政治和社会理想提供依据，是历代儒家经常采用的方式。不过，直接将一部分经典斥为"伪经"的方式，会强化人们对儒家思想的怀疑，导致儒家思想的自我瓦解。

康有为认识到制度之西方化是不可避免的，所以他要思考制度化儒家解体之后儒家的安顿问题。对于儒家的未来，他设想借助西方近代政治和宗教分途的方式来协调世俗政治和神圣价值的关系。在他看来孔教是实施制度变革之后儒家最可能依托的制度性资源。

康有为最初将孔子视为"教主"应在光绪十五年（1889），"光绪十四年，长素至京师，上书请变法，格不达。次年会里，始言孔子创教"。[②] 随后，一直主张保教与保国、保种的统一，并强调保教的优先性。

在戊戌变法期间，康有为进一步明确了他的孔教主张，除了将《孔子改制考》缮录进呈之外，还专门上了《请商定教案法律厘正科举文体听天下乡邑增设文庙谨写〈孔子改制考〉进呈御览以尊圣师而保大教折》（光绪二十四年六月，1898）提出设立教部来处理涉外教案问题、立孔教来规整民众的信仰和国家凝聚力，而孔子是孔教的教主。"孔子

① 朱维铮等编：《康有为大同论二种》，第 49 页。

② 陆宝千：《民国初年康有为之孔教运动》，载《"中央研究院"近代史研究所集刊》第八辑，台北，1983 年 6 月。

制作六经，集前圣大成，为中国教主，为神明圣王，凡中国制度义理，皆出焉。”[①] 在写于1903年的《官制议》中，康有为便提出了设立教部来掌管国教事务的设想。他说：“俄、土、波、英皆有教部，与政府对举，最为重要。法、意、普则以教部兼法部，奥、匈、瑞、希则以文部兼教部。盖各国之宪法，信仰各教，虽听任自主，而本国之政治、人心、风俗，则各有其国教之宜，不可失坠也，故皆设教部以统之。中国政治、义理、学校、选举皆出于儒，故礼部实教部也。”[②] 康有为提出，应该将礼部正名为教部，原先主持科举等事务的学政，改名为提督教事，并在各府、县皆设立教长。这里虽然使用了“国教”[③] 之名，但是我们并没有看到康有为对“国教”的意义的解释。从他对礼部和教部关系的处理看，教部的功能应该兼及礼制和教育，他所看重的是“孔教”的教化功能。

就儒家自身的特点而言，其宗教性的面向是十分复杂的。在康有为那里，儒家这种复杂性恰好使得儒家宗教化成为可能，而困难之处也在于儒家的漫长的制度化存在方式阻碍了它转型为一种现实的宗教。杨庆堃敏锐地指出：“中国宗教缺少独立的中央组织的僧侣集团与有组织的会众，使它无法在社会组织的一般架构上占任何重要的地位。这

① 姜义华等编：《康有为全集》第四集，第94页。

② 康有为：《官制议》，载姜义华等编：《康有为全集》第七集，第311页。康有为的弟子陈焕章就是以“礼”来定义“宗教”的。他说：“今欲证孔教之为教，当先定‘宗教’之界说。‘宗教’二字，在英文为蠡里近（religion）。解释之者，虽各各不同，然大致偏重于神道，若以英文之狭义求之中文，则以‘礼’字为较近。《说文》曰：‘礼，履也，所以事神致福也。’徐铉曰：‘五礼，莫重于祭，故从示。豊者其器也。’盖礼之起原，始于祭祀，即西人所谓‘宗教’，而我中国亦有‘礼教’之称。”陈焕章：《论孔教是一宗教》，载周军标点：《陈焕章文录》，岳麓书社，2015年，第176页。

③ 在《戊戌奏稿》中，收录有《请尊孔圣为国教，立教部教会以孔子纪年而废淫祀折》，这个奏稿是根据1898年5月递呈的《请商定教案法律厘正科举文体听天下乡邑增设文庙谨写〈孔子改制考〉进呈御览以尊圣师而保大教折》增改而成。在原折中并无“国教”而只有“大教”的提法，但因无法确定这个增改是在哪一年所作，因此，并不能断定康有为在1898年就提出了“国教”的说法。

样遂让儒家思想在传统中国的社会与政治秩序上扮演一个中心角色。同样地，宗教组织上的薄弱，使它在中国社会制度的运作上只能为儒家思想的一个配角。如果中国宗教会发展出强固的组织，则儒家恐惧宗教与之竞争将远甚于现在。这是在中国儒家与宗教长期以来合作的特性。"① 中国宗教的弥散性本身也使儒家在面对近代社会变革的时候，难以真正地做到与世俗化分离而独立存在。

## 第三节
## 孔教与国教：民族国家建构中的"宗教"因素

在一个政治与宗教日益分离的文明格局之下，康有为念念不忘的孔教设想，看上去既不符合儒家的主流传统，又不符合时代的大趋势，这也招致更多的非议。为何康有为对于孔教抱持如此大的期许呢？其中有一个关键的因素——国家。他要为刚刚进入民族国家体系的中国寻求形成国家凝聚力的价值基础。梁启超说："先生之言宗教也，主信仰自由，不专崇一家，排斥外道，常持三圣一体、诸教平等之论。然以为生于中国，当先救中国；欲救中国，不可不因中国人之历史、习惯而利导之；又以为中国人公德缺乏，团体涣散，将不可以立于大地，欲从而统一之，非择一举国人所同戴而诚服者，则不足以结合其感情而光大其本性。于是乎以孔教复原为第一着手。"②

这段话有两点值得注意：一是因历史习惯而利导之，二是以孔教复

① 杨庆堃：《儒家思想与中国宗教之间的功能关系》，载段昌国等：《中国思想与制度论集》，联经出版事业公司，1976年，第339页。

② 梁启超：《南海康先生传（1901年12月21日）》，载汤志钧等编：《梁启超全集》第二集，第366—367页。

原来结合感情。与革命派诉诸种族仇恨的民族主义相比，以共同的文化因素来凝聚人心，一致抵御西方的挑战，无疑是一个比较具有远见的方略。

康有为的弟子陈焕章本来是学习经济学的，但他却是康有为孔教主张的积极支持者。陈焕章的回国，让康有为的孔教理论有了一个强有力的支持者。在康有为和陈焕章的思路中，孔教会既是一个宗教团体也同时可以担负起保皇派的政治组织功能。

在辛亥革命胜利之后，模仿西方政治体制而建立起来的共和政体遇到了运转不灵的局面，袁世凯复辟和军阀政治使民国初年的政局十分动荡。康有为将这种政治混乱理解为共和政体割裂传统的后果。1912 年 6 月，康有为撰写了《中华救国论》一文，在文中他指出表面上的政治制度的移植相对简单，但政治的顺利运行需要道德支持。他批评民国初年政客的道德问题是新国家危机的源头。

康有为引用孟德斯鸠的话说，专制之国尚威力，立宪国尚名誉，共和国尚道德。他并引述英国学者的论断说，民主制度需要有道德的辅助才能使人建立护法守法的精神。

那么如何才能增进国民的道德呢？康有为认为宗教是不二的选择。康有为继续发挥他的观点，主张我国数千年一直奉孔子之道为国教，所以应该继续尊奉。

对于政治和宗教相分离的世界大势，康有为认为不能简单地套用，而要根据中国的实际情况进行变通。一切应以是否有利于国家的建立和发展为衡量标准。而孔教因为在历史上素来主张兼容他教而无碍，因此，以孔教为国教最可以维护信仰自由的原则。康有为以此来回应一些政治势力对孔教国教会影响其他宗教自由发展的担心。[①]

在康有为看来，相对于别的宗教来说，孔教除了注重人伦教化这样的特色之外，还在于他预先为不同的历史阶段设定了不同的教义准则，因此，孔教才既适用于中国古代，也符合未来中国的需要。

按照康有为的看法，以佛教等为代表的世界上其他宗教只是阐发了据乱时期的教义，所以不适合当下时代的发展，只有儒家的大同思想才是向未来开放的。

康有为说，宗教本应着眼于全人类，而不能专为一国利益着想。但是在国与国之间激烈竞争的今天，宗教也要承担激发国民意识的重任。这是民族国家的兴起所造成的社会现实的内在要求。如此，孔教也要以一种教会化的方式建立以与西方的文化和宗教展开竞争。他说："夫教为天下，不为一国而设。日本近者广厉儒学，崇祀孔子，况吾宗邦而自弃之。且吾国人本皆覆帱于孔教中，不待立会，犹吾国人人皆为中国民，不待注籍也。惟今列国交逼，必有国籍，诸教并立，亦有教籍，则孔教会之立，不可已也。"[②]

康有为认为，国魂若亡，那么国家则一亡而永亡。所以他支持中国学会的成立，以收集"国粹"，来"补教化，存礼俗，守道揆，正人心"。因此，他强调："诸君子而有意保中国，则不可不先保中国魂也。

① 康有为说："夫政治法律，必因时地而行方制，其视教也诚，稍迂阔而不协时宜，若强从教，则国利或失，故各国皆妙用政教之分离，双轮并驰，以相救助；俾言教者极其迂阔之论以养人心，言政者权其时势之宜以争国利，两不相碍而两不相失焉。今吾国亦宜行政教分离之时矣，即蒙、藏为佛教之地，然佛言出世法，与孔子言入世法，两无相碍。其在中国，儒佛并尊，行之二千年，亦无流弊。且蒙、藏同为共和，必当同化，乃后能选其才而用之。然则教以经传，尤为今治化之本矣。盖孔子之道，敷教在宽，故能兼容他教而无碍，不似他教必定一尊，不能不党同而伐异也。故以他教为国教，势不能不严定信教自由之法。若中国以儒为国教，二千年矣，听佛道回，并行其中，实行信教自由久矣，然则尊孔子教，与信教自由何碍焉？"康有为：《中华救国论》，《康有为全集》第九集，第327页。

② 康有为：《孔教会序》，《康有为全集》第九集，第346页。

中国之魂维何？孔子之教是也。”[1]

在写于 1913 年的《中国颠危误在全法欧美而尽弃国粹说》一文中，他批评说，模仿西方而建立的共和政治，虽然吸收了议会、政党等新的政治元素，生活方式和日常礼仪也尽皆模仿西方，但客观效果却适得其反。平等破坏了上下级的关系，自由造成了婚姻家庭的不稳定。“凡欧美之政治、风俗、法律，殆无不力追极模，如影之随形，如弟之从师矣。凡中国数千年所留之政教、风俗、法度、典章，不论得失，不分是非，扫之弃之，芟之除之，惟恐其易种于新邑矣。”[2] 在康有为看来，要走出“共和的危机”，在于重拾国粹以凝聚国民、重振人心，康有为所看重的是立孔教为国教。

他认为一个国家是否有“教”、是否存在“教主”，是人种是否珍贵、国家是否文明的标志。要保持人民的自尊、国家的独立，一定要珍爱自己的教主、敬奉自己的国教。他说建立国教，能回击西方人将中国视为无教之野蛮人的指责，体会到中国也有伟大的宗教领袖、有最为文明的宗教信仰。世人了解之后，一定会争相仿效。[3] 虽然他也承认别的宗教的神圣性，但中国独特的文明历史塑造了孔教的国教性格，无论何种政体的国家都要珍视这种精神传统。

1913 年 3 月，康有为还做了一件很有意味的事，即自己创制了一部《中华民国宪法》。我们知道立宪政治的基础在于宪法，这个宪法决定了一个国家的性质及其基本特征。显然，康有为的宪法草案体现了他自己对于未来中国的设想，其中尤可关注的是他对于孔教的法律地位的思考。

---

① 康有为：《〈中国学会报〉题词》，《康有为全集》第十集，第 17 页。

②《康有为全集》第十集，第 129 页。

③ 康有为：《英国监布烈住大学华文总教习斋路士会见记》，《康有为全集》第八集，第 36 页。

康有为在《拟中华民国宪法草案》第十一章第九十六条中说，凡国民苟不扰治安，不害善素，不妨民事政事之义务者，许其信教之自由。而以孔教为国教，惟蒙藏则兼以佛教为国教。其特别之制，以法律规定之。[①]

在对这一条文的解释中，康有为首先说明了信教自由在欧洲的来历，并认为在中国传统中儒家与其他宗教之间并不存在天主教与别的宗教之间，或天主教与基督教之间那样的激烈冲突，而是一直将信教自由作为“公理”。因此，针对一些人因为宗教信仰自由的原因而反对孔教立为国教，则被认为是“大愚”。

陈焕章等人希望通过法律程序来实现立孔教为国教的提案，分别在1913年9月与1916年两次提出，但最终都没有获得通过。当然反对者的理由十分复杂，艾知命所作的《上国务院暨参众两院信教自由不立国教请愿书》，可以说集中了反对者的理由，虽然针对这些理由康有为和陈焕章都做了不同程度的回应性解释。该请愿书强调信教自由是欧洲人基于长期的宗教战争而争取的权利，而制定国教本身也是为了定一统而消弭战争，而在这样的大背景下，中国却提出立国教的动议，则势必会：（1）激起宗教之纷争；（2）破坏五族共和；（3）违背民国之约法；（4）阻碍政治之统一。“总之，中国本不以宗教为重轻，则国教可不必立，而一言五族共和，则国教尤不可立。”[②]他们批评立孔教为国教的请愿书，不但是昧于时势，而且也是对孔子的歪曲，因为孔子作为教育家、政治家，而不是宗教家，这是东西学者所共同承认的事。还有学者，甚至担心立孔教为国教，将使从来未曾出现过的教祸“发现于中

① 康有为：《拟中华民国宪法草案》，《康有为全集》第十集，第81页。

② 艾知命：《上国务院暨参众两院信教自由不立国教请愿书》，载沈云龙主编：《民国经世文编（交通·宗教·道德）》，文海出版社，1970年，第5144页。

国”。[①]

作为新文化运动代表人物的陈独秀也认为不能将孔教视为宗教，孔子也不是教主，即使孔教存在，也不能牵入政治，因为“政教分途，已成公例，宪法乃系法律性质，全国从同，万不能涉及宗教道德，使人得有出入依违之余地”。[②]陈独秀认为孔教与共和国体是格格不入的。“我想主张孔教加入宪法的议员，他必定忘记了他自己是共和民国的议员，所议的是共和民国的宪法。与其主张将尊崇孔教加入宪法，不如爽快讨论中华国体是否可以共和。若一方面既然承认共和国体，一方面又要保存孔教，理论上实在是不通，事实上实在是做不到。”[③]陈独秀认为当时大多数人并不了解共和的精神，而孔教会阻碍他们了解新的政治理念。

张勋对于立孔教为国教之事的热心和康有为对于复辟的“有限”参与似乎坐实了陈独秀对孔教的一贯批评。因此，当张勋复辟事件出现之后，陈独秀就从孔教的尊君等观念出发，认为“主张尊孔，势必立君；主张立君，势必复辟，理之自然，无足怪者。故曰：张、康复辟，其事虽极悖逆，亦自有其一贯之理由也”。[④]从《新青年》杂志所载陈独秀的文章可见，新文化运动最初的批判对象是康有为的保皇和孔教主张，认为这是中国走向民主和科学的主要障碍。或许康有为只是为了给儒学寻求一个制度性的存身之所，但当孔教运动被视为是与科学对立的迷信的时候，它内在的对国家精神的探索也被一同埋入历史的尘

---

① 丁义华：《教祸其将发现于中国乎？》，载沈云龙主编：《民国经世文编（交通 · 宗教 · 道德）》，第5146页。

② 陈独秀：《再论孔教问题》，载任建树编：《陈独秀著作选编》第一卷，第279页。

③ 陈独秀：《旧思想与国体问题》，载任建树编：《陈独秀著作选编》第一卷，第334页。

④ 陈独秀：《复辟与尊孔》，载任建树编：《陈独秀著作选编》第一卷，第374页。

埃中。

五四新文化运动被视为是一场启蒙运动，但随之而来的是日趋尖锐的社会问题，救亡的压力超越了对于启蒙的追求。1920年代中期第一次国共合作破裂之后，戴季陶等人试图借助民族主义来压制中国共产党的政治主张，何炳松等人提出了“中国文化本位”的观念。而日本对中国的威胁再度刺激中国人的爱国情怀，在1930年代国共有了第二次合作，在一致抗日的大前提下，从历史和文化传统中寻求价值共识，而一些思想家开始反思新文化运动时期全盘否定传统的思潮，提倡“新启蒙运动”。从“打倒孔家店”，到“打倒孔家店，救出孔夫子”，辩证地处理了新启蒙运动对五四新文化精神的继承和发展。这段时期有一个并不被人们关注的思想家，但他的思想轨迹却是我们了解那段历史的一个重要路径，他就是张申府。

# 第三章 从启蒙到新启蒙：民族性和世界性的“和解”

作为早期中国共产主义运动的重要成员，张申府以周恩来和朱德的入党介绍人的身份而引人注目。但从后来的政治发展进程看，他在该领域中无疑是失败的。不过，也是因为其特殊的政治身份和思想进程，他在现代中国思想史占有比较独特的地位。作为最早的罗素思想的介绍者和马克思主义传播者，他身上有着分析哲学的严谨和社会主义的理想品性，他的理论是各种思想元素的奇妙结合体。通过他的哲学观和文化思想，我们可以看到现代中国思想中的活力和矛盾，并勾勒出近代中国思想家试图在民族性和世界性中达成平衡的努力。

## 第一节 新哲学方法的探索：张申府的“大客观说”和“具体相对论”

或许是承认了在政治领域的失意，倔强的张申府倾向于将自己定位为整个20世纪中国最重要的哲学家[①]，很显然，这种自信难以得到现代哲学史的承认。因为，与学术研究相比，他更热心于政治。他并没有把自己的精力集中于哲学研究中，也没有写下代表性的哲学著作。可以这么说，他之纯粹的哲学活动主要都是30年代初在清华大学哲学系任教期间进行的。他对此并非毫无悔意，在晚年相对冷清的生活中，他曾遗憾自己没有写出一部专著或“有系统的书”。[②]

不能否认，就思想的敏锐性而言，张申府是出类拔萃的，他对于罗素和辩证唯物论的兴趣，使他的思想富有挑战性，而他对于社会事务的熟悉，又使他的思考具有更多的现实性。他的哲学观也别具特点，他更注重哲学方法论的一面。“凡是一种新哲学都是一种新方法，至少都有一种新方法。”哲学的发展标志是方法的推进。他说他自己的哲学创见也“多少与哲学的方法有关。一、我的大客观主义；二、我的具体相对论；三、我所见到的辩证唯物论的心传精蕴”。[③]

张申府最初的哲学兴趣源自他在北京大学求学时所看到的罗素的《我们的外界知识》这本书。由此决定了他对于哲学特别是逻辑的偏

---

① 作为政治人物，张申府承认自己对政治是外行，但对于哲学，他始终对自己有很高的自信，1980年6月4日，美国学者舒衡哲在对他的访问中，感受到了张申府的这种心理状态。张申府说：“我是20世纪中国最伟大的思想家之一（眼里闪过一丝得意的光芒）。我尝试做出不可能的事——把传统中国哲学最好的东西和西方最新的意念连在一起。我曾经为儒家人文主义和罗素的数理逻辑建立共同的立足点。或者他们不能够合在一起，但我尝试这样做。我现在仍然相信我的大客观概念可以将两个不同的世界连起来。”载［美］舒衡哲著：《张申府访谈录》，李绍明译，北京图书馆出版社，2001年版，第170页。

② 张岱年先生在几篇关于张申府的回忆和纪念文章中说。“约在九十岁时，他对友人说：我吃亏在于没有写出一本大书来。”《回忆张申府》，《张岱年全集》第8卷，河北人民出版社，1996年，第348页。

③ 张申府：《我自己的哲学》，杜运辉编：《张申府集》下册，第427、428页。

好，同时罗素对于政治和人生问题的关注，也与他的兴趣相投。[①]

张申府是最早系统地向国人介绍罗素的思想的人，并自信地认为他是中国最了解罗素的人，这种自信来源于他与罗素的直接接触和他的思想中罗素思想的因素[②]。他特别重视罗素的哲学分析方法，也就是数理逻辑的分析方法，并将之转化为他自己的哲学观。他说："罗素是现代世界至极伟大的数理哲学家，是于近世科学思想的发展上开一个新时期的一种最高妙的新学（数理逻辑），也叫记号逻辑或逻辑斯谛科（logistic）很有创发而且集大成的。本着数学之批评的研究，他在哲学里也成立了一种新的方法。"[③]但张申府并不认为哲学的解析能解决一切问题，他还别出心裁地将逻辑分析翻译成"解析"，并成为他哲学言说的关键词。他曾经有过这样的回忆："我对'analysis'这一概念的翻译也与别人很不相同，我用了汉语的'解析'一词，而不是为大多数人所用的'分析'一词。你想知道为什么呢？因为我相信'解

---

① 他说："罗素新近表明他的态度：他是以无政府主义为终极的理想的；但现在主张的是倾向无政府主义的'行会（Guild）社会主义'。要晓得这全是几经思索几经考察而后得的结果，必不可轻轻看过。又要晓得罗素的政治学说社会学说与他的数学学说哲学学说通是一贯的。他最重视个人，个人的自由，小团的自治，与他哲学里的重视个体与主张绝对多元，实不为无关。因为他是一个头脑极清楚的科学的哲学家，他是很见到科学与艺术的重要的，所以他的社会改造主张也总照顾这方面。他说世界上最好的东西是由内来的，像创造的艺术，爱，思想，这类的东西是。这些东西上必不可缺的便是自由。所以罗素主张的行会社会主义是偏向无政府主义的。正因无政府主义对于这等物事最为注重最为便当，就是最强于这些事以及人的关系的生活的愉乐。他以为社会主义不过人类发展中的一阶段，大概继之便是无政府主义。但为现在，只有社会主义才能实行。他的社会主义是极端彻底的世界社会主义。不过他同时又是不变的和平主义者。他总是个学者，所以人也称他的主义作智识的社会主义，可以与摩里斯 MORRIS 之美术的社会主义媲美。"张申府：《罗素哲学译述集》，教育科学出版社，1989 年，第 33 页。

② 张申府："我相信我了解罗素；我可能是全中国惟一了解罗素的人……罗素本人不认识孔子，但他的思想事实上十分接近孔子。其他人看不到这点，但我看到了。就算罗素不承认他的学说接近孔子，但我的哲学能把他俩拉在一起。我是他们的桥梁。"［美］舒衡哲著：《张申府访谈录》，李绍明译，第 139 页。郭湛波的一段话也能作为佐证。他说张是"中国研究罗素最有成绩的人，可说是中国罗素哲学专家"。载《近五十年中国思想史》，山东人民出版社，1997 年，第 225 页。

③ 张申府：《罗素哲学译述集》，第 338 页。

析'更合乎逻辑。在某种程度上更有新意。'分析'意味着把某物切断，打碎——好像遭受了重重一击，'解析'则并不如此简单……我感到'解析'牵涉到更多的步骤。对物进行逻辑分析是个缓慢、系统的过程。但我开始研究罗素时，'分析'被作为'analysis'同义词广为接受。但我认为它并没有传达出罗素思想的全部内容，它太简单，于是我通过翻译做了个创新。或许，这是我对在20世纪向中国人介绍罗素思想中所做的最重要的贡献。"[①] 如果我们将他的这段话与他希望将罗素和孔夫子也就是中国传统的思维方式相结合的努力放在一起分析的话，我们就可以理解他要用"解析"来代替"分析"的缘由。他虽然喜欢逻辑分析的方法，但他同时也认识到那种分析哲学式的"证实"会使很多无法"分析"的内容被排斥掉，因而他在另一篇对"解析"做进一步解释的文章中，主张运用辩证的方法将逻辑实证和笼统的契证"相反相成"。他说："哲学解析的求事理，总是求之于迹象中的，就是具体地、实际地、切实地、积极地、positively。此与'超乎象外，得其环中'、只是要笼统的契证者，当然不能相容。一个要切、要实，一个要超、要不着边际，不但相着甚远，直是相反。但相反者相成，二者其实也可以说，都是要切、要真，只是不免各真其真、各切其切；一个利用语言文字，仅求分理；一个以为不可思议，不可言诠。但这不是不可以通的，调剂而通之者盖在于辩证的话，盖在于使各得其当，各当其所。究极言之，仍是推进理性。"[②] 这种融合式的方法可能是受实在

① 张申府：《罗素哲学译述集》，第34页。

② 张申府：《解析的解析》，杜运辉编：《张申府集》中册，第324页。

论[①]思想的影响。

基于这样的哲学观和方法论，他提出了能够代表他思想的独特意味的“纯客观法”（大客观说）和“具体相对论”。

所谓“大客观说”按张申府自己的陈述就是：“大客观之为说，原在‘跳出主客，主亦为客’。从客观出发，扩大客观的范围，把主观也容纳于其中；不以主观为观点，更不僭以主观当客观，但也不抹杀主观的地位，这便是所以叫作大客观。”[②]“大客观乃要如实认识事实，但更要加以价值判断。客观地根据事实，而建设主观的理想，而更尽人力以求价值理想的实现。价值是不能离开主观的。什么是价值？价值就是‘值’，即恰逢、正当之义。但必人认识了或感到了或规定了，乃成了人的价值。不过于此，所谓主观是社会的或阶级的，却不必是个人的。”[③]这种“纯客观”首先呼应了20世纪初西方哲学界由分析哲学的兴起而带来的实在论的复兴，他们以“实在论”的立场反对以黑格尔为代表的唯心主义的本体论，而罗素正是这种新思潮的标志性人物，实在论的核心便在于承认认识对象的客观性，而这种客观性又依赖于人的知觉，也就是人的价值观等之类的“模型”。将实在论的观点和纯客观法

---

① 实在论可以追溯到亚里士多德和柏拉图，中世纪哲学的核心问题便是唯名论和实在论之争。到近代随着心理学和相对论的发展，实在论有了新的发展。根据怀特的分析，当代实在论主要包含两种形式：一种常识的形式，即认为一切外在的物理对象都是不依赖于心灵而存在的；另一种是柏拉图式的实在论，即认为存在着既不依赖于个人心灵又不同于物理对象的共相或理念。这两者之间的分歧的核心在于人如何认识外在对象的问题。作为张申府思想源头的罗素、穆尔等人的实在论是一种常识的或朴素的实在论，但以罗素和怀特海在1910—1914年出版的《数学原理》中，发展出他们的自然观，他们认为我们对物质世界的知识是一种抽象，我们可以构造那个世界的模型。从中我们可以看到这种认识观和唯物论的反映观之间的差别。纯客观法是跳出主客，而唯物论的认识论强调的则是主观对于客观的反映，即使是反作用也是反映，而非“构造”。而张申府显然是希望在实在论和唯物论之间寻找一种合适的路径。详细可参看［美］M. 怀特编著：《分析的时代：二十世纪的哲学家》，商务印书馆，1981年。

② 张申府：《客观与唯物》，杜运辉编：《张申府集》中册，第115页。

③ 张申府：《客观与唯物》，杜运辉编：《张申府集》中册，第115页。

相参照，它们之间的内在关联便十分清楚了。但张申府却是“轻而易举”地将这种大客观的思想与唯物辩证法进行了对接，因为看上去要将主观和客观“统一”，唯物辩证法是最为坚定的。“前几年有一个当时名重一时的辩证唯物论家（即迭薄林）尝说：‘辩证唯物论的方法即为客观主义与主观主义的会通综合。辩证唯物论的方法把这种主观、客观的对立，科学地使归于谐和，使归于辩证的谐和，’又说，‘辩证唯物论既摈斥脱离客观实在而基于思想与情感的唯心主观主义，也同样摈斥元学的客观主义，而以一种正当把握了的有定论或客观主义来对抗之。这样的有定论或客观主义不但排除人的作为，且要收为必须不可缺的成分。’大客观，可说也就是这个意思。”[①] 或许可以这样说，纯粹哲学在近代中国的思想界并不能真正被接受，因为观念世界和自在世界的二重性恰是中国传统哲学所力图要“跨越”的，所以，强调主观世界和客观世界一致性的哲学也更容易为中国的学者所理解。

张申府提出的哲学思想的另一个中心点是“具体相对论”，具体相对论照顾到语境对于意义理解的影响和制约，更为侧重于认识论的领域。他指出：对于任何语句或理论，不能独立、抽象来认识，而一定要注意到“语境”。“这就是说，一句说话，一段论断，甚至一种理论或学说，在一般情形下，要断定它的对与不对，或是不是真理，都要看它是‘照那种意义（或意谓），作怎样解释（怎样讲），为什么问题（事件或旨趣），在什么范围（领域、程度、种类）就什么或哪方面或哪点说。’”[②] 虽然这篇文章的发表时间是在1945年，但从他的思想轨迹来看，我们在其早期作品中能看到类似的观点。[③] 他对“具体相对论”

① 张申府：《客观与唯物》，杜运辉编：《张申府集》中册，第115—116页。

② 张申府：《我的哲学中心点——具体相对论》，杜运辉编：《张申府集》下册，第462页。

③ 张申府：《我的哲学中心点——具体相对论》，杜运辉编：《张申府集》下册，第218页。

的强调是要处理确定性及其限度的问题，即哲学的基础在于了解问题和词汇的确切含义，也在此基础上要认识到事物处于不断的变化之中，他借助中国古代的“经”和“权”的关系来解释他的“具体相对论”。

张申府对于方法的推崇甚至有一点偏执，他对于罗素的“敬仰”很大程度上也是因为罗素是新方法的创立者，而他对于辩证唯物论的接受，也是从方法论上来的。在他看来，罗素哲学的一个大的缺点就是不了解唯物辩证法，[①]“具体相对论”看上去是要补上罗素的这个缺陷。“现代唯物论的重要本在它是方法，本在它是实践的，本在它大有助于实践，本在它是大可用的方法，本在它是用来可以大有效验的利器”。[②]对于实践性的强调，是唯物辩证法的要点，在张申府看来，这也是“好”的理论的重要特性。他甚至认为，世界重大变革的时期，必然会迎来唯物论的兴起，这是“哲学史上世变之公例”。因此他一方面对逻辑分析十分推崇，同时又认为唯物辩证法是当下哲学发展之必然。他说：

> 法国十九世纪首倡实证主义的哲学家孔德，曾把人类思想的进步分成三个阶段：第一个阶段是神学的，第二个阶段玄学的，第三个阶段才是科学的或实证的。不论什么神学的或玄学的，其实都是非科学的。不过这还是十九世纪的分法。到了今日，仍然还可以分成三段，但已是：
>
> 1. 有灵论的；
>
> 2. 机械论的；

---

① 张申府：《祝罗素七十》，杜运辉编：《张申府集》下册，第220页。

② 张申府：《唯物论的重要》，杜运辉编：《张申府集》下册，第237页。

3. 辩证论的。[1]

在他看来，科学的方法和唯物辩证法各有其优势，但也各有其缺点，然而对于辩证法的推崇使他相信将这两种方法结合在一起就可以形成一种“理想”的方法而成为未来哲学的潮流，即“解析的辩证唯物论”。他说：

现代世界哲学的主要潮流有二：一为解析，详说逻辑解析。二为唯物，详说辩证唯物。解析的目的在把思想，把言辞，弄清楚，藉以见出客观的实在。唯物在承认有客观的实在，而由科学的方法，革命的实践，本着活的态度，以渐渐表现之。

逻辑解析不免要有所分，照例是根据原子论的观点的；而辩证唯物则侧重于全，于变，于事象的相关关联。[2]

张申府说看上去“解析”和“唯物”有的地方是相反的，但也有相通的地方。各有优点，也有弊端。但最终他们具有互补性。

解析末流之弊是割裂破碎。

辩证唯物之弊则是笼统漠忽。

因此，解析与唯物，实正相补。

解析而辩证唯物，可以不至于茫无归宿。辩证唯物而兼

---

① 张申府：《非科学的思想》，杜运辉编：《张申府集》中册，第320页。

② 张申府：《现代哲学的主潮》，杜运辉编：《张申府集》中册，第245页。

解析，也庶几免掉粗略或神秘。

……

以此种种，最近世界哲学界里两个最有生气的主潮是可以合于一的；而且合一，乃始两益。而且合一，乃合辩证之理。

在理想上，将来的世界哲学实应是一种解析的辩证唯物论。

他最后总结说："解析与唯物，这是两方方兴的趋势。两势会归，必然于人类思想的改造，世界状态的变更，均大有所成就，夫岂止于解决这些哲学问题而已？"①

当然与许多他在哲学上的其他创意一样，我们并没有看到他对于如何进行结合的具体论述，其原因一方面可能是因为他的大多数精力都放在政治和社会活动上，另一方面则在于他喜欢写一些短论性的文章，而不喜欢详细论证，虽然详细论证才是他所推崇的分析方法的基本准则。而更关键的是解析和唯物恐怕是很难结合在一起的。②如同时代有社会实践取向的知识分子一样，张申府并不是试图构造出一种仅供哲学使用

① 张申府：《现代哲学的主潮》，杜运辉编：《张申府集》中册，第245—246页。在《续所思》第49条中，他找到了这两种方法结合的传统根源。"中国人讲气。气之中有数。因此又讲气数。中国人又讲阴阳，讲和。进而则可及于仁。上之则归于易。这是中国人最根本一贯的思想。此思想原本于自然而敷蔽于人事。此思想是唯物的，是辩证的。其态度则在于活。"载杜运辉编：《张申府集》上册，第732页。

② 胡军对此的分析值得注意，认为唯物和解析即使"勉强去做也只能是简单的拼凑，而不能创造出一个内部一致的哲学思想体系的，因为罗素早期的尝试已经提供了这样一个不成功的范例。辩证唯物论的一个最为基本的观点就是要坚定不移地承认和肯定外在世界的客观性，这是不能有丝毫动摇的。而张申府之所以对辩证唯物论感到兴趣也正是因为他也承认外在世界的实在性。但是在分析哲学家看来，这样的一个基本观点是不可能成立的。"见胡军：《分析哲学在中国》，首都师范大学出版社，2002年，第106页。

的专门方法，而是试图为解决社会问题提供一种方法论。

## 第二节
## 对五四启蒙运动的反思：文化的综合主义和新启蒙运动

张申府解析的辩证唯物论虽然在理论上缺乏严密的系统论证，但以这样的哲学观而建立起来的文化观，却可以有效地回应20世纪20年代末到30年代初日益高涨的全盘西化和文化本位主义的争论，创立出综合中西的文化观。[①] 他有一种坚定的信念，认为孔子、列宁和罗素可以合而为一，并由此创立一种世界的“新学统”。他说：

> 我始终相信，孔子、列宁、罗素是可合而一之的。我也始终希望，合孔子、列宁、罗素而一之。如此不但可得新中国哲学，如此而且可得新世界学统。孔子代表中国古来最好的传统。罗素代表西洋历来最好的传统。列宁代表世界新的方在开始的传统。
>
> 孔子表示最高的人生理想，由仁、忠、恕、义、礼、智，信、敬、廉、耻、勇、温、让、俭、中以达的理想。
>
> 罗素表示最进步的逻辑与科学，尤其是数理逻辑、逻辑解析、科学法与科学哲理。
>
> 列宁表示集过去世界传统最优良成分大成的一般方法，

① 张申府参加了1935年5月10日在北京召开的中国本位的文化建设座谈会，认为提出“中国本位”，树立国家意识，是十分有必要的。他总体不认同胡适偏重讲中国文化缺点的做法，但也认为需要具体说明何以树立中国本位的问题。见张申府：《在“北平中国本位的文化建设座谈会”的发言》，杜运辉编：《张申府集》中册，255—256页。

即唯物辩证法与辩证唯物论，以及从一个实落角落来实践最高的人生理想的社会科学。

三者之间，不但并无敌对冲突。三者之间而且正待相补相充。三者之间，解析且扬扔弃后，又有什么不可综核，发展而为一的……合孔子、罗素、列宁而一之的新体系定是新世界中的新中国的新指标、新象征。[①]

在张君劢和丁文江、胡适的科玄论战中，人生观问题和科学的方法论之间似乎是水火不相容的，科学派认为科学可以解决一切问题，包括人生及一切体验性的问题；而张君劢等人坚持有科学所不能及的领域。但张申府既不同意科学主义者将人生观化约为科学问题的做法，同时又坚定认为科学方法是当时的中国所需要的，因此他试图兼而有之，提出要把“仁”与“科学法”结合在一起。“‘仁’与‘科学法’：我认为是最可贵重的两种东西。近来最常盘还于我脑际或喉头的，则尤在分析（analysis，我尤常愿名之为‘解析’）、多元（pluralisim）、客观（objectivism）、切实（realism）之四事。”[②]他甚至将之作为一种信仰：“今日世界的问题是如何把仁的生活，与科学或与由科学而生的工业，融合在一起。中国人必须相信自己一定能解决这个问题，而先后、厘然地百计千方以赴之。中国人必须相信，中国以前对于世界文明或文化，是有过极大贡献的，对于将来世界的文明或文化，必更有更大的贡献，以跻人类于天人谐和之域。”[③]张申府的作品基本上是短论式的，我们无从了解他对此问题所作的具体论证，也无从知道何以当时科玄论战

① 张申府：《家常话》之二九九条，杜运辉编：《张申府集》下册，第143—144页。

② 张申府：《所思》序言，杜运辉编：《张申府集》上册，第511页。

③ 张申府：《所思（其二）》，杜运辉编：《张申府集》上册，第381页。

中水火不容的科学和人生观问题，在他这儿轻而易举地融通了，但至少他是坚信这一点的，即西方的科学需要中国的价值观的矫正。他在接受舒衡哲的采访时甚至说他是唯一能解决这一问题的人，并以其身为孔子和罗素之间的“桥梁”。“我相信我了解罗素；我可能是全中国惟一了解罗素的人……罗素本人不认识孔子，但他的思想事实上十分接近孔子。其他人看不到这点，但我看到了。就算罗素不承认他的学说接近孔子，但我的哲学能把他俩拉在一起。我是他们的桥梁。”①

如此，张申府对待文化传统和外来文明之间的冲突便自有其立场，即他试图化解中西文明之间的尖锐对立，认为它们之间不是非此即彼的对立关系。他在1926年发表的《文明或文化》一文中，就提出应正确对待“中国旧有文化”和“西洋近代文明”的关系，认为这两者都有所偏，也都有值得借鉴的方面。

这篇文章是针对胡适将“文明”和“文化”相区分的观念而发的。这篇文章的核心在于强调：“中国旧有的文明（或文化），诚然许多是应该反对的。西洋近代的文明，也不见得就全不该反对，就已达到了文明的极境，就完全能满足人人的欲望。但反对有两个意思，一为反动的，一为革命的。我以为囫囵地维护或颂扬西洋近代文明，与反动地反对西洋近代文明，其值实在是差不多。我以为现代人对于西洋的近代文明，宜采取一种革命的相对的反对态度。”② 在此文中，他已经展现出融多元文化于一炉的想法，即从具体的相对论出发，反对将中西文明绝对化、对立化。

在抗日战争的大背景下，张申府进一步思考了继承传统和吸收西方

① ［美］舒衡哲：《张申府访谈录》，李绍明译，第139页。

② 张申府：《文明或文化》，杜运辉编：《张申府集》上册，第292页。

文化的关系。特别是反思五四以来彻底否定孔子的倾向。他认为要肯定孔子是民族文化的象征，应按时代的需要批判地吸收儒家思想中有价值的成分。在写于1932年的《民族自救的一个方案》中，他高度肯定了梁漱溟乡村建设的努力，并说“孔子不是现代人，乃是尤其明显的事实。可是中国今日民族如果真正要自救，似乎是仍然要用着他的”[①]。

《续所思》是张申府散论中西文明关系的杂感集，在《中国将何以自处》一则中，他认为中国是有特殊国情的，但也不能违背国际大势，所以他提倡“国际的民族主义，或民族的国际主义”。[②]并呼吁中国应产生能呼应时代需要的哲学家。他对五四以后的批孔潮流进行反思，强调孔子作为一个值得民族纪念的人物，在“维持民族的生存”上有重要意义。

“在现在还说孔子么？什么孔老二、孔家店、新孔学，等等，写来可厌的名字，岂不是已把孔子的信仰都摧毁，都糟踏净尽？但是一个民族，如果没有它可以纪念的东西，则不但不会长久，也必不值得长久存在。无论如何，孔子是最可以代表中国的特殊精神的。那么，为什么不应发其精华，而弃其糟粕？而只乃对于过去的误用，徒作幼稚的反动？复古是不可能的，但是一个民族，如果知道他自己文化上的成就，认识它文化上的代表人物，总可以增加些自信，减少些颓唐奴性。过去的帝王既利用孔子以维持其统治了，那么，今日为什么不可以利用孔子以维持民族的生存？退一步说的话。”因此他主张以现代的目光来看待孔子，“今日需要的孔子，自必是这个时代的”。[③]

张申府认为中国人应该摆脱极端的态度，走向成熟。尤其是在外

---

① 张申府：《民族自救的一个方案》，杜运辉编：《张申府集》上册，第603页。

② 张申府：《续所思》，杜运辉编：《张申府集》上册，第733页。

③ 张申府：《续所思》，杜运辉编：《张申府集》上册，第750页。

来压力之下，要有刚健的精神和实在的态度，要培育国家的凝聚力。

他认为世界已经进入科学的时代，中国人必须补上科学这一课。他承认中国传统中缺乏科学的精神和科学成就，在观念上缺少建立在解析法基础之上的科学方法和科学观念，但与唯科学主义者之不同，他认为要将学习西方与中国固有的仁爱等精神结合起来。他不认同胡适等人全盘西化的观点，尤其是在一部分人中盛行的对中国前途失去信心的悲观主义情绪，主张从中国哲学中去寻求文明的信心。

他在一篇名为《人间闲话》的文章中具体地阐述了他所认为的中国哲学的优点：

> 就算是情人眼中出西施也罢：中国既是我所爱，我视中国，终觉其有过人的优胜处，特别是在哲学方面。中国的宇宙论，中国的人生观，都大有不可及之所。
>
> 第一、中国提出了“仁”的最高理想。
>
> 第二、中国建立了“中”的标准。
>
> 第三、中国揭橥了“易”的哲学。
>
> 第四、中国以“生”为根本。
>
> 第五、中国重视了“实践”，实行了“体”的方法，而以“反身自省”为德行的门径。
>
> 第六、中国显扬了相反而相成、言非一端、各有所当的通达态度。
>
> 第七、中国不在现象之外求本体，不在现世之外寻天堂。[①]

① 张申府：《人间闲话》，杜运辉编：《张申府集》中册，第 338 页。

他认为，不应固守纲常伦理，而应从这种经过创新的哲学精神来激发国人的民族自信心。

张申府对中国文化的肯定固然是他的哲学方法在文化观上的反映，但也是对社会现实变化的一种回应。20世纪30年代，日本对中国的企图已经通过入侵中国东北而日渐明朗，抗日战争的爆发让中国国内的各政治势力寻求共同抗日的路径，与此同时，提倡民族精神、促进国家统一的思想以各种方式得到呈现。

为了巩固国民党统治秩序，1934年，国民党政府发动了旨在改造中国人生活习惯的"新生活运动"①，认为中国人在生活习惯上存在脏乱等现象。希望通过恢复儒家的礼义廉耻来提升国民的道德素质。②作为对新生活运动在文化上的呼应，1935年元月，何炳松、萨孟武等十教授发表了《中国本位的文化建设宣言》，指出西方入侵以来中国社会变革方案过于模仿西方，所以"中国"便"消失"了。宣言呼吁要充分认识中国问题的特殊性和时代性，由此，文化建设应注意中国此时此

---

① 新生活运动被认为是试图用封建伦理纲常来禁锢人们的思想和行动，并以此来摆脱共产主义思想的影响。但这个运动本身存在着矛盾。"新生活运动在抽象的理念方面，是要继承中国的传统思想，但在具体的礼仪问题上，却是要求中国人的一举一动完全仿效近代西方（及日本）的身体美学和公共意识。是故，中国人的举止动作是否美观的判断标准取决于其在西方人眼里是怎样被认识的。"也就是以恢复传统的名义将西方观念内化到人们的日常生活中。见深町英夫：《教养身体的政治：中国国民党的新生活运动》，生活·读书·新知三联书店，2017年，第36—37页。

② "民族主义的快速上升将不可避免地对中国两大政党产生直接的影响。国民党的民族主义情绪一直都相当浓厚，在蒋介石的领导下，这种倾向更加明显。由于蒋介石宣布革命的主要任务是'复兴我们中国的历史文化，恢复民族固有的美德，发扬我们中华民族的灵魂'，因此，'民族复兴运动'在30年代初期顺利启动。也正是在这段时期，国民党试图齐心协力地建立自己的意识形态，并以此作为中国重建的基础。……在很大程度上，1934年至1935年的新生活运动便是国民党争取中国青年投身其事业的尝试。"[美]雷蒙得·F. 怀利：《毛主义的崛起：毛泽东、陈伯达及其对中国理论的探索（1935—1945）》，杨锐译，中国人民大学出版社，2014年。第16页。张申府也说，新启蒙运动和新生活运动各有所关切，新生活运动关注生活习惯的改造，而新启蒙运动则旨在改变人们的文化观。张申府：《新启蒙运动与新生活运动》，杜运辉编：《张申府集》中册，第564页。

地的需要。认识中国的特殊性和时代性，对特殊性的强调不是要复古，对时代性的肯定要矫正的是对中国的历史文化妄自菲薄的态度。宣言认为吸收西方的优秀文化要以中国需要为标准。并努力迎头赶上西方文化。基于理想与现实结合的理念，宣言提出注重中国当下的需要不是要放弃大同理想，而是从发展的逻辑看，要先建设和整合中国以便更好地促进世界大同理想的实现。①

宣言的发表引发了知识界的争议，全盘西化派认为不能拿毫无内涵的“中国本位”来作为阻碍接受世界文化的借口。②而更多的人在肯定中国本位文化的意义的时候，认为应将宣言的主张具体化。

作为对本位文化宣言的回应，倾向左翼的张申府，在这个时期与陈伯达、艾思奇等人一起开始倡导“新启蒙运动”。③试图说明世界性和中国化的辩证关系，从某种角度看，这也是对马克思主义和中国具体实践两者之关系的一种探索。

根据何干之的描述，首先有意识地提出新启蒙运动的是陈伯达，陈伯达在写于 1936 年的《哲学的国防动员 ——新哲学者的自己批判和关于新启蒙运动的建议》中提出，新哲学对于中国传统思想缺乏有系统的深刻的批判，也不能用辩证法来解释中国的现实，所以需要一场大规模

---

① 也有人认为这份宣言是依据陈立夫起草的初稿修改而成。而陈立夫“又将自己树立为国民党的主要理论家之一”。见［美］雷蒙得 · F. 怀利：《毛主义的崛起：毛泽东、陈伯达及其对中国理论的探索（1935—1945）》，第 16 页。

② 胡适：《试评所谓〈中国本位的文化建设〉》，胡适：《胡适论学近著》，山东人民出版社，1998 年，第 435 页。

③ 舒衡哲说：“在他们相识之前，陈伯达和张申府都在独立地考虑如何恢复五四传统的问题。张申府利用坐牢的时间，对这一问题作了哲学上的思考。在民族危亡的关头，他号召不仅要关心中国人的生存方式，不断地关注他们生存的目的。与此同时，陈伯达与正在编辑《读书生活》杂志的左派青年知识分子艾思奇、胡绳、胡风、何干之等保持密切联系。和他们一样，陈伯达也开始探索以五四为榜样，把民族救亡运动扩展为更为广泛的文化运动。”［美］舒衡哲：《中国启蒙运动 ——知识分子与五四遗产》，新星出版社，2007 年，第 264 页。

的新启蒙运动。在1936年10月1日发表的《论新启蒙运动》一文中，他提出解除国难和自我觉醒必须同时进行，矛头显然是指向国民党政府旨在提倡威权主义的文化策略的。"我们反对异民族的奴役，反对旧礼教，反对复古，反对武断，反对盲从，反对迷信，反对一切愚民政策。这就是我们当前的新启蒙运动，也就是我们当前文化上的救亡运动。"① 新启蒙运动有一个十分复杂的任务，它既要以某种方式来肯定中国的文化传统，但又不认同国民党文化宣传部门以中国本位为口号来拒斥外来文化特别是民主政治的做法，所以将民族性与民主、科学结合才是新启蒙运动的关键。

张申府认为五四新文化运动存在过于情绪化的倾向，在写于1937年5月4日的《五四纪念与新启蒙运动》一文中，他说，要肯定五四运动的意义，也要看到其缺陷。所以必须发动一场"新启蒙运动"，以期产生适应时代需要、强调民族自觉和自信的新文化。② 在《什么是新启蒙运动》一文中，他提出：启蒙就是"开明"，要打破蒙蔽，廓清蒙昧。这就需要理性、思想解放和新知识的普及。提倡新启蒙，是对以往的启蒙运动的反思。比如，五四启蒙运动时期，提出了"打到孔家店""德赛二先生"的口号，在今天看来，有其不妥之处，他认为应"下一转语，就是'打倒孔家店，救出孔夫子''科学与民主，第一要自主'"。③ 即在批判孔子思想的时候，要强调民族的自觉与自信，在肯定民主和科学的时候，要注重个人的自由与自发。这是因为："今日是中国团结救亡，民族解放，争取自由，民主政治的时代。今日的新启蒙运动，就是适应这个时代的思想方面，文化方面的运动，因此，这个运

---

① 何干之：《近代中国启蒙运动史》，生活·读书·新知三联书店，2012年，第213页。

② 张申府：《五四纪念与新启蒙运动》，杜运辉编：《张申府集》中册，第376页。

③ 张申府：《什么是新启蒙运动？》，杜运辉编：《张申府集》中册，第381页。

动也可说就是社会发展到这个阶段的民族主义的自由、民主的思想文化运动。”①

全面抗战爆发之后，张申府提出新启蒙运动应该成为国民精神动员的重要内容。除了坚持原有的精神外，对于“民族精神、民族气节、民族情绪，更势所必要提唱”。②除了冷静的理性之外，还应有对于国家和民族的感情。

## 第三节 张申府对于“中国化”的思考

新启蒙运动的兴起，是对五四启蒙运动在方法论上的一次反思，即反对中西对立的立场，对文化传统抱有更多的同情，“我们并不是要推翻全部中国旧文化的传统。我们对于旧文化的各种传统，都采取了批判的态度：好的，我们要继承下来，并给以发扬；不好的，我们就绝不顾惜”③。

从更广阔的视野看，新启蒙运动也是延安时期中国共产党领导集体加强深化理论探索的成果之一。经过十几年的成功和失败，中国共产党在如何处理共产国际的指令和国内政治的现实可能之间积累了一些经验，从而认识到中国革命如果要取得成功，就必须将马克思的理论和中国实际相结合。早在 1930 年毛泽东就写了《反对本本主义》，认为社会调查才是发言权的根据。在延安时期，毛泽东有了更为充分的时间进行哲学思考，并写下了《实践论》和《矛盾论》等作品，在《实

---

① 张申府：《什么是新启蒙运动？》，杜运辉编：《张申府集》中册，第 381 页。

② 张申府：《新启蒙运动与青年运动》，杜运辉编：《张申府集》中册，561 页。

③ 陈伯达：《思想无罪》，载丁守和主编：《中国近代启蒙思潮》下卷，第 185 页。

践论》中，毛泽东说："客观现实世界的变化运动永远没有完结，人们在实践中对于真理的认识也就永远没有完结。马克思列宁主义并没有结束真理，而是在实践中不断地开辟认识真理的道路。"①这种认识在当时是具有革命意义的突破，在依然以共产国际的指示为金科玉律的风气中，如何重视中国的实际，并发展出符合中国实际的理论，是随后一系列成功的基础。

在这个时期，陈伯达的一些思考和论文也引起了毛泽东的注意，这也可以说，新启蒙运动的一些观念直接或间接地影响了毛泽东的思考。②1938年10月14日，毛泽东在中国共产党第六届中央委员会第六次全体会议上做了《论新阶段》的政治报告。着重阐明了在抗日战争的大背景下统一战线和党的独立性的关系，也讨论了普遍性和本土化之间的关系，特别是中国的文化历史传统与马克思主义的关系。毛泽东说："学习我们的历史遗产，用马克思主义的方法给以批判的总结，是我们学习的另一任务。我们这个民族有数千年的历史，有它的特点，有它许多珍贵品。对于这些，我们还是小学生。今天的中国是历史的中国的一个发展；我们是马克思主义的历史主义者，我们不应当割断历史。从孔夫子到孙中山，我们应当给以总结，承继这一份珍贵的遗产。……共产党员是国际主义的马克思主义者，但是马克思主义必须和我国的具体特点相结合并通过一定的民族形式才能实现。"③毛泽东强调了中国作风和中国气派对于国人接受马克思主义的重要性。

---

① 毛泽东：《实践论》，《毛泽东选集》第一卷，人民出版社，1991年，第296页。

② 美国学者怀利认为陈伯达可能更多的是在文化层面对毛泽东产生了影响，尤其是陈伯达1938年关于中国文化（从广义上定义）中国化的提议。也就是说中国需要在建设现代国家的过程中保持中国特色。然毛泽东可能是在更为狭窄的意识形态领域来讨论文化的中国特性。见［美］雷蒙得 · F. 怀特：《毛主义的崛起：毛泽东、陈伯达及其对中国理论的探索（1935—1945）》，第97页。

③ 毛泽东：《中国共产党在民族战争中的地位》，《毛泽东选集》第二卷，第533—534页。

1939年张申府写了《论中国化》，高度赞赏毛泽东报告中关于马克思主义中国化的思想，认为这是中国思想的一大进步，并对之进行了解析。他说，中国的改革首先是为了中国，其次才影响到全世界。改革过程中借鉴国外是不可避免的，不过这些思想资源到了中国就应该中国化，如果要想发挥作用，也必然地会中国化。

张申府还将之与新启蒙运动的精神相比较。认为中国化与新启蒙主义的精神完全合拍。他说：新启蒙运动很可以说就是民族主义的科学、民主的思想文化运动。对于自己传统的东西是要扬弃的。不能过于激进地否定传统，所谓“救出孔夫子”就是要看到儒家价值对于安顿人心的重要作用。

在张申府看来，中国化意味着文化上的自觉和自信，反对文化上的奴化。不但反对做古人的奴隶，也拒绝做外来的东西的奴隶。具体地说，就应该多读中国人自己的作品，张申府尤其推荐了孙中山的《孙文学说》中的“知难行易”思想，并将孙中山视为新启蒙运动的先驱。

并不是张申府所有的发挥都符合毛泽东讲话的原意。比如，毛泽东比较侧重于认为中国革命是世界革命的一部分。在抗日战争时期，阶级斗争不能违背民族独立斗争的利益，但并不是要否定中国共产党的独立性。而张申府则从中国社会的特殊性出发，认为中国革命只是“中国的革命”，不能拿世界上别的地方的革命来比附。他提出“一个革命说”，认为“澈底解决中国问题只需要一个革命，这一个革命既是政治革命，又是社会革命；既不是有产阶级的革命，也不是无产阶级的革命；而乃是国民革命，而乃是民族革命，而乃是全国革命”。而这个革命的理想程序是把三民主义的理想圆满实现，平顺地发展到大同社会。

与张申府相比，陈伯达和艾思奇显然更为了解延安最高领导层的思想倾向，因而他们对于中国化的阐述也更容易被接受并成为意识形态话语的有机组成部分。作为被毛泽东信任的哲学家，艾思奇也对“中国化”发表过重要的观点，他说：

> 马克思主义者所谓的精通马克思主义不仅是指马克思主义的理论研究，而同时是指要能在一定的具体环境之下实践马克思主义，在一定国家的特殊条件之下来进行创造马克思主义的事业。这里就一定有“化”的意思，也就有“创造”的意思。所以，中国化决不是丢开马克思主义的立场的意思，相反地，愈更要能够中国化，就是指愈更能正确坚决地实践马克思主义的立场的意思，愈更能创造，就是指愈更能开展真正的马克思主义的意思。①

在文化立场上，依据融合古今中外思想精华的辩证的方法，提出了建设民族的、科学的、大众的新文化主张。这方面的代表性作品就是毛泽东发表于1940年的《新民主主义论》一文。

毛泽东的文化观一方面也接受了时间性的文化逻辑，认为当时的文化主要是站在帝国主义和封建主义的立场上。而什么样的新文化才能真正成为中国人的民族凝聚力和文化认同的依据呢？毛泽东提出了民族、科学和大众三个标准。

较之当时的自由主义和新儒家或官方儒家的保守立场，新民主主义文化观具有更大的包容性。反对帝国主义的立场和成为社会主义的理

① 艾思奇：《论中国的特殊性》，载罗荣渠主编：《从“西化”到现代化：五四以来有关中国的文化趋势和发展道路论争文选》，北京大学出版社，1990年，第601页。

想，符合中国人现代性追求的基本诉求；对民族性的强调，既是当时战争状态下民意的体现，也是以文化来凝聚人心的重要方式；对于科学的追求延续了启蒙的精神；“大众”则意味着有别于精英政治体制的民主意识。[①]

张申府的身份或许有一些尴尬，他没有专心地做一个学者。他因过于投入政治而被清华大学解聘，并由此而很难在最为顶级的大学里获得教职，但他也没有就此转型为职业革命家。不过，他依然保持着对文化问题的热情。在写于 1948 年 11 月 1 日的《中国与西洋》一文中说：

> 中国学人，今日对于文化，至少负有三桩不可旁贷的任务。既须，一、本着最新、最进步的观点彻底检讨自己的文化，重新认识自己的文化理想，阐发自己从来未经发扬的真传统；也要，二、对于西洋古今文化成就，更作深切的了解，系统的介绍，同时也切实明了其所有的限度。但是当前，最进一步、最要紧的还在，三、根据整个世界文化的再检讨，适应今日的需要与可能，求得一个世界文化的新综合，而实践地努力圆满实现之，既使西洋近代文化有了出路，也使中

① “谁来确定民族的本质内涵？由谁提出民族文化的语言？这个问题对于中国的知识分子来说，在 30 年代的民族危机中已经很迫切；他们对‘古老的’精英文化和 20 年代的西方主义都抱怀疑态度。他们带着现代性在中国的历史经验中寻求一种新的文化源泉；这种文化将会是中国的，因为它植根于中国的经验；但同时又是当代的，因为这一经验不可避免地是现代的。不少人认为‘人民’的文化，特别是乡村人民的文化，为创造一种本土的现代文化提供了最佳希望。”王衮吾：《作为马克思主义者和中国人的毛泽东》，见萧延中编：《在历史的天平上》，中国工人出版社，1997 年，第 139 页。

国旧来失传的文化获得新生，重作自己应作的更进一步的独立贡献。[①]

很显然，这是他十年前文化观的延续，然后外在的形势已经发生了根本性的变化，中国共产党在解放战争中以破竹之势击溃失去民心的国民党军队，并开始准备新中国建立以后的新任务，张申府的思想已很难引起人们的关注，并最终隐没在时代的大潮中。

张申府这种发散的灵感式的思想，并非没有共鸣者，特别是在20世纪30年代。共鸣者中包括了他的弟弟张岱年。张岱年先生早期的很多思考问题的方式和基本的价值取向深受张申府的影响，他甚至将张申府称作20世纪30年代思想的灯塔。张岱年先生不但在方法上继承了解析的唯物论，而且其倾心甚多的综合创新的文化观也与张申府的文化观多有互相发明之处。作为一个潜心学术的思想家，他对文化问题的思考，比张申府更为深入和系统。

① 杜运辉编：《张申府集》下册，第668页。

第　四　章

# 拆解“中国本位”与“全盘西化”

## ——张岱年的文化创造主义

在内外矛盾交困的20世纪30年代的中国，文化的格局是丰富而复杂的。蒋介石政权在取得主导权之后，不仅破坏了第一次国共合作，而且在意识形态层面与中国共产党的阶级革命理论切割，尤其是戴季陶，强调孙中山三民主义是儒家道统的现代版本。与此相关，蒋介石在全社会发动“新生活运动”，提倡改变人们的生活习惯，但实质上则是要通过强调纪律和服从，来巩固其统治地位。而在思想文化界，则是通过何炳松等十教授发表《中国本位的文化建设宣言》，呼吁人们去找回被西方文化和政治制度掩盖而“失去了的中国”，引发了全社会的讨论。年轻而内向的张岱年先生在他的兄长张申府的启发之下，参与了当时的文化论争，并逐渐提炼出他对现代中国文化发展理论的独特思考，他超越“中国本位”和“全盘西化”的两极化矛盾，提出“文化创造主义”，这一创见至今仍有重要的理论意义。

## 第一节
## 张岱年文化观的哲学基础

近代中国学人对于哲学的兴趣，多是基于对社会危机的反应，比如梁漱溟先生，他的中西文化观就是因不满于陈独秀和胡适所倡导的新文化运动而发。但也有些人是基于纯粹的学术兴趣，比如王国维，他相信追求永恒的真理比解决眼前的问题更重要。而张岱年可以说是兼而有之。他从少年时期就对哲学感兴趣，他说“少年时期，不自量力，对于天地万物的本原、人生的究竟、人生理想的准则，经常加以思考，想穷究其所以然”。[①] 而张岱年还有一个得天独厚的优势，即他的胞兄张申府是一个对现代哲学深有研究的学者，又是社会活动家，张申府的启发和鼓励，开启了他通向哲学研究的大门。

张岱年倾向于现代分析哲学和唯物论，这两者恰好是张申府哲学思想的重点，由此可见，张岱年的哲学观深受张申府的影响。张先生在《研习哲学过程杂忆》一文中明确指出：“我在哲学思想方面，与吾兄申府是同调；在中国哲学史研究方面，则与冯友兰先生是同调。”[②] 张岱年先生明确地区分了他的哲学史研究和哲学研究的差别。他说在哲学史研究上与冯友兰先生“同调”，主要是他们都注重文献和理论结合的方法，他与张申府在哲学观上的“同调”，主要体现在对分析哲学的方法的吸收和对辩证唯物论的接受上。受张申府的影响，张岱年阅读了罗素和穆尔等人的著作，赞同他们的逻辑分析方法，并将其作为毕生哲学研究的基本立场。他也读过美国实用主义哲学家詹姆斯的一些作品，

---

① 张岱年：《研习哲学过程杂忆》，《张岱年全集》第 8 卷，河北人民出版社，1996 年，第 462 页。

②《张岱年全集》第 8 卷，第 463 页。

但感到“不能契入”，同时反对“有用即是真理”的说法。可能因为接受了逻辑分析方法和唯物论的立场，他对于在当时十分流行的非理性主义的著作并不十分关注，很少看到他的著作或文章中对于这些哲学派别的评论。

张岱年认为哲学方法的根本是逻辑解析的方法。他概括说：

> 逻辑解析法在根本上是反对玄想（Speculation）。科学的哲学认为历来的玄想系统，都是些只诉诸想象的大胆构作而已。科学的哲学乃欲以片段的细节的而可证实的结果代替宏广的不能验证的由想象来的系统的概括。……逻辑解析实并不是把什么整个的事物拆散、割裂，乃是把不同的意谓分别开，把混淆的语言弄清楚。逻辑解析乃是考察常识中科学中的根本概念与根本命题的意谓。[①]

张岱年认为解析的方法并不为传统的中国哲学所看重，所以应该加以补充。与张申府一样，张岱年也看到分析哲学的局限性，他认为解析的方法不能解决现实中的许多问题，尤其是当同一事物本身存在矛盾因素的时候，所以，张岱年先生认为将辩证法和逻辑解析法结合起来才能算是哲学方法的真正革命，才能排除偏见而达到对于事物的全面认识。这有点类似于张申府的“具体相对论”。他认为除了逻辑解析法外，有成效的哲学方法尚有辩证法。辩证法方面很多，其一方面也是一种解析法，即所谓“辩证解析”。辩证的解析与逻辑的解析性质接近。辩证的解析能看到矛盾的统一，也能看到理论本身所存在的矛盾，

① 张岱年：《逻辑解析》，《张岱年全集》第1卷，第178页。

即任何的观念都有其对立面。然而这并不是认识过程的终结。“在辩证的解析之外，尚有辩证的综合，乃是看出两个相反的概念非绝对的相反而可相融，两个相反的学说、观点，亦非绝对的相反亦可相融。辩证综合与辩证解析在应用时，只是一个历程之两段。由辩证的综合，乃能兼摄各方真理而不蔽于一曲。”①

在辩证唯物论思想和分析哲学的双重影响下，张岱年先生试图让这两种看起来矛盾的方法产生互补性。针对当时中国思想界好走极端的倾向，创造出一种既能够吸收西方思想和又能肯定自身的思想传统的新的哲学方法。张岱年将此种哲学称为“新唯物论”。②

张岱年的“新唯物论”哲学是一个不断完善的体系，1936 年，他在《国闻周报》上发表《哲学上一个可能的综合》一文，认为未来哲学的方向，是将唯物、理想、解析这三者综合起来。虽然我们并不能确切地理解在此文中张岱年所说的“理想”是否是 Idealism（观念论）的另一种中文表述，但很显然，张岱年认为在追求确定性的同时，不能忽视人的精神性的需求的满足。并认为这种综合是“新唯物论”的发展的必要阶段。③

张岱年先生在《论现在中国所需要的哲学》一文继续阐发这种观点并加以具体化。他说：中国处于国家和文化存亡的关键时期，必须有一种共同的文化理想来指引、激励中国人的精神，而这需要一个伟大的有力的哲学作一切行动事业之最高指针。这种哲学需要符合四种条件：

---

① 张岱年：《逻辑解析》，《张岱年全集》第 1 卷，第 180 页。

② 张岱年：《关于新唯物论》，《张岱年全集》，第 1 卷，第 129 页。胡军认为张岱年的“新唯物论”与辩证唯物论是有差别的，这种差别主要体现在张岱年会自觉地用逻辑分析的方法来作为其分析问题的基础，并认为逻辑分析可以为唯物论提供更为严密的论证。见胡军：《分析哲学在中国》，首都师范大学出版社，2002 年，第 276 页。

③《张岱年全集》第 1 卷，第 262 页。

（一）能融会中国先哲思想之精粹与西洋哲学之优长以为一大系统；

（二）能激励鼓舞国人的精神，给国人一种力量；

（三）能创发一个新的一贯大原则，并能建立新方法；

（四）能与现代科学知识相应合。①

要符合这样四个条件的话，那么，在内容上必然会是：

（一）在意谓上是唯物的；

（二）在意谓上是理想的；

（三）是对理的；

（四）是批评的。②

从某种角度看，在抗日战争的大背景下，如何处理中西文化的关系受到民族团结一致抗日的共同目标的影响，由此，分析中西文化的关系时必然要遇到民族主义的因素，这也导致人们更多地将五四启蒙运动的复杂遗产集中于对“帝国主义”的反抗。③于是，全盘反传统的观念难以获得人们的共鸣，融会中西成为这个时期文化观的核心。

较之五四新文化运动时期的东西文化论争，在抗日战争时期，不仅是分析哲学，唯物史观和唯物辩证法也为更多的人所了解，人们更自觉地运用新方法对文化发展问题作出分析，使自身对民族文化的感情和主导社会的思想方式之间有了一种结合。而在这个阶段，张岱年先生对“对理法”④的强调，的确表现出了极大的理论自觉。

---

①《张岱年全集》第1卷，第238页。

②《张岱年全集》第1卷，第240页。

③ 舒衡哲和李泽厚等学者将这一趋势命名为“救亡压倒启蒙”，使得对于民主和科学的追求让步于民族生存的危机，参见［美］舒衡哲：《中国的启蒙运动——知识分子与五四遗产》，山西人民出版社，1989年；李泽厚：《中国现代思想史论》，东方出版社，1987年。

④ 张岱年先生主张用“对理”来作为Dialectic一词的翻译，而通常我们将之译为“辩证法”。见张岱年：《关于中国本位的文化建设》，《张岱年全集》第1卷，第229页。

张岱年先生认为运用“对理法”对于研究文化而言是十分重要的：

> 研究文化问题，当用科学方法，然而于一般所认为的科学方法外，还须用“对理法”(Dialectical Method)。科学方法或归纳法是发现公律的方法；“对理法”是观察现象的方法，是发现现象之实相的方法。归纳法与“对理法”同属“发现的逻辑”，缺一不可。唯用“对理法”，然后才能见到文化之实相，才不失之皮毛，才不失之笼统。惟用“对理法”，才能既有见于文化之整，亦有见于文化之分；既有见于文化之变，亦有见于文化之常；既有见于文化之异，亦有见于文化之同。自然现象之对理常隐而不见，文化现象之对理则最为显著。不知用对理，是不能把握文化之实际的。[①]

科学主义者的基本方法就是归纳法，但是，张先生认为要认识到文化的“实相”必须借助于“对理法”，借助“对理法”，就可以认识到东西文化之间并不是根本的不同，而只是有不同的偏向。西方之所长，在东方并非没有，只不过是不发达而已；同样东方文化之所有，也不是西方文化之所无。唯此，文化之间的交流和互补才成为可能。

从“对理”法的运用，张岱年先生发展出他“综合创新”文化观的基本原则，就是“文化的可离析性”，这一原则具有方法论层面的意义。“从‘对理’来看，文化固是一个整体，而亦是可分的。说文化是有机体，在一意谓上是对的。西文有机体原字有二义：一活的生物体，二有复杂结构的整个。在第二意谓上说文化是有机体，才是对的。如

---

① 张岱年：《西化与创造》，《张岱年全集》第1卷，第248—249页。

说文化同于生物，是有生命的整个，只是谬妄而已。文化既非活的有生命的整体，我们随便取其哪部分都可以，都是无害的。”[①]用有机体的原则来强调文化的整体性，是从严复以来的西化派的主要理论基础，所以对之进行“拆解”，是确立新文化观的基础。“文化的可离析性”意味着我们在创造新文化的时候，必须要进行艰苦的“重构”，而不是全盘接受或全盘否定。在对理的原则下进行的文化创造，显然不是中庸之道的“执两用中”，而是“克服两以得新一”。中庸只是平庸的调和，“对理的合”则是“创造的综合”。因此，他引用“拔夺”也就是“扬弃”的观念来进一步解释对理法与文化创造之间的内在统一。张岱年说：“由‘对理’看，文化改造，对于旧文化必须否定，然而不能是单纯的否定；对于外来的新文化必须汲取，然而不能是全盘的承受。批判的发扬旧文化中之活的成分，并无妨于外来文化之汲取，而外来文化之接受也非必以整个唾弃旧文化为前提。企图对于两者各取一半，那更是笑话而已。由‘对理’看，文化改造必对于旧文化与外来新文化，同时予以批判的‘拔夺’（或‘扬弃’，德文 Aufheben 译为‘拔夺’较恰，‘拔’有擢取、荡除二义，‘夺’者裁定去取之谓，‘拔夺’二字正合德字原旨）。在文化问题上，整个抛弃，全盘接受，或调和折衷，都是不可能的。”[②]

在 20 世纪 30 年代，张岱年先生将其文化主张定名为“创造的综合”，而他认为：“想了解创造的综合之真义，还须了解‘对理’。‘对理’中有所谓否定之否定，新事物之出现，及‘拔夺’作用。创造的综合即对旧事物加以‘拔夺’而生成的新事物。一面否定了旧事物，

---

① 张岱年：《西化与创造》，《张岱年全集》第 1 卷，第 249 页。

② 张岱年：《西化与创造》，《张岱年全集》第 1 卷，第 252—253 页。

一面又保持旧事物中之好东西，且不惟保持之，而且提高之，举扬之；同时更有所新创，以新的姿容出现。凡创造的综合，都不只综合，而是否定了旧事物后出现的新整体。”① 张先生认为由对理而扬弃才是文化创造的基本原则。而他也运用这个原则参与到20世纪30年代关于《中国本位的文化建设宣言》的讨论之中。

## 第二节
## 关于“全盘西化”“中国本位的文化建设宣言”讨论

西学东渐以来，每一个重大的历史事件的发生，必然会伴随着一场关于中西文化的争论，一个比较确定的趋势是，对中国文化抱有信心的人日趋减少。直至五四新文化运动时期，陈独秀、李大钊等人将康有为的孔教运动与民国以来的复辟企图相关联，认为支持孔教和支持共和势不两立。经由《新青年》这样传播甚广的杂志的传播，否定儒家伦理价值的观念影响深广。

不过，中国在巴黎和会的外交失败，让陈独秀他们不再迷信西方列强自我塑造的“正义”形象，开始转向马克思主义，而新儒家和学衡派为代表的人文主义思潮，更为接受文化多元主义。在后五四的时代，逐渐形成了以自由主义西化派、马克思主义和复兴儒学派为主要参与者的不同思潮竞逐的局面。

当时的主要政治势力是国民党，其思想面貌比较驳杂。比如说“三民主义”作为国民党的立党宗旨，其中既有因袭中国固有的思想的因素，也有吸收西方的民主观念的内容。比如，孙中山在“民族主义”

---

① 张岱年：《西化与创造》，《张岱年全集》第1卷，第257页。

部分，肯定中国人的民族精神，儒家的忠孝信义，甚至家族主义都被孙中山视为是建设民族主义的重要思想资源。而其民生主义部分，既有中国古代的均平观念，也有社会主义的因素。在屡屡遭受挫折之后，孙中山逐渐接受了“容共”的政策，除了希望得到物质上的支持之外，也受列宁主义政党的严密的组织性的吸引。吕芳上认为：“由于中国政局的混乱，由于传统文化的崩溃，许多知识分子基于爱国的热忱，都积极寻求一个可以打开闷局、复兴中国的捷径。十月革命，俄国的例子，正好给他们希望与范型。站在民族主义的立场，接受一个来自西方又能非难西方、解决西方问题的思想，心理上多少平衡些。”[①] 这种心理上的分析，也颇切中当时国人的情绪。

不过孙中山“容共”的政策，导致了国民党内部思想分歧的加剧，在孙中山逝世之后，国民党内部的左右之争难以调和。这样的思想分歧在蒋介石背离孙中山的联俄联共政策实行“分共”后得到暂时的统一，蒋介石试图借助儒家的观念作为对抗共产主义思想、巩固其权力基础的重要意识形态资源。

不过，五四时期所形成的西化思潮也并非完全失去了市场，在李大钊和陈独秀转向社会主义之后，胡适的文化立场并没有发生变化。他在为《胡适文存》所作的序言《介绍我自己的思想》一文中，认为必须承认我们自己“百事不如人，不但物质机械上不如人，不但政治制度上不如人，并且道德不如人，知识不如人，文学不如人，音乐不如人，艺术不如人，身体不如人”。[②] 胡适认为不应该把民族的信心建立在虚幻的自恋上，而是要分析自己的差距何在。胡适还发明了“惰性”说，

① 吕芳上：《革命之再起：中国国民党改组前对新思潮的回应（1914—1924）》，台湾“中央研究院”近代史研究所专刊（57），1989年，第493页。

② 胡适：《胡适论学近著》，第503页。

认为文化存在着惰性，必须以“充分世界化”的方式来刺激其改变。受胡适思想的影响，陈序经直接提出了“全盘西化”的说法。

1933年12月和1934年1月，陈序经连续发表《中国文化的出路》和《全盘西化的理由》等文章，提出其“全盘西化”的系统主张。陈序经在《中国文化的出路》中提出西洋文化所代表的是人类文明发展的方向，不管我们是否愿意，都必须接受。

陈序经在文化观念上，继承了严复以来所接受的文化有机体观念，认为文化的整体性特征要求我们不能挑挑拣拣，只接受我们自己认为有价值的部分。他概括了当时关于中国文化出路的主张，认为主要有复古派（主张保存中国固有文化）、折衷派（提倡调和办法中西合璧）、西洋派（主张全盘接受西洋文化）。他批评复古派和折衷派的缺点时说：“前者（复古派）昧于文化发展变换的道理；而后者（折衷派）昧于文化一致及和谐的真义。前者误以为环境时代是不变的；所以圣人立法，可以用诸万世，而施诸四海；而后者则误以为文化的全部，好像一间旧屋子，我们可以拆毁它，看看那块石，或是料木，随便可以留用。……其实文化是完全的整个，没能分解的。”①

陈序经反对将接受别的文化看成是对自身文化传统的蔑视或否定，他相信文化之间的差别并非种类的不同，而是发展程度上的差距；他也反对将文化视为民族生命力的标志。在他看来，文化是全人类共同的财富，并非某一个民族和国家的专属。陈序经自信地认为，纯粹主张复古的人已经不存在了，文化保守主义者已经转变为中西调和的折衷派，因此，未来会转向彻底的西化派。而且，“设使我们不愿意全盘西化，则将来也许为了西洋文化所压迫，而至于国家的灭亡。到了这

① 陈序经：《中国文化的出路》，中国人民大学出版社，2004年，第37页。

个时候，不但固有文化不能保存，连了种族也许灭亡，民族如果亡了，还说保存什么文化呢？”[①] 在这里，陈序经也许有一些逻辑上的不自洽：如果他将接受西方文化视为保存民族和国家的手段，那么若没有文化上的自我珍惜，保存民族和国家的动力来自何处呢？更为严重的是，在饱受日本欺凌的当时的中国，这种观点也与当时联合抗日所激发的民族主义情绪相对立。无论是中国共产党还是中国国民党，都强调民族团结和文化自信是抵御外敌的重要资源。

文化民族主义情绪清晰地体现在《中国本位的文化建设宣言》的发布及引起的社会反响上。1935 年 1 月的《中国本位的文化建设宣言》与当时国民党的宣传策略有一定的关系，当时以陈立夫为部长的国民党宣传机构正致力于“文化建设运动”，而且发表宣言的十教授，均为国民党在教育界的重要人物。作为知识阶层回应时代需要而作的思考，应将之视为在民族主义的背景之下，对于文化发展的一种“理性”的思考。所以，需从理论建构本身来讨论“中国本位”的逻辑和文化观。

王新命、何炳松等十教授发表于 1935 年 1 月 10 日的《中国本位的文化建设宣言》分三个部分。第一部分是“没有了中国”，提出了他们对当时的中国文化传统的基本状况的判断：“中国在文化领域中是消失了；中国政治的形态、社会的组织和思想的内容与形式，已经失去它的特征。由这没有特征的政治、社会和思想所化育的人民，也渐渐的不能算得中国人。所以我们可以肯定的说：从文化的领域去展望，现代世界里面固然已经没有了中国，中国的领土里面也几乎已经没有了中国人。要使中国能在文化的领域中抬头，要使中国的政治、社会和思想

① 陈序经：《中国文化的出路》，第 220 页。

都具有中国的特征，必须从事于中国本位的文化建设。”[①]

第二部分名为“一个总清算”，试图用当时流行的社会分析方法，对中国社会的特殊性作出分析。

第三部分“我们怎么办”提出了他们的一些基本立场。

> 我们要求有中国本位的文化建设！
>
> 在建设的进程中，我们应有这样的认识：
>
> 一、中国是中国，不是任何一个地域，因而有它自己的特殊性。同时，中国是现在的中国，不是过去的中国，自有其一定的时代性。所以我们特别注意于此时此地的需要。此时此地的需要，就是中国本位的基础。
>
> 二、徒然赞美古代的中国制度思想，是无用的；徒然诅咒古代的中国制度思想，也一样无用；必需把过去的一切，加以检讨，存其所当存，去其所当去；其可赞美的良好制度伟大思想，当竭力为之发扬光大，以贡献于全世界，而可诅咒的不良制度卑劣思想，则当淘汰务尽，无所吝惜。
>
> 三、吸收欧美的文化是必要而且应该的，但须吸收其所当吸收，而不应以全盘承受的态度，连渣滓都吸收过来。吸收的标准，当决定于现代中国的需要。
>
> 四、中国本位的文化建设，是创造，是迎头赶上去的创造；其创造的目的是使在文化领域中因失去特征而没落的中国和中国人，不仅能与别国和别国人并驾齐驱于文化的领域，

① 该宣言原载《文化建设》第1卷第4期。见罗荣渠主编：《从“西化”到现代化：五四以来有关中国的文化趋势和发展道路论争文选》，第399页。

并且对于世界文化能有最珍贵的贡献。

五、我们在文化上建设中国，并不是抛弃大同的理想，是先建设中国，成为一整个健全的单位，在促进世界大同上能有充分的力。

要而言之，中国是既要有自我的认识，也要有世界的眼光；既要有不闭关自守的度量，也要有不盲目模仿的决心。这认识才算得深切的认识。

循着这认识前进，那我们的文化建设就应是：不守旧；不盲从；根据中国本位，采取批评态度，应用科学方法来检讨过去、把握现在、创造将来。[①]

宣言发表之后，引发了巨大的社会反响，有人不以为然，胡适认为这不过是张之洞之流的“中体西用”的老调重唱，著文《试评所谓“中国本位的文化建设”》对“中国本位”提出了激烈的批评。他的批评虽然是对他所持的文化“惰性”的重申，但他对自己的文化观有了更为周密的陈述。他指出十教授的根本错误在于不认识文化变动的性质，而固执地认为有一个一成不变的“中国文化”。胡适认为所谓“中国本位”所指的是在固有的环境和历史中所形成的生活习惯，由此，真正的本位只能是无数生活在其中的人。他还对中国本位所可能带来的现实后果表示担心。他说：“今日的大患并不在十教授们所痛心的‘中国政治的形态，社会的组织和思想的内容与形式，已经失去它的特征’。我们的观察，恰恰和他们相反。中国今日最令人焦虑的是中国政治的形

① 罗荣渠主编：《从“西化”到现代化：五四以来有关中国的文化趋势和发展道路论争文选》，第401—403页。

态，社会的组织和思想的内容与形式，处处都保持中国旧有种种罪孽的特征，太多了，太深了，所以无论什么良法美意，到了中国都成了逾淮之橘，失去了原来的良法美意。”

胡适认为“中国本位”只可能是文化发展的结果，而不应是文化发展的立场。“我的愚见是这样的：中国旧文化的惰性实在大的可怕，我们正可以不必替‘中国本位’担忧。我们肯往前看的人们，应该虚心接受这个科学工艺的世界文化和它背后的精神文明，让那个世界文化充分和我们的老文化自由接触，自由切磋琢磨，借它的朝气锐气来打掉一点我们的老文化的惰性和暮气。将来文化变动的结晶品，当然是一个中国本位的文化，那是毫无可疑的。”①

面对种种质疑和反对，十教授除了单独发表文章表达自己的立场之外，还在宣言发表四个月之后，来了一个总答复。他们在这篇答复中，集中论述了六个问题：（1）何为中国本位？（2）何谓不守旧？（3）何谓不盲从？（4）中国本位和“中学为体，西学为用”有何不同？（5）什么是中国此时此地的需要？（6）对于反帝反封建的态度怎样？综合起来，在这个总答复中，最关键的问题是试图回应“什么是此时此地的需要”？因为这是胡适等人质疑的关键点。

> 总括起来，中国此时此地的需要就是：
>
> 充实人民的生活，发展国民的生计，争取民族的生存。
>
> 故中国本位的文化建设是一种民族自信力的表现，一种积极的创造，而反帝反封建也就是这种创造过程的必然使命。②

① 胡适：《试评所谓“中国本位的文化建设”》，《胡适论学近著》，第 435 页。

② 何炳松等：《我们的总答复》，罗荣渠主编：《从“西化”到现代化：五四以来有关中国的文化趋势和发展道路论争文选》，第 478 页。

张申府也参与了这场波及当时学术界的争论并引起了张岱年先生的极大兴趣，1933 年张先生从北京师范大学毕业之后，受聘于清华大学，1934 年由于父亲的离世和身体原因他辞去了工作，但翻检他的著作年表，可以发现，他关于文化问题的讨论文章多发表于这时期，显然是受到了新一轮文化讨论气氛的影响。他自身的辩证唯物论和分析哲学的思想基础，使他在这轮文化争论中展现出对文化问题的独特思考，由此可见，他 1980 年代所提倡的综合创新的文化观的基础是早就奠定了的。

## 第三节
## “可离析性”：对文明有机体观念的批判

张岱年第一篇讨论文化的文章《世界文化与中国文化》于 1933 年发表于张申府主编的《大公报》的副刊《世界思潮》，在这篇文章中他就采用了辩证的方法来分析文化问题，认为中国文化和世界文化一样，都存在着好的方面和坏的方面，改造旧文化的关键就是创造新文化。他说：

> 按照唯物辩证法的观点，一种文化中必然含有相互对立的成分，即好的或较有积极意义的和坏的或具有消极意义的成分。唯物辩证地对待文化，就应一方面否定后者，一方面肯定前者，并根据现实需要加以发挥、充实。中国的旧文化，也包含两部分：一是良好健康的部分，它是中国旧文化之中可以算得对人类社会有贡献的部分；一是不好的病态的部分，

它对中国社会产生了严重的消极影响。[①]

辩证分析的方法不会有人有异议，但如何分辨自己文化中的健康部分和病态部分，则是一个十分艰巨的任务。“中国人如果不能认识出自己的旧文化中的不好的病态部分，或不能认识出自己旧文化中的良好的健康部分，那就会造成对待文化问题的盲目性。中国人如果守旧不改，则无异于等着毁灭；如果妄自菲薄，以为百不如人，则难免有被外来侵略者征服的危险。中国人必须不自馁，赶快振奋起来，乐观地加入全世界创造新文化的工作。”[②]在中国近代以来的文化争论中，如何认识中华文明的价值恰好是争论的关键点。针对陈序经等人所强调的文化的发展与民族的生存与否不存在内在关联这一点，张岱年先生并没有完全否定。唯物史观肯定历史发展是有阶段性的，因此也会承认不同的国家处于不同的发展阶段中。任何民族、阶级社会都只是社会发展某一阶段的产物。但唯物史观也坚信人类的文化最终会有一个世界化的过程，每一种文化虽然产生于某一特定的民族、社会，当世界化的过程发生时，它并不是消失了，而是在为世界文化提供一种元素。“具有不灭价值的文化元素，虽生产、发育于一个民族的民族文化之中，却不只是一个民族的，在本质上是全人类的，它是对人类整个文化的贡献。到将来民族文化消灭之时，各民族文化中的优秀元素将被世界化；即使不能世界化，亦将被保持为世界文化内部变异中的某地方的特性。这样，民族文化的优秀元素，不仅不会随着民族文化的消灭而消灭，反而能得到世界化，这也是辩证的行程。”[③]唯物史观将国家、民族都看作文明的

① 张岱年:《世界文化与中国文化》,《张岱年全集》第 1 卷，第 154 页。

② 张岱年:《世界文化与中国文化》,《张岱年全集》第 1 卷，第 154 页。

③ 张岱年:《世界文化与中国文化》,《张岱年全集》第 1 卷，第 155 页。

阶段性产物，由此形成了普遍主义的文化价值观，这也符合王者无外的儒家普遍主义立场。但在民族主义成为价值基础的20世纪30年代，儒家的普遍主义所提供的是文化信心，这与建立在唯物史观基础上的世界化构成张力，这一点也是张申府、张岱年兄弟的文化观所要面对的。在这篇文章中，张岱年先生文化主张的关键词“创造”“辩证法”“综合”都已经具备，这些思想与他建立在实在论、分析哲学和辩证唯物论等思想基础之上的哲学观念是一致的。在《中国本位的文化建设宣言》发表之后，张岱年先生便通过参与争论而“升级”了他的文化理论。

对于《中国本位的文化建设宣言》的主张本身，张岱年先生是表示支持的，只是觉得宣言比较笼统，认为对宣言的主张需要加以具体化。他说：

> 近年以来，在复古及纯欧化两种主张外，原也有人主张兼综东西两方之长，发扬中国固有的卓越的文化遗产，同时采纳西洋的有价值的精良的贡献，融合为一，而创成一种新的文化，但不要平庸的调和，而要作一种创造的综合。我在前年的一篇旧文（指《世界文化与中国文化》）里，即曾如此主张。其中所表示的意思，大体上是与“一十宣言”所说相同的。然而提出“中国本位的文化”的明确口号来，却自此宣言始。宣言中所说，大体上是国人所接受的。不过，也许因为是一个简单的宣言，所以似还不免笼统，再加以更进的分析，却似乎是必要的。①

① 张岱年：《关于中国本位的文化建设》，《张岱年全集》第1卷，第229页。

张岱年认为全盘接受西方文化和谋求旧文化的复活，都只能是死路一条，而要使中国文化在世界文化史上占有一席之地，就必须建设“中国本位文化”。

“欲使所谓中国本位文化建设之意义成清楚的，还须考察：过去的中国文化是什么？中国文化的特色在哪里？世界文化之大流是趋于何方？中国所缺乏即所需要者是些什么？不然所谓中国本位文化的观念还是模糊不清的。”[①] 对于中国文化的特点，张岱年先生根据罗素将西方文化描述为力的崇拜、科学、工业、民主政治，而提出中庸的行为态度、人伦之注重、农业和士大夫统治作为中国文化的特点。但在文化发展的阶段上，张先生似乎还是同意当时的社会阶段论的观点，认为“中国文化是农业的文化，而西洋文化是工业的文化，中国文化是尚未进到工业时期的”。[②] 这里对中国文化特征的概括，应该是举例式的，是为了导向更为具体化的讨论。总体上说，张岱年先生认为中国文化倾向于“正德”，而西方文化注重“利用”。不论如何，作为文化讨论，并不能停留在口号式的参与，而应该踏踏实实地进行一切具体的工作。“讲中国本位文化建设，只空言是不成的，必有实践的努力。在实践的努力上，又应分工合作，只笼统地说一齐努力建设中国本位文化，也是不成的。宣言所说的检讨过去，把握现在，创造将来，当然是不错的，但似还嫌笼统。建设中国的新文化，至少应作三项工作：一、文化整理及批判工作；二、学术创建工作；三、普及的文化革命工作。”[③]

从称呼上说，张先生更愿意用“文化的创造主义”代替“中国本位文化建设”。“所谓中国本位文化建设的主张，更显明地说，其实可以

---

① 张岱年：《关于中国本位的文化建设》，《张岱年全集》第 1 卷，第 230 页。

② 张岱年：《关于中国本位的文化建设》，《张岱年全集》第 1 卷，第 231 页。

③ 张岱年：《关于中国本位的文化建设》，《张岱年全集》第 1 卷，第 234 页。

说是‘文化的创造主义’。不因袭，亦不抄袭，而要重新创造。对于过去及现存的一切，概取批判的态度；对于将来，要发挥我们的创造精神！宇宙中一切都是新陈代谢的，只有创造力永远不灭而是值得我们执著的。”①

这种名称上的转变值得注意。看起来他同意“中国本位文化”的提法，但无论是从思想倾向和理论逻辑来说，比方说“对理法”作为文化分析的基础、“创造”之可能性、文化发展的目标等，与《中国本位文化建设宣言》的立场和方法均有很大的差别。

不过，从这篇文章和前面所提到的《世界文化和中国文化》一文中都可看出，张岱年先生虽然从自己的哲学立场和方法论根据中提出了创造新文化的主张，但显然其文化观念的表述不甚清晰，有些只是当时的一些流行的观点的重复。在为回应沈昌晔先生的批评而撰写的《西化与创造》一文中，通过对于沈昌晔问题的辩驳，张先生自己的立场也得到了比较详细的说明，也更明确地凸现出他“文化创造主义”的基本立场。

张岱年先生文化观的哲学基础“对理法”，前面已经作过介绍，这里要分析另外几个关键词：“创造”“可析取性”“综合”和“中国文化之真出路”，这是了解张先生文化观的核心。

### （一）创造

沈昌晔认为张岱年“兼综东西文化之长”，只是近代以来中学为体、西学为用的口号，只是五十步和百步的关系。张岱年先生则回应说，兼综东西文化之长，并不是“半因袭半抄袭”，与“中学为体西学

① 张岱年：《关于中国本位的文化建设》，《张岱年全集》第1卷，第235页。

为用”也完全不同。“中体西用”论的最大谬误在于“妄以中学与西学对立。其所谓西学当指科学，而中学则指经学和理学”。[①] 张先生强调不能将那些不主张全盘西化的人全都扣上“中体西用”的帽子。

沈昌晔的批评认为“对理”的背景是中国传统的“中庸”思想，张岱年先生认为对立的统一和“执两用一”的中庸之道是不能“同日而语”的。“对理的合”不仅是综合矛盾双方的好处，而且是以创造新的东西作为其归宿的。

在《中国本位文化的宣言》中，“创造”一词是最受非议的，沈昌晔认为创造需要原动力，而中国文化已经失去了强健的体魄，所以，“创造”只能是一种“奢谈”。而张岱年先生提出，创造力来源于有创造性的人民。“所有健全的国民，康强聪敏，有魄力有胆量，无奴性无惰性，肯下苦功夫，有创造精神，有坚定的信仰的人，就是创造新文化的原动力！这些人的信仰，能激发精神鼓舞勇气的信仰，就是创造的原动力。”[②]

创造之所以可能，除了有创造的动力之外，还是由文化本身的特性所决定的，文化固然是一个整体，也可以将文化称为一个有机体，但文化的有机体并不能等同为生物和生命有机体，不能分别，如全盘西化论者所坚持的要么全接受，要么全放弃。文化作为一个矛盾对立体，我们也不能简单地将西方文化看成是物质的，中国文化是精神的。文化各要素之间有内在的联系，但这并不意味着不能取此舍彼。

所以，“创造的综合”即是对旧事物加以扬弃，在否定旧事物的时候不忘保存其合理部分，并加以提高发扬。更重要的是在发扬中创新。

---

① 张岱年：《西化与创造——答沈昌晔先生》，《张岱年全集》第 1 卷，第 247 页。

② 张岱年：《西化与创造——答沈昌晔先生》，《张岱年全集》第 1 卷，第 259 页。

"凡创造的综合，都不只综合，而是否定了旧事物后出现的新整体。创造的综合决非半因袭半抄袭而成的混合。"①

## （二）文化创造的前景

"综合的创造"文化观的另一重要之处，在于对文化发展前景的认识，这也是张岱年先生所不同于"中国文化本位"派的关键之处。《中国本位文化建设宣言》所强调文化建设的核心是三民主义加儒家传统。而张岱年先生则认为文化发展有其内在规律，是有阶段性的，后一个发展阶段是前一阶段的否定，然而其中又有一定的联系。民族文化要有独立的创造，但关键是与世界文化相适应。但总体上张先生是承认文化发展是受生产方式的决定的，且承认中国处于一个由农业文化向工业文化发展的过程中。

由此张岱年先生认为中国文化的发展目标并不是一个东西文化的问题，而应有一种更为普遍主义的视角，即一种对于"世界文化"的追求。但由于中国处于殖民者的压迫之下，所以，想建设一种与西方平起平坐的资本主义文化是不可能的，而社会主义文化在当时也不可能。所以，张先生认为当时处于建设社会主义文化之前夜。

因此，"文化创造主义"即是"一方反对保守旧封建文化，一方反对全盘承受西洋已经在没落的资本主义文化，而主张新的社会主义中国文化之创造。在社会主义文化创造条件未具备以前，主张充分的作准备工作。"②

① 张岱年：《西化与创造——答沈昌晔先生》，《张岱年全集》第1卷，第257页。

② 张岱年：《西化与创造——答沈昌晔先生》，《张岱年全集》第1卷，第260页。

### （三）西化论文化观批判

西化立场有一个共同的立场就是文化的整体说，即不能分解地来讨论一种文化中哪些需要接受，何者可以放弃。对此，张岱年认为，西方文化中有许多分裂与对立。比如资本主义和社会主义都是西方文化土壤中产生出来的，它们之间有许多互相对立的部分，我们很难同时吸收这两种文化。另外西方有宗教有科学，我们主要应吸收它们的科学精神，宗教信仰则不必。①

当时思想文化界影响巨大的叶青也批评了张岱年的文化创造主义。他认为张岱年的文化观是"新调和论"，只是对张之洞、杜亚泉等观点的重复而已。他尤其从方法论上对张岱年所主张的"对理法"进行了批评。他认为张岱年对辩证法的理解是错误的，不能将处于不同发展阶段的中国文化和西方进行简单的勾兑。②

中国文化传统中有一种深厚的普遍主义基础。中国人一直以超越国家意识的大同目标作为终极目标来思考问题。即使在近代中国发生如此复杂变化的背景下，中国思想家们依然延续了这种普遍主义的立场。这也为我们接受社会主义乃至无政府主义等超国家、超阶级的理论提供了前提。纵观 20 世纪上半叶的中国思想界，无论是全盘西化论者，还是新儒家及其他的保守主义思潮，又或以张岱年为代表的综合创新派，均始终接受普遍主义立场。他们观念的差异只是如何对待普遍化和本土化的关系的差异，而张岱年先生的综合的创造主义主张是以本民族的立场为基点的普遍主义，这种观点接受了文化发展的阶段论，但又认为对于新阶段的文明的理解和接受要建立在本土的文化土壤之上，

① 张岱年：《西化与创造——答沈昌晔先生》，《张岱年全集》第 1 卷，第 253—255 页。

② 叶青：《目前的文化问题》，载马芳若编：《中国文化建设讨论集》中编，上海书店，1989 年影印，第 133 页。

因为文化价值不可能离开接受它的“人民”，此与梁漱溟的东西文化观形成了对照。而这既是我们需要的文化方法，也是需要认真反思的问题，综合创新的开放性正在于此。

## 第 五 章 梁漱溟对于中国建国之路的认识（1911—1949）

1893 年，梁漱溟出生于北京的官宦家庭。

其父梁济，作为一个开明的政治人物，却难以接受辛亥革命之后混乱的政局和传统道德的崩溃，最终在他六十岁生日之前选择了自杀。梁济的绝望，是梁漱溟探索中国发展道路的动力。

早在 1913 年，梁漱溟就接触到了幸德秋水的《社会主义之神髓》，开始对社会主义学说有所了解。

1917 年，梁漱溟受蔡元培之聘到北京大学任教，梁漱溟虽在北京大学教书，但也自认为并非“学问中人”，而是“问题中人”，他不满陈独秀和胡适等人对于中国文化的态度，其《东西文化及其哲学》所提倡的文化观是对《新青年》所倡导的“新文化”的反思。不过，陈独秀回应说：梁漱溟所提出的三路向并不能代表文化之间的差异，梁所强调的文化特性只是民族性而已；世界上的文明形态只有发展阶段的不同，并没有空间上的异同。[①]

虽然一直生活在城市，但梁漱溟看到了改造农村对于建立新的国家的重要性。梁漱溟试图从文化上来说明何以乡村建设是他心目中的“建国之路”。

1918 年之后，《新青年》开始传播马克思主义，李大钊等人坚信未来的中国将是“赤旗的世界”。而梁启超、梁漱溟等人并不对欧洲的精神抱乐观态度。

梁漱溟从梁启超的《欧游心影录》以及欧美思想家的文明反思中，发现欧洲正在经历“第一次世界大战”带来的对科学主义和社会达尔文主义的批评，他们开始强调精神对于文明发展的重要性。这激励他重新找回东方文化的意义，来“拯救”西方的“科学破产”乃至“文明破产”。

1924 年，梁漱溟离开北京大学，辗转在河南、广东、山东等地或呼吁或实际从事乡村建设。其以《乡村建设理论》为代表的著作，对应的是孙中山“平均地权”的农村政策和中国共产党（以及国民党左派）所开展的乡村革命。

① 陈独秀：《精神生活东方文化》，载任建树等编：《陈独秀著作选编》第三卷，第 198 页。梁漱溟这些从文化路向来瓦解进化历史观的方法，陈独秀甚至认为其对中国社会的害处要大于曹锟、吴佩孚这些军阀，因为“对陈独秀而言，那就导致革命队伍从内部分裂”。参见［日］沟口雄三：《中国的冲击》，生活 · 读书 · 新知三联书店，2011 年，第 167 页。

## 第一节
## 中国的特殊性何在?

面对西方的挑战，无论欧化论者还是国粹论者，都在讨论中国的特殊性。就欧化论者而言，他们所关注的问题是中国缘何没有走上西方的道路。而国粹论者所担心的是中国欧化之后文明传统的沉沦。在戊戌变法前后，为调和这种分歧而发展出“中体西用”论，通过将价值观和生产方式相分离的方式来解决学习西方和保存传统生活方式之间的冲突。

1911年辛亥革命的胜利，使得“走向共和”成为举国之共识。但始于革命终于清帝逊位的妥协后果，使新生的民国成为政治体制和价值观念混杂的产物。以孙中山为代表的革命派的“共和”诉求和清廷在接受“共和”前提下的“逊位”，让民国政权具有“双重合法性”，即它既是革命派追求民主政治的成果，也是传统儒家的禅让理念和民本观念的现实版本。这种混合的政治理念与民国之后军阀混战、国家难以政权统一的政治现实之间存在着内在的关联。在梁漱溟看来，民国之后成立的新的国家有三大缺陷:“第一，它不能应付国际竞争的环境，以减少外面的侵略压迫”;“第二，它不能防救天灾”;“第三，内战连绵不断，战争是常，不战是暂;或说是战争的休息，再战的预备。”[①] 概括起来就是缺乏“国家能力”。

针对民国初年的乱象，守旧派批评共和政治“只破不立”造成政治能力缺失，而趋新派则认为传统的价值观阻碍了共和政治的落实。因此，支持共和政治的新文化运动将目标锁定在“政治化儒家”和作为

① 梁漱溟:《中国建国之路》,《梁漱溟全集》第三卷，山东人民出版社，2005年，第323页

“家族主义”价值根据的纲常伦理尤其是孝道上。

虽然新文化运动的主题从文学革命发展到后来的社会主义，但他们对儒家文化的批评和对中国自身政治传统的否定是一致的。

新文化运动内部的分裂并非对中国自身传统的态度的分歧，而是在学习欧洲还是追随苏联问题上的分歧。当时，批评新文化运动的声音也有很多，北京大学内部就有以《国故》为核心的保守主义阵营，另外还有《东方杂志》的杜亚泉和学衡派①。他们批驳全盘西化的倾向，但也没能提供一个新的文明发展的图景，并说明中国何以能发展出独特的社会发展路径。

与前述的思潮相比，梁漱溟的文化三路向理论是一种相对精巧又充满矛盾的体系。②

首先，梁漱溟对文化有明确的定义，认为文化是“人们生活的样态”，生活样态取决于人内在的“意欲”。

梁漱溟反对地理环境决定论，认为人的生活样态并非单纯由其生活所处的地理环境所规定，他认为不经过理智拣择的“直觉”是人们追求合理生活的依据。即使是作为人们行为准则的道德，它的产生并成为我们行动的规则，也并非是有什么高深的理据，主要是基于直觉的冲动。“各时代各地方都有道德伦理等等的名词，但我们求其根本基础，

① 杜亚泉所主张的是中西文明的调和，这受到陈独秀的反驳；学衡派则主要受白璧德人文主义的影响，主要针对的是新文化运动的科学主义观念。

② 杨贞德说：“梁漱溟在解释文化的性质和意义上，既抨击单线演化论，又难以完全排除其影响。这一现象同样见于他关于文化形成过程及其未来的说明。梁漱溟在提出文化由第一至第三路向循序演进时，清楚意识到实际的历史发展与此进程并不相合。他因此除了藉此否定单线演化论中所蕴涵的历史必然性之外，另且必须说明：何以实然的变化不曾依循所谓自然的路向？是否要使实然和自然的发展合而为一？如何能使二者合而为一？在这些部分，梁漱溟一方面以多元发展论解说西中印三文化的源起，另一方面则延续单线演化论的部分理路，指出西方和中国当前应取的走向。”参见杨贞德：《人心与历史：梁漱溟文化保守主义中的进化论述》，载杨贞德：《转向自我：近代中国政治思想上的个人》，生活·读书·新知三联书店，2012 年，第 284—285 页。

差不多全在直觉，就是平常喜欢说的良心。”① 他还认为：“我们从一种观察客观静理的方法，产出知识见解以为我们生活中的工具；许多常识和学术都是如此。但如见师当敬，出言必信之理则非客观的静理，而为主观的情理。此理出于良知直觉，与知识见解由后天得来者根本不同。”② 以良知来解释“直觉”，让梁漱溟的思想更具有“新心学”的意趣。③

其次，梁漱溟将他的文化多元论建立在多种文化比较的基础上，他从身心关系出发，将西方的“意欲向前”、中国的“持中”和印度的“向后”的生活方式通过身心关系的转变确定为历时性的连续的发展阶段。

关于文化发展的不同路向，是梁漱溟最受争议的理论“创构”。他以此来反对机械的历史决定论模式，但他的三路向的转折依然是“单线”的历史演化论。身心关系的转折背后也是遵循了历史决定论的模式，即他反对西方中心主义，却建立起西方 - 中国 - 印度的线性模式。不过，梁漱溟从身心关系来思考历史发展的观念与马克思的资本主义批判形成了共鸣。即梁漱溟也认为资本主义的生产方式是以物质欲望压制心灵的自由，从而陷入了身心关系的紧张，因此他呼唤礼乐文明时代的再度降临。马克思则是从“异化”的揭示出发，勾勒出人充分实现自我的理想社会。在“未来”的时间维度上，强调精神对于历史发展之意义的梁漱溟和强调生产力发展来解决人与“物”矛盾的历史唯物主

---

① 梁漱溟：《在晋演讲笔记：中国民族今日所处之地位》，《梁漱溟全集》第四卷，第 671 页。

② 梁漱溟：《评谢著〈阳明学派〉》，《梁漱溟全集》第四卷，第 719 页。

③ 梁漱溟的新儒学或许也可以称为“新心学”，因为他不仅用良知来理解他所借以成为其文化观基础的“直觉”，而且他的乡村建设实践，也自许为是泰州学派的精神的现代发挥。本文这一说法受到北京大学哲学系陈贺硕士的启发。

义产生了共鸣。在写于20世纪60年代的《中国——理性之国》一书中，梁漱溟认为中国的社会主义现实表明它具备为文明的未来提供榜样的文化力量。

第三，梁漱溟将西方文明的自我反省甚至将马克思的资本主义批评等结合起来，认为20世纪20年代的世界已经处于文明模式转移的关键时刻。

梁漱溟并非简单地拒斥西方，他接纳科学和民主。他多次说到，与西方相比，中国是农业国，但要让农业发达，就得依赖科学，“以前那样单靠没有多大气力的手足及天然的风雨气候的农业，完全是靠天吃饭，一有天灾，毫无办法。所以就是要发达农业，所需要的器具机械及农业化学的学问，也非发达科学的工业不可”[①]。梁漱溟更指出，中国要发展工业以提升国家能力和人民生活。不过，梁漱溟认为虽然西方近代的生产力发展建构了民主的体制并促使科学飞速发展，但西方市场国家所采用的市场竞争的方式所造成的生产过剩、工人失业等一系列社会问题，则是中国工业化所要避免的。更为严重的是，这种片面追求利润的生产方式造成了西方人的精神痛苦。因此，中国不能简单模仿西方的制度。梁漱溟说，西方人现阶段的成功，是因为他们的文化特别适合解决人类目前的问题，同理，中国和印度的失败，也是因为这两种文化不适应目前的需要。不同文明路向需要不同的价值观。但西方文化的弊端已逐渐显现，中国文化要做好为人类提供新的生命方向的准备。

第四，梁漱溟认为历史将建立新的文明模式的使命赋予了中国，而乡村建设则是这种模式的最佳切入途径。在梁漱溟这里，乡村建设不

① 梁漱溟：《在晋演讲笔记：中国民族今日所处之地位》，《梁漱溟全集》第四卷，第690页。

仅是一场建国运动，更是一次新文明模式的探索。中华民族需要有此“自觉”。他说：“所谓从民族自觉而有的新趋向，其大异于前者，乃在向世界未来文化之开辟以趋，而超脱乎一民族生命保存问题。此何以故？以吾民族之不能争强斗胜于眼前的世界，早从过去历史上天然决定了，而同时吾民族实负有开辟世界未来文化之使命，亦为历史所决定；所谓民族自觉者，觉此也。”①

梁漱溟认为中国近代的问题是过度模仿西方的政治制度，其所以失败，当然有“物质”上的原因，比如广土众民、交通不便、工商业不发达，但更为根本的原因在于“精神气质”上的差异。梁漱溟认为他在《东西文化及其哲学》书中的错误在于试图用中国文化的精神去补救西方制度之缺失，但根本的问题是中国有其自身的精神传统，比如不争、内省、协调而非牵制、“伦理责任”取代法律制约，因此在个人主义日益兴盛的今天，应当以非个人主义的伦理情谊作为制度的基础，并进一步开创“民族生命”的“新生机”。②

梁漱溟认为，近代以来中国民族自救的一个方向性错误是想建立一个接近西方的“近代国家”，“一反吾民族王道仁义之风，而趋于西洋霸道功利之途”③。即便如此，因为文化路向的差异，传统中国并非一个典型意义上的国家，而是融国家与社会、以天下而兼国家，因此，中国不像一个典型的国家，而是缺乏掌控武力的阶级或政府，也就是缺乏一个主体。但旧中国很大，一个一姓一家的国家主体难以统治如此广大的国家，由此，武力与主体之间并不相称，因此中国文化主张修文偃

① 梁漱溟：《中国民族自救运动之最后觉悟》，《梁漱溟全集》第五卷，第 113 页。

② 梁漱溟：《我们政治上的第一个不通的路——欧洲近代民主政治的路》，《梁漱溟全集》第五卷，第 151 页。

③ 梁漱溟：《中国民族自救运动之最后觉悟》，《梁漱溟全集》第五卷，第 109 页。

武、道德为本。在国际竞争的环境中，这样的理念难以应对西方的武力挑衅，清政府便因此倒台。然而，1911 年民国成立之后，武力依然寻不到主体，从而形成了军阀割据的局面。梁漱溟认为出路不是要为武力寻求主体，而是当真正的主体出现之后，武力就会出现。传统中国家庭独大，以伦理组织社会，消融了个体与团体的两端，因此中国人缺乏集团生活，也不能建立一个强有力的政权。

梁漱溟以八个字来概括中国社会的特点：伦理本位、职业分途（立）。即中国人以情理来认识这个世界，以伦理来组织社会；因为理性早启，以伦理代宗教，所以没有团体生活、没有阶级，故而社会成员以职业确定其身份。这样的社会不可能建立起以民主和法制为基础的欧美式的现代国家。有鉴于此，梁漱溟认为“乡村建设”是民族自救的唯一道路。他在《乡村建设理论》一书中着力阐发了这个认识。

## 第二节
## 乡村建设与梁漱溟的中国秩序原理

如果说《东西文化及其哲学》是梁漱溟反思现代性的理论建构，那么《乡村建设理论》则是梁漱溟试图给文明的第二种路向设计的路线图。更为复杂地说，他起笔于 20 世纪 20 年代，完成于 70 年代的《人心与人生》也是此路向的理论拼图之一。而在 20 世纪 30 年代中国乡村破败的大环境中，梁漱溟认为乡村建设才是培养新式政治习惯的入手处，也是他文明论现实化的试验地。

梁漱溟对中国近代以来暴力革命的发生有同情的理解，他认为 20 世纪 20 年代的反帝反封建的斗争有其必然性。首先，在中西接触之后，中国问题并非仅仅是中国人自己的问题，而是全球性问题的一部分。中国革命不是一个自下而上的自发的革命，而是在外力刺激下的被动的适应。“中国问题发动自外——中国社会改造运动，是因为受了世界潮流的影响刺激后，上面先动起来而领导着下边去改革；而不是因为上面压迫下边，下边有了力量，于是起而推翻上边的一回事。”[①] 从近代的现实而言，中国要确立国家主权就必须要反抗资本帝国主义。其次，中国要让国内经济有所发展，就必须打倒军阀、建立有计划的革命的政党。梁漱溟认为这些都是暴力革命发展的内在原因，若不明于此就反对暴力革命，终是隔靴搔痒而已。[②] 在梁漱溟看来，若要根除暴力革命，必须要找到暴力革命的根源并消除之。

梁漱溟之所以要亲力亲为地去乡村搞建设，也是看到民国政府所推行的包括“地方自治”运动的无效。他认为这一运动导致行政权力扩展到乡村社会，这种模仿西方地方社会治理的方法只增加了政府的财政负担并将之转嫁到农民身上，不可能真正改变农村秩序，反而加剧了农村的破败。梁漱溟甚至不赞成晏阳初等人的乡村建设实践，认为不能就乡村论乡村，而要从文明发展的路向来理解乡村建设，并将之视为建设新的中国政治社会秩序的一部分。“乡村建设运动，实为吾民族社会重建一新组织构造之运动。”[③] 此建设虽立基于乡村，但并非要把建设的重心完全回归乡村，而是从中概括出秩序原理，从而摸索出中国的社会建设之路。“所以乡村建设，实非建设乡村，而意在整个中国社会之建设，或可云一种建国运动。”[④] 梁漱溟从乡村建设而概括并试图借助的秩序原理包括两方面，下文将分别论述。

---

① 梁漱溟：《乡村建设理论》，《梁漱溟全集》第二卷，第 228 页。

② 梁漱溟：《“建设新社会才算革命”答晴中君》，《梁漱溟全集》第五卷，第 126 页。

③ 梁漱溟：《乡村建设理论》，《梁漱溟全集》第二卷，第 161 页。

④ 梁漱溟：《乡村建设理论》，《梁漱溟全集》第二卷，第 161 页。

## （一）"理性"与贤能政治

梁漱溟之《乡村建设理论》一书是他对于中国问题之思考的系统性作品，所以此书又名为《中国的前途》，书中所讨论的许多问题是对他写作《东西文化及其哲学》和从事乡村建设以来许多思考的系统化，也是梁漱溟对鸦片战争以来中国人对于中国建立现代国家的探索实践的反思。他从理论和实践两方面否定了中国走西方道路、苏联道路和日本式后来居上道路的可能性，认为中国只能走自己的路。

在该书中，梁漱溟确立以"理性"为基础的分析中国社会的关键概念。[①] 他认为，与西方现代社会之建构立足于个人和法律不同的是，中国社会向来以礼俗和教化来维持秩序。从文化心理而言，此乃一种"理性"，而非西方式的"算计"。梁漱溟赋予"理性"以独特的解释，认为理性即"人情"，"吾人所有平静通达的心理"[②]，"要无外父慈子孝的伦理情谊，和好善改过的人生向上"[③]。由于理性早启，没有发展出团契式的宗教生活，由此造成的社会秩序短于团体生活、而以家庭为本，在认知实践上则缺乏科学精神、而被自然所宰制。

在中国社会中，家庭和宗族的伦理情谊生活是如此重要，以至于在社会形态上体现为伦理本位[④]、职业分立，这样的秩序具有持续性和稳定性。但此社会秩序在近代遭遇西方冲击的时候，却因为屡遭失败而失去了自信力，产生许多"自力破坏"，逐渐失去了文明自信。

梁漱溟将鸦片战争之后中国社会对西方的态度分为"一战"前和

---

① 干春松：《梁漱溟的"理性"概念与其政治社会理论》，《文史哲》2018 年第 1 期。

② 梁漱溟：《乡村建设理论》，《梁漱溟全集》第二卷，第 181 页。

③ 梁漱溟：《乡村建设理论》，《梁漱溟全集》第二卷，第 186 页。

④ 总体而言，梁漱溟将中国传统社会定义为伦理本位社会，包括政治、经济、法律各个部分，比如财产上的家族共有；在人与人之间更主张义务而不是权利；相比个人自由，更注重集体的利益；看重贤能人士的作用；比起法治，更强调礼治的价值。

"一战"后，他认为"一战"前是片面学习西方，但并没有获得日本式的成功。而"一战"后，欧洲人开始了文明的自我反思，并出现了苏联的新政权。而中国在没有进入现代化的前提下，却在进行现代性的反思，其反思的结果是反对个人主义和法制秩序，对农村进行革命，结果彻底破坏了中国的社会基础——伦理价值被否定，职业分立之社会亦遭崩解。"中国旧社会没有构成阶级，政治上是一人在上万人在下的局面。没有阶级，所以不能用武力统治，而只是以教化维持秩序；不好以法律强制，只好以礼俗维持。"[①] 梁漱溟用"职业分途"来解释中国社会群体特性，梁漱溟不赞成"乡村居民""农民""农工"这些对于乡村居民的称呼，还认为以压迫者和被压迫者来区分农村人群的构成并不合适。因为在民国之后，地主乡绅日渐逃离农村，留在农村的是"阶级不明，散散漫漫的中国人，其职业的或阶级的联系，远不如地方同乡里的关系之深，团结之易"[②]，故而不能将城市的阶级区分套用到农村。

《乡村建设理论》一书呈现了梁漱溟对于旧秩序崩坏和新秩序如何重建的思考。梁漱溟承认近代以来中国社会的变革导致现代中国社会已经与传统社会之间有了很大的变化。其具体表现为：（1）伦理本位的社会已经被破坏，使中国社会陷入价值矛盾之中。这种矛盾的关键是旧伦理被破坏，而新价值观建立不起来。（2）职业分立社会被破坏。这就是旧的农业社会被破坏，而工商业社会没有建立起来。因为没有阶级的存在，所以现代国家所需要的武力就只能委托给个人，这造成了军阀乱政，国家权力难以建立。究其原因是中国人受到外来压力的刺激之后，试图寻求变化以摆脱困境，但社会现实并不具备接受西方政治

① 梁漱溟：《乡村建设理论》，《梁漱溟全集》第二卷，第 221 页。

② 梁漱溟：《中国问题之解决》，《梁漱溟全集》第五卷，第 216—217 页。

制度的基础，这造成了意识和现实之间的不匹配，失败是在所难免的。“西洋新兴阶级要求政权公开、自由平等，是事实上的需要；而在中国旧的秩序中，多数人正不必有此要求。这种要求，完全是一般知识分子的空想，与事实初不相干。事实如此，而要求如彼，秩序乃建立不起。民治不成功，再来一个党治；而党治也是从外来的，不与自家事实相符，故亦不成功。”①

梁漱溟对乡村社会的认识与他的理论体系一样充满着自我矛盾的困境，比如：既然现代中国社会已不复伦理本位和职业分途的社会，那么缘何以传统的“理性”来否定阶级的存在和革命的合理性呢？既然承认城乡的差别，则也表明中国社会已经不复能从乡村得到完全的说明。

那么，如何解决中国的困境呢？梁漱溟提出了中西融合的思路。②这个设想并非重建乡村，而是要将中国固有的精神与西洋文化的长处进行具体事实的沟通、调和，他称之为“新礼俗”。这里面有几层问题值得我们反思，梁漱溟一直反对调和论，并认为中西属于不同的文化基础，因而秩序体系也自然不同。但在新礼俗的理念下，他认为中西之间可以达成实际的沟通，也就是从普遍性的原则上去发现中西秩序原理中的共同之处。比如，梁漱溟认为，中西同是人类，他们有许多共同的关切，导致他们能互相理解，而中西沟通让这种融合成为可能。再如，在西方的压迫之下，我们需要建立团体组织来与西方抗争，这使得素来没有团体组织的中国人，产生了建立团体的自觉需求。但梁漱溟认为中国要建立的团体不是西方人那种建立在个人权力基础上的契约性团体，而是将中国传统的尊师精神扩展的政教合一的新团体。这种团

① 梁漱溟：《乡村建设理论》，《梁漱溟全集》第二卷，第235页。

② 梁漱溟在五四时期是不接受“调和论”的，但在乡村秩序建设的构想中，他其实体现出一定程度的“调和论”，但这种调和论既非中体西用论，也非西体中用论，而是中西融汇基础上的“创造”。

体将是少数人领导多数人，从而避免互相制约所导致的团体品质低下。"因为智愚、贤不肖在人群里天然是有的；且从人生向上的意思来说，都应当把自己看做不如别人，必须时时求教于人，此时天然的就要走入少数领导的路，而非多数表决的路。"①

在这里，梁漱溟的思路体现出十分明显的贤能政治特色。他的论证是十分清晰的，他认为科学的进步导致社会事务的专门化，"将不让从各地来的议员去讨论问题，去修正法条了；因为他们不是专家，若任其随便讨论，则势必大糟，所以必须有尊重学者，尊重专家的意思。由立法专门化，移到行政上去，就又有所谓技术行政"②。梁漱溟指出，政治事务的专业化客观上让现代政治与中国传统的"崇尚贤者"精神相符合，"中国与西洋不同：中国的科学不发达，可是它有一种对于人生向上，对于道德的要求；从这种要求出发，则要尚贤。中国不能有团体组织则已，如果有团体组织，那末，这个尚贤的风气仍要恢复，事情的处理，一定要听贤者的话"③。贤者就是智者，所以尚贤和尚智可以改变取决于多数人这种省事的办法。"一个团体，虽不必取决多数，可是并不违背多数；它正是一个民治精神的进步，而不是民治精神的取消。"也就是说，在梁漱溟看来，贤能政治是对民治政治的补充，进而实现他所说的中西融合。梁漱溟对此冠之以"人治的多数政治"或"多数政治的人治"。"政治上的分别，不外多数政治与少数政治，我们现在的这种尊尚贤智，多数人受其领导的政治，自一方面看，的的确确是多数政治，因多数是主动，而非被动；但同时又是人治而非法治，因不以死

① 梁漱溟：《乡村建设理论》，《梁漱溟全集》第二卷，第 283 页。

② 梁漱溟：《乡村建设理论》，《梁漱溟全集》第二卷，第 289 页。

③ 梁漱溟：《乡村建设理论》，《梁漱溟全集》第二卷，第 290 页。

板的法为最高，而以活的高明的人为最高。”[①] 所以梁漱溟呼吁知识分子要下乡，要发挥传统社会中“士人”的作用，在知识上教育民众，在道德上成为民众的榜样。在他看来，中国问题之解决，其发动的主动性以至于完成，全在其社会中知识分子与乡村居民打并一起，并构成之一种力量。[②]

### （二）“以他人为重”与自由、平等、权利等观念的张力

梁漱溟的新政治习惯理论所要处理的中西融合还有“义务与权利”“平等和差等”“自由与制约”等问题，他在这些方面的论述都堪为梁漱溟最具有创造性的思想。

梁漱溟认为中西方对权利和义务的关系认识有很大差异。现代西方政治思想主张公民有天赋的权利，中国人则更为强调个人对团体的义务。伦理关系中的义务观念可以促进散漫的中国人走向团体生活，中国人并不主张自己的权利，而是强调自己的义务，“中西之所以不同，其分别点就是西洋人是自己本位，以自己作中心；中国则恰好掉过来以对方为重，话都是从对方来的，道理是从那里（非这里）讲的。……从义来说话，则是我对你该当如何如何，从利来说，则是你对我该当如何如何”[③]。

对于平等问题，梁漱溟认为中国人的平等观与西方人从个人出发的平等观不同，而是承认知识上和血缘上的差等[④]，但“中国人则虽然

① 梁漱溟：《乡村建设理论》，《梁漱溟全集》第二卷，第 292—293 页。

② 梁漱溟：《中国问题之解决》，《梁漱溟全集》第五卷，第 210 页。

③ 梁漱溟：《乡村建设理论》，《梁漱溟全集》第二卷，第 295 页。

④ 梁漱溟认为两种等差必须承认：“一种是从看重理性、尊尚贤智而来的等差；一种是从尊敬亲长而来的等差。”梁漱溟：《乡村建设理论》，《梁漱溟全集》第二卷，第 296 页。

有由尊亲长、尚贤智而来的等差，但与平等并不冲突，因为他心里最通达，故仍能承认平等；并且平等观念与中国人的心理最能相合”[①]。

对于自由，梁漱溟认为团体中的个体自由是西方近代文明的一大贡献，尤其是其对于公共领域和私人领域的区分确立了个人权利的基础。但这个观念对中国人而言，并没有激发出多大的波澜，因为中国传统社会十分散漫，自由观念传入中国并没有引发巨大的挑战。不过，强调个人权利神圣不可侵犯的观念也不符合中国传统的价值。梁漱溟认为西方的自由观念正在发生转变，已经开始探索个人选择和团体利益的统一，物极必反，个人主义发展到极端就会走入社会本位，并接受一定程度的社会干预的必要性。

值得注意的是，梁漱溟已然意识到“积极自由”和“消极自由”之间的差异，主张自由并非毫无约束，并认为政府对可能危害群体和破坏社会良俗的“自由”应该干涉。“许你自由，为的是要你向上，发挥你的长处，对社会有贡献，社会才能进步，你若违背了团体为希望发挥你的长处才许给你自由的意思，而去自由的时候，那么，团体就可以干涉你，不让你自由。”[②]梁漱溟认为若是任由个人自由的泛滥，那么政治和教化的统一便无从着落。

在理清了这些中西差异的基本理论问题之后，梁漱溟开始描述他理想中的中西融合的新社会组织。这样的组织建立在人与人互相理解、互相礼让的伦理情谊之上，目的是让每个人得到发展，并容纳西方社会强调团体生活及尊重个人、成员参与和财产的社会化等优点，由此可以说为人类的文明开拓了一条新的道路。

---

① 梁漱溟：《乡村建设理论》，《梁漱溟全集》第二卷，第 296 页。

② 梁漱溟：《乡村建设理论》，《梁漱溟全集》第二卷，第 299 页。

梁漱溟认为这条新道路的入手处是乡村，但又不停留于乡村。乡村建设并非梁漱溟的核心目标，而是要以乡村作为基础来培育新的政治习惯。在梁漱溟看来，从家庭出发则范围太小，以组织国家为模本则范围太大。而乡村社会的范围正好是人情社会的范围，而且农民相比于工商业者，不急于从效果来判别方法的对错。最关键的是，乡村是社会的本源，而都市是非自然生成的，是为了商业目的而建构起来的，而自然形成的秩序更适合成为新政治秩序的基础。

梁漱溟把乡村看作一个整体，其组织的基础是乡农学校，然后分化为四者：乡长、乡农学校、乡公所、乡民会议。梁漱溟认为经过这些培育过程，“在将来的时候，中国人一定有他所适用的一套政治制度；这个政治制度，我相信它全然不是西洋玩意。可是这个政治制度，只能从事实上去创造（并且亦是创造事实），才能慢慢创造出来，现在尚不能有”[①]。梁漱溟并没有提供一个明确的未来秩序的模型，而是为这个秩序的经济、社会组织如何运行提出了一系列具体的构想。他以五点来说明何以乡村建设是矫正人类文明偏向的理由：（1）先农后工。即使人类已经发展到工业文明，但正常文明应该是农工平衡。（2）乡村为本，都市为末。即应以乡村的沉静来冲淡都市的焦虑。（3）人作为社会的主题，反对人为物所支配。（4）伦理本位的社会，反对极端个人主义或集体对个人的压制。（5）政治、经济和教育的结合。[②]

不过，梁漱溟的这些具体的政治、经济制度甚至金融支持谋划，更多是一种带有想象色彩的设计。事实上，在当时的中国，这些设想并无落实的可能。梁漱溟也在1935年乡村建设研究院的演讲中指出，乡

① 梁漱溟：《乡村建设理论》，《梁漱溟全集》第二卷，第389—390页。

② 梁漱溟：《乡村建设理论》，《梁漱溟全集》第二卷，第558—562页。

村建设有两大难处：（1）高谈社会改造而依附政权。梁漱溟认为，社会改造若是依附政权，由此便难以从乡村建设出发来改造社会，而容易为政权所改造。（2）号称乡村运动而乡村不动。“本来最理想的乡村运动，是乡下人动，我们帮他呐喊。退一步讲，也应当是他想动，而我们领着他动。现在完全不是这样。现在是我们动，他们不动；他们不惟不动，甚且因为我们动，反来和他们闹得很不合适，几乎让我们作不下去。此足见我们未能代表乡村的要求！”[①]很显然，梁漱溟从乡村建设的实践中看到了实现其理想秩序的困难。

## 第三节
## 梁漱溟对社会主义与唯物史观的认识

如上所述，梁漱溟的乡村建设理论针对的是中国共产党的农村革命理论，在他的理由中，除了对中国文明的独特性之认知外，还以他所理解的唯物史观和社会主义理论作为理论武器。梁漱溟并不否定马克思的唯物史观对西方社会的解释力，但对其解释中国社会的有效性持有怀疑。这种怀疑既是梁漱溟的文明发展的多样性立场所必然催生的，也是他探索中国特殊性的动力。

### （一）“生产力”和“精神力量”的双重决定论：梁漱溟对唯物史观的认识

梁漱溟的文化发展“三路向”说，是对进化主义的历史观以及唯物史观的一种理论反思的成果。他承认经济基础对上层建筑的影响，因

① 梁漱溟：《乡村建设理论》，《梁漱溟全集》第二卷，第575页。

而在一定程度上肯定了唯物史观的合理性。他说："若拿唯物史观来说明西方政治上社会上之'德谟克拉西'精神所从来，我并不十分反对，……我只要问：如中国，如印度有像欧洲那样不断变迁的经济现象么？如承认是没有的，而照经济现象变迁由于生产力发展的理，那么一定是两方面的发展大有钝利的不同了。"梁漱溟据此认为，必然有一个影响生产力发展的因素，这个因素的存在说明生产力并不是决定社会变迁的最为终极的因素，"马克思主义说生产力为最高动因。这所以使生产力发展可钝可利的在哪里呢？还在人类的精神方面"[①]。

不过，梁漱溟还区分了"精神"和"意识"，这是对唯物史观的一种妥协性肯定。在他看来，物质决定意识是可以接受的，因为意识是没有力量的，而精神是独立发挥作用的。按照唯物史观，经济发展决定意识的程度，而经济发展的动力是人的"欲求"，这是来自人的"精神"。"我以为人的精神是能决定经济现象的，但却非意识能去处置他。"要探寻西方民主精神的源头，也要去探索其精神性的根源。正是因为"精神"因素的差异，中国、印度和西方走出了不同的方向。若是按线性的历史观，全球的文明都朝向一个方向前进，大家只是发展的快慢问题，但实质上，中、西、印走的是不同的路，"中国人不是同西方人走一条路线"；若是没有西方文化的接触，"那么无论走好久，也不会走到西方人所达到的地点上去的"。[②]

由此，梁漱溟将历史唯物论的规律"局限"于用以解释第一路向的规律，因为其社会发展的一切动力均来自征服自然和解决人身的欲望。"其社会上层建筑之政治法律风俗道德为被推进的，以机械规律而进步，

① 梁漱溟：《东西文化及其哲学》，《梁漱溟全集》第一卷，第 374 页。

② 梁漱溟：《东西文化及其哲学》，《梁漱溟全集》第一卷，第 392 页。

以武力形式而解决，殆亦有如唯物史观家所说者。”[①] 但这种规律的发现会使人以为其可以适用于解释世界所有地区的社会发展状况："然不虞中国历史上之伦理及一切相缘而来之礼俗制度，是从人生第二态度照着第二问题来解决，来建造的。明白言之，此虽亦不能不有其一定经济条件，然非被经济进展而推动者，实出于人为调制，意识地照顾于事先。于是竟倒转过来而从社会上层牵制了他的下层之进步发展，自陷于绝境。”[②]

而近代中国同时具备接受历史唯物论的思想基础和外在压力。一方面，以客观的历史规律作为推动人们改变陈腐的政治体制的动力，与清末民初中国人急切改变中国积贫积弱之处境的要求相吻合。如康有为将公羊三世说通过"托古改制"转变为推进维新运动的思想武器；而严复所翻译的甄克思《社会通诠》所确立的社会发展三阶段说，也引发了维新派和革命派关于中国革命道路的争论。因此，当马克思的唯物史观传入中国之后，很快成为占主导性的历史意识，人们所争论的问题转变为中国是否具有与西方完全一致的历史发展规律，以及如何确定当时中国的社会性质，进而以此作为不同革命理论的依据。

梁漱溟在一系列著作中也反复征引甄克思《社会通诠》中的观点，肯定生产力发展对于国家发展的意义。比如在比较同为亚洲国家的日本和中国之所以在发展道路上有如许大的差距的时候，梁漱溟认为关键就在于有没有近代工业，而若要发展近代工业，则必须要社会稳定和法律有效，此两项都有赖于强大的现代国家，故而中国与日本的强弱差别就在于国家能力的问题。[③]

---

① 梁漱溟：《中国民族自救运动之最后觉悟》，《梁漱溟全集》第五卷，第 97 页。

② 梁漱溟：《中国民族自救运动之最后觉悟》，《梁漱溟全集》第五卷，第 97—98 页。

③ 梁漱溟：《告山东乡村工作同人同学书》，《梁漱溟全集》第六卷，第 18 页。

梁漱溟也多次提到马克思所指出的亚细亚生产方式，以此来说明马克思并非认为历史发展的规律在世界各地是一成不变的。梁漱溟从中国的特殊的社会结构出发，以马克思的亚细亚生产方式理论为他的多元历史观做论证。从这个意义上，我们可以将梁漱溟的历史观视为“生产力”和“精神力量”双重决定论，并侧重于精神力量对历史发展的影响。比如梁漱溟十分强调中国古代圣人在形成中国文明特性时的创造性作用，并认为相比于其他文明区域的创造者，中国古代圣人令中国文化直接进入了“第二路向”。他认为，中国古代的圣人天分高一些，由此，中国文化玄深而细密，具有持续的影响力。之所以中国文化看上去一成不变是基于中国古圣人由其观察宇宙所得的深密思想，开头便领着大家去走人生第二路向，到老子、孔子更有其一盘哲学为这路向作根据，从此以后无论多少聪明人转来转去总出不了他的圈；而人生路向不变，文化遂定规成了这等样子不能再变。[①] 正是因为有这样的精神基础，所以梁漱溟认为在中西交通大开的今天，我们更应该看到自身文明的优势，而不应该回头去补“第一路向”的课。

由此，梁漱溟认为马克思对资本主义生产方式所作出的批评，在内在精神特质上是符合“第二路向”的文明精神的，因此梁漱溟认为他的乡村建设路径和社会主义道路有内在一致性。

### （二）梁漱溟与社会主义

梁漱溟早在1913年就接触到社会主义理论。在北京大学教书期间，他又与李大钊、杨昌济等人多有交流，丰富了他对社会主义的理解。从梁漱溟的乡村建设设想看，如何实现社会公平消灭剥削制度的

① 梁漱溟：《东西文化及其哲学》，《梁漱溟全集》第一卷，第481页。

问题，一直是他所关注的，“倡社会主义的人，所提出的问题。这个问题，感触我，成了我心目中唯一大问题，是在我二十岁的时候，一直到现在，常常在心”[①]。

梁漱溟对于社会主义的肯定，与他对于资本主义生产方式的批评和文明发展之中国路向的探索有关。他说：“资本主义的经济，新兴中间阶级的民主政治，近代的民族国家之‘三位一体’。继此又可认识出其富于组织性，而同时亦即富于机械性。”[②]这种资本主义的动能崇尚力量，由此演化为人类文明的一幕“怪局”：对亚洲和非洲实行殖民，在民族内部造就剧烈的阶级斗争，在国家之间爆发世界性的大战。

梁漱溟认识到社会主义思潮源于对近代工业化所导致的分工和自由竞争的反思。这个制度是以个人发财为目的而努力工作的经济制度，由此导致的生产过剩、贫富分化是种种社会问题的总根源。中国虽然并没有类似的经济制度，但资本主义生产方式的传入导致个人本位的经济制度也随之进入，使中国变成一个竞争的世界，人与人之间只有争抢，安定和谐的社会氛围不复存在，这一切都是产业私有的结果。由此梁漱溟也要“将这种经济制度根本改过”[③]。这种弱肉强食的制度是社会的罪恶，“其尤为罪恶，尤为痛苦的是在那没力气，没智巧的弱者一面；像是老的、幼的、残废的，和妇女，和老实胆小人们，他们只有甘受欺凌，磕头叫爷或拿着身体委屈献媚，受人糟蹋、侮弄，以求食了！所有乞丐、小偷、娼妓，和社会类乎此的人，都是这样发生出来的”[④]。

梁漱溟对资本主义生产方式的批判与马克思对剩余价值的批评有一

---

① 梁漱溟：《槐坛讲演之一段》，《梁漱溟全集》第四卷，第 734 页。

② 梁漱溟：《中国民族自救运动之最后觉悟》，《梁漱溟全集》第五卷，第 50 页。

③ 梁漱溟：《槐坛讲演之一段》，《梁漱溟全集》第四卷，735 页。

④ 梁漱溟：《槐坛讲演之一段》，《梁漱溟全集》第四卷，735 页。

致之处。梁漱溟认为，“资本家与工人的关系看着是自由契约，一方面要招他作工，一方愿意就招，其实资本家可以完全压迫工人制其死命，而工人则除你愿意饿，可以自由去饿以外，没有别的自由。因为你不工作就没有饭吃，要工作就得听命于他”①。即使是这样的不平等状况，工人还要时时担心失业。这样的制度虽然极大地刺激了物质财富的发达，但人们的精神却是极其痛苦。因此，梁漱溟认为社会主义理想有其合理性，“许多人总觉得他们都是空想；虽然最初那种不免为激于感情而生之空想；就是科学气味的其所推测到今也多未中，而阶级争斗社会革命固未见就崩裂出来；最后颇切实际，也有许多理想；然而无论如何，这改造要求合理，那事实必归于合理而后已”②。

梁漱溟认为，伴随着理想世界的出现，经济体制必然会产生转变，且人类将从对物质的需求转向对人的问题的时代，也就是从第一路向开始转向第二路向。梁漱溟是从西方思想的转变去证明这种转变的发生，他引述了罗素、倭铿、泰戈尔尤其是克鲁泡特金的互助论等，来说明西方社会对于理智算计生活已感厌倦，开始寻求新的文明发展路向。他也引述恩格斯的话，表达人类将要由被支配的状态转移为对自然和意识的真正主人。③对此，陈来概括说：“社会主义的文化，在他看来，与中国的文化（在他即孔子思想），是属于同一种‘路向’的。所谓第一种问题就是人对自然的关系，而第二种问题则是指人与人的关系。中国文化和社会主义文化都是以致力调整人与人的关系而见长的。”④只是

---

① 梁漱溟：《东西文化及其哲学》，《梁漱溟全集》第一卷，第 490 页。

② 梁漱溟：《东西文化及其哲学》，《梁漱溟全集》，第一卷，第 492 页。

③ 梁漱溟：《中国民族自救运动之最后觉悟》，《梁漱溟全集》第五卷，第 101 页。

④ 陈来：《梁漱溟的〈东西文化及其哲学〉与其文化多元主义》，载《现代儒家哲学研究》，北京大学出版社，2018 年，第 137 页。

梁漱溟并不认可通过阶级斗争和暴力革命的方式进入社会主义，这也体现了民国时期人们对社会主义的多重理解的思想实际。

由此可见，梁漱溟的思想倾向是极其复杂和丰富的，并不能化约为“文化保守主义、新保守主义、政治自由（或保守）主义、儒家资本主义或儒化马克思主义”[①]。他积极地将自己对中国社会历史和文化的独特理解与马克思主义的社会发展史理论进行融合。在梁漱溟看来，他之提倡儒家文化，不仅是要将之作为现代化的批评性因素，也不是以之为革命的反对力量，他甚至认为儒家文化可以被看作革命话语的一种。王远义将梁漱溟的看法综合为：

> 在此革命的世纪中，传统的文化，要在革命的进程中，显露实现它待长待成的价值；现代化的革命与道途，要俟素朴未琢的传统文化来指引，相辅并长、并行；置于第二路向（**即中国文化路向，引者注**）的文化开展，则早已为“过去”（**历史**）所决定，在那儿等待传统文化与现代化的“未来”融合结果，而今日的中国，逐渐地开步向预定的道路前行了。在这社会狐疑革命的时程中与路程上，“传统的”因和现代转折结合，由是而成长了、现代化了，“现代的”经由与传统互补融合，终而修正了、再传统化了，然后两相渗释，化成出人类新的文化路向来。[②]

① 王远义：《儒学与马克思主义——析论梁漱溟的历史观》，载杨贞德主编《当代儒学与西方文化：历史篇》，台湾“中央研究院”中国文哲研究所，2004年，第151页。

② 王远义：《儒学与马克思主义——析论梁漱溟的历史观》，载杨贞德主编《当代儒学与西方文化：历史篇》，第155页。

总而言之，梁漱溟肯定社会主义的目标，主张通过儒家的伦理情谊来建构具有礼乐色彩的社会主义，让马克思主义与传统文化在融合中共同发展。他之肯定革命，是肯定“建设性”的革命，而非“破坏性”的革命。

# 第六章 重思中西与回归普遍主义：儒家“天下观”的再发现

作为一种古典的政教理论，儒家一直强调价值的感染力而非依赖军事经济实力而产生的征服力量，这种政教理念的终极形态是“大同”，“它是一种理想、一种自民族、国家实体升华了的境界。这种境界有发达的经济、理想的政治、崇高的文化水平而没有种族歧视及阶级差别，是谓‘大同’”。[①] 这种超越种族和地域的政治理想虽然在现实化的过程中，会发生变形和转化，比如王朝国家的朝贡体系，但这些变形背后的理想一直存在，直到现代民族国家观念的传入。

鸦片战争之后，民族国家观念逐步传入中国，保国、保种、保教成为国人的目标。由此，儒家的天下一家的观念逐渐被取代，成为国人对于遥远过去的追忆。

自从 21 世纪以来，在遭受近百年的贬低甚至否定之后，儒家学说重新获得其在中国思想版图中的位置。无论是国学热，还是民间兴起的读经热，都引发了社会的激烈争论，这种关注度是儒家回到中国人的

① 杨向奎：《大一统与儒家思想》，北京出版社，2011 年，第 1 页。

生活世界的标志。

从社会治理的角度，儒家亦被认为有助于实现社会和谐，一些乡村儒学的推动者，通过在日趋空心化的农村讲授《孝经》《弟子规》等作品，有效地提升了这些地区孝顺父母和长辈的风气。政府和学校都肯定阅读儒家经典对于养成君子人格和个人的道德品性有积极作用。

中国经济的发展，提升了人们的文化自信，学者们又开始关注儒家的观念如何在重构世界秩序中发挥作用。在这方面，儒家的天下观念受到了特别的关注。这呼应了五四以来，人们对民族国家体系理智上接受、价值上否定的矛盾心态。①

一种文明体系的回归，很大程度意味着对于国际秩序的重新思考。当中国寻求在新的世界秩序建构中发挥作用的时候，是遵循现有的规则，还是与世界各国一起为建立更为合理的国家间秩序努力，这需要多元化的理论资源的介入。在这样的背景下，中国古典的天下主义观念在批评不平等的世界经济政治秩序、提倡一种更为合理的世界秩序等方面所做的探索得到了许多呼应。②

在一些学者的眼里，儒家的“天下观”重新受到关注是因为中国经济实力增长、国际影响力增加，所以，“天下主义”尽管就其内容而言是强调和平、提倡资源共享的，但中国长期处于文明中心地位，所以在近代面对西方挑战的时候，即使曾经认同过亚洲共同体的观念，但始终

① 白永瑞说：近代中国对中西文化关系的理解中出现了一种悖论，“要抵抗帝国主义，但又要在西欧中寻求反抗帝国主义的正当性”。见［韩］白永瑞：《思想东亚：朝鲜半岛视角的历史与实践》，生活·读书·新知三联书店，2011 年，第 120 页。

② 对于“天下”问题近年来著述甚多，比如赵汀阳：《天下体系：世界制度哲学导论》，江苏教育出版社，2005 年。赵汀阳：《天下的当代性》，中信出版社，2016 年。许纪霖：《家国天下：现代中国的个人、国家与世界认同》，上海人民出版社，2017 年。干春松：《王道政治与天下主义》，孔学堂书局，2017 年。

缺乏从国家间关系的角度对东亚地区进行“横向思考”。“从第三者看来，中国人的历史经验里几乎缺乏对亚洲的横向思考，因此今天‘中国威胁论’（即使是在欧美国家所出产的概念）的亡灵仍然围绕在中国周围。然而越是如此，为了中国，为了其邻邦，中国就迫切需要对东亚有横向思考和关心。”① “天下主义”观念为何在欧洲和东亚激发了不同的反应，或者说，欧美人所提出的“中国威胁论”为何在有些东亚国家被接受，这都需要我们进行周密的分析。从历史的角度看，一方面是基于对历史上的天下观所呈现的“朝贡体系”等制度形态的“记忆”。对于曾经处于朝贡体系中的东亚，乃至东南亚等国家而言，比较容易受到这样的思维定势的影响，导致他们对“天下观”的复活持有担心。另一方面，也在于我们过于强调文明的一致性，而忽视了在现代民族国家意识下，东亚国家对于独立文明的心理需求。

中国国内也有批评者认为，天下体系在理论上是一种“乌托邦”，而且从古代的制度实践看，天下体系背后是一种等级秩序，因此，并不能借此来改变当下政治经济的不平等现状，只能是另一种帝国理论来取代已有的帝国理论而已。② 葛兆光先生对天下主义的批评很大程度上是出于担心这个理论为某种更为强势的霸权主义服务，而没有看到这种理论可以作为针对现有的不平等的国际秩序的批判武器。如果我们接受沃格林的说法，葛兆光先生所批评的是“天下秩序”的第一个阶段的状况，他囿于第一阶段的缺陷，而不肯相信“天下”可以作为价值重构的资源。沃格林说：“‘天下’这个术语的两种意义代表着一个历史过程的两个阶段，该过程从天下 – 大洋符号化表达的解体开始，经过对出

① ［韩］白永瑞：《思想东亚：朝鲜半岛视角的历史与实践》，第 131 页。

② 葛兆光：《对“天下”的想象——一个乌托邦想象背后的思想、政治与学术》，《思想》第 29 期。

于贪欲的逃离和精神层面的逃离进行的分化，延伸到根据新真理而对生存秩序进行的等价重构。”[①] 沃格林对“天下”观念的认识体现了他对儒家仁爱思想的普遍主义维度有深刻体察。他说：“仁在很大程度上内在于天下，但并不内在于国。”[②] 这意味着儒家中的确存在着可以成为批判现代民族国家体系的思想资源。

上述对天下主义的担心和批评都有其知识上和思想立场上的根据，而这些恰好是“天下主义”观念在因应当下的时代问题时所需要回应的核心问题。从理论的建构而言，它固然不能脱离历史，但也不能被束缚在历史上曾经存在过的各种“天下主义”的制度表现中。从现实的探索而言，如何在文明价值相似的东亚建构尊重主权和照应共同关切的新型共同体，是判别这种理论是否依然停留在空想阶段的重要指标。

## 第一节 天下观念的“理想”和“现实”

毫无疑问，儒家在近代的衰落乃至失语，主要是基于其原先对于世界认识的“破产”。在传统中国，世界是由华、夷构成的，华夷之间的差别基于对于礼乐文明的认同差异，而非种族的差异。因此，即使中国历史上存在过许多少数民族的政权，但汉族依然会通过文化优越感来建立起对新的王朝的认同，而这些由少数民族建立的政权，也会通过文化上的吸收来化解种族差异所可能带来的冲突。“这么看来华夷思想不但与天下观没有矛盾，而且还是一种相辅相成的关系。因此，文化主

① [美] 沃格林：《天下时代：秩序与历史》卷四，译林出版社，2018 年，第 373 页。

② [美] 沃格林：《天下时代：秩序与历史》卷四，第 377 页。

义虽然在传统中国是包容异民族的汉族政治构成体观念，同时在一定范围之内也具有发展成世界秩序原理的可能性。”① 即使在 1840 年的鸦片战争失败之后，遭受冲击的中国思想家们仍积极需求理解世界的可能，比如魏源的《海国图志》就不仅是一本地理学上了解世界的作品，同时也介绍了世界各国的政治体制和风土人情。

1860 年第二次鸦片战争，英法联军进入北京并焚烧圆明园之后，中国人的文化自信已经难以维持，建立在文化中心主义基础上的“夷夏观念”逐渐被中西文明差异所取代。在甲午战争之后，中国人甚至已经接受了这样的现实：中国已经处于文化版图的边缘，成为现代世界秩序中的“夷”，中国需要通过建立现代国家，来获得在国际秩序中的平等地位。

然而，21 世纪以来，天下观念重新被提出，主要基于随着国家富强而逐渐恢复的文化自信，同时，人们也逐渐认识到基于民族国家理念而建立起来的国际秩序，并不能真正保护落后国家的利益，也难以处理全球公共利益的问题。因此需要一种新的国际关系理论。相比之下，中国传统的天下主义论说，并不是基于国家和种族的观念，而是一种文明 - 秩序观念，可以成为新的国际秩序的基础性理论。

面对“民族国家”体系所造成的国家利益至上的价值观，以及由此所造成的对于全人类的共同利益的“忽略”。一些学者想从传统中国的思想中激活“天下观念”，由此去建构一种能够矫正现代国家格局的价值观念。而中国在经济上的增长让这样的价值观念有了在全球范围内发挥作用的可能。

据此，儒家的“天下观”的再发现，既是对中国文明传统的再认

---

①［韩］白永瑞：《思想东亚：朝鲜半岛视角的历史与实践》，第 140—141 页。

识，也是对于造成目前日趋紧张的国际局势的反思。毫无疑问，全球化的推进让人们日益认识到人类共同利益与国家利益之间的平衡的必要性，特别是在人权、环境和科技发展等方面，人类寻求共同的行为准则和价值基础的需要显得尤其迫切。

“天下”一词，在先秦文献中已经被广泛地使用，本身具有一定的复杂性，但总体而言，可以归纳为三个方面：第一是地理上的，第二是制度上的，第三是价值上的。

地理上的天下顾名思义就是被“天”所覆盖的所有地区，不过限于中国古人对于“世界”地理的认识，其“天下”所指或仅是“四海之内”的“九州”。在更为具体的表述中，天下往往与“中国”重合，有时候也包括围绕着“中国”的“四夷”。这样的“多重性”的地理观念延伸到秦汉大一统国家建立之后，“天下”就是兼而包括中原朝廷与周边的民族，甚至更为遥远的地区。尤其是与中亚和印度等地，存在地理交往之后，“天下”的范围其实是包括当时中国人所能了解的最为遥远的地方。日本学者渡边信一郎综合儒家经典中的“天下”一词的用法，认为古代中国的天下观念并非地域上无限扩张的世界。他认为对“天下”的认识可以分为两种类型，“一种将天下理解为由同一语言圈、同一交通圈所构成的九州＝中国这样的单一政治社会，这是今文经学系统的天下观念；一种将天下理解为包含中国与夷狄在内的复合型政治社会（帝国），这是古文经学系统的天下观念。天下同时具有这样的单一政治社会型侧面与复合政治社会（帝国）型侧面，为传统中国所接受。”①

①［日］渡边信一郎：《中国古代的王权与天下秩序：从日中比较史的视角出发》，中华书局，2008年，第70页。

“天下”还是一种秩序观念。与人伦秩序上所存在的“差序格局”相一致，在地理上也存在着以与王畿的距离远近所确立起来的权利和义务关系的差等性结构。比如《禹贡》《国语·周语上》《周礼·职方氏》所描述的“五服（王畿与甸、侯、宾、要、荒服）”或“九服”（王畿与侯服、甸服、男服、采服、卫服、蛮服、夷服、镇服、藩服），虽然具有一种“虚拟性”[①]，但其所表述的差别性原则则是肯定的。这样的原则在汉代儒家的作品中得到了肯定，比如《春秋繁露》中的《爵国》篇，或是《白虎通》中相关篇章。在经典的封建原则中，天子居于王畿，而按血缘的远近和军功的大小，人们获得不同的爵位并获得相应的封地和行政人员配置。其核心是要突出天子的地位，由此而确立的天下秩序，可能会接近“中心－边缘”的金字塔型结构。

这种天下秩序被逐渐转换为一种体现了儒家价值观的秩序原理。高明士将之概括为结合原理、统治原理、亲疏原理和德化原理结合而成的“天下法”。“所谓结合原理，指君臣、父子名分的建立，以及依据此名分所设定的权利义务关系（如恩泽与忠信，册封与朝贡等），是政也是礼的运用；统治原理则为政、刑的运用，亲疏原理是政也是礼的运用。德化原理则为政、德的运用。中国借德、礼、政、刑四要素的运用，而与天下万邦展开上举四项原理，天下秩序乃告形成。”[②]天下秩序通过先秦到隋唐的探索，最终走向制度化。

“天下”更为重要的面向是它指向一种儒家秩序背后的“王者无

① 渡边信一郎说：在《礼记·王制篇》将领域方三千里的九州＝中国作为天下；《尚书》今文经学将方五千里的九州＝中国作为天下；《周礼》《尚书》古文经学则构想了由九州与四海（中国与夷狄）所组成的方万里的天下。参见［日］渡边信一郎：《中国古代的王权与天下秩序：从日中比较史的视角出发》，第70页。

② 高明士：《天下秩序与文化圈的探索：以东亚古代的政治与教育为中心》，上海古籍出版社，2008年，第5页。

外”价值，这也是儒家天下观念的当代意义之基础。

儒家从来不否定差异性，因而会强调个体在社会中的“角色”和“身份”，按黄光国的总结，儒家伦理兼具程序正义和分配正义。在程序正义方面，所遵循的是“尊尊法则”，而在分配正义方面，所强调的是“亲亲法则”，由此构成君臣、父子、夫妇、兄弟、朋友等五种最重要的人际关系规范。这五伦所强调的价值原则有所差别。《孟子·滕文公》说：“父子有亲，君臣有义，夫妇有别，长幼有序，朋友有信。”从中就可以看到，根据社会角色的不同，要遵循不同的价值原则。但这五种不同的价值原则分享一个共同的道德基础，即“仁”。[①] 儒家强调“角色”和“身份”，但角色伦理并非儒家伦理的全貌。亲亲仁民爱物，儒家的伦理更是一个不断推进的“系统”，即由“角色”推扩到突破一切界限的“万物一体”的境界。

从这个“层层推进”的思路来看“天下”的价值维度，我们便可以发现，儒家并非绝对否定“夷夏”“内外”，夷夏观念意味着儒家对于自身文化属性的自信，强调要用儒家的教化来感化周边的民族。换句话说，若要达成王者无外的理想境界，首先要让民众有高度的道德素质。儒家强调用夏变夷，是要说明大同世界的实现，亦需要一个循序渐进的过程。

孔子生活于礼崩乐坏的春秋末期，当他评价楚国、吴国这些一直以来处于文化边缘的国家逐渐进入春秋时期的政治舞台中心的一系列事件时，特别推崇尊王攘夷，注重夷夏之别。在《论语》中，孔子说：“夷狄之有君，不如诸夏之亡也。”（《论语·八佾》）按一般的理解，就是说那些还没有进化到文明国度的“夷狄”之国，即使已经有君主，其文

① 参看黄光国等著：《人情与面子：中国人的权力游戏》，中国人民大学出版社，2010 年，第 244 页。

教程度也比不上诸夏有些失去了国君的国家，因为夷狄之国缺乏儒家的礼乐秩序。这句话的解释引发了很多争议，似乎这样的说法与儒家的“文化民族观”并不一致。不过按我的理解，这其实是对儒家伦理观念的坚持，后来，孟子说：“吾闻用夏变夷者，未闻变于夷者也。”(《孟子·滕文公上》)即是要说明，固然教化可以使天下同风，但如何使社会秩序走向良善，而非堕落为私欲泛滥、上下失序，则是夷夏之辨时所必须确定的前提。

喜欢讨论春秋时期诸侯国之间的关系的公羊家们特别重视“王者无外”的理念，认为王者不会着意于区分人种和地理上的差别，他们强调夷夏是从教化的“次序”，即基于地理上的远近，先近而后远；基于血缘上的远近，先亲亲，再顾及其他人。公羊家通常的思路是由近及远，由内而外。如果内治未洽，便难以正外。对此，董仲舒在《春秋繁露·王道》篇中说：“亲近以来远，未有不先近而致远者也。故内其国而外诸夏，内诸夏而外夷狄，言自近者始也。”说的就是这个道理。

“中国”与其说是一个“国家”的名称，毋宁说是一种文明的标志、秩序的理念，其“天下一家”理想的达成，是儒家理想的“王道”价值的现实化过程。

在《礼记·礼运》篇对于“大同”“小康”世界的描述中，我们可以看到儒家心目中最理想的社会是超越国和家的“公天下”。历史上一直有人认为这种观念与儒家以血缘伦理为核心的价值体系之间存在着矛盾，并由此认为这可能是道家甚或墨家思想的“误植”，但我更愿意认为这是儒家超越“小康”时代的一种理想性的目标。如果我们看到这种观念与道家与墨家之间的“亲缘性”，我也更愿意认为中国早期存在一个“道术”未为天下裂的共同理念。若以“大同”的理想来思考儒家的天下观念，那么我们可以肯定的是，天下为公的理想秩序是儒家天下观的终极范型。经典所勾勒的世界是从“天下为公”到“各为其家”的理想的“失落”的过程，在现实中我们则可以反其道而思之，从孔子和孟荀对于王道的坚持中，可以看到儒家以天下为公的政治理想来矫正以天下为一家之私产的政治现实的努力。

换句话说，儒家的天下理想可以被理解为一个发展的逻辑，它并不否定“国家利益”在某一特定历史时期的合理性。在价值理想上，“国家利益”不应遮蔽超越国家的“天下”目标。赵汀阳将之称为“世界内部化”，控制世界各国可能产生的矛盾，使之成为共同秩序下的可控矛盾。要实现这个目标，就是要将个人理性扩展为关系理性，这有点类似于梁漱溟所强调的“以他人为重”的儒家伦理原则的更为精巧的表述。最终实现“孔子改善”，即在天下秩序下，所有人的利益的真正最大化的实现。[1]

儒家的“天下观”意味着承认“利益”的合理性，却又内在地蕴涵着对于“利益”维度的批判性向度。儒家对于爱、对于人类的特性的认识确立了个人利益和人类利益之间的互补关系，也就是如果你不能认识到人类基于血缘而产生的关爱，那么也就不能理解“爱”，同样也不能学会“爱人”。而如果你不能从“爱家人”扩展到爱“陌生人”，甚至“天地万物”，这就是不能理解到人类和所有物种之间的“一体”性。也就是说，儒家肯定了“各为其家”“各为其国”的思维方式的合理性，却又认为“人”存在着超越“利益”的特性，这是“人”所以尊贵，所以“异于”动物的缘由。

儒家并不否认放任自己的欲望和自私的本性可能会导致政治秩序的堕落，但他们依然相信人性的高贵和尊严，可以让人类克服自我的这些

① 赵汀阳：《天下：在现实主义与理想主义之间》，《探索与争鸣》2019 年第 9 期。

“缺陷”而走向良善。因此，当自由、民主、个人权利这些观念传入中国之后，并没有真正被抵制，新儒家们要证明的恰恰是儒家经典中的教诲与这些原则并无矛盾冲突，反而是相信儒家的教化，可以让社会避免只是依靠惩罚来矫正社会秩序，避免只是通过选举而放任对统治者的道德要求。陈祖为先生将之称为“儒家政治的致善主义”[①]。他说：“政治致善主义以人之善，或者所谓的美善生活馆，作为衡量社会和政治秩序的准则。用现代哲学术语来说，它是诉诸‘善’（the good）来证成‘正当’（the right）。”[②]

儒家传统特别强调从人类的“尊严”而不是人的自然欲望的角度来定义人的本质，并认为人与人之间能“感受”到作为“类”的特性，这种意识是人对于自己的道德认定和责任担当。

## 第二节
## 同情和共感：儒家天下观念的认知－心理基础

超越个体的“类”的观念，源起于人们对血缘共同体的建构，后来逐渐扩展到社群和人禽之别。比如孟子就是通过辨析人和禽兽之间的差别来将“仁义”确立为对人性尊严的规范性要素。孟子进一步认为作为同类的人也有“心之同然”，这种由圣人点明的礼义之“同”，就好比美食对人的吸引，能够给人以愉悦。（《孟子·告子上》）而荀子则更为具体地区分人、动物、植物，指出“水火有气而无生，草木有生而无知，禽兽有知而无义，人有气、有生、有知，亦且有义，故最为天下

① 陈祖为：《儒家致善主义：现代政治哲学重构》，商务印书馆（香港）有限公司，2016年，第241页。

② 陈祖为：《儒家致善主义：现代政治哲学重构》，第241页。

贵也。”（《荀子·王制》）那么人类如何在“天下最贵”的维度上形成共识呢？对此，儒家关于“感”[①]的思想可以作为了解儒家自我认知的重要途径。

关于“感”的基础文献主要有《周易》《礼记》和《春秋繁露》[②]等。

《周易》从阴阳的互相吸引来描述“感”的发生，其对于“感”的讨论主要集中在“咸卦”的卦爻辞中。其卦辞曰“咸：亨，利贞，取女吉。”郑玄等经学家都把“咸”训释为“感”。此卦的卦象是山上有泽，人们也会通过夫妇之道来解释。王弼注中专门讨论了《周易》中天道与人事相结合的原则，指出乾坤象征天地，而咸卦则象征夫妇，它们的共同点在于本始性：“乾坤乃造化之本，夫妇实人伦之原。”[③]以自然界的阴阳乾坤和人类中的男女夫妇作为“异性相吸”的“感应”的原型。由此，事物之间就会产生自然反应并由此产生新的能量，否则乾坤不交则万物落入死寂的状态，也就不可能亨通。“人物既生、共相感应。若二气不交，则不成于相感。”“此卦明人伦之始，夫妇之义，必须男女共相感应，方成夫妇。既相感应，乃得亨通。”[④]在阴阳相感的大原则下，夫妇作为人伦之始，就自然而然地成为人伦道德的起点。这从道德发生学的意义上，儒家强调道德的来源并非因为人类需要这样的

① 李巍认为要理解中国古代的思维模式，必须紧扣感应来理解。他归纳了四种感应模式：（1）受感反应式；（2）施感响应式；（3）交感相合式；（4）类感相召式。认为这四种感应模式并非附属于原始信仰的思维，而是“早期中国思想在天道、人事与天人沟通的层面‘讲道理’的重要基础”。见李巍：《从语义分析到道理重构：早期中国哲学的新刻画》，商务印书馆，2019年，第268页。

② 关于董仲舒的类感思想可看王淇：《董仲舒类感思想的建立及其目的》，《西南民族大学学报》（人文社会科学版）2021年第4期。

③ 王弼注、孔颖达疏：《周易正义》，北京大学出版社，2000年，第163页。

④ 王弼注、孔颖达疏：《周易正义》，第163页。

规范，而是人类内在地会产生这样的规则。这种内在动力就是“感”。

宋代的张载在解释“感”的时候，认为不应局限于夫妇之道，而是认为应有更为复杂的类型。他说：“感之道不一，或以同而感，圣人感人心以道，此是以同也；或以异而感，男女是也，二女同居则无感也；或以相悦而感，或以相畏而感，……圣人老吾老以及人之老而人欲老其老，此是以事相感也。”①

宋代理学家强调天理先在，因此人类之间的“感应”主要基于对“天理”的感知。理学家们认为，既然事物都分有天理，也就有了“同类相感”的价值基础，如果说先秦时期孟子更为强调良知的感知能力的话，理学家们则为这种心理机制提供了形而上学的基础。

孟子以“孺子入井”而产生的“恻隐之心”来解释良知先在并认为人类道德的原动力来自对于他人痛苦的“共感”能力。但荀子却从人的自然情感的层面来指明本能作为道德基础的不可靠性。宋明时期的理学家即要以“天理”之说为人类的道德意识提供形而上的基础。他们强调天理与人伦之间的一致性，并从人类的感应的角度来回应生活世界对于道德意识的“召唤”。

不过，儒家是特别看重教化的②，基于人同此心的预设，儒家认为有些人不能认同道德秩序往往是因为他的良知没有被“唤醒”，也没有得到圣人的启发，因此，通过教化而让这些人激发内在的道德感，提升他们对于环境的感应能力，是形成道德共识的基础。这方面，《礼记》中的《乐记》篇展现了儒家的道德教化的手段的独特性，即任何的道德

---

① 张载：《横渠易说》，载《张载集》，中华书局，1978 年，第 24 页。

② 王庆节说：“在儒家伦理学背后支撑着的‘科学’首先不是现代意义上的‘逻辑学’‘经济学’，而更多的是靠近传统意义上的‘教育学’”。载王庆节：《道德感动与儒家示范伦理学》，北京大学出版社，2016 年，第 7 页。

规范和道德教化，必然以“感动”而“化”。

按照《乐记》的说法，声、音来自人心，而人心本静，要感于物而动，产生反应。而不同的情绪状态，人心感于物的反应也有所不同。

> 乐者，音之所由生也，其本在人心之感于物也。是故其哀心感者，其声噍以杀。其乐心感者，其声啴以缓。其喜心感者，其声发以散。其怒心感者，其声粗以厉。其敬心感者，其声直以廉。其爱心感者，其声和以柔。六者非性也，感于物而后动。是故先王慎所以感之者。故礼以道其志，乐以和其声，政以一其行，刑以防其奸。礼、乐、刑、政，其极一也，所以同民心而出治道也。①

由声音来表达的这六种情绪状态都是受外在环境的影响而形成的，而不同声音构成的乐曲会对人产生不同的效果，所以，一定要让人听一些令人精神面貌提升的乐曲，而非刺激他们放恣之心的音乐。儒家十分看重人的生存环境对人的道德意识形成的作用，不但强调圣贤的道德榜样，让人们学习而转化，也强调灌输和道德指引的必要性。因此，圣王们对于这种“感之者”是极其慎重的，通过礼来呈现道德意志，通过乐来调节道德环境，通过政令来统一人们的道德行为，通过刑法来阻止奸邪行为，由此可以让民心一致而秩序井然。

《周易》和《乐记》作为儒家经典，造就了人们认知儒家价值的一个共同可理解的基础，“感”作为理解儒家的仁爱的一个关键性的概念，首先是基于其对于人与人之间普遍可理解和可接受的道德意识的认定，

---

① 孙希旦:《礼记集解》下，中华书局，1989 年，第 977 页。

其次是道德意识和道德行为的内在一致性。

通过“感化”，儒家道德的共享基础得以建立，这为儒家的道德原则不断超越个人、家庭的范围，通向更大的共同体直至“天下”构建了路径。

天下观念的确立基于儒家对于普遍向善的人性的肯定，并将人的自然的口腹之欲加以节制和引导，这种对人性的尊严的肯定是古典政教思想的主流倾向。无论中西，古典政治倾向于思考在什么样的政治环境中，人能够过上正义和善良的生活。比如，儒家所关注的就是作为政治出发点的仁义，亚里士多德强调的是要建立正义和友爱的城邦生活。[①] 而现代政治理论的基础则不同，就以霍布斯对“自然状态”的论说为例，他从“自然将一切给了人”出发，认为在自然状态下，人的行为不受任何道德义务的约束和限制，因此，“义务完全缺乏的状态，却被霍布斯刻意描述为某种具有正当性的权利状态”。[②] 由此，“霍布斯试图通过理性的拆解来建立未来政治社会的基础，一个基本的理论前提是，政治社会不改变人性。在自然状态下与在政治社会中人的自然激情和理性都没有根本的变化，否则将后者分解成前者，根本无从理解建构后者的机制”。[③] 进入政治社会并不需要高贵的人性，相反，对于人性的牵绊，可能危及政治社会的建构。

我们熟悉的还有亚当·斯密的“理性人假设”，认为人类在进行经

---

① “政治共同体的共同行动，不是出于动物式的本能，而是建立在友爱培养的共同伦理生活，以及这种生活在城邦公民之间建立的团结和一致，从而是人超出其他政治性动物单凭激情和本能的一致完成共同行动的自然生活方式。”亚里士多德的城邦正义听起来与孟子所倡导的仁义政治是何等的相似。见李猛：《自然社会：自然法与现代道德世界的形成》，生活·读书·新知三联书店，2015 年，第 57 页。

② 李猛：《自然社会：自然法与现代道德世界的形成》，第 137 页。

③ 李猛：《自然社会：自然法与现代道德世界的形成》，第 144—145 页。

济决策的时候，是以追求自身利益最大化为基础的“理性”判断。受这样的思路的影响，个体行为的指导原则必然是“自我中心”的。但亚当·斯密有些乐观地认为人们终会因“自私”的原因而达成对利益最大化的追求。然而，由主权国家所建立的国际社会是否是一切人作为一切的人的敌人的自然状态的扩展版呢？这是一个难以有确定答案的问题。因为，独立于个人的国家理性是否存在是一个悬而未决的问题。在现代的国家间关系中，人们普遍相信国家与国家之间的交往也是基于利益，“只有永恒的利益，没有永恒的朋友”几乎是“外交常识”。这就意味着如何反思现代国际关系的秩序，是人类寻求未来的美好生活的前提。

传统儒家的价值体系中，“让”（分享）却一直被肯定，儒家十分看重人与人之间的分享，分享就是要求大家让渡自己的利益，这是建立共同体的重要基础。中文里，有“礼让”“谦让”等说法。“让”包含着谦让、退让。在孟子的思想中“辞让之心”则是作为人的“类”属性的重要组成部分。任何社会秩序，要有持续的吸引力，就需要有分享的精神。有人可能会有这样的质疑，即在传统的儒家道德中，基于对家族共同体的肯定，“让”的价值才一直被强调，那么，在超越种族和民族认同的国家之间的关系模式中，分享和礼让如何才能获得其正当性呢？

对此问题的系统论证将十分复杂，我们可以从两个基本问题出发来提出一个初步的方案。首先，我们在建立起以个人权利为基本出发点的“人”的观念之后，人生而有之的“社会关系”和“他者”就只是作为一个“变量”的存在。换句话说，只是从独立个体的假定来讨论人的“自然状态”是否比从“关系性的存在”来讨论人的特性更为符合人之为人的特性？从儒家对人的理解而言，人际关系被视为是生命的一部分，人对于父母、自然和天地所担负的责任和义务，亦是人之为人的重要因素，这意味着儒家确信，没有他人的坐标，个人的生命的意义便无法证成。

我们可以由此引申出一些新的视角：儒家对于人类共同体的肯定，是基于感（共情）和让（分享）这样的道德意识和行为准则。与那种注重权利的确认从而确立的社会规范所不同的是，儒家相信道德的力量会让人类的生存更为富于情感的维度。

在儒家的观念中，道德上的自我完善基于人所共有的针对善恶的判断力，在“感于物而动”的过程中，许多人被外在环境影响，判断力会被私欲所遮蔽，这样就需要教化和惩罚并举的手段来规训之。这就是说儒家不否认规则的重要性，而是在规则的基础上，强化了道德教育的必要性。

第二，由上述反思我们可以进行现有国际关系秩序的反思。以国家利益至上的国家关系准则是否能应付我们所面对的气候、环境和诸如疫情等全人类的困境。这样的思考就会促使我们认识到目前的国际强权政治必须有所改变，而不是只认可一种规则。面对目前已经分崩离析的世界，人们对造成这一现状的秩序的反思却显得步履蹒跚。

近代以来，儒家在道德体认和道德实践中所积累的资源被中西之间的文化冲突所压制，中国人在严厉的自我否定中，儒家复杂的“仁爱”理念被解释为只顾及家庭利益的“家族中心主义”，既否定个体利益，又忽视国家和天下的利益。这样的认识直到 21 世纪初才被重新思考和纠正。孙向晨等指出：现代社会的个体自由应该与个体自律结合，儒家的心性学所要求的个体自律可以制约现代社会中个体自由的过度扩张，所以他提出要重视“家”在个体和国家、天下三者之间的应有地位，“重新将‘家’理解为人类生存的基本方式，厘清‘家’作为‘关系性’的存在、‘情感’的境遇、‘伦理性’的原则、‘理解世界的方式’以及‘谨慎性超越的方向’等本体论意义，从而使‘家’在现代重新具有一种面向未来的意义”。[①] 这种对“家”的价值的认识，给我们的启发是，应在接受现代性洗礼的基础上来反思现代性。同样的逻辑可以推扩到“天下观念”上。近代以来我们在国家竞争中屡屡失败，导致我们在缺乏对“国家”的局限性的反思的基础上片面强调“国家”的至上性，忽视个体与天下的维度。

儒家“个体”与“天下观念”的“复活”，很大程度上源自中国的改革开放。20 世纪下半叶中国开始重新融入世界，而在这个过程中，中国经济的发展让人们重建起对传统价值的信心，并力图对传统进行再创造和转化。中国的知识界开始接受多元化世界的观念，认为只有肯定不同民族的独特性，才能真正学会在这个世界中与他者共存。

在这些思考中，前文所引赵汀阳所提出的“孔子改善”给了我们技术性的证据，他从博弈论的角度证明了“互助”“共赢”更有助于在竞争中获得优势。现代的神经科学研究也提供了新的证据。人类的大脑中存在着一个区域，专门负责人的同情心和同理心，实验证明，通过观看悲伤或痛苦的视频，这个区域会产生“共情”的反应[②]，这也从科学的角度说明了儒家的“感”的理论的可行性。即“感受”到别人的好心并由此建立互爱的世界是一种“共同的理念”。自我中心固然是与生俱来的，但是同情心和同理心也是与生俱来的。因为现代世界长期强调“理性人”，反而认为道德情感是个人化的。但儒家认为只要有足够的教育，就能激发人的同情心，并将同情心转化为公共意识。如果我

---

① 孙向晨：《论家：个体与亲亲》序言，华东师范大学出版社，2019 年，第 13 页。

② 罗伯托 · E. 梅卡迪罗等：《从生物伦理视角看暴力与同情的认知基础及社会表现》，《国际社会科学杂志》（中文版），2011 年第 3 期。

们有足够的天下观的教育，那么，超越个体、国家的普遍的爱是能够实现的，在这方面，儒家传统提供了足够多的经验，它完全可以成为人类价值教育的最为有效的资源。

天下观念的兴起，既是中国人对近代以来饱受西方侵略的“怨恨”情绪的一种宣泄，更是基于儒家的理论而试图对现代国际秩序进行反思和重构的“观念探险”。或许会有人并不认可基于儒家古典政教观念的“天下主义”，认为这种带有理想性的构想并不能立刻让精神空虚的世界恢复其活力，但我们不应拒绝这样的探索。

第 二 部 分

# 制度与心性：儒家的合内外之道

# 导 语 儒学的基本特征

儒学在几千年的发展中逐渐形成了以仁爱为价值基础、以民本为政治理念、以修身来完善君子人格的整全性的思想体系。

在不同的历史阶段，儒学所担负的历史使命并不相同，如此这般，儒学的形态也会产生变化。汉魏时代，总体是一个经学时代。这个时期，人们通过对经典的不同解释来呈现各自对儒家理念介入政治和社会秩序的不同维度。儒家经典作为政治正当性的依据，成为论证统治合法性、建立国家典礼，规范经济、法律秩序的重要依据。

儒家思想的第二个重要的发展阶段是宋元明时代的理学思潮。程朱理学和陆王心学是这个时期儒学发展最为重要的理论贡献。到唐代，制度儒家化的过程基本完成，并因为佛教对世道人心的影响日隆，故而此时期的儒家学者尤其看重《周易》《孟子》等思想资源，注重儒家形而上学的建构。他们通过对天理、性命之学的建构，使儒学更为深入到个人的修养和地方秩序的各方面。程朱和陆王在为学之方和修养功夫的进路各有不同，然与唐宋转型相一致，对个体的内心世界的完善，是他们共同的关切。

清代官方虽推尊程朱，出于政治环境和自顾炎武以来的学风的转变，考据学和礼学的复兴成为乾嘉时期儒学的主要面向。这个时期的儒家知识分子难以真正在王朝政治领域发生实质性的影响，但他们所坚持的实事求是的崇实学风，以及清中期公羊学的兴起，为晚清儒学以经学重入政治建构奠定基础。

康有为和章太炎作为儒学现代转折中的关键人物，他们的经学立场让他们与五四之后的新儒家产生了巨大的方法上的差异，而他们在政治领域的“失败”也让后起的儒学与宋明时期注重心性和道德面向的儒学潮流更为接近。

学科化的儒学承接了五四新文化运动之后的儒学发展方向，更为侧重于儒家伦理等方面的“哲学性”探讨，作为对这种倾向的反思以及对恢复儒学整体性面貌的思考，本章主要阐述传统儒学在“制度”领域的贡献，并认为儒学的未来发展不应只局限于对世道人心的重建，而应该在制度和习俗等诸多方面贡献其思想资源。

# 第一章 心性儒学和制度儒学：问题与方法

对于儒家命运的关注是近代以来中国思想文化领域最核心的问题之一。面对西方的挑战，敏锐者意识到这是三千年所未有之大变局，是儒家纲常伦理的奇劫巨变。而急于学习西方政教文明者，则将儒家视为阻碍中国现代化的阻力，由中西之别演变为新旧之争，陈独秀说得直言不讳，即新旧不能两立、儒家伦理与西方制度不能并存。“要拥护那德先生，便不得不反对孔教，礼法，贞节，旧伦理，旧政治。要拥护那赛先生，便不得不反对旧艺术、旧宗教。要拥护德先生，又要拥护赛先生，便不得不反对国粹和旧文学。”[①] 面对新文化运动时期釜底抽薪式的价值颠覆，梁漱溟的父亲梁济做出了最为激烈的反应——投湖自杀。他在遗书中说，他并非要为已经灭亡的清朝而殉葬，而是为民国建立之后诗礼纲常的失坠和曾寄予厚望的共和政体的失败而绝望。以吴宓、梅光迪等人为代表的学衡派和以杜亚泉为代表的东方文化派都不赞成陈独秀和《新青年》的激进立场。

① 陈独秀：《〈新青年〉罪案之答辩书》，任建树等编：《陈独秀著作选编》第二卷，第10页。

如果说学衡派对于新文化运动的批判是用西方的人文主义批判西方的物质文明的话，那么杜亚泉就体现出一种更温和的保守立场，他并不反对学习西方，而是反对新文化运动背后的“方法论”。他说：

> 而吾国一部分之醉心欧化者，对于西洋现代文明，无论为维持的、为破坏的，皆主张完全仿效，虽陷于冲突矛盾而不顾，惟对于中国固有文明，则以为绝无存在之价值，苟尚有纤芥之微留于国人之脑底者，则仿效西洋文明决不能完全。此种思想，固由戊戌时代之新思想推演而来。然以时代关系言之，则不能不以主张刷新中国固有文明，贡献于世界者为新，而以主张革除中国固有文明，同化于西洋者为旧。[①]

他完全颠覆了陈独秀他们对于“新”“旧”的划分，认为在西方文明自身已经暴露许多缺陷的时候，依然希望“同化”于西方，则不能算得上是“新”了。所以他在《迷乱之现代人心》一文中，对于中国基本精神的丧失，政治上的强有力主义，教育中的实用主义，表示了深深的忧虑和系统的批评。

由此而来，他提出一种调和论的立场，认为应不遗余力地吸收西方的文化，但因为这些文明，如“满地散钱”，所以需要“以吾固有文明为绳索，一以贯之。今日西洋之种种主义主张，骤闻之，似有与吾固有文明绝相凿枘者，然会而通之，则其主义主张，往往为吾固有文明之一局部扩大而精详之者也”。[②] 杜亚泉的观点遭到陈独秀的猛烈抨击，

---

① 杜亚泉：《新旧思想的折衷》，周月峰编：《中国近代思想家文库 · 杜亚泉卷》，中国人民大学出版社，2014 年，第 499 页。

② 周月峰编：《中国近代思想家文库 · 杜亚泉卷》，第 435 页。

作为回应，杜亚泉承认文明包括经济和道德等方面的整体表现。并认为西方道德中的身体力行精神值得我们借鉴，但他们奉行的霸权主义和物质主义则需要反思。而且共和政体与中国固有的文化并不矛盾，并批评陈独秀之主张乃是现代的焚书坑儒。[①]

东西方文化的关系到1920年代以“科学与人生观”争论的形式得到一种方向性的显现，张君劢1923年2月在清华大学发表《人生观》的讲演，提出“人生观之特点所在，曰主观的，曰直觉的，曰综合的，曰自由意志的，曰单一性的。惟其有此五点，故科学无论如何发达，而人生观问题之解决，决非科学所能为力，惟赖诸人类之自身而已”。[②]这篇讨论引发了一场规模庞大的讨论，梁启超、胡适等人悉数加入。透过科学能否对人生观的确立发生作用的讨论，一个明显的倾向开始显现，就是儒家越来越倾向于回应“科学”之外的内容，这也成为新儒家一个重要的思想倾向，即从“主体的精神结构内部寻找动力源头的倾向，……熊十力从人的道德主体性去发掘中国文化‘动力’的心学路径，为其后学牟宗三、唐君毅、徐复观等海外新儒家所继承”。[③]他们从心学出发，并与康德、黑格尔或柏格森等西方思想相结合，但万变不离其宗，着眼点在道德价值与人格修养的层面。“它沿着意欲论—心本论—道德的形而上学方向演化，虽然各自借用的西方哲学有所不同，但中国本土的资源却都集中于‘心学’。”[④]对儒家发展方向的这种定位，固然与新儒学的大多数人集中于大学的哲学系有关，但更为关键的问题

---

① 杜亚泉：《答〈新青年〉杂志记者之质问》，周月峰编：《中国近代思想家文库 · 杜亚泉卷》，第476页。

② 见郭湛波：《近五十年中国思想史》，第237页。

③ 高瑞泉：《动力与秩序：中国哲学的现代追寻与转向（1895—1995）》，广西师范大学出版社，2019年，第201页。

④ 高瑞泉：《动力与秩序：中国哲学的现代追寻与转向（1895—1995）》，第203页。

在于，当新儒家将自己的使命重点置于“人生观”问题上时，事实上是儒学丧失社会化功能的一种表现。当现代儒家失去政治、经济、法律、乡村社会等发挥作用的场域之后，儒家便气若游丝地飘荡在心性等问题上，成为“游魂”。

## 第一节
## 知识和权力互动中的儒家

儒学的心性化转型是社会变迁以及教育、学术体系变革共同作用的结果，在传统中国，儒学有“体”亦有“用”，他不仅是人生观和价值体系，亦以这样的人生观和价值体系来安顿社会秩序。因此，从制度儒学的角度来重新审视儒家，与其说是要在儒家身上发现什么新鲜的东西，还不如说是要恢复儒家在中国传统社会的本来面目。现代新儒家经常强调儒学的心性之学的面向，目的是将儒家从封建统治的捆绑中解放出来，以便与民主、科学、自由等理念相协调。这样事实上也就放弃了对儒家在现代社会中的再制度化的期待。

这种忽视具体的事功而高扬心性修养的倾向，在宋明新儒学中已有所体现，儒学由此而成为儒生个体内在的修炼工夫。宋明道学群体强调希圣希贤，而看不上理财、断狱之类的具体事务。陆九渊对于这种脱离现实社会治理活动的风气很不满，当他被问到若有用世的机会将以什么医方来治国，他回答说：用“四君子汤”，即“任贤、使能、赏功、罚罪”。[①] 此后二项措施，在宋代颇有可能会遭受“尚法”的质疑。但陆九渊却明白地表现出对儒生参与法律事务的期待。他的理由依旧

① 陆九渊：《语录上》，《陆九渊集》，中华书局，1980 年，第 406 页。

是“民本”，他认为若是儒生不能亲自听讼，不知讼案之来龙去脉，则难以达成目标，所谓存心，就是要“遏恶扬善，顺天休命，此其存心也。与后世苟且以逃吏责，钩距以立威者，岂可同年而语哉？”[①]

现代新儒学继承宋明道学的道德理想主义，亦倾向于将传统的儒生描述为西方意义上的以社会批评作为其使命的“知识分子”。

若是以“知识分子”这样的角色定位去期待儒生，那么，加入统治群体的儒生便会被描述成“权力的合谋者”，被批评为放弃了儒家立场而只是追逐权力的“利禄之徒”。比如，杜维明不但直接以“儒家知识分子”作为他的书名[②]，而且在他的描述中，也试图以近代“知识分子”来“描摹”儒生的性格。他说，传统儒家虽然陷于权力关系中，但他们依然抱有对儒家价值的信仰，也不断地在探索宇宙人性等哲学问题，并致力于提升人类的尊严。因此，儒家的身上兼有“哲学家”和宗教信徒的双重特性。“儒家学者在公众形象和自我定位上兼具教士功能和哲学家的作用，迫使我们认为他们不仅是文人，而且还是知识分子。儒家知识分子是行动主义者，讲求实效的考虑使其正视现实政治的世界，并且从内部着手改变它。他相信，通过自我努力人性可得以完善，固有的美德存在于人类社会之中，天人可能合一，使他能够对握有权力、拥有影响的人保持批评态度。”[③]因此，在杜维明那里，那些在官僚体制中寻求权力的人是自贬身份，使儒家价值迁就政治需求，便不再是真正的儒者。

其实，即使是杜维明的精神引导者徐复观也并没有如此的“激进”，徐复观认为儒家政治思想包括“修己”与“治人”这两个相辅相

① 陆九渊：《与杨守（三）》，《陆九渊集》，第125页。

② 杜维明：《道·学·政：论儒家知识分子》，上海人民出版社，2000年。

③ 杜维明：《道·学·政：论儒家知识分子》，第11页。

成的部分。“修己”是政治之出发点，而“治人”是政治之实现。这一点继承了孟子由“不忍人之心”发而为“不忍人之政”的始终条理。徐复观也认识到儒家在传统政治中的困境和缺陷：儒家虽然主张“民本”，但在现实政治中，往往站在统治者的立场看问题，因此便形成了“二重主体性”[①]，没有就“民本”发展为“民主”。[②]很显然，相比于杜维明等人将儒生“知识分子”化，徐复观对儒家的定位及其现代转化的表述更为准确。

因此，对于制度儒学的提倡，是要我们透过新儒家对儒家的认识，丰富我们对儒家在中国传统社会中的自我定位和角色意识的了解。充分关照到儒家的精神气质及其于社会实践层面的追求。

因此，无论是原始儒家还是独尊之后的儒家，其存在形态一直是价值观念和实践规范的结合体，也就是说，孔孟之徒并非像我们所认为的学院派的知识分子那样只是沉浸于智慧的探寻，或社会批评家那样执着于对体制和权力进行批评，他们努力要将自己的政治社会理想通过各种不同的途径表达，并为之寻求现实化的可能，他们始终将参与政治和社会治理视为与修身和经典研习是一体的。

近代以来许多学者热衷于讨论“仁”和“礼”何者是孔子思想的核心，这个问题的提出本身就值得怀疑，无论是从孔子的言论还是从儒家的实践中看，“仁”和“礼”都是合二为一的。“人而不仁如礼何？”如果没有行动，不落实在具体的行为规范上，“仁”便无所归依；反之，如果礼仪活动不符合人性的原则，不能表达人真挚的情感，不能成为人

① 徐复观说：“在中国过去，政治中存有一个基本的矛盾问题。政治的理念，民才是主体；而政治的现实，则君又是主体。这种二重的主体性，便是无可调和的对立。”徐复观：《中国的治道》，载《徐复观全集·学术与政治之间》，九州出版社，2014年，第88页。

② 徐复观：《儒家政治思想的构造及其转进》，载《徐复观全集·学术与政治之间》，第53页。

们内在的精神不得不然的表达，便也不成其为真正的“礼”。

儒学在汉代发生了重大的转化，随着儒家思想逐渐确立其独尊的地位，其他的思想就难以像先秦诸子一样，保持竞争者的地位，由思想的独尊地位造就了儒家典籍的经典化、创始人的神圣化和传播的制度化。同时儒家的正名分、行仁义、尊德性、道问学的思想理念被不断以法律和礼仪等方式落实到人们的日常生活中。虽然，我们不能就此认为汉以后的中国文化就等同于儒家文化，也不能认为汉以后中国的政治法律制度是儒家观念的现实化，但儒家思想借由制度化而最为深刻地影响了中国人的生活方式和政治理念，这一点恐怕谁也无法否认。

所谓“制度儒学”就是要讨论儒家是如何制度化，以及中国传统的政治制度是如何逐渐儒家化的双向互动的过程。儒家的制度化就是统治者通过一系列的制度设计来确保儒家的独尊地位，比如五经博士、太学等传播儒家学说的制度设置，其最高表现形式就是儒学的意识形态化。而制度的儒家化则是指社会政治架构和具体的政治法律制度按照儒家的价值观加以改进或重建。

在儒家的制度化和制度的儒家化的互动之中，科举制度起到了极为重要的联结作用，这就是说科举（选举）制度是制度化儒家中最为核心的制度设计。科举制度虽然要到隋唐才定型，但早期儒家的察举制度等可以看作是科举的“预备”。[①] 一种官员的选拔制度本身体现着儒家“贤者居位”的观念，同时也使得儒家和权力建立了直接的联系，在传统中国社会，通过科举制度，使得了解儒学几乎成为人们改变现有生活方式的唯一途径。一旦考试成功，就可以成为社会特权阶层，即“士”

① “科举制度源于汉，兴于隋，盛于唐，成于宋。……所谓科举制度源于汉，是指肇始于西汉的贤良方正、直言极谏等科，以及东汉大为兴盛的孝廉等科目。”［日］宫崎市定著：《科举史》，马云超译，大象出版社，2020 年，第 7 页。

或“绅”。由于儒家观念体系本身存在着多种解释的可能性，那么通过科举来传达统治阶层的意志无疑成为最好的方式。所以通过科举，儒家与权力、知识之间的内在联系便建立起来了。

通过研究知识和权力的关联来研究知识体系的方法有一定的普遍性，因为不独儒家如此。思想观念的制度化是传统社会中思想发展的一种典型形态，也是知识和权力互相需要的政治逻辑的体现。因为任何权力和统治的合法性都必须有多方面的价值支持，建构这种支持的最通常的做法就是合法性资源的制度化。这样就能使统治权力的合法性得到稳定的保障，同时作为一种回馈，价值体系的创立者也获得相应的物质或精神的利益，成为特权阶层的一部分。知识和权力之间的共谋促成传统中国社会的稳定运行。

## 第二节<br>“制度儒学”的问题和方法

若是将儒学视为一套心性和制度结合的复合思想体系，也就意味着要突破以“观念史”“哲学史”的方法来研究或推崇儒家思想。

将儒家经典客观化和学科化是西方知识体系和教育体系引入的结果，这个后果在张之洞主持清末新政，推出创办新式学堂，废除科举制度的时候已经预见到了，否则他也不会去创立“存古学堂”专门传授经学。当严复和蔡元培主张北大废除经学科的时候，无非是让这项刺激国人伦理情感的措施现实化而已。从此以后，我们所能看到的“新儒家”大多是大学人文学科的教授，在一段时间内，延续传统的儒学传授方式的经师只能活跃在边缘性的学术机构甚至变成民间宗教的组织者。

现代新儒家[①]的形成是对西方的制度和文化冲击的一种保守性的回应。在新文化运动和现代政治体系的双重制约下，一些对儒家怀有情感的学者试图为中国文化寻找生存空间，所以新儒家在最初的意义上，有很强的“保教”诉求。所谓“保教”是张之洞、康有为等人都主张的，是要在现代国家的建构中保存中国传统的伦理价值体系，并强调其对凝聚国民精神的重要意义。新文化运动之后，新儒学转而关注儒学与民主和科学等观念的兼容性。

现代新儒家并非一个组织严密的学术团体，而是有相似的文化情感的学者所汇聚的思想潮流。也有一部分现代新儒家学者强调儒家的实践性，这尤其以梁漱溟的乡村建设运动最具代表性。但更多的学者倾向于道德形而上学的建构。

把熊十力一系的新儒家完全归入“心性儒学”也不是很确切。且不论熊十力晚年通过《周官》来论证儒家与社会主义的亲缘关系，牟宗三有《历史哲学》《政道与治道》《道德理想主义》这样的“外王三书”，还有他通过“良知坎限”和“内圣开出新外王”[②]来进行儒家传统与自由主义的对话，都说明他们没有忽视新儒家在制度层面的思考。

---

① 郭齐勇在强调现代新儒学的传统根源的同时，特别强调了这个学派“吸纳西学、与西学对话，又重建传统并与传统对话的有建设性与前瞻性的思想流派”。郭齐勇：《现当代新儒学思潮研究》，人民出版社，2017年，第1页。作为一个还在发展中的思潮，对之的概括主要是就目前的形态而言，其未来的走向或有多种的可能性。

② 李明辉多次反对现代新儒学只局限于心性儒学的批评，甚至认为同情儒家的学者，也多有此误解。尤其对学术界对“开出”说的批评提出了辩护。他说：“新儒家所谓‘由内圣开出民主’之说一方面是要为现代民主制度提出一种道德的证立，另一方面又要对民主制度之实践提出一种价值论的批判。至于民主制度的实际运作及其间所牵涉之种种制度面的问题，新儒家将之归诸政治学的领域。……在现代学术分工制度中，要求以哲学家与史学家为主的新儒家学者同时去从事政治学家的工作，实难合理。”载李明辉：《儒家视野下的政治思想》，北京大学出版社，2005年，第177页。就此问题我们与李明辉有多次的讨论，主要围绕以下观点：一是在台湾的学术界，认为牟宗三和徐复观的研究多有“价值”因素影响，二是若是要对儒学的政治哲学有深入的分析，仅仅从哲学和历史出发是不够的。

不过，要分析熊十力一系的新儒家的思想立场，不仅要看他们是否进行了“制度”或“政治”层面的思考，还要看他们的核心诉求。无论是牟宗三还是徐复观，他们都不是如梁漱溟那样从中国传统的礼乐文明中，去探索建立符合儒家传统的现代制度体系的可能性，而是从儒学如何与五四新文化运动的启蒙精神和解的角度，去证明儒家传统不仅与民主自由不矛盾，而且可以为之提供更为坚实的道德基础。

这种倾向有点类似于共和主义对自由主义的修正，后起的杜维明和刘述先等“海外新儒家”，是更为纯粹的学院派的知识分子，他们将儒家的论说带入西方学术语境，无论是全球伦理还是宗教对话，儒家都是作为多元现代性的一个“角色”参与到西方学术界现代性与后现代性的“双簧”中。所以，海外新儒家对儒学前景的描述与中国从传统中获得制度自信的方向有很大的差异，他们对儒家的观念化处理，将儒学的丰富性和复杂性最大程度地抽象化了。刘述先在概括杜维明、成中英和他自己的儒学立场时说：“他们不再像上一代那样护教心切，急欲突出中国传统文化的独一无二的地位。他们只需要在世界众多精神传统之中站稳一席之地，与其他传统相互颃颉，调和共存，交流互济，便已经足够了。”①

对儒家的精神性的强调与哲学等现代学科体系的引入之间存在着内在的对应性。随着以学习西方为中心的新的教育制度的建立，一种完全不同于传统的新的知识分类体系和传授体系开始建立，其标志是以京师大学堂为代表的现代大学的建立。在新的知识治理系统下，传统的经史子集的模式被哲学、文学、史学这样的学科划分所取代。于

① 刘述先著，东方朔编：《儒家哲学研究：问题方法及未来开展》，上海古籍出版社，2010 年，第 35—36 页。

是，类似于儒学这样的集知识和行为准则于一体的对象便被条块分割成中国哲学、中国文化诸如此类的学科中去了。所以，在由传统的“求道”为特征的知识信仰体系向现代以“学艺”为特征的知识体系的转变中，儒学逐渐变成哲学、史学或文学，而身份多元的儒生则变成了学院派的哲学家、史学家，他们对于社会的关怀，并不一定是因为他们研究儒学、熟读经典，而是基于他们的“学者”身份。

可见儒学研究的方法与研究者社会身份的自我认定之间有很大关系，这也是我近年来致力于“制度儒学”研究的关注点。既然我们对儒家对未来中国的影响难以下明确的断语，既然我们对儒家有着割不断理还乱的感情纠葛，那么我们就需要回过头去恢复被现代学科“抽象化”之前的儒家面貌，对儒生的社会角色和自我期待进行深入的分析。要做到这一点，就需要引入新的视角来补充和调整仅仅关注儒家的精神性层面的局限，需要从历史、社会制度和精神等多层面综合来考察儒家形态，从而发掘儒家在现代中国发挥作用的可能途径。

那么，围绕“制度儒学”所呈现的问题和方法各有哪些呢？

先说问题。其实无论我们在什么场景下提出儒家的现代价值问题，都会不自觉地进入传统和现代的思考模式中。的确，儒家是中国传统最重要的思想资源，儒家在未来中国发展中的意义不仅关乎中国人的情感和“面子”，也关乎如何正确认识中国思想资源在人类生存和发展中的价值等大问题。在经过了激进和保守的对立统一之后，我们应可以认识到解决这些问题的关键并不在于匆忙地对传统思想资源进行“改造”，而是要认真审视传统思想的真面目，尤其是儒家的真面目。在20世纪，学术界已经有过关于“真孔子”和“假孔子”的讨论，是为了说明孔子思想之衰落完全是被政治利用的结果，这样的观念如今我们依然经常可以看到。究其实际的问题来看，所谓真假之辨，其实还是沉湎于“反对”和“维护”的情感矛盾之中。

而我这里所提出的真面目，指的是要用冷静的眼光，仔细审视儒家在中国传统社会中的复杂状况。如果从“制度儒学”的视角来审视儒家，我们所看到的儒家不仅有思想观念方面的内容，如性、理、心等；也有经学典籍的问题，关涉到儒家著作经典化的过程和不同时代的不同诠释，具有思想史与政治史的意义；还有政治法律意义的问题，如儒家理念所具有的法律意义，传统的国家和社会体系中儒家的作用，在现代的政治理念下儒家的政治理想的意义；还有社会分层问题，比如儒生的角色认同和社会形象，集知识阶层和政治阶层于一体的士的社会功能；等等。如此这般，儒家的复杂性和其对于当下中国文化发展的意义便可以得到更丰富的呈现。

其次，如果从制度化的层面来审视儒家，可以对儒家在现代中国的命运有更深的理解。五四新文化运动之所以以最激烈的方式提出“打倒孔家店”的口号，其根本原因就是看到儒家是中国人生活中根深蒂固的存在。而且尽管经历了各种各样的批评，每一个中国人都依然能真切地感受到儒家对于我们生活、制度、价值的影响。儒家顽强地从各个层面影响着中国近现代历史的发展：民国初期的一部分政治家思想家将新国家的失败归咎于沉淀于国民心中的儒家观念的阻扰，或将辛亥革命之后社会失范现象作为否定儒家的现实例证；康有为与孔教会试图通过现代议会的力量树立孔教为国教；蒋介石及国民党政权提出力行哲学和推行三民主义儒家化的努力，也透露出儒家与现代政治之间的剪不断的关系。

即使是在 1949 年之后，对于孔子的研究也难以避免政治的影响，从儒法斗争史的模式和“批林批孔”运动中，我们都可以看到儒学与现代政治生态的纠缠。改革开放之后，人们在传统和现代对话的话语模式中始终表现出对于儒学的关注，人们从东亚的经济成功中看到儒家与资本主义的可兼容性，从新加坡模式总结出与西方不同的民主政治的可能。如此种种，都提示我们，若能从“制度儒学”的层面去深化对儒学的研究，那么就更有可能判断儒家在未来中国的意义。

新问题的提出本身就意味着对旧方法的反思和新方法的探索。我们知道方法是依附于问题的，方法是用来解决问题的，合适的方法能使已经存在的问题得到更明晰的呈现。最近几年以来，中国哲学界十分关心中国哲学研究的方法论问题，问题意识就是来自认为现有的“哲学化”的研究模式并不能真正把握中国思想的丰富性。儒学在传统社会的制度化存在，需要我们从政治、历史、社会等多角度来综合考察，尤其是主张将知识的因素与特定的社会结构和社会环境相结合的知识社会学和从社会结构的变迁方式分析历史发展的历史社会学的方法值得我们关注。

如果能更多地借助知识社会学和历史社会学的方法来审视儒家，结合经典诠释和历史背景的考察，我们便可以比较清楚地了解儒家作为一种思想流派自身的发展逻辑和它在与政治权力结合之后的发展逻辑之间的关系；我们也可以观察到儒生群体自身的权力追求和利益动机，及他们的社会流动方式；我们也能认识到科举制度对儒家思想的传播所产生的正面和负面的影响；由此而来，儒家－儒学－儒生便可构筑起生动的儒家形象，我们便可以从近代的政治和社会变革中找到儒家转型的依据。

比如，我们可以从科举制度的废除和新的教育制度的确立中了解儒家逐渐失去制度性传播体系的困境；我们可以从政治和法律制度的西方化中了解儒家失去作为合法性依据的地位的局面。而制度变革和思想演变之间的错位正是儒家在近现代中国的发展中进退维谷的主要原因。

由此，我们便可以对问题和方法做一个简要的总结：方法要服务于问题而不是方法至上。我们可以从观念史的角度去研究儒家，但同时必须了解每一种方法的限度。比如说我们讨论儒家的心性问题，然而也要意识到对于丰富博大的儒家传统而言，这只是儒家的众多问题中的一个。“制度儒学”的方法并非要否定观念性研究，而是希望在新轴心时代，激发出儒家参与当下文明建构的更多的可能性。

第　二　章

# 儒学的制度面向：制度化儒家的形成和基本结构

在1911年之前，儒家不单纯是一种观念化的思想流派，它更多的是一种制度化的存在。在这里，我们可以从两个层面来讨论这种制度化的存在。一个层面是儒家本身的制度化，这种制度化是通过经学化、法典化以及官员选举制度来实现的。另一层面则是体现着儒家价值形态的国家观念、宗族制度、政治社会结构等现实的制度存在。这两个层面通过真理和权力之间的互相配合而长期塑造着中国人的生活。

## 第一节 从权力和真理的互动看儒家的制度化

秦始皇和汉武帝这两位中国历史上的杰出君王，在短短的100年左右的时间内，各进行了一次思想统一的运动，这两次运动都与儒家相关，只是儒家的遭遇却截然不同。

在秦始皇统一中国后，类似于稷下学宫那样的自由议论便越来越不合时宜。秦始皇三十四年（前213），在咸阳宫举行的秦始皇寿宴上，儒家博士淳于越提出“事不师古而能长久者，非所闻也”（《史记·秦始皇本纪》），招致李斯等人的猛烈反击：“古者天下散乱，莫之能一，是以诸侯并作，语皆道古以害今，饰虚言以乱实，人善其所私学，以非上之所建立。今皇帝并有天下，别黑白而定一尊。私学而相与非法教，人闻令下，则各以学议之，入则心非，出则巷议，夸主以为名，异取以为高，率群下以造谤。如此弗禁……有敢偶语《诗》《书》者弃市。以古非今者族。吏见知不举者与同罪，令下三十日不烧，黥为城旦。所不去者，医药卜筮种树之书。若有学法令，以吏为师。”（同上）这就是充分体现了法家暴力政治色彩的“禁书令”。没过几年，秦始皇又因为方士侯生和卢生的诽谤，下令“犯禁者四百六十余人，皆坑之咸阳。使天下人知之，以惩后”。（同上）

秦始皇想通过禁绝人们发表不同意见的方式来推行他的新政，这过于激进了，激发了各地的反抗。任何与过去的决然“断裂”都意味着与人们的习俗和习焉而不察的思维方式的分割，这种不适应感很快演变为人们对新的政治体制的反对。作为擅长为人们提供稳定的精神世界的儒家及其所建立的礼乐秩序，更多的是对传统和习俗的尊重，秦始皇焚书坑儒的做法其实也是对整个社会习俗的挑战。

秦政所激发的激烈的反抗使儒生们将秦朝的短暂统治归咎于统治阶层不施仁义，并开始思考大一统所需要的新的意识形态建构。其实，这种适应新政治体制的思想重构一直在进行着，知识者在社会中所扮演的角色也由苏秦张仪式的“战术家”转向建构型的“课题式”思想创造者。《吕氏春秋》和《淮南子》都反映出这种综合众家之长来建构新理论的倾向。从具体的行为方式来看，儒生和方士们在严酷的现实面前逐渐务实，他们开始从战国时期的自我表现以求明主欣赏向有策略地迎合主上的爱好转化。方士们不断制造关于“不死药”“长生术”的舆论，迎合了秦始皇和汉代皇帝对于长生不老的期许。而叔孙通为刘邦设计的仪式，让刘邦体会到了当皇帝的威严，这投合了皇帝对于权力垄断的渴望。

在汉初宽松的政治环境下，“黄老道家的政治学说一度受到朝廷的尊崇，除了它适合‘轻徭薄赋’‘与民休息’的政策外，也是由于其清静无为之术，最符合郡国并行，东西异制的政治格局的需要”。[①] 所谓郡国并行和东西异制，说的是汉初采取了郡县和封建双规制的国家体制，而东西国土内不同的政治体可以因自己的自然和社会环境采用不同的政治和经济策略。

汉承秦制，由于帮助汉高祖夺得政权的军功集团的存在和重新裂土分封亲属，权力的分散成为当时重要的问题。在吕后的势力和七国之乱被削平之后，统一思想成为一种需要。在这个过程中，儒学则通过批评秦制、贵族教育和礼乐制度的建构等，不断扩展着自己的生存空间。具体地说，除了为汉代制定朝仪、确立以太一神为核心的信仰体系之外，儒生们还利用担任太子太傅等职位之便，不断通过反思秦国的速亡来提倡儒家的学说。以陆贾和贾谊为代表的思想家不断向统治者灌输这样一种理念：权力的合法性不能仅仅依赖武力和严峻的法律，更是要通过道德教化、确立以仁爱为基础的政治、推动孝道等方式来建构新的政治意识形态。

具有历史意义的事件是董仲舒的“天人三策”为汉武帝所接受。我们先看一看董仲舒独尊儒术的政策性建议：“《春秋》大一统者，天地之常经，古今之通谊也。今师异道，人异论，百家殊方，指意不同，是以上亡以持一统，法制数变，下不知所守。臣愚以为诸不在六艺之

① 陈苏镇：《〈春秋〉与“汉道”：两汉政治与政治文化研究》，中华书局，2011年，第107页。

科，孔子之道者，皆绝其道，勿使并进，邪辟之说灭息，然后统纪可一而法度可明，民知所从矣。”（《汉书·董仲舒传》）这里所用的理由与李斯给秦始皇提供“挟书令”时的理由何其相似，只不过这次儒家要借助权力来“绝”其他各家之“道”。所以钱锺书先生认为两者“均欲‘禁私学’，‘绝异道’，‘持一统’，‘定一尊’；东西背驰而道路同轨，左右易位而照影随形。然则汉人之‘过秦’，非如共浴而讥裸裎，即如劫盗之伤事主耳。”[①] 说的就是儒法两家虽然政治理念有天壤之别，但当统治者要利用这些思想的时候，钳制其他的学派的做法则是一致的。

在如何维护大一统政权的稳固这一点上，秦皇汉武之间有共同的认识，即不能容忍多元化的指导思想的存在，他们都意识到必须有一种主导性的价值观念来维护一种稳定的社会秩序。[②] 与法家所看重的严刑峻法不同，儒家认为仅仅依靠武力和严酷的法律无法长久地保持统治的稳定性，关键是要使价值系统制度化，从而为现存的秩序提供合法性支持，并稳定民众的生活预期。沿着这个思路，儒生们找到了一条思想和权力之间互相支持的途径，即一方面儒家通过批评秦政来劝说汉代在承秦制的基础上，拨乱反正，从而为现实政权的合法性提供长久的理据，同时，又建议统治者，唯有确立儒家学说的正确性和有效性，巩固儒家的独尊地位，才能使政权的合法性资源得到保证。

儒家为汉王朝所提出的合法性的依据就是“仁义”。“仁义”是儒家的一贯主张，如何使其真正成为汉王朝统治的合法性依据，需要儒家和统治系统的结合。一方面，儒家利用当时流行的天人感应思想，强

① 钱锺书：《管锥篇》第1册，中华书局，1986年，第201页。

②《老子》第二十三章说：“圣人抱一为天下式。”《韩非子·扬权》说：“故圣人执一以静，使名自命，令事自定。”《淮南子·其俗训》说：“圣王执一而勿失，万物之情测矣，四夷九州服矣。”由此可见，在中国的思想传统中，各家都认为观念的统一，权力的集中是不可避免的。

调自己思想的普遍性、神圣性和实践性。如董仲舒说："仁义制度之数，尽取之天。天为君而覆露之，地为臣而持载之；阳为夫而生之，阴为妇而助之……故圣人多其爱而少其严，厚其德而简其刑，以此配天。"（《春秋繁露·基义》）董仲舒认为天道仁爱，应该重教化而轻刑罚。同时，根据公羊学说，汉儒强调孔子是有德无位的"素王"，他"为汉制法"，因此，汉代要遵循孔子的理念，并将之付诸实践。

在汉初的思想版图中，黄老道学一直影响巨大，但黄老的因循政策难以满足汉武帝建设强大国家的雄心。不过，坚持黄老和推行儒术之间的思想高地的争夺一直要延续到汉武帝统治的初期。如《史记·封禅书》记述了窦太后反对赵绾、王臧改革的故事，从中就可见当时思想斗争的残酷性。"（建元）元年，汉兴已六十岁矣，天下艾安，缙绅之属望天子封禅改正度也，而上向儒术，招贤良，赵绾、王臧等以文学为公卿，欲议古立明堂城南，以朝诸侯。草巡狩封禅改历服色事未就，会窦太后治黄老言，不好儒术，使人微伺得赵绾等奸利事，召案绾、臧。绾、臧自杀，诸所兴皆废。"这是通过政治斗争来消灭思想对手的典型事例。

当然一次失败的尝试并没有改变汉武帝的态度。汉武帝所需要的并不是那种复古的儒术，而是能够为其雄才大略提供系统理论和实践支持的儒家思想。董仲舒在举贤良对策中，以其公羊学为基础的大一统思想及以仁义为基础的王道政治理想，得到了汉武帝的接受。

对于汉武帝时期儒学是否得到独尊的地位多有争论，事实上霸王道杂之，可能更符合西汉一朝的思想实况，但汉武帝时期所确立的五经博士制度，以及随后的太学制度，则是开辟了儒家与政治权力结合的新时代，建构起制度、权力和知识之间的复杂关联，可以被视为是中国制度史上的一大创举。

五经博士的设立，一方面确认了儒家经典的正统地位，博士制度依赖国家的资源，确立经典解释者的特殊地位，吸引天下的读书人以研读儒家经典作为进身之途。另一方面，权力机构通过给某些经典解释以“官学”的地位，以控制经典解释的裁决权。这样，经典解释的权力途径恰好也成为放弃经典自由解释权的原因。

那么如何评价汉武帝采纳董仲舒的策论对儒学所造成的影响呢？

后世儒家的道统论，强调孟子之后道统的中断，但实质上可以理解为当儒家被政治“裹挟”之后，道统相对于政统和治统的优先性地位受到损害。现代学者中，多有认为董仲舒“淆乱”儒家精神的。蒙文通说：“自儒者之说，始乱于仲舒，易革命为改制，易井田为限田，选天子之说废，而教太子之说起。明堂议政之义隐，而诤臣讽谏之义张，学校与考试相代兴，封建与守相相错杂，其蜕变固可考也。既乱于学官博士之术，再乱于佚经古文之说，章句训诂，秕尘极目，而大义晦、微言绝。”① 在蒙文通看来，在董仲舒之后，儒家与政治结盟，战国时期的革命精神、社会公平的理想隐而不彰。

对此，徐复观的评论相对客观，他一方面肯定了董仲舒之后，儒家的政治理念在政治社会秩序中的落实。“自从董生推明孔氏之后，……儒家在政治上的若干观念，如爱民、纳谏、尊贤、尚德、兴学、育才等等，已成为二千年来论定政治及政治人物是非得失的共同标准。”② 但从另一方面来看，在专制政治的压迫下，“儒家思想之本身，在政治方面不仅未能获得一正常之发展，且因为受压迫而多少变质，以适应专制

---

① 蒙文通：《儒家政治思想之发展》，载《蒙文通全集·儒学甄微》，巴蜀书社，2015年，第78—79页。

② 徐复观：《儒家对中国历史运命挣扎之一例——西汉政治与董仲舒》，《徐复观全集·学术与政治之间》，第361页。

的局面。其最重要者为无形地放弃了‘抑君’的观念，而接受了法家尊君而造成的事实”。[①]虽然，董仲舒通过天人感应，确立了“屈君而伸天”，即利用自然秩序制约君权的理论，并推进了德主刑辅的治理观念，但最终却与法家在尊君问题上形成了“互补”。

不过，这种批评带有价值优先的立场，即站在先秦儒家的革命性角度来批判汉儒的妥协性。但却不是从知识的社会运行规律中去分析董仲舒天人三策背后的逻辑进程，对此，我们可以从法国思想家福柯的理论中，得到一些启发。

福柯的《知识考古学》等作品极大地推进了对知识和权力之间的复杂关系的研究，我们可以借此来理解儒学制度化的一些现象。他说：

> 我想说，在一个像我们这样的社会里（不管怎样，在任何一个社会里都一样），复杂的权力关系穿过和建立这社会实体，并规定其特征；它们相互不可分离，也不能在没有真理话语的产生、积累、流通和运转的情况下建立和运转。如果没有真理话语的某种经济学在权力中，从权力出发，并通过权力运行，也就不能行使权力。我们屈服于权力来进行真理的生产，而且也只能通过真理的生产来使用权力。在所有的社会中都是如此，但我相信在我们的社会中，权力、法律和真理之间关系的组织方式非常特别。[②]

① 徐复观：《儒家对中国历史运命挣扎之一例——西汉政治与董仲舒》，《徐复观全集·学术与政治之间》，第366页。

② [法]米歇尔·福柯：《必须保卫社会：法兰西学院演讲系列1976》，钱翰译，上海人民出版社，1999年，第23页。

姑且不论“春秋决狱”等汉代“通经致用”的独特方式，但就权力和真理的关系而言，当权力介入知识的生产和运行的时候，权力往往会掌握“真理”的判别权，而不再是“实践”的检验。在权力、法律和真理的关系问题上，福柯进一步指出：“一方面，法律的规定从形式上划定了权力的界限；另一方面，另一个极限，另一个限制，就是这个权力产生出并引导真理的效力，而后者又反过来引导这个权力。这样形成一个三角：权力、法律和真理。”[①] 权力导引知识的“真理性”的唯一目的就是让这些被“真理”加持的知识为权力背书。福柯的分析引导我们认识到，权力、法律和思想体系（真理）之间存在着复杂的互动关系，常见的表现是这三者之间的互相证明、互相支持。

任何权力的获得尤其是统治的合法性都必须有多方面的因素支持，这种支持的最通常的做法就是价值系统的制度化，这样就能使统治权力的获得和持续变得天经地义，作为一种回馈，价值体系的创立者也获得相应的物质或精神利益，成为特权阶层的一部分。格尔兹说：“宗教思想、道德思想、实践思想、美学思想也必须由强有力的社会集团承载，才能产生强大的社会作用。必须有人尊崇这些思想，鼓吹这些思想，捍卫这些思想，贯彻这些思想。要想在社会中不仅找到其在精神上的存在，而且找到其在物质上的存在，就必须将这些思想制度化。”[②] 儒家的制度化就是社会和思想互动的结果。

概括地说：思想观念的制度化，就是在权力的支持下，将一种思想体系转化为一种法律、习俗、实践系统，它具有强制性，比如礼制就通过法律化而产生强制力。但也具有宽柔性。儒家的尊老孝亲传统，也

---

①［法］米歇尔 · 福柯：《必须保卫社会：法兰西学院演讲系列 1976》，第 22—23 页。

②［美］克利福德 · 格尔兹：《文化的解释》，纳日碧力戈等译，上海人民出版社，1999 年，第 359 页。

通过思想的制度化得到传播，转化为中国人的良风美俗。概括地说，儒家的制度化就是以儒家的学说为基准，建立起一套法律和实践系统，并通过传播逐渐深入到习俗之中。儒家制度化的最高表现形式就是儒学的意识形态化。

将一种学说制度化并确立为这个社会的意识形态的根本原因就是试图建立一套能够证明现有社会秩序的合法性的一种有说服力的解释系统。马克思说："每一个企图代替旧统治阶级的地位的新阶级，就是为了达到自己的目的而不得不把自己的利益说成是社会全体成员的共同利益，抽象地讲，就是赋予自己的思想以普遍性的形式，把它们描绘成唯一合理的、有普遍意义的思想。"[①] 因此，一种思想学说一旦被制度化并上升为意识形态之后，便具有强烈的排他性，正如秦始皇、李斯之"挟书令"和董仲舒所说的"皆绝其道，勿使并进"，立场不同，价值观对立，但他们对知识的权力机制的认识却是相似的。此排他性均得到国家的权力机构的保证，区别只在于法家偏信暴力的力量，而儒家则更多的是用"天道""人心"来证明其自然属性。

那么朝廷和儒生是如何建立起这种思想和权力之间的互动机制，最终使儒家制度化而成为一种意识形态，从而建立起福柯所说的权力、法律和真理之间非常特别的组织方式的呢?

---

①［德］卡尔·马克思:《德意志意识形态》,《马克思恩格斯全集》第 3 卷，人民出版社，1960 年，第 54 页。

## 第二节
## 儒家制度化的基本形态

儒家的制度化包含的内容复杂多元，在这里我将之分为两个层次：儒家观念系统的制度化和政治法律制度、社会秩序的儒家化。诸如儒家作品的经典化，孔子的圣人化和传播的制度化等属于儒家观念系统的制度化，而政治法律的儒家化则是儒家的价值系统在政治领域和社会生活领域的落实。

### （一）从经典到经学

孔子是中国古代文本最重要的整理者，即所谓祖述尧舜、宪章文武并述而不作的孔子，通过经典的整理和损益，来使自己成为这些经典精神最伟大的阐发者。这些文本也是孔子教育弟子的重要基础，他们也试图在现实中实现经典所承载的政治理想。

孔子弟子众多，他们对这些经典的解释也逐渐形成不同的流派。荀子的《非十二子》中已经有针对儒家思想中不同学派的批评，而韩非子也说“儒分为八”。这也从一个侧面说明了儒家经典系统在春秋战国时代传承和发展的概况。

汉初，废除了秦的挟书令，许多经典重见天日，儒家思想日益受到重视，并于汉武帝时设立“五经博士”。由此而论，经典的经学化，首先是确定其中某些经典的某些解释为官方认可的解释，并通过博士制度加以确定。[①] 经典文本的经学化意味着儒家的政治理想和关于社会秩序

---

①《汉书·儒林传赞》说：“武帝立五经博士，《书》惟有欧阳，《礼》后，《易》杨，《春秋》公羊而已。”

的理念被确立为官方所承认的价值系统，这些理想和理念会成为统治者的治国理念，也会成为民间社会的风俗习惯的依据。经典的经学化是儒家制度化的基础和关键环节，因为“价值系统自身不会自动地‘实现’，而要通过有关的控制来维系。在这方面要依靠制度化、社会化和社会控制一连串的全部机制”[①]。五经博士及博士弟子的设立，确定了以儒家经典作为人才选拔之媒介的基本格局，后世出现的以儒家经典为标准的科举选士制度、以儒家学说为基本内容的教育制度和法律的儒家化都以此为原型，这是儒家制度化的基础。

博士制度在战国时期就已经存在，但使博士制度成为儒家之专属，其开端是汉武帝建元五年（前136）的“置五经博士”。这是中国制度史和思想史的标志性事件。首先，它使《诗》《书》《礼》《易》《春秋》被正式确认为官方认可的超越其他著述的“经”，其正确性和权威性不得再被怀疑。其次，它让本来有许多学派背景的“博士”头衔成为儒家独享。不仅博士作为官秩，博士弟子也有了正式的出身。既然博士的职责是传授、解释儒家经典，也就意味着儒学成为官学。

儒学成为“官学”意味着列入博士系统的经学的解释要受到权力的制约，任何重大的经典解释行为，不复为单纯的思想行为而转变为政治行为。如汉代“石渠阁”和“白虎观”会议，就是统一经义解释的会议，皇帝都“亲称制临决”。

汉以后，重要的经典解释活动都会演变为政治事件，如唐代的《五经正义》，唐玄宗亲自注《孝经》，都有明显的政治导向。比如，按《孝经》原文，父子之道天性，与君臣之义，是两件事，而按照唐玄宗的注释，则是“极力将‘父子之道’与‘君臣之义’合辙”，这样便在

① ［美］T · 帕森斯：《现代社会的结构与过程》，梁向阳译，光明日报出版社，1988年，第141页。

伦理上将君臣之伦父子化，为移孝作忠奠定基础。①

### （二）孔子的圣人化和祭孔仪式的国家化

孔子在世时已被视为“圣人”，他的弟子不断将孔子和尧舜这样的圣贤联系起来。孔子的神圣性被汉代所盛行的谶纬之风强化，这或许是儒家为了确立其独尊地位而必经的一个阶段。汉儒将孔子视为有德无位的“素王”，他笔削《春秋》是要“为汉制法”。春秋学与谶纬的结合将孔子神化，客观上是为了确立其对自然秩序和社会秩序的解释权。孟子说，孔子作《春秋》，乱臣贼子惧，而在谶纬中，孔子乃是“受端门之命”，预测到汉代的兴起，因此要“推集天变，为汉帝制法，陈叙图录”。②

在汉武帝独尊儒术之后，随着儒学的制度化，作为儒家学说创始人的孔子的地位也就不再仅仅是先秦诸子之一，而是作为整个制度合法性的代言人。因此孔子本人不断被加封，最后直接被封为王和“至圣先师”。唐开元二十七年（739），诏孔子为“先圣”，并谥为“文宣王”。这是朝廷首次封孔子为王。宋代孔庙的礼仪进一步升格，宋真宗谥孔子为“玄圣文宣王”，后又改为“至圣文宣王”。到明朝嘉靖年间，又改称“大成至圣文宣王”为“至圣先师”，原因是当时有儒生认为“封王”并不能抬高孔子的地位，只有“至圣先师”才是具有唯一性的伟大称号。大致可以说，若是要强调道统的优先性地位，那么“先师”可能更符合儒生对孔子的内在崇敬，而“封王”则能让一般民众意识到孔子的地位而已。

---

① 陈壁生：《孝经学史》，华东师范大学出版社，2015 年，第 223 页。

② 参看任蜜林：《汉代“秘经”：纬书思想分论》，中国社会科学出版社，2015 年，第 175—176 页。

纪念孔子本来是孔子弟子的自发活动，但历代帝王一直很重视孔子形象聚拢民心的作用，因此，纪念孔子逐渐升格为国家的仪式。特别是南齐武帝和北魏孝文帝于公元489年各自在自己的统治中心设立孔庙，使孔庙由阙里走向全国各地。到唐贞观四年（630），唐太宗下诏在州县都设立孔庙，使得教育制度和儒家的传播之间建立起了明确的联系，也就是说通过孔庙和学校的联系，开始了儒家教育的官学化的普及。因为汉代的博士员毕竟是小范围的，而庙学和从隋唐开始的科举，借由制度性的安排使士生的注意力集中于儒学，并悬于利禄鼓励这种倾向。权力和知识彻底结盟，孔庙的功能也发生了些许变化。按黄进兴的说法："孔庙遂是兼有正统文化宣导者与国家教育执行者的双重功能。申言之，京师立庙，有别于原初孔庙，政治意图特为突显。但为维持奉祀之正当性，圣裔设立仍不可或缺。是故，不免染有家庙的残余性格。相对的，地方孔庙纯是遂行国家政教措施，而无此顾虑。这终使得孔庙完全脱离家庙性质，正式溶入国家祭祀系统，成为官庙之一环。"[①]

在孔庙的祭祀系统中，历代儒生从祀孔庙的制度也值得我们注意。虽然从理论上说选择杰出的儒生配祀儒宗，对于弘扬师说的儒生来说是最高的荣誉，但是由于孔庙祭祀属于罕有的国家祭典之一，因此谁应该进入孔庙享受至高的荣誉，并不仅仅由儒生自己决定，还需得到朝廷认可。[②]朝廷可以借此来引导儒生的言论，间接地制约儒家思想的发展方向。

虽然孔庙的祭祀仪式不断有一些变化，但作为儒家制度化的一个重

---

① 黄进兴：《优入圣域：权力、信仰与正当性》，陕西师范大学出版社，1998年，第230—231页。

② 朱鸿林说："孔庙从祀虽然是一件学术性的事情，但因它是朝廷认定真儒的制度，与朝廷的政教有关。"见朱鸿林：《孔庙从祀与乡约》，生活·读书·新知三联书店，2015年，第19页。

要的方面，它从形式上强化了儒家的独尊性和神圣性。通过这些仪式可以有效地将儒家的理念渗透到具体的社会生活中，从而反过来使儒学的价值观得到长期的维护。

### （三）选举制度的儒家化和儒家传播的制度化

官员的选拔由血缘分封向选举制度转变是儒家“贤者居位”观念的体现。而汉代推行的察举制度客观上使品行德性优异之人得到升迁。钱穆先生说：“汉代自昭宣以下的历任宰相，几乎全是读书人，他们的出身，也都是经由地方选举而来。并不是由其血统上和皇帝以及前任大官有什么关系，或者是大军人大富人，才爬上政治舞台。完全是因其是一读书知识分子而获入仕途。这一情形，直从汉代起。我们可说中国历史上此下的政府，既非贵族政府，也非军人政府，又非商人政府，而是一个‘崇尚文治的政府’，即士人政府。”[①] 虽然现实的中国政治并没有如此完美，但随后的科举制度让更多人有资格参与考试，这本身的确是一项十分成功的制度设置。虽然，有人批评儒家差等之爱会造成社会的不平等，但儒家选举制度这种强调起点平等的原则，客观上让每一个读圣贤书的人都存在上升性的流动可能。

汉武帝元光元年（前134），“举孝廉”科的实施是以儒家作为取士标准的开端，经过不断的改革，最终到隋唐形成了比较完备的科举制度。其重要的特征是自由投考、时间固定、进一步以儒家观念为基本标准。虽然唐宋明清时期科举的内容和形式不断变化，但是基本的理念一直没有变化。

儒家的观念体系本身具有极大的丰富性和复杂性，通过科举来确立

① 钱穆：《中国历代政治得失》，生活 · 读书 · 新知三联书店，2012年，第16—17页。

和传达对儒家观念的标准解释显然是传达权力阶层的意志的最好和最有效的途径。

将儒家确立为取士和选举的唯一途径，必然会影响到教育制度的确立，当儒学和权力、利益发生密切关系，成为强势的话语时，将儒家作为教育的主要内容便成为官学和私学的自觉选择。这就使得儒家传播的制度化体系自然而然地建立起来了。

一般将孔子看作是“有教无类”的私人教育的鼻祖，因此我们大概可以认为在春秋战国时期有了官学和私学两种知识传授体系。所谓官学就是由国家提供财政支持的教育体系，它所传达的是官方所倡导的价值观念和社会规范。私学则是私自授徒的学校形式。这两种知识传播体系在春秋末期之后，随着社会分化和知识分化的加剧而出现了新的格局，即私学的兴旺。越来越多的人在接受私学教育之后获得了社会职位。

隋唐以后，随着公开投考的科举制度的确立，科举的内容越来越集中到考察考生对儒家经典的熟悉与了解程度上。这样，无论是在各级地方政府设立的学校还是私人开办的书院里，教育制度便都演化为儒家的传播系统。到明清时代，整个教育体系包括儿童的启蒙教育都以科举为导向，这样权力、儒家知识和统治合法性三者之间的逻辑联系便完整地建立起来。当儒家经典成为获取功名的途径之后，人们往往只注重记诵经典的内容，而儒家经典本身所包含的义理和教化的含义，反而被读书人所忽视。这也是观念制度化所必然面对的悖论。

### （四）政治法律制度的儒家化

儒家力图为现实的政治和社会提供一种价值体系，并将这一价值体系转变为可操作的秩序。先秦时期，孔子、孟子、荀子都是通过著书立说来倡导儒家的治国理念，甚至直接周游列国去影响统治者。大一统国家建立之后，士不再具有选择统治者的机会，所以，董仲舒所上之天人三策，其重要内容就是要确立儒家的独尊地位。通过通经致用的方式，儒家的观念体系不断地影响和凝聚成新的社会规范。

儒家本来就熟悉礼乐典章制度，陈寅恪指出儒家对中国的影响集中于“制度法律和公私生活”。他说：

> 儒者在古代本为典章学术所寄托之专家。李斯受荀卿之学，佐成秦治。秦之法制实为儒家一派学说之所附系。中庸之“车同轨、书同文、行同伦”（即太史公所谓“至始皇乃能并冠带之伦”之“伦”）为儒家理想之制度，而于秦始皇之身，而得以实现之也。汉承秦业，其官制法律亦袭用前朝。遗传至晋以后，法律与礼经并称，儒家周官之学说。悉采入法典。夫政治社会一切公私行为，莫不与法典相关，而法典实为儒家学说具体之实现。故两千年来华夏民族所受儒家学说之影响，最深最巨者，实在制度法律公私生活之方面，而关于学说思想之方面，或转有不如佛道二教者。①

按陈寅恪先生的看法，儒家最主要发挥作用的场域就是制度法律、公私生活，在汉代主要的表现就是通经致用。

儒家的秩序观念，乃是以个人修养为基础的家国天下一体推进的方案，所以也有人认为儒家是将家族伦理观念推扩到社会的泛家族主义秩序原理。儒家的制度设计是全方位的，对礼仪的继承和创新几乎

① 陈寅恪：《陈寅恪史学论文选集》，上海古籍出版社，1992 年，第 511 页。

就是儒家的中心工作，上至朝廷的礼仪、宗庙的祭祀、国家的组织与法律，下至社会礼俗乃至乡规民俗，借用荀子的说法，儒生在政府就“美政”，在民间则“美俗”。

汉儒将孔子塑造成为汉朝创制立法的人，而儒家在汉代最重要的制度化形式是通经致用。最典型的包括“春秋决狱”“禹贡治河”和“洪范察变”，通过经典解释来处理现实问题，这可以被看作是制度化初期、规则未定时不可避免的现象。清代的赵翼针对“汉时以经义断事”发表评论说：“汉初法制未备，每有大事，朝臣得援经义以折衷是非……此皆无成例可援，而引经义以断事者也。援引古义，固不免于附会，后世有一事即有一例，自亦无庸援古证今，第条例过多，竟成一吏胥之天下，而经义尽为虚设耳。”[①] 赵翼将直接援引经义的做法看作是法制未备的结果，此观点有理有据，但他认为在制度完备之后“经义尽为虚设”显然是过于简单。儒家制度化的过程同时也是在现实的制度中灌注儒家精神的过程，而一旦儒家精神变成某种制度而固定下来，其内在的精神便会变成常态，即人们只要遵守某些规章便自然符合儒家的精神，儒家的最高境界是让人在不知不觉中体认儒家的原则，即将之化为日常生活之常规。

儒家制度化对于公私生活影响至巨者为儒家的法律化，儒家虽然重德治，轻刑罚，但认为礼乐刑政四者缺一不可。中国古代的法律和礼仪是互相依存的，“礼之所去，刑之所取，失礼则入刑，相为表里者也”（《后汉书·陈宠传》），礼和刑在社会生活中是相辅相成的。孔子肯定“无讼”，但社会生活出礼入刑，许多纠纷依然需要通过法律来裁断。

儒家推崇以礼乐治国，叔向和孔子都批评过郑国和晋国“铸刑鼎”

① 引自王树民：《廿二史札记校证》，中华书局，2013年，第44页。

的事件。他们的理由是若将法律公之于众，人们就会寻找逃避制裁的办法，而社会运行最高境界是人们有尊严地生活。但在大一统郡县制的国家建立之后，儒生开始积极参与法律的制定。汉代儒生一直通过秦朝灭亡的事例来说明法家观念的不恰当，他们的主张是让儒家的精神来改善残酷的刑罚，并不断推动以礼入法的进程。董仲舒的“春秋决狱”就是以儒家的仁爱精神来影响诉讼判决的例子。

汉代的经师们一直参与法律的制定和解释，并通过他们在掌握经典方面的优势不断参与到新的法律的制定中。而到了三国的魏，制定法律的工作完全交由儒生。瞿同祖先生指出：“更重要的是魏以后儒者参与了制订法律的工作，因而儒家思想在法律上起了决定性的作用，产生深远的影响。我们已经讲过除秦、汉律外，历代的法典都出于儒者的手笔，并不出于法家之手，这些人虽然不再坚持反对法治，但究是奉儒家为正统的，所以儒家的思想支配了一切古代法典，这是中国法系的一大特色，不可不注意。”[①] 法制史家认为西晋泰始律令（268）是法律儒家化的初次完成，而唐律则被认为是法律儒家化的典范，其法律精神就“一准乎礼”。到晚清时期，基于预备立宪和废除治外法权等因素，1905年沈家本等开始制订《大清新刑律》，但草案出来之后，遭到张之洞等人的激烈反对，就是因为这个新法律被认为废除了法律儒家化所体现礼制精神的差异性原则。瞿同祖评论说：“清末制定民刑律草案时，大遭卫道士的反对，便是因为这些草案完全是法家的精神——而且是西方法律的精神，不曾考虑礼教的因素，不再含有二千年来儒家所拥护的礼教思想在内。”[②]

---

① 瞿同祖：《瞿同祖法学论著集》，中国政法大学出版社，2004年，第362页。

② 瞿同祖：《瞿同祖法学论著集》，第362页。

儒家的制度化是一个复杂的体系，体现在传统中国社会的方方面面。经学的确立、选举标准的儒家化、政治法律制度的儒家化只是儒家制度化的几个关键的表现。由此，我们可以理解儒家的制度化存在和观念化存在是互为依托的，观念化存在是制度化存在的基础，同时制度化的存在又强化了观念化的存在。

思想的制度化是思想发展的一种特殊的形式，任何社会都会借助一些观念来作为社会治理的价值支撑。在中国古代社会，儒家被制度化，体现了儒家价值与中国人的文化心理结构的一致性，而数千年中国社会的稳定发展，也说明儒家思想在建构超大规模国家的实践中的有效性。但是，在专制的时代，儒家的制度化，排斥了其他思想流派的发展，加上其与权力机构的深度结合，其思想的革命性和创造性都被抑制。这就形成了思想制度化不可避免的悖论。

## 第三章 制度儒学的运行规则：从科举制度看知识与权力之间的互动

教育是人类社会化的主要途径，通过教育，人们会遵循社会规范，接受社会通行的价值观。孔子对孔鲤说“不学诗，无以言”“不学礼，无以立”，这段告诫深刻揭示了教育的本质，即教育是人社会化的途径，除非你愿意“遗世独立”。

人类最初的教育功能是依赖于神话和礼仪活动来达成的。在西方和印度等国家，随着神话向宗教的转化，在很长的时间内，知识的合法性和传播方式一直由教会或宗教团体所控制。而中国古代缺乏严密的制度性宗教，教育由贵族阶层所垄断，类似于天文、祭祀和礼仪等知识被垄断在少数人的手里，这就是所谓学在“王官”。在西周时期大致形成了国学和乡学的教育体系[①]，教育内容主要是以礼、乐、射、御、书、

① 国学由天子或诸侯设立，分为大学和小学。乡学包括设立于闾的塾，设立于党（500家）的庠，设立于州（约12500家）的序和设立于乡的校。国学的对象一般是贵族，而乡学的功能则是教化。参见毛礼锐主编的《中国教育简史》（教育科学出版社，1984年，第23页）和杨宽的《古史新探》（中华书局，1965年）中关于古代大学特点的描述。

数为主，要使人明确自己的社会角色并具备“教民事君”的能力。[①] 春秋战国时期，礼崩乐坏，私人教育兴起，形成诸子百家争鸣的中国古代思想的黄金时代。

大一统的国家需要相对统一的意识形态，秦国进行了一次酷烈的思想统一行动，但不施仁义的政治总是难以持久。汉承秦制，价值观上要有所改变，在几十年黄老道学的“过渡”之后，儒家就开始成为汉代统治的主要的合法性资源。董仲舒的天人三策就是这个转变的标志性事件。

如果说董仲舒是先秦儒学向汉以后的儒学发展的一个重要的转折点，那么，其最具决定性意义的，是他提出的一系列确立儒家独占地位和保障其传播的制度设计。如周予同先生说：“董仲舒主张尊崇孔学罢黜百家，还只是表面文章；最有关于中国社会组织的，是他主张设学校，立博士弟子，变春秋、战国的‘私学’为‘官学’，使地主阶级的弟子套上‘太学生’的外衣，化身为官僚，由经济权的获取进而谋教育权的建立与政治权的分润。董仲舒是中国官僚政治的定型者。”[②] 虽然周予同先生所使用的词汇带有历史的痕迹，他将董仲舒视为中国官僚政治的定型者也不甚准确，但他将董仲舒所提出的设学校、立博士看作是儒家制度化的关键一步，的确是有卓见特识的。

孔子最不可动摇的身份是“师”，作为中国古代最伟大的教育家，

---

① 阎步克在讨论乐师和原始儒家的起源时，认为乐师的主要功能是教化。“但至少到了周代，这种文化教育已是相当的‘人文化’了的，并直接服务于国家统治的需要。乐师承担着培训‘学士’的职责，而‘学士’则是未来王朝政务承担者。在周代的政治文化传统中，业已形成了深厚的‘君子治国’与‘贤人政治’观念。所谓‘君子’‘贤人’，则是掌握了道义理想、治国之术和诗书礼乐者。……后世儒者以‘养贤’‘举贤’为务，致力于官私学校的建设的发展，便是其前身——乐师职责的发扬光大。”参见阎步克《乐师与史官》，生活·读书·新知三联书店，2001 年，第 31 页。

② 周予同：《〈春秋〉与〈春秋〉学》，载朱维铮编：《周予同经学史论著选集》（增订本），上海人民出版社，1996 年，第 502 页。

因材施教、有教无类的教育理念使儒家成为先秦时期最大的学派。如果我们换一个角度看，孔子教育理念的合理性体现在他将能力教育和品格教育完美结合。孔子以六艺教人，有《诗》《书》这样的经典教育，也有射、御、数、书这样的操作性技能。从《论语》所记载孔子与弟子的对话中，强调人格培育，并认为人的政治能力要建立在道德的基础上，是人的道德意识的现实化。

孔子身处道德秩序受到空前怀疑的时代，《淮南子·俶真训》说“周室衰而王道废，儒、墨乃列道而议，分徒而论”，即开始了私学时代。清人章学诚描述这种情况说：“至于官师既分，处士横议，诸子纷纷著书立说，而文字始有私家之言，不尽出于典章政教也。”（《文史通义·经解上》）这就是说，“私家之言”中有更多的根据时代需要而出现的新论，并不是每句话都要合乎典章的原意。

在这个诸子并立的时代，孔子所创立的儒家学派的成功很大程度上是依凭于其在教育方式和内容上的探索。一般认为孔子是中国最早以私人资格教授学生的。章太炎在分析“儒”之名的含义时，区分了“达”“类”“私”三种类型，认为儒家有“术士”的身份（达名），也可以是协助统治者管理国家的（私名），而“类名为儒：儒者知礼乐射御书数。《天官》曰：儒以道得民，说曰：儒，诸侯保氏有六艺以教民者；《地官》曰：联师儒，说曰：师儒，乡里教以道艺者。此则躬备德行为师，效其材艺为儒”。[①]这就是说，儒家作为教师，继承了古代教育的观念，孔子更加以发扬，从整理古代典籍入手，以礼乐为本，注重人格培育，是继承中的创新，故而吸引了最多的弟子。

秦统一六国，李斯等人强调各家争鸣、思想多元对大一统国家会造

① 章太炎：《原儒》，《章太炎全集·国故论衡校定本》，上海人民出版社，2017 年，284 页。

成危害，他们禁止私学的传授，尤其反对以古讽今，知识传播的途径受到限制。经历了焚书坑儒的磨难，秦的速亡为儒家在汉代的反弹提供了理据，随着董仲舒等人的对策被汉武帝接受，儒家因获得制度性支持而拥有了独占性优势。

即使在秦政的打压之下，儒门弟子也没有放弃他们对礼乐秩序的认同，史载在刘邦取了项羽的首级攻打鲁国时，鲁国依然“弦歌之音不绝”，习礼演乐而不辍。《史记·儒林列传序》：“及高皇帝诛项籍，举兵围鲁，鲁中诸儒尚讲诵习礼乐，弦歌之音不绝，岂非圣人之遗化，好礼乐之国哉？”这意味着即使在最为严酷的政治环境中，儒生依然坚持他们的价值理想。

在后世的经学家的描述中，孔门弟子的确存在一个传经系统，故而即使经历秦火，许多经典依然得以保存和流传。无论是鲁地、齐地还是楚地的儒家，不管是治《诗》的欧阳、大小夏侯还是治《礼》的后氏、治《春秋》的公羊、穀梁，都是依赖于各自的传承系统，但因汉武帝好公羊，所立五经博士，以公羊学为大宗。在博士体制下，同为儒家经典，最初的博士主要是公羊家，博士所传的才能成为“官学”，由此，同一部经典的传承和解释，也有了官学和私学的分别。围绕春秋三传的争论最为激烈，围绕公羊和左传的古今文之争一直延续到晚清。

汉武帝接受董仲舒的对策之后，有三项制度的设计（博士制度、选举制度和学校制度）对儒家思想的传播产生了决定性的影响，从中我们可以体察到儒家制度化的运行规律。

## 第一节
## 以儒家价值为本的诠选制度的形成和发展

虽然《周官》"大司徒"详细描述了西周"择才取士"的制度，但这种看上去过于"理想"的制度仅可以看作是后世儒者对于完美的选举制度的一种构想。在西周的封建制下，世袭继承是获得官职的最主要的途径，即所谓"世卿"制度。世卿制也不是完全"封闭"的，已有学者指出，一个人的血缘和家庭背景仅仅意味着他具备的资格，而要获得更高的地位，则需要自己的能力和努力。[①]

然而到了政治体制转型的春秋、战国时期，处于游散状态的士阶层和竞争激烈的新政治体制都在呼唤一种新的人才选拔机制，儒家"讥世卿"，儒墨都推崇"选贤与能"。《墨子·尚贤上》中有言：

> 故古者圣王之为政，列德而尚贤，虽在农与工肆之人，有能则举之，高予之爵，重予之禄，任之以事，断予之令，……故当是时，以德就列，以官服事，以劳殿赏，量功而分禄。故官无常贵，而民无终贱。有能则举之，无能则下之。举公义，辟私怨，此若言之谓也。

以德性和能力来获得职位是儒墨共同的理想。去道德化的法家虽然担心任用贤能之士会威胁到君主的威信，但也主张能力和职位匹配才能提升治理效益。《韩非子·用人》说："人主乐乎使人以公尽力，而苦

① 李峰：《西周的政体：中国早期的官僚制度和国家》，生活·读书·新知三联书店，2010年，第213页。

乎以私夺威；人臣安乎以能受职，而苦乎以一负二。”也就是说，用人要区分公私、要专业化，这样人才会尽其才能，而君主又可以免去“夺威”之忧。

相比墨家与法家，儒家的立场更为复杂。就理论形态而言，选贤与能的理想与儒家亲亲、尊尊之间形成了一定程度的紧张。虽然儒家一直强调贤贤和亲亲并不矛盾。在《中庸》中所列出的治理天下国家的九大原则中，亲亲和尊贤是并列的。但是，这不能弥合在现实中亲亲的关系主义原则与尊贤的能力主义立场之间所必然会产生的矛盾。曾亦等人认为世卿是封建制的产物，而讥世卿则是孔子的“改制”。他说：“‘讥世卿’乃孔子《春秋》之改制，并不符合西周封建宗法制的精神，换言之，按照严格的封建宗法原则，自当采取‘世卿’制，至于孔子‘讥世卿’的批评，不过代表了儒家在封建宗法制崩溃前提下而审时度势提出的新主张。”[①]这虽然从时间的错位中解决了“讥世卿”的问题，但无法消除这两个原则之间的紧张。总体而言，儒家既承认亲亲合理性，又强调尊贤的必要性，是一种调和论的方式。完全倒向非血缘的选贤制度要留待后世的察举制度特别是科举制度去实现。

秦国采纳的是“辟田”和“胜敌”的技术化标准，这种以结果为导向的激励政策使得秦国在战国争霸中获得了巨大的战略优势，最终统一了六国。但秦国的速败也留给了后世检讨的空间。贾谊等人认为秦国不实行仁义政治，失去民心，所以攻守之势逆转。但班固却是从制度上深挖原因。他在《汉书·诸侯王表序》中提出，是因为秦国完全废除了封建制，才导致国势危机之时，难以获得血缘团体的支持，最终失

① 曾亦、黄伟：《论儒家的“象贤”说对政治权力过渡的一种阐释——兼论〈春秋公羊传〉“讥世卿”及儒家对封建制的不同理解》，《复旦学报》（社会科学版）2018年第4期。

去了天下。因此，在封建制不可避免地转化为郡县制之后，皇帝能找到的最稳定的政治依靠力量，依然是血缘团体。只是大一统的新政治格局，又必须将一些行政岗位向非血缘团体内的人群开放，这样就形成了核心统治团体世袭制和地方官吏贤能制的结合。此乃汉代察举制兴起的重要原因。

汉初的几代帝王以黄老道学为立政之基，汉高祖和汉文帝举行过一些诏举“贤士大夫”“贤良方正”的选官活动，但并无定制。在贾谊、董仲舒等人的努力之下，儒家的价值观逐渐被接受。汉武帝元光元年（前134）设立的“举贤良”“举孝廉”的察举制度是以儒家价值选拔官员的肇端。他规定：

> 郡国口二十万以上岁察一人，四十万以上二人，六十万三人，八十万四人，百万五人，百二十万六人；不满二十万，二岁一人；不满十万，三岁一人。限以四科：一曰德行高妙，志节清白；二曰学通行修，经中博士；三曰明习法令，足以决疑，能按章覆问，文中御史；四曰刚毅多略，遭事不惑，明足决断，材任三辅县令。（杜佑：《通典》卷十三《选举一》）

不仅确立了选拔标准，还设立了单位人口的选拔人数。在实际的执行中，以政事为主的举贤良受到重视，而以奖挹社会风气的举孝廉则颇受冷落，因此，汉武帝责令给那些不积极推举孝廉的人治罪。并批准了有司所奏：

> 夫附下罔上者死，附上罔下者刑；与闻国政而无益于民

者斥；在上位而不能进贤者退，此所以劝善黜恶也。今诏书昭先帝圣绪，令二千石举孝廉，所以化元元，移风易俗也。不举孝、不奉诏，当以不敬论；不察廉，不胜任也，当免。(《汉书·武帝纪》)

不按时举荐人才就会被处罚，于是，孝廉逐渐成为汉代选官最主要的途径，朝廷官员中大多是以孝廉而获得举荐的人。举孝廉注重品德和办事能力的统一，但在实际的操作中，往往是以孝为先。阎步克说："尽管事实上孝廉察举标准在实施上有更复杂的情况，但是举士科目冠之以'孝廉'，依然具有重大的象征意义。这种以居家之'孝'举用治国之吏的制度，既为商、韩所斥，又于秦代无闻。它使政统和亲统的相互渗透，获得了相当制度化的形式。"[①]举孝廉既改变了汉初承续秦制所造成的酷吏横行的现状，又使儒家的血缘伦理与官僚制度所需要的能力原则得到结合。

察举制在推行了200多年之后，其弊端日益凸显。察举的权力主要控制在官员手里、孝廉的德和才并不一定兼备、社会竞相博取孝名而弄虚作假、人数过于庞大而难以安置等，因此在东汉顺帝阳嘉元年(132)，统治者采纳了左雄的建议，要求所举之孝廉必须在40岁以上，同时，要得到任用必须经过考试。考试的内容是"诸生试家法，文吏课笺奏"[②]。并正式确定"诸生通章句"才能应孝廉之选，这样就进一步

① 阎步克：《士大夫政治演生史稿》，北京大学出版社，2015年，第309页。

②《后汉书·左雄传》。其实，儒生和文吏的分别一直是汉代官员选拔制度中的一个焦点问题。按照一般的说法，儒生主张以德治，而文吏则在处理纷乱的事件上比较具有决断力，他们似乎更像是职业官员。而随着察举制的确立而出现的文吏和儒生的融合，是儒家思想进一步向社会制度系统渗透的标志。

将通晓儒家经典和选拔官员联系起来。

魏晋初期曹操所推行的“唯才是举”政策和随后的“九品中正制”可以说是察举制的变种。“唯才是举”显然是对察举制之道德至上主义的反拨，但世家大族和儒学家族的影响却依然会在人才荐举实践中体现出来。“九品中正制”在制度设计上是能力本位和道德本位的妥协性表达。九品官人法的选择标准为家世、德、才三项，然在实际操作中，家世逐渐成为选人的关键。而因为人物品评的权力在于中正官个人，更易受社会环境之影响，所以法久必弊，重要的职位便渐渐为世家大族所控制。①

九品中正制虽然要到隋朝才被正式废止。不过在南北朝时期，随着士族势力被摧折，察举和学校入仕之途又开始恢复。而察举的方式也逐渐由举荐向通过考试转变，士人得官主要依据策试和“明经”考试。察举的标准也由孝悌、吏能、经术并重，转向以考察考生对儒家经典熟悉程度的文化考试为主。更为重要的是成为后来科举制的根本性特征的自由投考制度在北朝开始萌芽。

科举制度究竟起源于隋还是唐，学界至今并无定论。但科举的核心是“完全公开，由各地人民自量智能，自由呈报，径由政府考试录用”。②这些原则随着宋代的锁院、糊名、誊录和明代的提学官这些保

① 宫崎市定说：“九品官人法的初衷是从广袤的地方社会中无所遗漏地搜访网罗人才，但当时正值地方豪族发展兴盛之际，这样的制度一旦开始，就给地方豪族扶植封建性势力提供了绝佳的机会。豪族的官位垄断及其与中央政界的接触意味着豪族的贵族化，贯穿六朝的贵族制度就这样建立起来了。”见［日］宫崎市定：《科举史》，第 10 页。

② 钱穆：《中国史新论》，生活 · 读书 · 新知三联书店，2001 年，第 279 页。钱穆先生将科举制度看作是政权向民众的开放：“科举制度显然在开放政权，这始是科举制度之内在意义与精神生命。汉代的选举，是由封建贵族中开放政权的一条路。唐代的公开竞选，是由门第特殊阶级中开放政权的一条路。唐代开放的范围，较诸汉代更广大，更自由。”参见钱穆《中国历代政治得失》，生活 · 读书 · 新知三联书店，2012 年，第 58 页。

证考试公平性的措施的出台而得到进一步的落实。[1]

值得强调的是，由于科举考试的内容以儒家经典为基础，这样便将熟悉儒家经典与获得权力两者结合得更加直接和严密了。科举制度的建立，使得无论官学和私学，皆以科举考试为主要目标，学校制度遂在某种程度成为科举考试的附庸。科举考试以儒家经典为内容，科举便成为知识和权力之间的桥梁。

科举考试的内容各朝略有不同，主要包括三个方面：经义、杂文和策论。经义主要是儒家经典（在唐代进士科的考试内容还包括《老子》《尔雅》）。杂文则是考察考生的文学修养和写作水平。考试的文体，在唐宋以诗赋为主，明以后则是八股文。策论主要包括策、论表、判、诏、诰等政治性论文和公文。要求考生熟读经典又通晓事务，能运用经典来分析现实问题。

科举考试的科目设置和考试范围是不断变化的。比如唐代设有进士科、明经科和秀才科等很多科目，进士科和明经科是经常性的（常科）。王安石变革科举制度，将明经科并入进士科，导致科举的重心由北方转向南方。[2]元代以后又将经义进士科、词赋进士科和策论进士科合而为一，成为德行明经科，并延续到明清两代。

科举制建立之后，文学一直是主要的考试方式，但在进士科成为主要的考试科目之后，因为要担负原先明经科的职能，所以，儒家经典成

---

① 科举制度的公平性一直被人肯定，宋代的欧阳修在评论宋代的取士制度时说："国家取士之制，比于前世，最号至公，盖累圣留心，讲求曲尽，以谓王者无外，天下一家，故不问东西南北之人，尽聚诸路贡士，混合为一，而惟才是择。又糊名誊录而考之，使主司莫知为何方之人、谁氏之子，不得有所憎爱厚薄于其间。故议者谓国家科场之制虽未复古法，而便于今世。其无情如造化，至公如权衡，祖宗以来，不可易之制也。"（马端临：《文献通考》卷三十一《选举考四》引）

② 吕祖谦说："及至熙宁间，荆公罢词赋，帖经、墨义并归进士一科，齐、鲁、河朔之士往往守先儒训诂，质厚不能为文辞，所以自进士科一并之后，榜出多是南人预选，北人预者极少。"参见马端临：《文献通考》卷三十二《科举考五》。

为主要的考试内容。[①]

从唐代开始，被列入科举考试的经典是九部正经和三部兼经。九部正经即《易》《诗》《书》《周礼》《仪礼》《礼记》《春秋左传》《春秋公羊传》和《春秋穀梁传》。三部兼经《论语》《孝经》和《尔雅》。北宋时《孟子》也被列入科举考试的范围。

儒家经典注疏众多，解释也多有分歧，这不但需要规范经文本身，也需要选择和规范注释，因此，出现了国家性的经典规范工作，比如唐代的《五经正义》，宋代王安石的《三经新义》等。

到元代又发生了巨大变化。元仁宗皇庆二年（1313）正式规定"四书""五经"取代十三经，作为德行明经科的唯一考试范围，并延续至明清。明代并采用八股文作为答题的模式。《明史·选举志》说：

> 科目者，沿唐、宋之旧，而稍变其试士之法，专取四子书及《易》《书》《诗》《春秋》《礼记》五经命题试士。盖太祖与刘基所定。其文略仿宋经义，然代古人语气为之，体用排偶，谓之八股，通谓之制义。

考试的时间和形式也有进一步的规范。科举每隔三年举行一次，并建立了乡试、会试、殿试的不同层级的考试方式。《明史·选举志》

① 宋哲宗元祐四年（1089）下诏科举所涉及的儒家经典范围是："凡诗赋进士，于《易》《书》《诗》《周礼》《礼记》《春秋左传》内听习一经。初试本经义二道，《论》《孟》义各一道，次试赋及律诗各一首，次试论一首，末试子史时务策二道，凡四场。其经义进士，须习两经，以《诗》《礼记》《周礼》《左氏春秋》为大经，《书》《易》《公羊》《穀梁》《仪礼》为中经，愿习二大经者听，不得偏占两中经。初试本经义三道，《论语》义一道，次试本经义三道，《孟子》义一道，次试论、策如诗赋科。并以四场通定高下，而取解额中分之，各占其半。专经者以理义定取舍，兼诗赋者以诗赋为去留，其名次高下，则如策论参之。"参见毕沅：《续资治通鉴》卷八十一《哲宗》。

还介绍说：

> 三年大比，以诸生试之直省，曰乡试。中式者为举人。次年，以举人试之京师，曰会试。中式者，天子亲策于廷，曰廷试，亦曰殿试。分一、二、三甲以为名第之次。一甲止三人，曰状元、榜眼、探花，赐进士及第。二甲若干人，赐进士出身。三甲若干人，赐同进士出身。状元、榜眼、探花之名，制所定也。而士大夫又通以乡试第一为解元，会试第一为会元，二、三甲第一为传胪云。子、午、卯、酉年乡试，辰、戌、丑、未年会试。乡试以八月，会试以二月，皆初九日为第一场，又三日为第二场，又三日为第三场。初设科举时，初场试经义二道，《四书》义一道；二场论一道；三场策一道。中式后十日，复以骑、射、书、算、律五事试之。后颁科举定式，初场试《四书》义三道，经义四道。

考试的时间、考试的等级逐渐规范化，经典的解释依据也有了明确的规定，主要是以朱熹的注释为主，最终确立《四书五经大全》为科举的经典文本和注释依据。

> 《四书》主朱子《集注》，《易》主程《传》、朱子《本义》，《书》主蔡氏传及古注疏，《诗》主朱子《集传》，《春秋》主左氏、公羊、穀梁三传及胡安国、张洽传，《礼记》主古注疏。永乐间，颁《四书五经大全》，废注疏不用。其后，《春秋》亦不用张洽传，《礼记》止用陈澔《集说》。二场试论一道，判五道，诏、诰、表、内科一道。三场试经史时务策

五道。(《明史·选举志》)

《四书五经大全》是《五经大全》《四书大全》《性理大全》的合并本，主要是程朱理学家注释四书五经的汇辑，这意味着程朱理学成为经学统一的标准解释，从而完成了科举的形式化和经典的统一化。

## 第二节 科举制：知识和权力的关系的运转枢纽

从制度儒学的层面来看，科举制度也是传达权力阶层意志的最有效的方法。教育系统并不仅仅是将过去的知识传递下去的制度机制，更是一种证明权力合法性和强化权力合法性的间接却持续的方式。通过确定考试的范围和统一经典解释、考试文体、字体等，科举制度能润物细无声地传输儒家的价值观，并使儒家的制度理念在各层级的秩序中得到现实化的可能。换句话说，科举制使政治权力有效地控制符合权力运行要求的知识系统的构成，进而建立起一种有效的知识和权力互动的运转机制。

科举制的广泛开放性，使经典的传播冲破了地域和年龄的限制。儒家经典作为考试内容也就转化为教育内容，官学、私学甚至童蒙教育别无其他选择的可能。因为科举是自主投考，使这种选择看上去带有自由选择的色彩。但因为没有其他选项，人们只能选择参与与否，这就让科举制成为有前提的自由选择。随着科举制的完善，选举取士方式日益单一化，教育制度和科举制度合一化。自隋唐确立科举制度之后，虽然科举的内容经常会发生变化，但作为一种官员选举制度，它一直延续到晚清。

科举制度作为官僚选拔机制，在社会上升流动途径十分贫乏的中国传统社会，是下层民众进入上流社会的唯一途径。这就意味着，科举制既是权力机构强化其统治机制的一种方式，同样也是社会成员进入权力机构的途径，这样，屈服于权力和获得权力成为一个互相支持的正反馈机制，即由权力机构决定儒家经典为科举的内容，而儒生在进入权力机构之后，权力符号的诠释者和权力系统的维护者融为一体。

科举制度之所以受人肯定，是因其体现了公平的精神。科举制度的目标是将一部分贤能之士选拔出来，成为统治集团的成员，这就避免了贵族制对权力的垄断。但公平的选举制度的结果是形成了一个层级分明的社会。即使最为初级的成功者秀才，他们也有免除向官员下跪、免除一部分徭役等特权。经由科举获得功名的人返乡之后，被称为绅士，他们也依然拥有上述权力。

教育本身就存在着为受教育者提供机会的目的，社会的公平要依靠教育来达成，但无法掩饰的是，教育是阶层分化的最有效的工具。这种理论虽然带有强烈的社会批判立场，但若是从科举的事实看，大量的科举成功者是官宦子弟或财富家庭的成员，这也证明了科举是中国传统社会中权力再生产的最主要方式。

那么为什么科举制度自建立之后，便为列代统治者所肯定呢？这是因为科举制度的设计将每一个科举成功者，都设定为皇权的支持者。理论上每次科举考试都是以皇帝的名义举行的，所有的考生可以被广义地认为是“天子门生”，我们可以想见唐太宗发出“天下英雄尽入我彀中”时内心的得意。[1]在这样的格局下，儒家试图制约现实政治权力的

---

① 宫崎市定说：“唐太宗曾看着新进士的队列感叹，‘天下英雄尽入我彀中矣’。于是后人作诗道：‘太宗皇帝真长策，赚得英雄尽白头’。……这种说法击中了一部分事实，科举的兴盛确实与天子专制权力的发达有着密切关联。”［日］宫崎市定：《科举史》，第3页。

道统的力量被束缚在君臣纲常中，在科举的世界里，道统和政统之间的矛盾以道统屈服于专制权力而被部分“化解”。

不仅是道统的力量被消解，而且，科举制度的不断技术化和垄断化，导致儒家经典成为一种考试的工具。考生只需要记住经典中的语句以及不同的解释可能，至于经典所呈现的圣人治国之道、君主的人格尊严，都与考试无关，甚至会成为考试成功的障碍。因此，儒学在科举制的推动下获得广泛的传播，但也失去其灵魂。顾炎武说：

> 古人抱遗经、扶微学之心，如此其急，而今乃一切废之，盖必当时之士子苦四经之难习，而主议之臣徇其私意，遂举历代相传之经典弃之而不学也。自汉以来。岂不知经之为五，而义有并存，不容执一，故三家之学并列《春秋》。至于《三礼》，各自为书。今乃去经习传，尤为乖理。苟便己私，用之干禄，率天下而欺君负国，莫甚于此。经学日衰，人材日下，非职此之由乎？（《日知录》卷七《九经》）

此语正是对科举阉割儒家价值的极度不满，顾炎武甚至认为八股文考试对于儒家思想的损害要超过秦始皇之焚书坑儒。

科举作为一种官员选拔的机制势必会导致儒生将之视为“干禄”的方式，若陷溺于此，读圣贤书就非为求道，只为逐利。在顾炎武看来，不仅举子欺瞒了君主和国家，国家也失去了真正的人才。

有鉴于此，历代的儒家也在寻求独立于权力体系的思想之道，宋明以后，书院的发展，其动力的来源也是道学家们对于“希圣希贤”理念的执着。宋明道学的产生也一度被打压而视为“伪学”，但道学群体并没有因为这样的社会压力而放弃他们所一贯坚持的道统相对于政统的优先性立场。[①]

科举制的建立对于儒家而言是一个功过兼有的悖论性制度。科举制度使儒家与现实的政治权力之间建立起共谋关系，权力通过对知识生产和传播的控制获得其符号的力量，而知识借助权力的支持获得广泛的传播，儒生又通过对知识的掌握获得了权力和利益。科举制度的形成和发展折射出“士”阶层的历史演变。“在7世纪，士是家世显赫的高门大族所左右的精英群体；在10和11世纪，士是官僚；最后，在南宋，士是为数更多而家世却不太显赫的地方精英家族，这些家族输送了官僚和科举考试的应试者。”[②]因此说，科举制影射了唐宋之际中国社会的巨大变革，中国的家族制度也因科举制度而产生相应的变化。[③]总之，科举制度作为儒家制度化和制度儒家化的枢纽使儒家与现实秩序之间的各种联系更加充分。

---

① 包弼德说：“理学在君主与知识分子之间形成一种新的紧张关系，而这种关系对知识分子地位的提高多于对君主地位的提高。它让知识分子在把自己视为帝国体系参与者的同时，也把自己视为与体制保持距离的学者。它也鼓励知识分子无论国家愿不愿意都把自己组织起来，并担负起领导与改善社会的责任。他们之所以愿意这么做，主要就是因为他们认为世间的道德并不是由政权创造，而是通过培育人人与生俱来的具有普遍意义的品质获得。”［美］包弼德：《历史上的理学》，王昌伟译，浙江大学出版社，2010年，第133页。

②［美］包弼德：《斯文：唐宋思想的转型》，刘宁译，江苏人民出版社，2017年，第4页。

③ 艾尔曼说：“地方世族能够利用其社会地位和经济力量转化为科举的成功，继而取得对当地文化资源的支配地位。拥有共同财产的世家大族，需要培养出精通儒家文化、位居高官的人物，能够周旋于精英圈子，成为家族与县、省、中央等各级官吏沟通的中介。那些富有的家族，尤其是居住在经济发达地区的家族，能够以其经济实力使家庭成员享有良好的儒家文化教育并取得科举考试的成功，从而拥有家族权利不及的政治和经济特权地位。”［美］本杰明·艾尔曼：《经学·科举·文化史：艾尔曼自选集》，复旦大学文史研究院译，中华书局，2010年，第148页。

# 第四章 制度化与儒家价值观的内在紧张

## ——再论教育与权力的关系

春秋战国时期诸子百家的兴起，源自封建制度的崩溃和郡县制的逐渐萌芽，在这个巨大的社会变革面前，以儒家与墨家、法家为代表的深度关切社会秩序建构的学派，都关注社会公平的重要性。就平等观念而论，儒家的立场最为复杂。

一般而言，儒家肯定差异性的社会秩序，人与人之间的差异，有些是天生的，比如基于血缘而产生的长幼之序，基于性别的男女之别。在以农耕社会为基本特色的中国传统社会中，作为家庭的最基本关系的父子和夫妇，是建立在父母对于子女的权威性以及丈夫在夫妇关系中的主导性的基础上的，这种关系向社会的扩展，形成了中国传统社会的泛家族主义倾向。通过君臣关系的父子化的伦理建构，形成了忠孝逻辑的一致性。①

即使是基于公正目标而建立起来的超越血缘的“选贤与能”制度，

---

①《孝经 · 广扬名章》说：“君子之事亲孝，故忠可移于君。事兄悌，故顺可以移于长。”其背后的逻辑是一个人在家庭生活中，所受到的基本训练，可以成为他日后参与社会政治生活时具备的基本素质。这样的逻辑被加以伦理化。

也是社会性的差序格局的形成机制而已。无论是何种选举制度，都是要通过对个体的才、智、德的衡量来确定人的社会分工和爵禄。对此，荀子说得直白："论德而定次，量能而授官，皆使人载其事而各得其所宜。"（《荀子·君德》）由此可见，无论是从世袭性的原则，还是能力本位的原则，都是利用差别性的原则来建立与地位相适应的分配制度，儒家认为这样的秩序是最稳定的。

让这种差别性现象转化为社会规范是儒家礼教的诉求，"礼乐"是让差别性社会秩序稳定运行的"治国之具"。《礼记·曲礼上》说："礼者所以定亲疏，决嫌疑，别同异，明是非也。"荀子也反复申说"礼"的"明分使群"的功能。他说："礼者养也，君子既得其养，又好其别。曷为别？曰，贵贱有等，长幼有差，贫富轻重皆有称者也。"（《荀子·礼论》）"故先王案为之制礼仪以分之，使有贵贱之等、长幼之差、知贤愚能不能之分，皆使人载其事而各得其宜。"（《荀子·荣辱》）儒家的礼治原则，也体现在日趋儒家化的法律体系中，犯有同样的罪责，其身份不同，即会出现同罪不同罚的现象。这与现代法律体系中法律面前人人平等的个体平等原则迥然不同。不过，也有人认为，这样的差别性原则才是真正的平等，物之不齐物之情，不同事物和不同身份就要有不同的地位和对待原则，这是一种伦理性的"平等"。[1]纵然，在礼制和平等的关系中，体现出了古典思想与现代价值观之间的进路的差异，但儒家对于人格平等的强调，则是古今同风的。

自孔子建立起以"仁"的内在性作为理解人的基础之后，儒家思想一直在强调人所禀于天的德性平等。孟子和荀子的政治哲学皆是在此

---

① 在现代的观念中，差序之礼与平等适为对立。而古人却以之为"平"。"儒家学说正是在身份不平的前提下，讲求和谐，做到公平。"高明士编：《中国中古礼律综论：法文化的定型》，商务印书馆，2017年，第91页。

基础上的发展。

孟子坚信良知先在，不由外铄，所以他将人的“人格尊严”和“政治地位”做了明确区分。《孟子·告子上》载孟子之语说：“有天爵者，有人爵者。仁义忠信，乐善不倦，此天爵也；公卿大夫，此人爵也。古之人修其天爵，而人爵从之。今之人修其天爵，以要人爵；既得人爵，而弃其天爵，则惑之甚也，终亦必亡之矣。”这里的“天爵”指的是人依凭其道德实践而获得的人格尊严，而“人爵”则主要是指社会身份和政治地位。孟子所要宣示的是人作为人，在“理想人格”上的平等性，不要沉溺于天生的地位，要以自己的努力去完善自己，并获得施展才能的空间。“性善论已经提供了人在存在论上的平等的前提，道德实践则使得这种前提从可能转变为现实。”①

不过，在论证人具备相似的道德品质追求的各种理论中，性善论固然更多被后儒接受，但现实的困境是许多人并没有成为圣贤，这让性善所开出的人性完善的空间只是一种“可能”的“目标”，对此，荀子即是运用了“可能性”与“现实性”的辩证关系来加之以圆满化的论证。

> 故涂之人可以为禹，则然；涂之人能为禹，则未必然也。虽不能为禹，无害可以为禹。足可以遍行天下，然而未尝有遍行天下者也。夫工匠农贾，未尝不可以相为事也，然而未尝能相为事也。用此观之，然则可以为，未必能也；虽不能，无害可以为。（《荀子·性恶》）

与孟子侧重于强调“操存舍亡”、保养内心的良知的路径不同，荀

① 高瑞泉：《平等观念史论略》，上海人民出版社，2018年，第56页。

子主张通过学习和修养来克服人性中的自然倾向，从而成就人的可能性。换句话说，孟子肯定人心的善的倾向，"使得主体在特定的情景之下自然而然地做出合乎道德的反应、选择和决定"。荀子则是从"实然"和"应然"的紧张中，强调后天学习的必要性，"通过实践理性和经验的指导转变为'实现其目的的而能所是的人性'"。[①]因此，荀子肯定所有人都有成为圣人的可能性，然要将这样的可能性转变为"事实"，则并非自然而然的，需要个人的道德修养和社会教化的结合。

与理论的阐发相须而行的是儒家的教育实践，何炳棣认为儒家的有教无类的思想，真正触及了解决社会公平问题的阀门。他说："虽然各家均了解在权利不平等的社会中，社会公平的重要，但只有儒家根本地碰触到问题的核心，因为孔子的门徒不只关注建立于贤才来决定个人社会地位的观念，而且还为寒微之士创造公正的机缘结构。就像孔子及其学说的注释者所了解的，缺乏教育机会往往使具有天赋智力的穷人无法完全地证明他们的价值，儒家相信社会公平的真实形式是教育平等；若无教育平等，则一个各阶级间权力、义务与功能不平等的社会，终究不能被认为是正当的。"[②]从这个意义上说，对教育制度的关注，也是制度儒学思考的立足点之一。

## 第一节
## 官学和私学：以传播儒家经典为核心的学校制度

中国早期的教育，为贵族所垄断，有"学在王官"之说。对此断

① 王楷：《天生人成：荀子工夫论的旨趣》，中国社会科学出版社，2018年，第38页。

② 何炳棣：《明清社会史论》，中华书局，2019年，第19页。

语，历代多有分歧。后清儒章学诚颇有发挥，他在《文史通义·原道》篇中说，在古代知识有专人分守，并形成了不同的典籍和学术传承。“圣人为之立官分守，而文字亦从而纪焉。有官斯有法，故法具于官；有法斯有书，故官守其书；有书斯有学，故师传其学；有学斯有业，故弟子习其业。官守学业皆出于一，而天下以同文为治，故私门无著述文字。”《周礼》中类似的记载可为章学诚之论的论据。沈文倬先生说：“宗周官学的特点在‘学在官府’。……官学教、学的内容是根据官责首明职掌的原则，确定每个官所担负的事务及其履行之法。凡官总有任免交接，接任者应该接受前任者处理所担任事务的整套做法，加上自己多年履行时所得的经验，通过口耳相传，一一告诉后继者，做到不遗不漏。这种百官在任职实践中长期积累起来的经验，经过不断修订，不断条理化，汇集起来，即成宗周官学。”由于所研习和传授之学多为专门之学，因此，往往为某一特定家族所专擅，即“宗周存在世官制度”，我们在古代文献中所见“史某、师某这种世官将非他姓所能问津，世官也有可能成为世学”。①

由于学在王官，所以，章学诚说“故私门无著述文字。私门无著述文字，则官守之分职，即群书之部次，不复别有著录之法也”。②

早期的官学形态是如何运作的呢？若是按《礼记·王制》的记载，周代的官学已经十分系统化，分为小学和大学两个层级。“天子命之教，然后为学。小学在公宫南之左，大学在郊，天子曰辟雍，诸侯曰頖宫。”③ 各个年龄都有不同的学习目标，《礼记·学记》载：“一年视离经辨志，三年视敬业乐群，五年视博习亲师，七年视论学取友，谓之小

---

① 沈文倬：《略论宗周王官之学》，《菿闇文存》上册，商务印书馆，2006 年，第 435—436 页。

② 章学诚著，王重民通解：《校雠通义通解》，上海古籍出版社，2009 年，第 1 页

③ 孙希旦：《礼记集解》卷十二，中华书局，1989 年，第 322 页。

成。九年知类通达，强立而不反，谓之大成。”[①] 这些记载肯定有理想化的成分在，但大致亦可窥测到最初的学校的主要功能是进行道德教化和建立人们的秩序感，同时也要传授治理国家所需要的外交、内政的知识。

随着春秋战国时期的社会转型，那些世官所掌之典籍和知识便因国家之间的兼并和王官之学的崩溃而流入民间。随着社会分化和知识分化的加剧而出现了新的教育样态，即私学的兴旺。一方面，有些原先属于官学的知识流传到民间，另一方面，由于私学的兴起而形成了各有所长、思想倾向不同的学派，并在争鸣中不断得到发展。

不过这种知识的自由传播的局面随着秦国的建立而消失，“挟书令”就是国家意志对于自由争鸣的学术风气的扼杀。汉代秦，挟书令被废止，官方开始搜集流散在民间的著作。在汉武帝独尊儒术之后，儒家的知识与国家权力结盟，博士制度和博士弟子员的设立，以及随后太学的建立，官方接受的经学解释系统被纳入官学，而官方未接受的经学流派依然是通过私人讲学而流传。

在汉武帝元朔五年（前 124），当时因精通《春秋》而为臣相的公孙弘提出，为博士设置弟子员 50 人，以推行儒家的“教化”功能，这标志着以推广儒学为基本职能的官学体系的正式建立。其与以前的不同是，不但博士本身受到朝廷的优待，博士弟子也被列为仕途正式出身，后来又推出只要精通一经便可免去徭役的政策。这便使儒学的吸引力大大增强，“天下学士靡然乡风矣”（《汉书 · 儒林传序》）。从此之后，博士数量和博士弟子数量日益增多，“经生即不得大用，而亦得有

① 孙希旦：《礼记集解》卷三十六，第 959 页。

出身，是以四海之内，学校如林。汉末太学诸生至三万人”。[①] 而且在地方上也广置学官，在职官僚也兼授五经，并特别利用地方名流的影响力来扩大儒学对民间社会习俗的影响力。《后汉书 · 百官志五》记载："三老掌教化，凡有孝子顺生、贞女义妇、让财救患，及学士为民法式者，皆扁表其门，以兴善行。”这种措施使儒家价值观获得了广泛的社会认同，并进一步融入社会习俗之中。

由于被立为博士的只是众多解释、整理儒家经典的流派中的少数几派，而且博士弟子又有限，汉代私学也十分兴旺。况且在察举制度下，未被立为博士的私学出身的经学家也有同样的上升途径，因此两汉时期，特别是东汉时，私人讲学之风很盛。如《后汉书 · 儒林传》说："自光武中年之后，干戈稍戢，专事经学。自是其风笃焉。其服儒服、称先王、游庠序、聚横塾者，盖布之于邦域矣。若乃经生所处，不远万里之路；精庐暂建，赢粮动有千百。其耆名高义、开门授徒者，编牒不下万人。”当时的许多著名经师登记在册的学生常有上万人，著名的经师郑玄在马融门下学习，等了三年才见到老师。

自由的思想总是能促进学术的发展，而被权力所牵制的学术则难有突破，汉代的博士之外的经学兴旺发达，与此相反的是，官方儒学教育却陷入了困境。由于坚守学派的独特性是维持其官学地位的保障，弟子们往往坚守师门的解释作为自己的立身之本，所以博士弟子们固守“师法”“家法”[②]，只对老师之学说进行解释而不加创造，由此形成了繁琐的“章句儒”。一经说至百余万言，大师众至千余人，许多人并非致力于探究经典之义理，而是将之视为禄利之路而已。所以官学逐渐衰

① 皮锡瑞：《经学历史》，中华书局，2004 年，第 65 页。

② 太学传经有遵从“师法”和“家法”的规定，“师法”重传授，明本源；“家法”重立说，争派别。西汉注重“师法”；东汉注重“家法”。参见皮锡瑞：《经学历史》，第 45—46 页。

落，而没被列入官学的经学却生机勃勃。

魏晋时期政局动荡，学术思想综合儒道之玄风甚炽，“但在士族本位的社会中，维系士族本身之存在，保持一姓士族内部之凝聚，即所谓‘齐家’者，确实不能从玄学之中找到有用的思想工具。所以，士族通常并不废礼学，还特重丧服之礼，以之为维系士族门户的重要手段之一”[①]。魏晋士族社会的一大特征是世家大族的崛起和君主控制力的降低，士族通过私学教育来确立其在文化上的优势地位，进而强化他们的贵族身份。士族不愿意屈就小官，“君主为与贵族争权，在同一系统中，把重权寄给原系微不足道的小官”。[②]这就会出现社会地位与实际掌权的人士之间的错位。这种君主寻求和贵族之间权力平衡的方式也会体现在教育和人才选拔制度上。南朝梁武帝对此有清晰的表述：“学以从政，殷勤往哲，禄在其中。……其有能通一经，始末无倦者，策实之后，选可量加叙录。虽复牛监羊肆，寒品后门，并随才试吏，勿有遗隔。”（《梁书》卷二）这就表明了要依真才实学而非名望门第拔擢人才的态度。梁武帝并开“五馆”，建立“国学”，置五经博士，其中“五馆”就专门招收寒门子弟，使之有晋升之途。这里的“国学”，或为“国子学”，是魏晋南北朝时期的最高学府和教育机构，其生源主要为士族子弟，始建于西晋武帝时期。起初它隶属于太学，但后来太学体系崩溃，所以国子学其实也综合了太学的教育功能以及官员选拔的职能，梁武帝的变革是隋唐教育制度变革的源头。

到了唐代，官学制度达到相当完备的程度，建立起从中央官学到州县学的体系，并建立了专门的管理机构和教育管理体系，官学以推

---

① 田余庆：《东晋门阀政治》，北京大学出版社，2012 年，第 341 页。

② 万绳楠整理：《陈寅恪魏晋南北朝史讲演录》，贵州人民出版社，2007 年，第 184 页。

广儒学为基本原则，形成了国子学、太学、四门学和广文学这些专修儒经的学校，在其他的如医学等专门学校也必须修儒经。在中央官学中，儒经分正经与旁经。正经又分三种：大经，包括《礼记》《左传》，各学三年；中经，包括《诗经》《周礼》《仪礼》，各学两年；小经，包括《易经》《尚书》《公羊》《穀梁》，各学一年半。旁经有《论语》和《孝经》，共学一年。学生能通一经的，就可以出任国家官吏。同时责成孔颖达等人编写《五经正义》，以统一经典的解释。宋明之后，虽然入学资格和传授的经典有所不同，但是官学的基本格局并没有变化。

官学全部由国家财政提供支持，其兴衰往往会受到帝王本身的兴趣以及社会政治状况的影响，在汉代至清代的漫长历史中，起起落落，总体趋势是不断的衰落和僵化。肖永明认为唐宋之际，官学逐渐衰落，"除了经济原因之外，还与科举制的某些规定有关。……按唐制规定，官学与科举是相互平行的，参加科举考试不须通过学校，考生既可以是中央和地方官学中在学的生徒，也可以是不由学校出身而来的就读于私学或自学而成者。"[①] 后来的五代和宋代，都延续了这种制度。隋唐以后科举制的确立，尤其是具有平等色彩的自由投考制度，为私学的发展创造了良好的条件，特别是许多名师硕儒既是官学的博士又私家授徒，更增加了私学的吸引力，如隋唐大儒王通、孔颖达等都私人授徒讲学。到了宋明时期，私学发展到高潮，朱熹、陆九渊、王阳明等大儒都依凭书院、精舍聚徒讲学，影响甚至支配着整个宋明时代的学术风气。

书院教育制度是我国特有的教育制度，虽然书院之名在唐代就有，但作为教育机构成熟于宋代。[②] 书院一般是私人创办的讲学场所，往往

---

① 肖永明：《儒学 · 书院 · 社会：社会文化史视野中的书院》（修订版），商务印书馆，2018 年，第 41—42 页。

② 关于书院的沿革，可参看邓洪波：《中国书院史》，武汉大学出版社，2012 年。

会得到官府和地方名流的支持，因为书院可以成为国家和家庭之间的一个“中介性结构”，书院所传达的价值观念，又可以通过士人群体完成社会文化控制的作用。“他们的价值原则、行为规范又会呈波状地辐射到不同社会群体，传播到社会的不同阶层，使文化控制的范围进一步扩大。”①

书院的兴衰也会因为选举制度和朝廷对官学的重视与否而出现反复，在科举时代，书院也具有科举辅导机构的作用。从宋代开始，很多书院就实行诸如“每月三课”这样的考试制度，“科举制度是书院萌发的最重要原因，……具有教育性质的书院出现之后，书院就开始了为科举服务的使命，只是在不同历史时期的表现形式和程度不同而已”。②宋明时期的书院，与道学思潮以及个人的学术诉求的呈现有密切关系，但其服务科举的功能则始终存在。书院实行考课制度，其成绩要送知府审定，优越者给予奖赏，这都接近于官学的“廪给制度”。明末还实行过一种“洞学科举”，即在乡试的年份书院可保送学生参加科举，这样与州郡学校便完全一样了。何炳棣先生说：“儒家的社会意识形态，在合理化了的社会不平等的同时，又主张社会地位应以个人贤愚来决定。这个意识形态的二元论，要到唐代竞争激烈的科举考试制度成为永久制度之后，特别是明初在全国设立县级、府级与省级学校，并建立起码的全国性奖学金制度后，才得到较好的解决。”③

清初曾一度禁止创办书院，但顺治末年和康熙初年，清政府改变了对书院的政策，其办法是在各省会设立书院一所，经费由政府提供，与此相应，书院的山长和讲学者由督抚聘请，学生的考核也由官员负责，

---

① 肖永明：《儒学 · 书院 · 社会：社会文化史视野中的书院》（修订版），第 291 页。

② 李兵：《书院教育与科举关系研究》，台湾大学出版中心，2005 年，第 30 页。

③ 何炳棣：《明清社会史论》，第 110 页。

私办书院则由官府审查。这样就进一步确立了书院的官学化体制。在这样的体制下，书院完全与科举相一致。因为当时以八股取士，所以许多书院的学生甚至连传统的训诂和义理之学都置之不理，而埋头于八股时文。八股的技术化倾向使得儒家经典的内涵被忽视，科举与儒家价值理想日趋背离。

受科举的影响，中国传统蒙养教育也有科举化的倾向。中国传统社会缺乏一套公共教育体系，官学体系中没有蒙养教育这一项，因此启蒙教育的责任主要由民间私学来承担。其方式比较多样化，有教师开馆收学生，称私塾。有钱人则直接聘教师在家教自己的孩子。还有一种是地方家族设置的义学，帮助族中贫穷但有前途的人上学。元代之后还有一种官办和民助相结合的学校，称为社学，在农闲时开课。[①]但是在科举考试对教育内容的主导作用越来越大的情况下，蒙养教育逐渐演化为科举启蒙教育。首先是在观念上确立读书（读儒家的典籍）和做官之间的联系。如广为流传的《神童诗》中充满着这样的句子："学乃身之宝，儒为席上珍；君看为宰相，必用读书人"，"遗子黄金屋，何如教一经；姓名书锦轴，朱紫佐朝廷。"

选举制度不断完善，科举取士日益严密，由此，学校制度受到科举的影响而成为科举之一环。对儒学思想而言，科举制度使经典的传播得到了制度上的保证，代价是儒家本身异化为科举的工具，经典成为举子获取功名的手段，而经典所承载的价值反倒被忽略。

---

① 参见毛礼锐：《中国教育史简编》"蒙养教育部分"，教育科学出版社，1984 年，第 56—67 页。

## 第二节
## 德性与技能：科举取士与人格养成的离合

当孔子对子夏说“汝为君子儒，无为小人儒”（《论语·雍也》）时，他就是要将教育的目标从单纯的“技能教育”中超拔出来。这么说并不意味着孔子及其后继者反对任何专业化的训练，而是试图说明儒家的教育理念不满足于将“修己成人”的目标限定于成为某一个领域的专业人士，儒家要求每个人对自己的社会角色和社会责任有更高的要求。

儒家的人格理想是成为“君子”。《论语》中经常是君子和小人对举，可见孔子已然将“君子”的内涵做了很大的调整。陈荣捷说，在《论语》中“君子”一词出现了 107 次，“在某些场合，它仍然指的是统治者。然而在大多数的用法里，孔子却用它来描述道德高超的人。换言之，对孔子而言，尊贵与否已不再是血缘之事，而是人格的问题——此种观念实等于一种社会革命，当然，如说成是演进，或许更为恰当。然而，的确是孔子稳立了这个新的观念”。[①]

树立了这样的人格目标之后，君子的养成就不仅是基于社会对个体道德的规范性要求，更是个体内在的道德意识不断生成和提升的过程。君子并非一个现成的、固定的标准，而是一个人作为超越自然界的其他存在物所特有的“日生日成”无有止境的“宇宙精神”的体现。君子的“生成论”特点就把道德目标和道德实践结合起来，因此，儒家珍视任何道德上的自我要求，诸如温清定省、孝亲慈爱；也肯定为社会谋求

① 陈荣捷编著:《中国哲学文献选编》，杨儒宾、吴有能、朱荣贵等译，巨流图书有限公司，1993 年，第 48 页。

福利的人和事。《论语》中孔子对管仲的肯定，被孔子弟子和后世的儒家质疑。其实我们从孔子许管仲“仁”的举动，可以体会《中庸》中“成己成物”的说法的深刻含义：君子并非只是一个以自我完满为目标的人，而是要在成就他人和成就世界中完成“内外之道”的统一。

儒家的合内外之道作为一种理想的道德模型，会遇到一些理论上的困境。即我们应如何确立道德意识和道德行为之间的必然联系呢？首先，人之道德意识并不一定现实化为道德行为。换句话说，熟读圣人之书，并不一定会效法圣人之行。其次，也是更为严重的是，有一些符合道德规范的行为，并不一定是基于道德意识，甚至可能是为了博取道德声誉的“术”，在儒家的理解中，这些违背“诚于中”的行为是“反道德”的。

孔孟荀确立了儒家理论的基本理路，他们在对人性的理解及如何治理社会等问题上有很大分歧，这些分歧所展现的是儒家内部的复杂性，但在这些分歧背后，存在着最高政治理想的一致性。修身方式也有差别，但成为君子的理念也是一致的。

儒家的理想在秦汉之际遭受巨大的挫折，这是因为郡县制的大一统国家对于儒家的社会角色和道德行为有了新的要求。

希望打动汉武帝的董仲舒的转折遭到了后世对他的“儒家属性”的质疑，认为他过于迁就现实的皇权。这样的批评显然过于严厉了。董仲舒的确是向皇权有所妥协，然他并没有放弃儒家的基本立场。具体地说，在汉代皇帝独尊的地位已经确立的前提下，若想制约皇权，董仲舒需要在“民本”和“君主”之外，再加上“天”这个变量，以完成其对“君权”的观念层面的限制。董仲舒肯定皇帝受天之命而王，但又提出“天之生民，非为王也。而天之立王，以为民也。”（《春秋繁露·尧舜不擅移汤武不专杀》）汉儒之春秋学固然有异议可怪之论，然其主张“屈君而伸天”，希望借助阴阳家的自然哲学观念来增加天的意志的可操作性，并以此来制约皇帝的政治纲领和行为举止。可惜董仲舒等人制约权力的设想收效甚微，而且许多强化儒家的制度设计也被政治权力所利用，皇权日益进逼经典解释的领域，控制经典解释的空间。两汉时期，除了盐铁论这样的政治性强烈的讨论之外，围绕经典的意义有过两次重要的会议。一次是汉宣帝时（前 51）试图统一五经的解释，他召集当时的大儒在石渠道讨论五经异同，而汉宣帝“亲称临制决”，做出最后的裁断。这次讨论的结果是《春秋》之穀梁学大行于世。有了这个先例，东汉章帝时，皇权支配经学解释的会议又开了一次。会议的方式也是召集当时著名的经学家，由皇帝亲临制决，最后形成统一的解释文本《白虎通》。

《白虎通》有四十三个主题，包括爵、号、谥、礼乐、封赏、地理、军队、征伐等涉及国家制度规范和日常礼仪的各个方面的问题。《白虎通》虽然也延续了董仲舒的观点，结合谶纬和其他的思想资源，甚至在少数地方也罗列了不同的观点，但毫无疑问是“透过皇权所推动的法典式规范，由于它是以‘三纲’强化君父权的目标为核心，所以可以视为‘三纲’的法制化；由于它对规范的制定更为详细，所以更能渗透到社会各个领域，作为日常生活的指引”。[①] 这是儒家制度化和制度儒家化双向互动的典范性事例。

当时著名的经师贾逵也参加了白虎观会议，作为一个《左传》学家，他了解皇帝的偏好对于经典列入博士序列的重要性。《后汉书》说，在白虎观的会议期间，贾逵了解章帝所欣赏的经学立场，于是，贾逵便向汉章帝上奏，具体说明《左传》优于《公羊》《穀梁》的理由。

① 林聪舜：《儒学与汉帝国意识形态》，上海人民出版社，2017 年，第 265 页。

臣谨摘出《左氏》三十七事尤著明者，斯皆君臣之正义，父子之纪纲。其余同《公羊》者什有七八，或文简小异，无害大体。至于祭仲、纪季、伍子胥、叔术之属，《左氏》义深于君父，《公羊》多任于权变，其相殊绝。（《后汉书·贾逵传》）

贾逵特意摘录《左传》中强调君臣父子纲纪的事例三十七条。认为相比于公羊学重权变，《左传》更关注君臣父子之大义，就此而言，若作为治国安民之依据，《左传》比《公羊》要更为合适。

凡所以存先王之道者，要在安上理民也。今《左氏》崇君父，卑臣子，强干弱枝，劝善戒恶，至明至切，至直至顺。且三代异物，损益随时，故先帝博观异家，各有所采。《易》有施、孟，复立梁丘，《尚书》欧阳，复有大小夏侯，今三传之异亦犹是也。又《五经》家皆无以证图谶明刘氏为尧后者，而《左氏》独有明文。《五经》家皆言颛顼代黄帝，而尧不得为火德。《左氏》以为少昊代黄帝，即图谶所谓帝宣也。如令尧不得为火，则汉不得为赤。其所发明，补益实多。（《后汉书·贾逵传》）

贾逵阐发了经典要服务于君主集权这个理念，虽然他是从综合各派观点的“博观异家”立论，但因为当时公羊和榖梁都列入官学，贾逵之论就是要借“各有所采”的旗号，将《左传》纳入博士。除此而外，贾逵还提供了一个给刘氏天下贴金的例证，说唯有《左传》有明文说明

“刘氏为尧后”，并据此来证明汉为“火德”。

相比于董仲舒劝汉武帝复尧舜三代之王道政治之对策，贾逵之论已全然没有制约皇权之气魄，五德始终之论，也只是作为证明汉代合法性的工具而已。

在儒学与权力的共谋关系中，儒家往往难以突破政治权力的压制，但并不能由此就说儒家是帮凶，在尽可能的空间里，儒家始终发挥着培育世道人心的作用。

在隋唐科举制度建立之后，儒家与政治权力之间的关系有了新的转型。

汉代经学为进身之途，而隋唐之后，科举制确立。借助经典而实现社会流动的方式，有了严格的制度化的途径。《新唐书 · 选举志》说：

> 唐制取士多因隋旧。然其大要有三：由学馆者曰生徒，由州县者曰乡贡，皆升于有司而进退之。其科之目，有秀才，有明经，有俊士，有进士，有明法，有明字，有明算，有一史，有三史，有开元礼，有道举，有童子。而明经之别有五经，有三经，有二经，有学究一经，有三礼，有史科。此岁举之常选也。

从这段介绍中，可知科举制与汉代的察举制有诸多的不同：察举为乡举里选，由地方推荐，再经过考核；而科举则是自己报名参加。还有唐代的科举考试的科目众多，并非如一般人所批评的只关注经典，也有法律、财政、礼乐等方面的内容。只是因为经典考试的内容比较确定，受考生欢迎，因此，后来的考试科目越来越集中于对经典内容的考查。

科举取士，是对察举制度所可能的“主观性”偏差和九品中正制的贵族“垄断”的突破，其优越性表现为这种考试不但向更多人开放，也让更多人有能力负担考试所需的成本。对此，章太炎曾肯定科举制度带有“社会主义”的色彩。他说：

> 但为甚隋、唐以后，只用科举，不用学校？因为隋唐以后，书籍渐多，必不能象两汉的简单。若要入学购置书籍，必得要无数金钱。又且功课繁多，那做工营农的事，只好阁起一边，不能像两汉的人，可以带经而锄的。惟有律赋时文，只要花费一二两的纹银，就把程墨可以统统买到，随口咿唔，就像唱曲一般，这做工营农的事，也还可以并行不悖，必得如此，贫人才有做官的希望。若不如此，求学入官，不能不专让富人，贫民是沉沦海底，永无参预政权的日了。①

正是科举制为社会底层的人参与政治权力提供了渠道。通过科举，贫寒的读书人成为稳定社会秩序的绅士群体，他们成为传统社会的表率性存在。

不过，就儒家精神自身的发展而言，科举制度也有很大的副作用。从五经博士到经典作为科举之常目，经典的实质内容越发被解释方式或考试的技术手段所牵制。最为极端的例子是八股文，从固定的字数到固定的八股，经典中的宇宙论、价值观、政治学被抽离，程序化的考试方式将儒生“规训”为服从秩序的模范。对此，法国学者布尔迪约说：

---

① 章太炎：《在东京留学生欢迎会上之演讲》，《章太炎全集 · 演讲集（上）》，上海人民出版社，2015年，第10页。

“教育行动强加一种文化专断的专断权力，最终以集团或阶级之间的权力关系为基础，这些集团或阶级构成了教育行动在其中实施的社会构成。教育行动它灌输的文化专断得以再生产，从而有助于作为它专断强加的权力的基础的权力关系的再生产。”①

科举制作为儒家与权力的中介，在很大程度上已经化解了儒家理想与现实政治之间的紧张性，儒家由以自己的理想去改造社会现实转向为现实的政治提供合法性依据，这种妥协的回报就是“利禄”。宋代理学的代表性人物陆九渊在朱熹主持的白鹿洞书院曾做“君子喻于义”的讲演，从《论语》之“君子喻于义”的解释来反思科举功名之途与儒家价值之间的紧张。他认为学者当先立志，志于义，则其行为必以义为上，若志乎利，必以逐利为尚。陆九渊并没有简单地否定科举制，也肯定了科举制选拔了许多“名儒钜公”。但科举并不能辨别君子小人，若学子沉溺其中不能自拔，则有悖于圣贤之学之本质。所以，他希望学子们“诚能深思是身，不可使之为小人之归，其于利欲之习，怛焉谓之痛心疾首，专志于义而日勉焉，博学审问，慎思明辨而笃行之。由是而进于场屋，其文必皆道器平日之学、胸中之蕴，而不诡于圣人。由是而仕，必皆共其职，勤其事，心乎国，心乎民，而不为身计。其得不谓之君子乎”。(《白鹿洞书院论语讲义》,《陆九渊集》卷二十三）陆氏所关注的就是在日趋形式化的考试中，如何将儒家之君子理想化为自己的行为准则，从而齐家治国平天下。

据记载，朱熹听了陆氏之讲演，颇受感动而至于泪目，其实朱子亦是深感太学和贡举制度之弊端深重。光宗绍熙三年（1192）朱熹上

① ［法］P. 布尔迪约、帕斯隆:《再生产——一种教育系统理论的要点》，邢克超译，商务印书馆，2002 年，第 18 页。

《学校贡举私议》说："所谓太学者，但为声利之场，而掌其教事者，不过取其善为科举之文而尝得隽于场屋者耳。士之有志于义理者，既无所求于学，其奔竞辐辏而来者，不过为解额之滥，舍选之私而已。"

宋明以后，对科举的批评不绝于耳，但废除科举之论并不多见。前述陆九渊和朱熹也并非要全盘否定科举制，他们肯定科举制所体现的公平精神，他们所要针对的是科举取士所带来的儒家君子精神的丧失。

近代以来，传统教育制度因其在人才观念和教学理念方面与现代学校制度不同而受到巨大的冲击。康有为主持的戊戌变法就主张废除八股文，而改为策论，试图以科举带动科学文化的传播。而在清末新政的改革方案中，科举制因与新学制冲突而被废除。

科举制的意义近年来又成为学界讨论的热点，有人认为科举的废除是封建王朝最终覆灭的重要原因，也有人认为科举所创造的文官选拔制度是中国人在政治制度上的重要发明。然对于制度儒学而言，科举制的废除，意味着制度化儒家最为核心的制度体系的消失，由此，儒家在现代中国便成为"游魂"而无枝可栖。

# 第　五　章

# 心性与超越

## ——从《为中国文化敬告世界人士宣言》看港台新儒家的问题意识

在现代新儒学的发展历史上，由唐君毅、牟宗三、徐复观和张君劢签署的《为中国文化敬告世界人士宣言》[①]是一篇具有重要的影响力的文章。该《宣言》的本意是要纠正国际学术界对中国文化的偏见，但似乎并没有在西方世界产生影响，却在中文世界产生了持久的影响。

据唐君毅先生的说法，起草《宣言》的缘起是想改变西方人对中国文化的认识的偏差，在与张君劢商议之后，由唐君毅执笔起草了最初版本的《为中国文化敬告世界人士宣言》，并经过徐复观等人的修改而定稿的。本来想以英文发表，但考虑到中国学人对中国文化特别是儒家也有类似的"偏见"，所以，就以中文先发表。

这个《宣言》也被人认为是"新儒家思潮"的标志性事件。但《宣言》的签署者中并没有当时在港台地区极具影响力的钱穆先生，这也引发了一些争论，为了化解分歧，或者说为了强调差异，有学者专门

① 下文以《宣言》来指代。

提出了两个新儒家的概念，即“广义新儒家”和“狭义新儒家”[①]，并以此来强调钱穆先生并不属于这一以“熊十力先生的弟子”为主体的“狭义新儒家”学派。

《宣言》在发表前也曾请钱穆先生合署，但被钱穆先生拒绝，钱穆先生之所以拒绝签名是基于这样的思考，即许多人联合签署《宣言》容易给人“宗派”感，学问要有宗主，却不可以有宗派。当然从史学立场出发的钱穆也并不认同唐君毅和牟宗三等人的儒学观。

在赴港台的初期，钱穆先生跟熊系新儒家人士关系密切，这里面固然有共同坚持中华文化本位性的基本立场的基础，也因为“偶然的历史机缘”，就是客观的政治形势，让他们在香港有了密切接触的机会。但随后，他们在判定古代政治的特性、文化保守主义等方向上，都产生了分歧，如此，便渐行渐远。

钱穆先生与狭义新儒家的差异，从学术上看，主要是对儒学的形态和核心精神之认识的差异。与狭义新儒家所主张的儒学第三期发展的儒学史认识不同的是，钱穆先生将儒学史分为六期，强调儒家思想是包含文学、历史、经学和政治等在内的复杂的文化系统，并非只有“哲学”这一面向。由此，钱穆先生并不认同宋儒所提出的“道统”思想，他认为整个文化大传统即道统，而非一脉心传的抽象道统。

之所以从钱穆和新儒家的差异的角度进入这个话题，关键是要点明对儒学特性的不同认识意味着对于儒家的使命的不同认识，这就是说，本文以《宣言》为核心文本而就港台新儒学所展开的讨论，主要只涉及熊十力一系的“狭义”的港台新儒学，并不能涵盖同一时期所有的新儒家学者的观点和倾向。

---

① 干春松：《如何理解“现代新儒学”思潮》，《光明日报》2016 年 11 月 17 日。收入本书附录的讲演部分。

## 第一节
## 强调中国文化的生命力

中华民国的成立和五四新文化运动的爆发是对儒家的双重打击。中华民国所确立的政治法律制度基本上剥离了儒家价值作为政治合法性和制度资源的基础。从作为国家法制基础的宪法原则来说，无论是《临时约法》还是《天坛宪草》，所接受的都是西方现代的政治法律原则，比如个人自由和平等，以及权力制衡的原则，这样的转变否定了长期以来作为社会秩序价值基础的儒家伦理纲常。而以陈独秀、胡适和鲁迅等为代表的新文化运动参与者，他们因袁世凯的尊孔和复辟并举的政治活动，而认定儒家价值与现代政治原则相对立，指出孔子思想与现代宪政是“非此即彼”的关系，无法共存。新文化运动所提出“民主”和“科学”的口号，民主所针对的就是传统中国的封建专制，而科学原则的提倡则是要反衬中国传统思维方式的“非科学性”。

不过，五四运动的激烈反传统思潮也有其批评者，比如学衡派所代表的人文主义思潮，更有方法论意义的批评者是梁漱溟先生。

受全球性保守主义思潮的影响，儒家思想作为中国保守主义思潮可资借鉴的资源而言，有批判“西化”论或证成中国自己发展道路的可能性。梁漱溟先生的《东西文化及其哲学》《乡村建设理论》就是从这样的思路出发探索与西方不同的建国之路的。虽然，梁漱溟先生并没有否定民主和科学的价值，然他是以“路向”不同为由，宣告移植西方的制度和价值在中国难以取得成功，民国的失败就是例子。在梁漱溟看来中西文化的差异决定了中西会形成不同的发展道路和政治制度体系，因此，中国不能照搬西方的模式，西方的民主制度和苏联的道路都“行不通”。

除了思想理论界的探索，儒家价值在民国时期得以继续发展还由于民族主义一直是近代中国政治思想的底色。从孙中山的《三民主义》到蒋介石的“新生活运动”等社会运动、《中国之命运》等政治著作，民国政府的主流意识形态一直依赖“民族主义”的作用。这很大程度基于外国侵略所激发的民族危机感和抵御外侮的诉求，西方列强的经济和军事压力，特别是日本的侵略唤起国人追求民族独立的重要精神力量。

1949 年社会主义中国的建立，民族主义被包裹在世界主义中，在当时的中国意识形态版图和知识版图中，儒家被判定为与“新社会”相对立的“旧”价值。儒家的血缘伦理被视为走向集体主义和共产主义的阻碍。基于此，许多人倾向于认定儒家价值不可能再对中国人的价值世界和生活方式产生作用，而只能成为一种“凭吊式的古迹”。

在这样的政治情势下，生活在海外的新儒家们深感中华文明已落入“花果飘零”的境地，他们想让更多的人意识到儒家文化所遭受的困境并寻找摆脱困境的方法，所以《宣言》的发表也体现出唐君毅等人对儒家文明处境的担忧。

如前文所说，《宣言》写作的直接目的是要矫正西方汉学界研究中国文化人士的一些错误方法。因此，《宣言》罗列了几种西方的中国研究范式，比如传教士模式、考古家模式和国际政治模式，这几种模式有一个共同点就是“对象式”的研究，缺乏对儒家文化的同情和敬意，难以真正了解中国文化的生命力之所在。《宣言》劝告他们不要被一段时间以来中国重大的政治变革所“遮蔽”，而由此得出对中国文化前景的错误判断。《宣言》坚信：近代以来民主建国的失败，只是表明中国文化病了，并不能由此断言其失去生命力了。

《宣言》证明中国文化依然具有生命力的理由主要有两点：一是历

史文化中贯注了参与这些进程的人的生命力，二是依然有人在为这个历史倾注生命力。这两点着眼于批驳中国文化已经“断裂”的看法。

> 于是总易忘了其此过去之历史文化之本身，亦是无数代的人，以其生命心血，一页一页的写成的；总易忘了这中间有血，有汗，有泪，有笑，有一贯的理想与精神在贯注。因为忘了这些，便不能把此过去之历史文化，当作是一客观的人类之精神生命之表现。遂在研究之时，没有同情，没有敬意，亦不期望此客观的精神生命之表现，能继续的发展下去；更不会想到：今日还有真实存在于此历史文化大流之中的有血有肉的人，正在努力使此客观的精神生命之表现，继续发展下去，因而对之亦发生一些同情和敬意。①

在这两条理由中，第一条并不一定有反击力。任何文明都贯注了参与者的生命力，但依然有许多文明在历史的发展过程中消失了。不过第二条十分重要。无论政治体制和价值观发生怎样的转变，只要承载文明的人群依然存在，那么文明的基因就会让文化价值透过各种方式呈现出来，文明的基因不灭，那么，这种文明就会“活下去”。《宣言》说，因为有许多以这种文化作为信仰的人在研究和继承，所以，儒家文化的生命力并没有消失。

《宣言》认为中国文化是活的。唐君毅他们以文化生命的续命者自居，他们用同情和敬意来对待自己的文化传统。

---

① 唐君毅：《唐君毅全集》第四卷之二《中国文化与世界》，台湾学生书局，1991年，第11页。

因为客观上的历史文化，本来自始即是人类之客观精神生命之表现。我们可以说，对一切人间的事物，若是根本没有同情与敬意，即根本无真实的了解。因一切人间事物之呈现于我们之感觉界者，只是表象。此表象之意义，只有由我们自己的生命心灵，透到此表象之后面，去同情体验其依于什么一种人类之生命心灵而有，然后能有真实的了解。①

研究者能否认识到中国文化是一种活着的文化，了解其生命力之所在，取决于他们采用什么样的视野和方法。《宣言》认为“同情和敬意”是让人们具备透过表象的认识能力的基础。此认识方法的提出，显然是要纠正西方汉学家和五四以来的学者所要求“客观化”的研究方法所造成的对于中国文化缺乏感情的态度。所以，《宣言》提出，同情和敬意增加一分，认识和了解就能增进一分。只有对儒家文化抱有同情和敬意，中国文化生命力才能得到彰显。《宣言》说：

要成就此客观的了解，则必须以我们对所欲了解者的敬意，导其先路。敬意向前伸展增加一分，智慧的运用，亦随之增加一分，了解亦随之增加一分。敬意之伸展在什么地方停止，则智慧之运用，亦即呆滞不前，人间事物之表象，即成为只是如此呈现之一感觉界事物，或一无生命心灵存在于其内部之自然物。②

---

① 唐君毅:《唐君毅全集》第四卷之二《中国文化与世界》，第12页。

② 唐君毅:《唐君毅全集》第四卷之二《中国文化与世界》，第12页。

## 第二节
## 道统、超越性与心性之学

《宣言》最具争议性也是最核心的关切点是对儒家精神传统的“心性化”定位，并认为儒家的“道统”延续主要系于“心性”传统。《宣言》指出：文化传统的生命力存在于道统之中，道统是中华文化的根，其他的都是枝叶而已。

《宣言》也意识到中西方的许多学者和知识分子并不喜欢“道统”这个概念，经由五四新文化运动的批判，“道统”往往被视为帝制的合法性证明，“道统”论也与近代以来政教分离和科学主义新思维不合。但在唐君毅等新儒家看来，文化要延续必然需要支撑点，这就是“道统”。所以，《宣言》主张应该建立起有别于新文化运动所确立的“客观化”思维的另一种认识论，以“同情和敬意”的方式来认识“道统”这个“事实”。“道统”蕴含中国精神传统的一贯精神，也就是中国文化的“一本性”。与西方文化在发展过程中不断吸收异质文化而使文化发展的形式和方向不断产生变异所不同的是，在中国历史上，其他文化的传入并没有从根本上动摇，更不用说改变中国文化的基本特性。中国的政治、法律、伦理、道德，也从没有发生根本性的变化。这样的“一本性”在政治上体现为“政统”，在哲学上则体现为“道统”。《宣言》说：

> 中国文化之性质，乃指其“一本性”。此一本性乃谓中国文化，在本原上，是一个体系。此一本并不否认其多根。此乃比喻在古代中国，亦有不同之文化地区。但此并不妨碍，中国古代文化之有一脉相承之统绪。殷革夏命而承夏之文化，

周革殷命而承殷之文化，即成三代文化之一统相承。此后秦继周，汉继秦，以至唐、宋、元、明、清，中国在政治上，有分有合，但总以大一统为常道。且政治的分合，从未影响到文化学术思想的大归趋，此即所谓道统之相传。①

《宣言》强调，应该摆脱西方哲学的成见来看待中国哲学的特征，不能因为中国哲学著作中的论证过于简单和思维形式不够严密而忽视其内在价值，而是要从道统和政统的关系来理解中国哲学的独特性，以及中国文化与西方文化的差异，从而发现其独特的意义。

《宣言》所要凸显中国文化的独特价值是什么呢？也就是绵延久远的“道统”所承载的主要内容是什么呢？对此，《宣言》从中国人的宗教观和伦理观出发展开分析。

宗教观在近代中国的思想中有其独特性。一方面，宗教与科学之间存在着冲突，在近代的唯科学主义者看来，宗教是前科学的。另一方面，宗教又是西方文化的基础，由此，中国是否存在宗教、中国是否需要宗教成为一个争论激烈的议题。根据《宣言》序的描述，徐复观先生对于《宣言》中的宗教部分的内容提出了许多修改意见，因为徐复观先生认为殷周之间的思想转变将中国人对于宗教的情感人文主义化，“把传统的宗教，彻底脱皮骨为道德的存在”。②《宣言》的起草者唐君毅先生并没有采纳徐复观先生的意见，唐君毅先生认为儒家即使不具备西方宗教的形式化系统，但在超越性和永恒性上，儒家具有“宗教性”。从《宣言》中对于儒家宗教性的表述来看，其对于儒家与宗教的

① 唐君毅：《唐君毅全集》第四卷之二《中国文化与世界》，第 14 页。

② 徐复观：《中国人性论史》（先秦篇），九州出版社，2014 年，第 56 页。

关系的论述更为接近唐君毅和牟宗三先生的宗教观，突出了儒家宗教性的面向。

《宣言》指出，中国并没有产生类似西方的那种制度性的教会组织，在历史上也没有出现因为信仰分歧而导致的宗教战争，也就不需要从政教分离来推动启蒙运动。但与五四诸公所不同的是，他们并没有将宗教视为要被“科学”取代的一种“迷信”，也没有如五四时期的蔡元培、梁漱溟那样，提出以“美育代宗教”或“道德代宗教”的主张。《宣言》不是从“理性”的角度来否定宗教的价值，而是看到了宗教的超越性维度对于确立西方文明的价值观所产生的意义。这一点对于唐牟一系的新儒家而言十分重要。唐君毅和牟宗三一直要为他们所要接受的西方民主制度寻找一个价值基础，也就是说要处理儒家传统与民主政治之间的关系。作为民主制度的有力支持者，唐君毅和牟宗三要为形成于西方的民主政治制度找到一个中国本土的“超越性”资源，由此来反对五四新文化运动将儒家视为民主政治的障碍的成见。既然儒家的制度性传统并不具备民主的现实化可能，那么，如何从精神层面来弥合儒家与民主政治之间的关系就是当务之急，基于此，儒家的宗教性成为重要的落脚点。

据此，《宣言》提出：中国民族的宗教性的超越感情及宗教精神，与它所重视的伦理道德，乃至政治，是合一而不可分的。

《宣言》中对于儒家宗教性的维度的认识建基于对先秦思想中的“天”的复杂性的理解。《宣言》认为“天”的观念在古代指有人格的上帝，古人对天的宗教信仰贯注于后来思想家关于人的思想中，形成了天人合德、天人合一、天人不二、天人同体等观念。儒家天人交贯的思想一方面使天由上彻下以内在于人，另一方面使人由下升上而上通于天。这样的天人观造就了中国人的信仰，比如气节之士杀身成仁、舍生取义这样的伦理态度都体现了天所带来的宗教性特质。

儒家义理之学、心性之学是打通人的生活之内外、上下、天人的枢纽。在一定意义上，唐君毅和牟宗三称儒学为道德的宗教、人文的宗教或成德之教，充分论证其既超越又内在、既神圣又凡俗的特性。按照郭齐勇教授的概括，“第二代新儒家潜在的背景（或潜台词）是：西学最有价值的是宗教，中国却没有宗教的传统。因此他们从强势的排斥性的启蒙心态中摆脱出来，掘发儒学资源中的宗教精神价值，分析了儒学与世界上其它大的宗教的同一与差异，并开始试图与各宗教对话。”① 的确，唐君毅等人对于儒家宗教性的挖掘具有一箭双雕的作用，既可以以此对启蒙思潮进行反思，又可以突出儒家的精神性。

因此，唐君毅等人对儒家宗教性的认识，与前代新儒家有很大的差别。从梁漱溟开始，新儒家就特别强调讨论宗教与社会制度之间的关系。在梁漱溟看来，西方人的宗教生活，构成了西方社会生活中团体生活的基础，成为西方民主制度的基础。梁漱溟由此得出的结论是中国不可能走以西方文明为基础的发展道路，应该走乡村建设的道路。唐、牟等人的宗教性论述旨趣与梁漱溟几乎完全相反，他们是要通过对儒家超越性的强调，化解儒家与新制度之间的“不合拍”。

《宣言》批评了西方学者和中国近代以来的启蒙思想家认为中国缺乏超越性的宗教情感的成见，并认为这样的观点会导致人们将中国人的伦理道德贬低为仅仅是行为规范或道德教条。

《宣言》作为一部立场性的文本，其对儒家宗教性的论证虽然略嫌粗疏，但这可以被看作是唐牟宗教观的一种更为直接的表达。《宣言》

① 郭齐勇：《当代新儒家对儒学宗教性问题的反思》，《中国哲学史》1999 年第 1 期。

通过对于天人关系的"思孟式"[①]的发挥，从而将主宰式的"天"和"道德化"的"天"之差异做了一定程度的模糊化处理，这样的模糊化也体现在《宣言》所喜欢采用的"宗教性"概念上，即他们认为儒家文化中存在着一神宗教所具有的超越性，但并不具备宗教的组织和制度形态。这个理路在港台新儒家内部也引发了巨大的争论，比如许多人质疑没有此岸和彼岸区分的儒家思想是否可以被认为具有超越性，而"内在超越"这个概念本身是否矛盾。在《宣言》中，"天人交贯"所强调的是现实世界和超越世界之间的统一而非隔绝。

《宣言》强调"天人交贯"就是要解释古代中国人对天之信仰是如何贯注于后来思想家之对于人的理解中的，并发展成为天人合一的观念。也要通过"天人交贯"反过来在论述中国古代文化之宗教性因素是如何融合到诸如宋明儒者的人生伦理道德思考中的。

《宣言》的观点是："天人交贯"让人的生命世界以完成个人的道德理想作为其目标，即"一方面使天由上彻下以内在于人，一方亦使人由下升上而上通于天"。这样的道德境界论经由宋明时期的思想家阐发而完善，形成"义理之学"。

> 此外中国人之人生道德伦理之实践方面之学问，此乃属中国所谓义理之学中。此所谓义理之学，乃自觉的依义理之当然以定是非，以定自己之存心与行为，此亦明非只限于一表面的人与人之关系之调整，以维持政治社会之秩序，而其目标实在人之道德人格之真正的完成。[②]

---

① 所谓"思孟式"的路径，也就是强调人的活动与天地之化育的一致性，也认定人心、人性与天道之间的内在一致性，因而尽心知性可以知天。

② 唐君毅：《唐君毅全集》第四卷之二《中国文化与世界》，第 21 页。

义理之学的核心是心性思想，既然西方学者和近代中国的启蒙学者错误地无视了中国人的超越性宗教精神，他们必然也会忽视中国的“心性之学”，也就不能把握心性之学作为中国思想核心的意义。

> 此心性之学，亦最为世界之研究中国学术文化者，所忽略所误解的。而实则此心性之学，正为中国学术思想之核心，亦是中国思想中之所以有天人合德之说之真正理由所在。①

《宣言》分析了知识界忽视心性之学的原因，认为科学主义、清代考据学的后果、共产主义之存在决定意识、西方宗教上的原罪思想和性善论之间的矛盾，如此种种都使他们看不到道德伦理的天道基础。虽然清末以来许多思想家借助于佛教，且他们接受和看重佛学之重心亦主要在心性问题上，但佛教之心性之学与儒家之心性学有根本差别，佛教之解脱是个人式的，而儒家的心性完善则是要以为社会贡献力量作为其最高层次。可见，接受了佛家心性之学的清末以来的经学家并不真正了解宋明心性之学的内在理路。

做了如此辨析之后，《宣言》又从康德的“实践理性”所产生的“判断力”中找到了儒家伦理与康德的道德形上学之间的亲缘关系。《宣言》认为把儒家的心性之学看作心理学、灵魂论和一般性的哲学形而上学，都是不合适的。科学的心理学和认知科学，都是把人当作一个“自然”的、静态的存在物，而中国的心性之学，则包含着人性成长的“各种可能性”。心性之学在形而上的意味上比较接近康德的道德形而

① 唐君毅：《唐君毅全集》第四卷之二《中国文化与世界》，第 22 页。

上学，“为道德实践之基础，亦由道德实践而证实的形上学”。

> 中国由孔孟至宋明儒之心性之学，则是人之道德实践的基础，同时是随人之道德实践生活之深度，而加深此学之深度的。这不是先固定的安置一心理行为或灵魂实体作对象，在外加以研究思索，亦不是为说明知识如何可能，而有此心性之学。此心性之学中自包含一形上学。然此形上学，乃近乎康德所谓道德的形上学，是为道德实践之基础，亦由道德实践而证实的形上学。而非一般先假定一究竟实在存于客观宇宙，而据一般的经验理性去推证之形上学。[①]

与人的道德活动不能分开的认知活动，不是一种科学的认知，而是道德体悟（杜维明教授后来发明了一个词叫“体知”），其道德意识的自觉和道德实践的高度取决于道德主体的“功夫”，一种既包含一般意义上的认知又包含实际的道德活动的知行合一的“过程”。对此，《宣言》说：

> 我们必须依觉悟而生实践，依实践而更增觉悟。知行二者，相依而进。此觉悟可表达之于文字，然他人之了解此文字，还须自己由实践而有一觉悟。此中实践如差一步，则觉悟与真实之了解，即差一步。在如此之实践与觉悟，相依而进之历程中，人之实践的行为，固为对外面之人物等的。但此觉悟，则纯是内在于人自己的。所以人之实践行为，向外

① 唐君毅:《唐君毅全集》第四卷之二《中国文化与世界》，第 25 页。

面扩大了一步，此内在之觉悟，亦扩大了一步。[①]

对于人的道德本体的觉悟显然就不单是一种对道德规则的了解，而是一种富有宗教情感的道德实践，在这种道德意识中的人，绝不会将其所体会到的价值理想看作是可有可无的，或者可以在实践中随意调整的，必然是带有一种宗教式的“牺牲”精神在内的。

而当知在此心性学下，人之外在的行为，实无不以其为依据；亦兼成就人之内在的精神生活，亦无不兼为上达天德，而赞天地之化育者。此心性之学乃通于人之生活之内与外及人与天之枢纽所在，亦即通贯社会之伦理礼法，内心修养，宗教精神，及形上学等而一之者。[②]

唐君毅等人在将“心性之学”作为道统之具体表现而加以强调和说明的同时，还进一步从道统的延续性来证明中国文化的生命力。中国文化的持久性是现代新儒学一直用来证明其价值的十分重要的理据，按我的理解来说，如果说强调心性之学的超越性和内在性呈现出一定程度的“隐微化”的特征，那么中华文化的持久发展能力则是可以由历史的“事实”来论证的。这一“事实”一直被五四以后的新儒家思潮所看重。比如说梁漱溟在《东西文化及其哲学》的系列讲演中，一方面通过文化不同路径和不同时段需要不同文化这样的方式来论证孔学在未来的“有效性”，他以历史上的文明关系为据，来说明中国文化所具有的

---

① 唐君毅：《唐君毅全集》第四卷之二《中国文化与世界》，第26页。

② 唐君毅：《唐君毅全集》第四卷之二《中国文化与世界》，第27页。

融合而非冲突的对待他者的方式，保证了其文明的持久和拓大。[①]

港台新儒家虽然并不认同梁漱溟的文明“路向”论，但他们也将中华文化“之所以长久”作为一个重要的条目。他们从中国历史中确认这个文明注重保存历史，存亡继绝，注重保存文化，珍惜传统。《宣言》认为中国思想虽有超越性，却注重现实生活，虽偏重保守，却是要求人们向内用力；与其说其注重生育而强调种族繁衍，不如说其重视生命的价值。如此，“我们与其说中国民族文化历史之所以能长久，是其他外在原因的自然结果，不如说这是因中国学术思想中，原有种种自觉的人生观念，以使此民族文化之生命，能绵延于长久而不坠”[②]。

《宣言》认为注重宇宙和人类生命的延续并非只是儒家一家的倾向，道家的超越肉身存在的精神和儒家所包含的生生不息的精神，在保证中国文化的长久上有共同的作用。在儒家之《易传》《中庸》中有所谓“可大可久”及“悠久成物”之观念，《老子》中有要人法“天地长久”及“深根固蒂长生久视”之观念，都导向文化生命的长久不息。

## 第三节
## 民主与科学乃是民族文化发展的内在要求

以我个人的解读，《宣言》前七部分可以看作是对中国文化精神的一种“新界定”，这样的“新”界定可以看作是唐君毅、牟宗三这一代新儒家对于儒家文化的一种独特的解释。任何新解释都有其现实的目的，对于孤悬海外的新儒家而言，他们最为焦虑的是 1949 年之后的巨

① 梁漱溟先生认为未来的文化必然是以礼乐来代替法律的，所以中国文化在将来将发挥更大的作用。见梁漱溟：《东西文化及其哲学》，载《梁漱溟全集》第一卷，第 522 页。

② 唐君毅：《唐君毅全集》第四卷之二《中国文化与世界》，第 29 页。

大变革，当时，中国共产党的领导人有这样的说法，叫“打扫干净屋子再请客”“扫帚不到，灰尘照例不会自己跑掉”。这都形象地说明，为了建立社会主义的观念，必须要将与这种新观念相对立的儒家观念“清扫干净”。

如果说，新儒家思潮的早期是在进行现代性的批判和中国特殊性的证明，但是，当中国成为世界社会主义运动的一部分的时候，港台新儒学舍弃了梁漱溟等人的多元现代性的思路，转而开始寻求与西方民主政治之间的一致性。他们对于儒家的心性之学的肯定与“民主建国”的目标和“科学”观念的确立互为表里。这样，早期新儒家对启蒙的批判到了港台新儒家这里，变成接受启蒙观念之后再努力证明儒家与民主、科学之间的协调性。这个转折与大陆的政治变革有关，也与港台新儒家失去大陆的文化土壤之后，必须在新的政治环境中找寻“一枝之栖”（刘述先先生语）的处境有关。他们把儒家的生命力“系于”“民主建国”和“科学精神的建立”之上，并将之看作是“儒学第三期发展”的使命。

这些使命在牟宗三先生的“外王”三书中，表述为“良知坎陷”和“内圣开出新外王”，或道统、政统、学统的“三统并建”。[①] 在《宣言》中则比较抽象地表述为“道德实践的主体”必须自觉地成为“政治的主体”和“认识的主体”。

《宣言》指出，中国古代思想因为过于强调正德、利用、厚生，缺乏纯粹的知识兴趣。科学精神的建立就是要抛弃价值判断而纯求其对

---

① 据蔡仁厚先生的研究，牟先生的三统说继承弘扬儒家与中国文化的核心理念，肯定道统，即肯定道德宗教的价值，护住孔子所开辟的人生宇宙的大本大源；开出学统，即转出“知性主体”，融入古希腊传统，发展出学术的独立性，重心是发展科学；继续政统，即由认识政体发展的意义，而肯定民主政治的必然性，重心是发展民主政治。参见蔡仁厚：《牟宗三先生学思年谱》，台湾学生书局，1996 年，第 123 页。

象的客观呈现。

这样，超越性的心性之学，难以与民主科学合拍，如此，《宣言》需要做一个理论上的“转圜”。与前面讨论心性之学的特殊性有所不同的是，《宣言》中说：“中国人如不能兼使其自身，自觉为一认识的主体，则亦不能完成其为道德的主体，与实用活动之主体。”[①]这是《宣言》最为复杂的部分，心性之学要求道德的主体自觉为一个认识的主体才能“完成”自己，虽然道德主体的价值判断的重要性依然被强调，但是，在进行是非判别之前，先必须“暂忘其为道德主体”，这样才能建立“纯理论的科学知识世界，或独立之科学的文化领域”。[②]那为什么要暂忘呢？是因为科学时代需要中国的心性之学在保持其超越性的一面的同时，又发展出其客观性的一面。“则中国思想之过重道德的实践，恒使其不能暂保留对于客观世界之价值的判断，于是由此判断，即直接的过渡至内在的道德修养，与外在的实际的实用活动，此即由‘正德’，直接过渡至‘利用厚生’。而正德与利用厚生之间，少了一个理论科学知识之扩充，以为其媒介；则正德之事，亦不能通到广大的利用厚生之事。或只退却为个人之内在的道德修养。由此退却，虽能使人更体悟到此内在的道德主体之尊严，此心此性之通天德天理——此即宋明理学之成就——然而亦同时闭塞了此道德主体之向外通的门路，而趋于此主体自身之寂寞与干枯。”[③]在《宣言》看来，心性通天德天理，却也闭塞了认识客观世界的纯粹立场。前文中，《宣言》着力要让人们用同情和敬意来体认道德认识和道德实践的结合，但在这里，却又说如果失去客观性认识的一面，主体的自身就会“寂寞与干枯”。所以，原有

① 唐君毅：《唐君毅全集》第四卷之二《中国文化与世界》，第37页。

② 唐君毅：《唐君毅全集》第四卷之二《中国文化与世界》，第38页。

③ 唐君毅：《唐君毅全集》第四卷之二《中国文化与世界》，第36页。

的学统必须接续新的以科学为主体的“学统”。“在中国传统之道德性的道统观念之外，兼须建立一学统，即科学知识之传承不断之统。而此事，正为中国文化中之道德精神，求其自身之完成与升进所应有之事。亦即中国文化中道统之继续所理当要求者。”[①] 传统儒家独有的“学统”，是“道统”之存在并体现中西差异的关键，何以新学统反而可以成为道统的自我发展的基础呢？这便是牟宗三所说的“曲统”的矛盾之处。

在这样的思路下，道统所开出的“政统”也需要在新的形势下将道德主体转向“民主建国”之路。

梁漱溟先生认为民主制度有其合理性，但中国这样的伦理本位、职业分途的文化特性，必然导致中国人既不能走西方民主道路，也不能走苏联式的阶级斗争的路。港台新儒家则在政体选择中，开始肯定民主制度的建立是儒家的内在要求。《宣言》说：“不能说中国政治发展之内在要求，不倾向于民主制度之建立，更不能说中国文化中无民主思想之种子。”

对于儒家与民主自由之间的关系，港台新儒家中以徐复观、张君劢与钱穆的研究最为深入。但钱穆的倾向与徐、张很不同，钱穆反对将中国古代政治视为“专制政治”，并认为宰相制度和科举制度提供了政权制衡和平等参与政治的可能性，此主张遭到张君劢、徐复观的严厉批评，这也是后来双方产生裂隙的重要原因。而《宣言》则主要体现了徐复观和张君劢等人的政治观念，认为传统儒学的民本观念虽与现代民主观念之间存在着亲缘关系，但必须转化才能成为真“民主”。《宣言》认为中国传统政治制度中，主要依靠政府内部的宰相和御史等人，对君

① 唐君毅：《唐君毅全集》第四卷之二《中国文化与世界》，第 38 页。

主权力进行限制，但实质上是否采纳宰相们的意见，只能凭由君主的决断。所以必须建立政府之外的权力来限制君主才能真正有效。政权的转移也一样，古代的政权转移只能依靠战争或政治势力之间的篡夺，必须建立起政党间政治权力的转移机制，才能避免战乱。[①]

要让儒家“天下为公”的理想真正得到落实，就必须确立起道德主体，必须人人平等地成为“政治的主体”。但儒家的政治理想难以在现实中落实，因为在世袭的君主制度下，君民之间不能实现平等的政治地位，“此中即有中国文化中之道德精神，与君主制度之根本矛盾。而此矛盾，只有由肯定人人皆平等为政治的主体之民主宪政，加以解决，而民主宪政，亦即成为中国文化中之道德精神自身发展之所要求。今日中国之民主建国，乃中国历史文化发展至今之一大事业，而必当求其成功者，其最深理由，亦即在此”[②]。在这个论述中，儒家的精神被认为与君主制完全矛盾，这并不是历史的事实。我觉得徐复观先生的“双重本体论”更能体现传统社会中儒家与政治的关系。即儒家在理想上是坚持民本思想的，但在现实中也不得不替统治者想办法。

《宣言》将建立民主政治和新学统视为儒家在现代社会的使命，但他们又想从儒家的思想传统中找到源头，这样，心性之学的独特性反而要嫁接到西方启蒙运动之后的社会政治思想之上。

在现实的选择中，民主政治和新学统事实上是对儒家传统的“背离”，因为，在制度层面和知识层面需要落实民主制度和科学精神，这样，《宣言》将儒家的新的发展阶段嫁接到西方文明那里，作为文明自信的基础的“内圣”层面的价值事实也难以确立。另一方面，西方的

---

① 唐君毅：《唐君毅全集》第四卷之二《中国文化与世界》，第 40 页。

② 唐君毅：《唐君毅全集》第四卷之二《中国文化与世界》，第 42 页。

民主和科学的精神作为其文化发展的内在产物，与其超越性的宗教精神之间存在着密切的关系。由此，《宣言》将儒家思想中最具有超越性的面向凸显出来，客观上是将儒家的形态“西方化”。

进一步说，西方的民主和科学是政教分离的启蒙运动的成果，这样，强调心性之学和落实中国的民主科学之间的关系又需要有一个重新分离的过程，这个问题被牟宗三先生最为典型地描述为“内圣开出新外王”和“良知坎陷”。这样，《宣言》所宣称的儒家的生命力和儒家的未来之间的关系是曲折甚至分离的。

## 第四节
## 中西之间

《宣言》的最初写作动机就是写给外国人看的，所以，《宣言》也可以看作是唐君毅和牟宗三这一代新儒家对中西问题的新看法。很显然，与梁漱溟、冯友兰等人是有一些差别的。

我们知道，近代以来中国文化的危机根源是西方文化的冲击，由此而生发出中西、古今问题。从某种角度看，古今问题是中西问题的延伸。当西方的军事和经济优势十分明显地呈现在我们面前的时候，传统文化中处理中国与外部世界之关系的夷夏观念被华洋、中西这样的名称所取代，并在新文化运动时期转变为新旧和古今。沿着这样的名词的转变的历史，我们可以看到一个轨迹，即由中西初遇时的文化中心主义逐渐转变为文化自信的逐渐丧失，到最后变成文明的自我否定。所以，新儒家从其产生之时起，就担负重建文明自信的使命，因此从梁漱溟的“三路向”到钱穆的“为故国招魂”，都体现出试图通过多元主义的策略来表达文化民族主义情怀的倾向。

港台新儒家当然也继续着这样的使命，但从前文看，他们的战线已经空前收缩。《宣言》将文化精神立基于心性之学，然而，心性之学的现实目标却是开出民主的“新外王”和“良知坎陷”后的“新学统”，因而实际上造成了文化精神性因素和文化实体性、制度性呈现之间的脱节。因此，当新儒家列举中国文化的优点的时候，虽然将心性之学置于很高的地位，但在功能上并非由此导出基于自身价值的制度体系，其功能主要集中于对西方文明的“补充”和“矫正”。这最终会导致他们一直推崇的文化优势“虚无化”。

《宣言》的第十部分“我们对中国现代政治之认识”主要是分析中国在社会主义国家建立之后的政治状况，多是对当时的政策的批评，在此搁下不表。第十一和十二则可以看作是通过中西文化的比较来说明中国智慧的优势。这部分的核心就是在肯定西方政治和学术符合社会发展的趋势，而中国独特的心性之学可以为之提供价值引导。

《宣言》提出西方之宗教、科学、哲学、文艺、法律、实用技术，都值得我们学习，但西方文化并不能独自引导世界文化的发展，而东方文化也可以提供其独有的价值。

东方文化的价值体现在对西方科学、民主和社会发展中的种种弊病的“矫治”上，《宣言》所罗列的西方文化的种种问题包括：

如由宗教改革而有宗教之战争；由民族国家之分别建立而有民族国家之战争；由产业革命而有资本主义社会中劳资之对立；为向外争取资源，开发殖民地，而有压迫弱小民族之帝国主义行动；及为争取殖民地而生之帝国主义间之战争；……在今日科学已发展至核子武器，足以毁灭人类之时期，人类之前途乃惶惶不可终日。此皆近代西方文化之突飞猛进所带来之后果。则我们今日对西方文化，毕竟应如何重新估价？并对之应抱有何种希望？应为吾人所认真思考之问题。①

很显然，这些问题的确是西方历史发展中真实存在的问题，宗教战争和民族国家之间的冲突其实对应的也是欧洲文明不同发展阶段的最为尖锐的问题。《宣言》很客观地指出，这些欧洲文明自身的问题经由历史的发展由欧洲文明自身所逐步克服，比如宗教战争已不复存在，民族国家的问题也因为联合国的设立而缓解。但有一个关键的问题没有解决，即当时所存在的以苏联为代表的社会主义阵营和以美国为主导的西方资本主义国家阵营之间的冲突。

因此，《宣言》所提示的新儒家开出民主的使命是要矫正西方文明中曾经出现的极权主义问题。

以西方文明世界里出现了民主国家和集权国家的对立来指出西方文化的缺点，这多少是一个比较奇特的陈述，因为西方文明因宗教和社会经济发展水平的不同，并非如中华文化一样有“一本性”，所以，这只能算是多样性，而不能说是优缺点。而且，从总体而言，欧美的模式和苏联的模式体现了对如何解决大规模生产之后的分配不平均的方法上的差异，姑且不论这两种社会体制的差异正好体现了不同的“自由观念”和“经济模式”的关联。所以，儒家并没有直接对应这些问题的现实的方案。

因此，《宣言》接下来的分析如果抛开政治因素，在学术上并不具备说服力。新儒家人士认为美苏的冷战对世界文明的最大危害是这样

① 唐君毅：《唐君毅全集》第四卷之二《中国文化与世界》，第50页。

的分歧影响到非西方世界，他们认为亚非民族接受唯物主义的思想，不接受西方的民主体制，产生了许多集权政权，而这值得西方人士深刻反省。

> 在今日苏俄……，与西方民主国家之对立中，居于举足轻重之地位者，分明系亚非之民族之何去何从。本来亚洲之中国文化、印度文化及横贯亚非之回教文化，在先天上皆非唯物主义，在理论上正应与西方之自由民主文化相结合，然其今日何以尚未如此，实值得西方人士作深刻的反省。①

任何文明在发展过程中，都会进行自我反思。《宣言》提出的劝告用心良苦，却缺乏实践性的方法。

《宣言》过于担心祖国大陆的政治变革所导致的文化危机，但并没有看到亚非各国接受唯物主义背后所包含的一种对西方侵略的抗拒情绪，由此产生的对于苏联模式的接受其实是对于资本逻辑所造成的不平等的社会秩序的反抗。虽然有人认识到殖民运动的问题，但并没有反省殖民运动背后的精神因素和资本的力量。即使在文化保守主义的立场，亚非各国无论是接受民主自由还是接受苏联式的政治制度，其实，都不是基于自身文明的制度设计，如此，新儒家们对于极权主义的批判并不是从文化的角度，而是站在西方文化普遍性的立场上的制度反省，事实上也失去了梁漱溟那一代新儒家的制度批判精神和文化多元立场。

唐君毅他们批评西方精神缺乏对其文化膨胀的反思：

---

① 唐君毅：《唐君毅全集》第四卷之二《中国文化与世界》，第 51 页。

> 真正的西方人之精神之缺点，乃在其膨胀扩张其文化势力于世界的途程中，他只是运用一往的理性，而想把其理想中之观念，直下普遍化于世界；而忽略其他民族文化的特殊性，因而对之不免缺乏敬意，与同情的了解，亦常不从其他民族文化自身之发展的要求中，去看西方文化对其他民族文化之价值。①

其实，文化的多元立场并不应该是求西方人承认其他文化，而是儒家如何从社会发展中找到自己的发展之路。虽然类似萨义德“东方主义”的概念在当时并没有被提出，然而，《宣言》明显带有一种“东方主义”的立场来批评东方主义。这种批评更接近于文化的批评，实质上构成了对于西方文化中心主义的“曲通”。所以《宣言》的最后更多接近于对于西方的“规劝”而非儒家立场的自我宣示。

接下来，《宣言》具体提出了西方人所应该吸收的中国文化的有优点，共有五个方面。

第一点，是“当下即是”之精神，与“一切放下”之襟抱。核心是要强调中国文化以心性为一切价值之根源，所以对于人生价值和宇宙价值有肯定。这样可以克服西方文化知进而不知退所造成的人生之危机，可增加西方文化自身之安全感与坚韧性。

第二点，是一种圆而神的智慧。上所谓一切放下之智慧，是消极的。圆而神的智慧，则是积极的。“这种智慧之运用，最初是不执普遍者，把普遍者融化入特殊，以观特殊，使普遍者受一特殊之规定。但此受某一种特殊之规定之普遍者，被人自觉后又成一普遍者；仍须不

---

① 唐君毅：《唐君毅全集》第四卷之二《中国文化与世界》，第 51 页。

执，融入特殊中，而空之。于是人之心灵，得再进一步，使其对普遍者之执，可才起即化。”[①]他们有时以柏格森的“直觉”来比照这种智慧，概言之，就是与理性所建构的概念性、确定性思维所不同的具有灵活性和适应性的思维模式。这与其说是中国智慧的特点，还不如说是告诉西方人，要想真正了解中国人和中国文明，需要这样的认识范式的转变。“西方人亦必须有此圆而神之智慧，乃能真与世界之不同民族，不同文化相接触，而能无所阻隔，并能以同情与敬意之相遇，以了解其生活与精神之情调与心境；亦才能于其传统文化中所已认识之理性世界、知识世界、上帝世界、技术工业世界，分门别类的历史人文世界之外，再认识真正的具体生命世界，与人格世界与历史人文世界中一切，而与之感通。”[②]

第三点，是一种温润而怛恻或悲悯之情。西方人之热情与爱，与权力意志相纠缠，要绝去其权力意志与占有之念之根。则爱必须真正与敬同行。而不应该有宗教上的优越感或其他的优势形态，人与人之间的爱需要通过“礼”来表达。“于是爱中之热情，皆向内收敛，而成温恭温润之德。而人对人最深的爱，则化为仁者之恻怛之情。此可通于佛家之悲悯。恻怛悲悯，与一般之爱之不同，在一般之爱，只是以自己生命精神之感情，视人如己的向人流注。此处之视人如己，即可夹杂‘对人加以占有之念’之泥沙并下。而恻怛悲悯，则只是自己之真实存在之生命精神，与他人之生命精神间之一种忐忑的共感，或共同的内在振动，此中，人对人自然有真正的同情，亦有情流，向人流注。”[③]

① 唐君毅:《唐君毅全集》第四卷之二《中国文化与世界》，第 56 页。

② 唐君毅:《唐君毅全集》第四卷之二《中国文化与世界》，第 57 页。

③ 唐君毅:《唐君毅全集》第四卷之二《中国文化与世界》，第 59 页。

第四点，是如何使文化悠久的智慧。《宣言》指出：中国文化是世界上唯一历史久而又自觉其久，并源于中国人之自觉的求其久，而复久的文化。现代西方近代文化，固然极精彩灿烂，但如何能免于如希腊罗马文化之衰亡，已有不少的人忧虑及此。“中国人在一切文化生活上，皆求处处有余不尽，此即所以积蓄人之生命力量，使之不致耗竭过度，而逆反人之自然的求尽量表现一切之路道，以通接于宇宙生生之原者。”①

第五点，是天下一家之情怀。《宣言》坚信凡未能民主建国之国家，都最终会走上民主建国之道路。不过民主建国并非人类历史的终结，人类最后必然归于天下一家。所以人们不仅要有国民意识，还需有天下情怀。中国人总说天下与天下国家。以“天下为一家，中国为一人”，本仁心以相信“人皆可以为尧舜”，本仁心以相信“东西南北海，千百世之上，千百世之下之圣人心同理同”。儒家之讲仁爱，与基督教讲爱一样，都有普遍性的一面。

基于这五个优点，所以《宣言》提出了他们对于世界学术思想之期望，这各期望就是将上述五个优点发展成为西方学术研究的期待。这种期待包括期待西方人克制其文化中心主义的态度，而发展出以人类为“视野”的价值观，为未来的大同世界做准备。

> 人类还须发展出一大情感，以共同思索人类整个的问题。这大情感中，应当包括对不同民族，不同文化之本身之敬重与同情，及对于人类之苦难，有一真正的悲悯与恻怛之仁。由此大情感，我们可以想到人类之一切民族文化，都是人之

① 唐君毅：《唐君毅全集》第四卷之二《中国文化与世界》，第60页。

精神生命之表现，其中有人之血与泪，因而人类皆应以孔子作春秋之存亡继绝的精神，来求各民族文化有价值方面之保存与发展，由此以为各种文化互相并存，互相欣赏，而互相融合的天下一家之世界之准备。①

这种“大情感”的建立，只凭西方文明中的理性态度是不够的，儒家的心性之学所确立的成己成人的态度是不可或缺的。如果只是用人之理智的理性，去对各种自然社会人类历史做客观的冷静的研究，只能解决认识领域的一部分问题。而儒家的心性之学“则在人之主体的存在之真正自作主宰性之树立，而此主宰性之树立，则系于人生存在自身之超化升进。此一种学问，亦即中国之所谓立人极之学问。人极立而后人才能承载人之所信仰，并运用人之所创造之一切，而主宰之。这是这个时代的人应当认识的一种大学问”。②

最后，《宣言》提出了“完善的人格”问题，也就是融合了世界各种文化的“人”该有什么样的综合素质。《宣言》认为希腊文明培育出了理智、理性的精神。希腊的自由观念和罗马法中的平等观念，建构出了近代西方的民主政治精神。希伯来的宗教精神和儒家的天人合德思想，则保证了天下一家的情怀。这样，儒家价值在“成人”的历程中，与希伯来精神一起，担负起超越性的使命。将这几种文化精神凝聚在一个人身上，这个人既是道德的主体，也是政治的主体（公民），更是超越性的主体（天民）。在这个人格模型中，人类文明的各个要素被抽象地糅合在一起。很显然，《宣言》所昭示的文化图景是各种文化

① 唐君毅:《唐君毅全集》第四卷之二《中国文化与世界》，第 63 页。

② 唐君毅:《唐君毅全集》第四卷之二《中国文化与世界》，第 65 页。

的优质资源的叠加，不是各个文明体在自身的文化的基础上吸收别的文化的特性来成就自己，而是以失去自己为代价去构建一个抽象的“混合主体”。在这样的体系中，我们发现儒家的伦理历史和制度历史被抽空。

《宣言》作为现代儒学发展史上一个里程碑式的文献，力图唤醒人们对于儒家生命力的认可，并阐发儒家心性之学的资源，这对于处于花果飘零时期的儒家来说，堪称有“续命”的功用。

但《宣言》过于“受制”于五四以来民主和科学的强势话语，将儒学发展的方向收束于民主建国和确立科学思维上，由此，心性之学的超越性取代了儒家其他经典在确立儒家价值时的基础地位，从而使儒家“修己治人”的整全性体系被拆解。《宣言》通篇没有讨论儒家经典系统在现代学科体系中的地位，从而在实质上置经学于“科学”的对立面，这样的新儒学剥离了经学的负担，却使儒家道统去承接西方的民主制度，这样儒学既失去了自己在制度设置上的可能性，也难以成为民主政治的必要项而存在。

我们承认儒学在面对三千年未有之大变局过程中进退失据的困境，但是透过反思和批评《宣言》，我们应去思考这样的问题：第一、现代儒学如果不是在其自身的经典系统和历史中去建构自己的现代思想品格，那么这样的新儒学是否还毫无疑问是“儒学”？二、儒学在未来的发展中的真正生命在哪里？是将其伦理精神贯注在现代的制度建构的过程中，还是去论证其与民主制度之间的一致性。或者说，儒家是否丧失了建构新的制度形态的可能性？三、儒家是要在儒家的义理基础上建立独特的人格，还是与其他文明的人格理想构成一个“优秀人格综合体”。

已经有许多人宣称儒家失去了生命力，但儒家思想一直在发展，在西方文明的冲击下，我们能否真正达成儒学的第三期发展，儒学第三期的使命究竟为何，这是《宣言》留给我们的问题。而进一步思考这些问题是表达对《宣言》“同情”和“敬意”的最好方式。

第　三　部　分

# 儒学第三期发展预设下的儒学史重构

# 导 语　从历史中认识儒家的自我和未来

儒家具有强烈的历史感，自孔子开始，儒家就强调其价值观来自历代圣王的历史经验，《论语 · 为政》记录："子张问：'十世可知也？'子曰：'殷因于夏礼，所损益，可知也；周因于殷礼，所损益，可知也。其或继周者，虽百世可知也。'"虽主要是讨论礼制的变迁，实质上也是在讨论三代之治的政治制度的变迁，孔子是要说明历史的发展，总是有其内在规律，一旦掌握了这个规律，我们便可以了解未来的变化趋势。后来《汉书 · 艺文志》说孔子"祖述尧舜，宪章文武"，这既代表了孔子所继承的乃是古代圣王之统绪，也说明孔子是善于总结历史经验的。

在贤者居位的理念下，孔子乃是有德无位的"素王"，因此，孔子只能借助"褒贬"历史事迹的方式来表达他的政治观念，所以孟子说，孔子作《春秋》则"乱臣贼子惧"，这也说明儒家记录历史并非单纯"记事"，而是要表达他们的政治观念。司马迁说他写《史记》是要"究天人之际，通古今之变，成一家之言"，这是史家的自我定位。清代章学诚著《文史通义》，开首就说："六经皆史也。古人不著书，古人未尝离事而言理，六经皆先王之政典也。"这就是说，古人之记事，重要的是"言理"，而由此，儒家之六经所要表达之理，都是基于先王之制度、典要和礼仪等。

注重历史的政治功能的儒家亦十分注重记录自身的历史，这可能源于宗法血缘谱系的影响，但与记录家族历史所不同的是，对儒家历史脉络的梳理往往是一次价值确立的过程。作为儒学历史的一种，汉代经师十分注重经学传承谱系的清理，这与汉代的博士制度的建立有关，经学中的“师法”和“家法”得到强调，既表明其经学解释范式的连续性，也是权力自我保护的一种表现。

而通过建立儒家价值的传承谱系以强调儒家价值的延续性和儒学发展使命的最重要事件是“道统”的建立。孟子说，五百年必有王者兴，尧舜到汤，汤到文王，文王到孔子，各有五百年，这也是后世道统说的源头。唐代的韩愈深感佛教对儒家文明的冲击，在《原道》篇中，说尧舜禹汤文武周公，到孔子、孟子，存在着一个价值的传承链条，只是到孟子此链条已然断裂，因此韩愈自有其振起之雄心。此话头由二程朱子所继承，成为他们接续道统以自命的精神力量。

不仅如此，即使在儒家学派内部也经常会通过传统谱系的“历史建构”来强化其学派的使命，北宋道学之《伊洛渊源录》就是这样的作品，朱子通过建立北宋以来的道统传承谱系来强化宋代理学区别于先秦儒学和汉唐儒学的问题意识，如对性与天道的关注。同时也借此区别儒家之“道”与佛老之“道”，这使得《伊洛渊源录》成为儒学第二期发展的关键文本。

近代以来，儒学遭受数千年最大之变革，新儒家也通过儒学史的重新梳理来展现现代儒学的问题意识和价值追求，此以“儒学第三期”发展说最为著名。

“儒学第三期发展”通过对儒学发展的阶段性划分，强调了其儒学立场的历史线索，更为重要的是借助新的历史时期的确立来确立全球化时代的儒学与西方文化关系、儒学的自我定位以及当下使命，从而展现出儒学发展的新的可能。

第一章

# “儒学第三期发展”的问题意识

“儒学第三期发展”经由牟宗三、杜维明等先生的阐发，在现代思想学术界产生了重大的影响。20世纪80年代杜维明先生在大陆的一系列演讲在刚刚开放的大陆思想语境中构成了一系列争论议题中的一个重要环节。[①]与20世纪初儒学式微时大为不同的是，在国门重开的1980年代，人们忽然发现，东亚的现代化经验已经成为“多元现代化”最重要的案例。借力东亚经济奇迹而产生的“儒家资本主义”的论说，认定儒学因为注重教育和强调团体忠诚等，而成为东亚经济奇迹的支持因素。虽然依然有人从马克斯·韦伯关于“资本主义精神”的话语框架中寻找资本主义在宋明时期的萌芽，但东亚“另类”的资本主义模式同时也“反驳”了韦伯关于非西方的世界因缺乏新教伦理而难以发展资本主义的判定。

韦伯在其《新教伦理与资本主义精神》《中国的宗教：儒教与道

① 杜维明：《儒学第三期发展的前景问题：大陆讲学、答疑和讨论》，生活·读书·新知三联书店，2013年。

教》等一系列著作中，试图为资本主义在欧洲的产生和发展寻找精神上的动力，并最终将这个精神动力锁定于视工作为天职和推崇节俭勤劳的“新教伦理”。[①] 而他通过对世界上不同宗教的比较分析，提出中国的本土儒教和道教因为缺乏神圣世界和世俗世界之间的“紧张”而难以成为这样的精神动力。[②] 韦伯学说看上去从理论上为五四新文化运动以来对于儒家的批评找到了新的理论依据，然而令海外新儒家高兴的是，即使是最为歧视中国文化的人，也必须看到这个事实：深受儒家文化影响的东亚世界，在 20 世纪 60 年代之后出现了经济高速增长的奇迹。许多分析都看到了儒家价值对东亚经济发展模式的决定性作用。这颠覆了儒家已经成为僵死的遗迹的论断，而且“非西方不现代”的成见在多元现代性的框架下得到融通性的“化解”。就此，儒学的第三期发展就不再是一种“消极”的现状的默认，而具备对儒家未来的“积极”期待的因素。

## 第一节
## 对儒学发展的不同分期

不同的时期，儒学有着不同的主题和表达方式，因此，儒学史经常被划分成不同的“时期”。对于儒学发展的分期，现代学者有很多

---

① 韦伯说：“外表上纯粹以赢得利润为目标的那种活动，之所以被归属为个人怀有义务感的‘天职’的范畴，到底是源于何种思想氛围呢？因为正是这样一种思想为‘新式’企业家的生活样式提供了伦理的基础与支撑。”这种思想氛围就是“新教伦理”。见［德］马克思 · 韦伯：《新教伦理与资本主义精神》，广西师范大学出版社，2010 年，第 49 页。

② 韦伯说：“儒教极度的世界乐观主义体系，成功地泯除了存在于此世与个人超俗世的命定之间的、基本悲观论的紧张性。然而，任何基督教伦理，无论如何纠缠在与俗世的妥协中，都无法达到这点。”见［德］马克斯 · 韦伯：《中国的宗教：儒教与道教》，广西师范大学出版社，2010 年，第 312 页。

种说法。钱穆先生提出了六期说。他提出：第一期为儒学“创始期”，包括自孔子下及孟子、荀子以及其他同时代的儒者。第二期为儒学的“奠定期”，其标志是两汉时期儒学的独尊和经学的确立。魏晋南北朝为第三期，称为儒学的“扩大期”。而第四期为儒学“转进期”。称之为转进之缘由是唐代儒学和文学呈结合之势，以后的儒学发展呈现出经学、史学和文学相结合的态势由此肇端。宋元明为第五期，称为“综汇期与别出期”。一是继承了前期儒学文史经结合的传统，此谓综汇；二是理学，他们并不在意经学、史学和文学，而另创新风，所以“别出”。第六期的清代儒学，依然是“综汇期与别出期”，但名同而实异。综汇是说经学和史学又大有综合；而别出，则是指清代经学的三个阶段，第一个阶段是经学对宋学的否定，而后是考据对经学的超越。[①]

我们不难看出，钱穆先生的分期针对的是清代以前的儒家不同的发展阶段，所侧重的是儒学的“学问形态”的变化，与社会政治的关系并未明言。

现代在学术界影响最大的分期法还是以牟宗三和杜维明为代表的“儒学三期”说和李泽厚先生的“儒学四期”说。

在牟宗三勾勒的儒学发展谱系中，儒学分为三个阶段：“儒家学术的第一阶段，是由先秦儒家开始，发展到东汉末年。两汉的经学是继承先秦儒家的学术而往前进的表现，而且在两汉四百年中，经学尽了它的责任，尽了它时代的使命。”[②]经过魏晋南北朝的文化的“弯路”，宋明儒学是儒学发展的第二阶段，这个时期的重心在儒家的内圣方面。

---

① 钱穆：《中国儒学与文化传统》，《钱穆先生全集·中国学术通义》，九州出版社，2011年，第59—85页。第69—134页。

② 牟宗三：《从儒家的当前使命说中国文化的现代意义》，见氏著：《政道与治道》，广西师范大学出版社，2006年，第4页。

"内圣外王原是儒家的全体大用、全幅规模,《大学》中的格致诚正修齐治平即同时包括了内圣外王;理学家偏重于内圣一面,故外王一面就不很够。这并不是说理学家根本没有外王,或根本不重视外王,实则他们亦照顾到外王,只是不够罢了。"① 而20世纪以后的儒学发展,则是第三期,其责任是要开这个时代所需要的新外王。② 牟宗三说"外王即是外而在政治上行王道,王道则是以夏商周三代的王道为标准。照儒家说来,三代王道并非最高的理想,最高的境界乃是尧、舜二帝禅让,儒家天下的大同政治。"③ 而"新外王"是与民主和科学相协调。牟宗三的三期说,被许多现代新儒家学者所接受。在此基础上,杜维明则更为看重儒学的世界性传播,他认为儒学历史上存在一个由地方性知识向世界性知识发展的轨迹,第一期是由山东到中国,第二期是中国到东亚,而第三期则是从东亚到世界。儒学三期发展是否可能的关键在于儒学能否对西方文化提出的重大课题给出创建性的回答,他指出了需要回应的四个方面:一是科学精神,二是民主运动,三是宗教情操,四是从心理学方面对人性的理解。④ 在杜维明看来,儒学参与到文明对话中是儒学第三期发展的必然道路。杜维明还指出,儒学第三期发展是否可能最关键是取决于是否有以儒家价值为基础的知识分子群体的出现。

对这个分期也不乏批评者,最有代表性的是李泽厚先生。李泽厚认为,儒学三期说,太注重心性论的传统,这样会忽视汉代儒学对儒学发展的重要意义。因此,他主张儒学的发展可以划分为先秦、两汉、宋明和现代这样的四期说。他还认为作为儒学三期的核心内容的"内

---

① 牟宗三:《从儒家的当前使命说中国文化的现代意义》,见氏著:《政道与治道》,第7页。

② 牟宗三:《从儒家的当前使命说中国文化的现代意义》,见氏著:《政道与治道》,第8页。

③ 牟宗三:《从儒家的当前使命说中国文化的现代意义》,见氏著:《政道与治道》,第8页。

④ 杜维明:《现代精神与儒家传统》,生活·读书·新知三联书店,2013年,第486—490页。

圣开出新外王”和“内在超越”说均存在着不可克服的理论困难。[1]

诚如李泽厚先生所批评的那样，牟宗三等人从心性层面对儒学发展划分阶段的做法，很大程度上将儒家“瘦身”了，而许多在儒学的近代转化中做出积极探索的儒家人士不能被心性道统容纳。虽然刘述先等人都注意到“广义新儒家”和“狭义新儒家”的区分，试图将熊十力、牟宗三这一系的新儒家与其他立场复杂的新儒家都包容到新儒家营垒中。但这种划分有一个共同的前提，即以五四作为现代中国的开端，此前所有为迎接西方挑战所做的儒家式的回应，都没有被视为“新儒家”，而只是传统儒学的“遗迹”而已。这样，康有为、章太炎这些明显带有现代儒学问题意识的人物都无法获得“新”儒家的称号。

胡适和顾颉刚等学者都将章太炎视为“最后的经师”，从而将其划入前一时代。[2]但是，这种划分可能过于执念于章太炎的经学立场，而忽视其思想的多层次展开。无论是在《国家论》《中华民国解》等文中体现的国家观念的推进还是提出“俱分进化”这样的反思现代性思想，章太炎都是无可争议的承先启后的人物，甚至可以说其比随后的学院派的新儒学学者更广泛地展现出儒家观念对于现代社会的批判或建构的设想。[3]而康有为的儒学立场则更为丰富复杂，他也更为敏锐地体察到面对大变局儒家之转变的必要性。首先，他通过改造公羊三世的世

---

① 李泽厚：《说儒学四期》，载氏著：《历史本体论 · 己卯五说》，生活 · 读书 · 新知三联书店，2009年，第130—155页。

② 顾颉刚在《古史辨》第一册的“自序”中说：章太炎作为一个纯粹的古文经学家，往往看重经学立场要胜于科学事实。“在这许多地方，都可证明他的信古之情比较求是的信念强烈得多，所以他看家派重于真理，看书本重于实物。他只是一个从经师改装的学者！”刘梦溪主编：《中国现代学术经典 · 顾颉刚卷》，河北教育出版社，1996年，第443页。

③ 慕唯仁肯定了章太炎思想的“超前”性，他说：“章太炎既追随着明治学者的脚步，同时又在某种程度上超越了他们，他把佛教、黑格尔、叔本华和尼采杂糅一处，发展出一种对现代性的哲学批判。”见氏著：《章太炎的政治哲学：意识之抵抗》，华东师范大学出版社，2018年，第50—51页。

界，有效地接纳了进化的历史观；其次，他通过儒教论的提出，试图在制度化儒家解体之后找到儒家的新的容身之处；第三，他通过对共和与现代政治制度等问题的关注，为现代中国的制度建构提出了自己的独到想法。然而，在新文化运动造就的语境中，康有为和章太炎都被视为新思潮的对立面，五四之后的学院派的新儒家人士对他们都唯恐避之不及，他们被视为旧儒学的“遗产”，而非“新儒学”的开创者。

然而，如果我们要对儒学的发展阶段做出新的思考，就需要引入一种长时段的历史视野，重新厘定儒学分期的一些基本原则，若此，我们重新思考儒学第三期发展的使命便会有新的认识。

聚焦于现代新儒学，我们所谓“长时段”，便是要从中西冲突的大视野来思考儒学的现代命运，考察儒学在这样的时段中一直起关键作用的问题意识。我们还需要有一些基础性的标准，以避免陷入琐碎的枝节性的争论之中。

儒学第三期理论的提出，最初是基于中西冲突的大背景，但现代儒学总体倾向于以道德体系为基础来论证其与现代世界的相容性，由此心性论的向度蔚然大宗。不过，无论是从儒学的内在使命还是儒家在传统中国社会的作用来看，以心性作为儒学分期的主要标准是不甚完备的。儒家的核心使命是修己安人，即既要希圣希贤，培养君子人格，也要推己及人，以自己为表率去建立一种稳定的社会秩序。基于这样的本质特性，儒学在不同的政治形势下，思想展开方式有很大的不同。

如此，我们可以对儒学三期发展的特征做出新的界定：从孔夫子到董仲舒，即从儒家学派的形成到其取得国家意识形态的地位，可以看作是儒学发展的第一个阶段。在这个阶段中，儒学提出王道政治的理想，这样的理想包括仁义等核心价值概念的提出和德政等治理原则的提出，经历了秦政的破坏之后，最终为汉代统治阶层所接纳。

第二个阶段是自汉末到清代。在独尊儒术的格局形成之后，儒学的发展进入了经学时代，在这个时代中，无论现实的政治格局发生多大的变化，儒家的经典成为政治合法性和正当性的基础从未被真正动摇过。虽然经学形态经历了许多变化，既有古文经学和今文经学的争论，也有汉学和宋学的差别，但是儒学逐渐深入到政治法律的方方面面，从而实际地成为了道统、政统和学统相统一的政治和教化合一的体系。并且通过科举制度的建立和完善，儒学完成了经典化和权力化的合一，从而为儒学思想的传播建立起了制度性的保障。

第三个阶段则是制度化儒家的解体、现代民族国家建立之后。1905年，在科举制度被废弃之后，儒家逐步从传统的制度体系中剥离出来，而试图放弃儒家以求自保的清王朝也于1911年被颠覆。一个现实的处境是，儒学由占统治地位的思想逐渐被负面化。现代民族国家的建立，儒家所要思考的问题也由天下体系的礼治秩序转变为在现代民族国家的建构过程中，如何发挥其作用的问题。在这样的视野下，无论是康有为、章太炎，还是新文化运动之后的学院派新儒家，他们所论述的角度有两个：其一，坚信儒家思想本身的合法性；其二，儒家思想如何介入现代民族国家的建构。

由此，我们便可以得出这样一个结论，儒学第三期的产生要因其处境和使命上的转移，即为了以面对现代化过程中所产生的建立现代国家的使命而产生。其核心是仍相信儒学才是国家凝聚力之基础，并在此基础上思考个人权利、社群团结和天下意识等问题。

从时间的角度，第三期发展若以康有为、章太炎为开端的话，到现在不到150年，这就意味着目前是儒学第三期发展的初级阶段，儒学要应对的问题将会随着时间的推移而不断丰富。

## 第二节
## 现代儒学的核心使命是什么?

我们已将儒学第三期发展的当下使命归结为民族国家的建构及与之相关的国家意识、个人权利等一系列问题，在这样的问题框架下，我们还可以将之分解为一些更为具体的论题。

### 第一，儒学可以成为现代中国建构的重要价值支撑

近代以来，制度化儒家的解体，使儒家思想观念失去了其在传统中国思想中的核心地位。继之，在进化论的历史观念影响下，中西思想之间的关系被解释为古今之间的关系，由此，许多人断言儒家思想只是过去时代的思想代表，不适应现代社会的需要。更进一步，在新文化运动中，儒家思想成为中国近代以来落后和积弱的替罪羊。在陈独秀的批评中，儒家思想是与专制和等级制度融汇一体的，是中国实现共和和民主政治的主要障碍。另一个新文化运动的代表人物吴虞则从批评中国传统的家庭制度出发，把数千年文化凝聚而成的家族亲情描述成为压制人性、否定平等的渊薮。但事实上，西学东渐以来，儒学在很长一段时间是积极地在应对这种新局面的。

鸦片战争之前，中国的思想家已经意识到世界将面临巨大的变革。鸦片战争之后，林则徐、徐继畬、魏源等人已经从“国家”的观念来思考当时所面对的挑战，《四洲志》和《海国图志》等作品，体现出那个时代中国人急切了解“世界”的心情。

甲午战争之后，中国人对中西关系的认识进入了新的阶段。康有为通过对公羊三世说的改造，认为“升平世”是一个“国家竞争”的阶

段。这样，儒家开始系统地思考“民族”“国家”问题。[①] 康有为认识到民族国家体系是当时“公例”，但认为中国应该建立一个多民族统一的新国家，而非革命派一度主张的单一民族国家。康有为根据他在西方流亡和游历的所见所闻所思，指出了文化精神价值对于国家认同的重要性。认为儒家价值可以让中国经历曲折而不亡。他以犹太人为例子，提出犹太人长期没有独立的国家，因为犹太教信仰的原因，依然可以“复国”。其实以色列的建立还要在康有为提出这个问题五十年后。反之，如果这个民族、一个国家的文化精神消亡了，那么这个国家就被灭亡了，就永远消失了。

在民国成立之后，康有为的虚君共和思想看上去十分“背时”，但他的诉求是中国不能分裂。

五四之后，新儒家以更为纯粹的理论形态而发展。持文化多元发展立场的梁漱溟，深感移植西方国家理论而建立的民国政府的失败，试图从乡村建设出发，来培养符合中国文化精神的“政治习惯”，他将乡村建设看作是一场“建国运动”。[②]

1949 年之后活跃于香港和台湾地区的新儒家学者，通过阐发心性儒学的传统，强调儒家的道德理想主义对于民主政治和物质主义的“纠正”意义，认为儒家的内圣与西方的民主政治构成一个互补性的关系。牟宗三和徐复观等人很大程度上接受了五四启蒙运动的“民主”和“科

---

① 关注民族和国家是那个时期的普遍的现象，凝聚于保国保种保教的口号下。金观涛等人从词语使用频率的角度讨论过这种思想的转折。“在 1895 至 1899 这四年间，‘天下’这个词的使用达到历史上从未有过的高峰，而‘国家’一词的使用，也是在 1895 年后突然增加了，‘民族’一词的使用到 1900 年开始出现井喷之势。自 1900 年以后，‘天下’一词的使用次数急遽减少，‘民族’一词急遽增加，这在 19 世纪是难以想象的。”见金观涛、刘青峰：《观念史研究：中国现代重要政治术语的形成》，法律出版社，2009 年，第 242 页。

② 梁漱溟乡村建设运动与其建国理念的关系可参看干春松著：《伦理与秩序：梁漱溟政治思想中的国家与社会》，商务印书馆，2019 年。

学”精神，认为不能将民主建国视为西化的表现，而是现时代民族文化生命的“本分”。牟宗三提出的“三统并建”思想，认为中国古代只有道统没有学统，所以科学思想难以产生。只有治道而无政道，民主政治体制难以确立。因此“转至民主制是转至近代化的国家政治法律的建立，这是一民族自尽其性的本分事，不是西化的事……言民主、自由，应扣紧民主政体建国说，既不应空头泛讲，亦不应成为忌讳而不敢讲”①。虽然港台新儒家在实践层面一直遭受诟病，但理论形态并无缺失。

从1990年代开始，随着中国的经济发展和全球化进程的推进，民族国家与全球秩序的问题再度激发儒家学者的思考。当下中国思想也是一体多元的混合型的存在。在这个系统中，既有中国化的马克思主义，也有改革开放之后的新思潮，不能忽视的则是始终影响着我们的生活方式的绵延几千年的优秀传统文化，这三种思想传统并不能天衣无缝地结合在一起，这些思想之间的政治处境和现实指向也有所不同。但毫无疑问，儒学应在关于如何推进现代中国的国家认同和中国特色的治理秩序的探索中发挥更大的作用。

### 第二，儒家思想与民族精神的培育

儒家可以在培育当代中国的民族精神和国家意识中发挥更大的作用，这一点是毋庸置疑的。不同的时代需要不同的价值观念，今天的中国人不可能完全照搬两千多年前的孔子、孟子所确定的道德规则，而是要根据中国当下的国家建设目标和社会发展的需要对儒家传统进行继

---

① 牟宗三:《略论道统、学统、政统》，载牟宗三著:《生命的学问》，台北三民书局，2009年，第72—73页。

承和转化。

近代以来，中华民族精神的建构就是在中西比较的语境下产生的，但这并不意味着我们要以否定西方的价值为前提来肯定儒家的现代意义，而是要探究在西学的参照下儒家思想的独特价值、儒家价值是否可以矫正西方价值的偏失、儒家可否参与人类共同价值的建构。

比如，对于全球公民伦理的倡导，就是面对全球化深入而产生的不同文明之间的互相理解、和平共存的要求而提出的。1995 年，勃兰特牵头提出建构全球性的公民伦理，以应对不同国家和文化间的冲突。其问题意识是将国家间冲突的根源设定为"文化"或宗教。"孔汉思博士发起的世界伦理运动的最初动因，也是基于这样一种信念：'没有宗教间的和平，就没有民族间的和平。'以后演变为'没有一种全球性伦理，便不可能有美好的全球性秩序'"。[①] 的确，将人类的冲突归咎于文明的冲突可能会忽视民族国家体系"国家利益至上"的致命问题，但提倡文明的交流，对于减少误解，避免价值冲突上升为军事冲突则是十分必要的。也就是在全球伦理的运动中，儒家之"己所不欲勿施于人"被视为是"道德金律"，也反映出儒家对建构人类共同价值的贡献。

港台新儒家则侧重于探索儒家价值与现代民主政治之间的关系，徐复观、牟宗三等都肯定儒家思想中包含有自由、平等的精神，只是没有在政治现实中制度化。因此，他们试图推进以儒学为文化背景的民主政治，并认为这种结合个人道德自律的权利政治可能会更加合理。对此，唐君毅有极为周密的论述。他说：个人的权利意识，是与他人的个人权利互相限制而建构起来，并以法治和民治加以确立。因为建立

① 陈来：《谁之正义，何种伦理？——儒家伦理与全球伦理》，载陈来著：《孔夫子与现代世界》，北京大学出版社，2011 年，第 14 页。

在个人权利基础上，其制度也可能被利用而产生政治上的危机，因此，要“超越其权利欲，而自觉其理性自我，以进一步的培养、开拓其道德意志，自觉的完成其道德人格。同时人人皆可将今日之法治民治之精神，兼向德治人治礼治之精神推进。”①也就是说，既需要客观化之法治与民治之制度存在，也要培育公民的道德意志，以促成良善政治秩序的建立。

儒家对民主和法制建设所可能具有的意义，目前还难以形成共识，但儒家有助于人格修养与社会道德素质的提升，则容易获得赞许。

这首先是因为儒家伦理特别强调一种情境性的自我体认，而不是对道德规则的毫无情感投入的“遵从”，这样，使得人的道德活动出于自愿，并在道德实践中实现自我。

其次，儒家伦理可以“对冲”极端的个人主义倾向。与西方伦理学注重个人本位的立场不同，梁漱溟认为儒家伦理既非个人本位，也不是整体本位，而是“关系本位”，也就是在与“他者”②的关系视野中去确定行动原则，由此，便会发展出“以他人为重”的道德意识。由此，当个人与他人、社群、国家乃至天下万物发生关系时，就不会以自我为中心，会强调个人对于“他者”的责任。关系的层次决定了道德责任的多样化。道德责任的多层次化并不是要消解个体的独特地位，反而是在处理多样化的关系时，个人的道德自觉也得以确立。

在现代社会，对个人的基本权利的确认和保护已经成为基本准则，

① 唐君毅：《文化意识与道德理性》，中国社会科学出版社，2005年，第164页。

② 赵汀阳说：“列维纳斯以他人为尊的观点基于关于他人的一般信仰，而不依赖他人的具体所作所为，因此理论上说仍然是单边观点，尽管是至善的单边观点。孔子关于人的观点基于人的互动关系，无须依赖任何信念，因此在理论上更为可靠。”赵汀阳：《第一哲学的支点》，生活·读书·新知三联书店，2017年，第174页。

这也是儒家道德观念现代转化的方向之一。不过，儒家是要以“关系性”的存在去认知社会的结构原理，并从责任和义务中去“调和”个体与社会、权利与义务的关系。儒家伦理以家庭作为基础，有其合理性。“家庭与个人利益最为密切一致，而又是超越个人利益的最小社会单位。一般情况是，如果破坏家庭利益，就同时有损自己的利益，家的利益与个人利益具有天然的一致性，因此，家庭就成为创造共同利益的最优模本。”① 近代以来，激进思潮以瓦解“家”的价值作为攻击儒家伦理的入手点，固然是切中肯綮之举，但亦由此瓦解了社会道德的基础，从而导致中国社会道德的进退失据。

现代新儒家的许多代表人物，都接受民主和法治的社会准则的现代价值，但从先秦时期的儒法争论开始，儒家始终强调，若仅有良好的制度，没有主动服膺这些制度的人，要么会让制度难以有效地运转，要么促使人利用制度的“破绽”。“世界是不停变化的，儒家的许多伦理观念和做法显然已经不合时宜，但是它的一些立身处事之道，譬如对道德原则的主动服膺，强调义大于利，以修身立品、学习做人为人生第一要务，反求诸己、关怀社会，在不违背道德原则的前提下维持和谐的人际关系等，在充满功利思想的现代社会，反而是荒漠里的一股清泉。”②

儒家重视和谐，主张在矛盾中的共生共存之道，在处理人与自然、国家与国家之间的关系时，也主张有节制的“度”的衡量。汉代以后所提倡的“天人合一”，固然有其制约君权的政治诉求，但由此演化，就发展出注重人与自然的和谐合一，注重人道（人类社会法则）和天道（宇宙普遍规律）的一致的价值理想。这首先体现为对人的自然特性的

---

① 赵汀阳：《第一哲学的支点》，第 177 页。

② 张德胜：《儒家伦理与社会秩序：社会学的诠释》，上海人民出版社，2008 年，第 182 页。

肯定，儒家并不完全否定人的自然欲望的合理性，只是反对没有节制的“陷溺”，并认为所有的道德规范要符合“人情”，主张“缘情制礼”。其次是强调人与自然的统一，在与自然相协调的同时协助并促进宇宙的和谐与发展。反对无限制地从自然索取，反对破坏环境与生态平衡来谋求发展。这些理念不仅符合中国当代社会发展的要求，也对人类的未来发展具有启发意义。

**第三，建构有中国特色的社会治理秩序是儒家参与社会发展的现实使命**

儒家与传统中国制度之间的关系呈现出制度的儒家化和儒家的制度化的双向互动的过程。据此，虽然不能说传统中国的社会秩序是儒家价值的现实化，但是儒家的价值与制度构建和运行之间存在着复杂的关系。

不过，近代以来的政治和军事失败，导致中国人普遍怀疑传统制度的有效性，因此，呈现出由器物到制度直至价值的不断彻底的自我否定状态。这种否定所带来的是对外国制度的盲目迷信和全盘移植，造成了许多社会问题。对此，钱穆先生早就提出了批评。他说：“因于对传统政治的忽视，而加深了对传统文化的误解。……政治制度，必然得自根自生。纵使有些可以从国外移来，也必然先与其本国传统，有一番融和媾通，才能真实发生相当的作用。否则无生命的政治，无配合的制度，决然无法长成。”[①] 在经历了无数的成功和曲折之后，十一届三中全会确立了改革开放的基本国策，在农村改革中，探索出家庭联产承包的政策，这是一种符合当时社会发展的有效方案，也符合国民的心理习惯。

① 钱穆：《中国历代政治得失》序，第1页。

“家庭联产承包制”对人民公社这样完全否定家庭作用的制度的反拨，激发了中国人的生产积极性，并极大地推动了社会生产力的发展。

这样的改革，是马克思主义与中国实际的结合的一种探索。在中国特色的社会主义理论的指导下，中国的制度建设已经形成了独特的理念和形态。比如，有中国特色的多党合作制度、联合各阶层代表人士的政协组织和作为立法机构的全国人民代表大会，并以人民民主的方式创造出一种民主集中制度。这都是中国在摆脱帝制之后制度创新的重要部分，这些制度融汇了中西不同制度的理念但又有新的创造。对此，最具有儒家思想背景的理论推进可能要数“贤能政治”的提出。

这个引发普遍争议的观念的最有力的推动者是贝淡宁，他将基层民主、中间实验、高层尚贤作为中国现代政治模式探索的一种“既现实又理想”的类型，并希望将政治尚贤制和民主制结合起来。[①] 政治模式之间的比较优势的确定是一个比较困难的问题，当我们讨论制度移植在近代中国所造成的制度失灵的问题时，事实上也就意味着我们根据中国实际所摸索的制度模式也难以“输出”。

近二十年来，儒家参与了许多社会治理的议题的讨论，比如，关于丧葬改革和传统习俗的议题，关于法律中是否应该保留容隐制度的“亲亲互隐”问题等。到新世纪之后，人们对制度的产生和演变的理论反思有了深化，文化自觉和制度自信相辅而成，一个共同的认知是，任何制度不能超越文化传统而直接移植，20 世纪的中国的制度移植实践中有许多教训，出现了“橘生淮北则为枳”甚至制度失灵的困境。因此，探索中国式的制度体系成为儒学第三期发展的重要议题，其与牟宗三先

---

① [加] 贝淡宁:《贤能政治：为什么尚贤制比选举民主制更适合中国》，中信出版社，2016 年，第 164 页。

生“内圣开出新外王”的制度理论的差别在于，21 世纪的讨论并没有预设有一种“标准”的制度形态。包括我们习以为常的建立在个人权利基础上的民主制度，也被更多地加以讨论，比如白彤东等学者对于票选民主和贤能政治的讨论，[①] 亦在中西对话中将问题引向深入。

探索中国制度模式的意义，意味着儒家价值在制度创新的过程中依然可以发挥作用，儒家总是从历史和文化基因上来定义中国特色的重要因素。中国的政治法律体系中不存在非此即彼的关系，我们可以从传统的政治体制中找到灵感，来发展出新的制度原理，比如天下主义的世界体系原理。

此外，还要考虑在地方社会组织中，如何看待乡村社会与垂直管理的行政制度的互相支持关系。20 世纪以梁漱溟为代表的新儒家一直质疑在完全破坏传统社会结构的基础上所建立的治理秩序能否持续的问题。一个十分现实的入手处是在国家性保障体系的暂时缺失和家庭保障的补偿发挥作用之时，依然需要儒家的家族亲情来使这样的社会转型得到合理的过渡。

随着老龄化时代的到来，如何建立中国式的养老制度也有很多的探索。在家庭越来越原子化的情况下，未来不可避免要走社会化养老的道路。但从现实的经济发展水平来衡量，在很长一段时期内，家庭养老仍是中国最为普遍的养老方式。从制度的理想来看，它可能不是最

---

① 比如白彤东对平等的权力和参政能力的讨论，是对儒家起点平等和结果平等问题的一个解释。他说：“先秦儒家都强调精英对民众限制的重要。这里隐含的是，尽管民众在潜能上平等（孟子、荀子）或近乎平等（孔子），尽管政府要帮助人民发挥潜能并为他们参政创造种种条件，但是人民之多数还是无法达到全面参政的能力。基于这一隐含的假设，虽然一个持孟子思想的人可能接受某种程序，但在选择统治精英和保障政府负责任上，将其当作实际条件下相对最好的方法，但他恐怕不会接受民众对政治事务的直接决定，特别是一人一票的普选制。”见白彤东：《旧邦新命：古今中西参照下的古典儒家政治学说》，北京大学出版社，2009 年，第 47—48 页。我个人认为白氏的讨论是对徐复观那一代新儒家对民主问题讨论的进一步深化。

好的，但它是最现实的。如果要强调家庭养老，在观念上就应该从国家层面来提倡儒家的“孝道”。从制度建构的角度，政府可以考虑出台对孩子与父母共同居住进行鼓励和补偿机制。在这些方面，儒家有许多用武之地。

**第四，儒家学者要积极地参与世界秩序建构的理论思考**

作为一种模仿性的建构，中国在建立民族国家的过程中，被激发出一种复杂的民族主义。对现代化进程的落后者而言，民族主义是一把双刃剑，既可以凝聚人心，提高国民的竞争性；也可以成为拒斥外来文化的理由。

晚清的改良派和革命派都利用民族主义来为自己的政治立场张目，但当康有为等代表的守成主义者以及后起的新儒家希望通过建立中华文明的认同来完成建国的任务时，或在章太炎以中国独特的历史为民族主义合理性做论证之时，民族主义在希望通过全盘的反传统和移植西方的政治法律体系来完成民族国家的建立的人士眼中，就是一种拒绝世界化的理由。这样的两极化思想在中国近代以来不同的政治实践活动中以交叉混杂的方式不断重组，构成了中国思想的真正“危机”。也就是说，至今我们依然没有真正理顺传统中国的政治思想遗产和现代民族国家的政治思想观念之间的关系。

梁启超为应对极端的民族国家理论，提出了“中华民族”的观念，这个观念被广泛接受，民国成立后，国民政府就以“五族共和”为其民族政策的基调。1949 年之后，费孝通先生以“多元一体”来定义中华民族，[①] 认为中华民族在历史的发展过程中，不断融合，形成了既重视

① 费孝通主编:《中华民族多元一体格局》(修订本)，中央民族大学出版社，1999 年。

民族独立，又有共同的国家意识的“中华民族”。

费孝通将这样的思路进一步扩展至人类不同文明之间的交往，他认为以利益格局为背景的民族国家的现实政治处境使得人类走向利益共享的统一体还是一个理想，要实现这个理想需要一种文化自觉，并将之概括为“各美其美，美人之美，美美与共，天下大同”。[①]20世纪末21世纪初，随着中国加入世界贸易组织，并在一系列国际组织中发挥更大的作用，中国进一步融入了世界经济和政治体系之中，也直接感受到文明互信互鉴的必要性。在这个过程中，中国学者开始全面反思20世纪以来中国人对中国和世界关系的认识，也从全球化的视野来反思现有文明秩序的问题。中国目前是一个现代民族国家，一些人认为重新建构超越民族国家的新的王道理想未免幼稚，更多的人会质疑用“王道”为未来世界秩序命名。这都情有可原。中国人出于对西方殖民强权逻辑的仇恨和受敌对化的意识形态思维模式的影响，生出一种强硬的民族主义情绪和对国家利益的“偏执”。但这样的情绪，是不利于人类基本共识的形成的。

毫无疑问，中国现在的核心任务是进行经济建设，使国民能过上富裕的生活；中国也需要进行政治体制的改革，使国民的公民权利得到充分的尊重。但是，也应该意识到，民族主义的宣传和利用要有一定限度。必须把握国家认同和全球共同体的辩证关系，在世界各国相互依存和人类命运紧密相连的今天，我们每一个人除了国家公民的身份之外，又有了一个新的身份，即全球公民的身份。由此，我们不但要顾及个人的利益、国家的利益，还必须顾及全球的利益。

中国一直提倡和平发展，这也意味着中国愿意承担更多的国际责

① 费孝通：《从实求知录》，北京大学出版社，1998年，第435页。

任，要在中国的发展和全球共同利益之间寻求一种新的平衡。这就意味着，我们的观念已经由民族主义和国家主义转向国家主义与世界主义的结合。因此，重提儒家的普遍主义倾向的王道理想，是建设新的中国政治哲学的一个重要课题。

跟历史上所谓重归一样，每一次回溯民族精神源头都不是要回到遥远的古代，我们现在回望儒家王道理想，是要通过对于王道与霸道的争议的回顾，使道德和正义重新成为判定社会秩序优劣的基准。同时，对于王道的回望，更不是对历史悠久的中国中心论的反刍，而是对于任何霸权的批驳，并褒扬儒家某些有价值的精神。因此，王道观念在经历了霸权主义和国家政治的洗礼之后，应融入重建国际新秩序的思考中，这是人类生存和发展的需要，也是人类不断改进自己的内在要求。

# 第二章 儒学史重构与儒家现代使命的确证

历史书写要遵循客观性的准则，这已是现代历史学科的自我要求。秉笔直书亦为古代记事之前提。然“客观性”要面对许多的挑战。姑且不论人们事实上无法穷尽历史事件的相关背景，就是在现实中亦很难出现能够超越偏见和情感的撰作者，任何历史的书写都很难摆脱其写作者的时代限制和价值观影响。这些条件决定了我们现在所见到的各种版本的历史不可能是过去发生过的事件的镜像式的反映。

不仅如此，我们还可以进一步追问：还原一个“真实”的对象，是否是古代史官或现代的历史研究者的唯一目标？许多情况下，依据历史事实所进行的还原工作，除了证明或否定某事是否发生，还“别有所图”，比如试图为当下和未来提供一些经验教训，这也是我们通常所说的“以史为鉴”。

对于历史记载的“多样化”意义，在现代历史学科传入之前，儒家思想家处之坦然，他们对“事实”与“解释”之间的紧张有深刻的体认。在儒家学派对于《春秋》的解释中，就存在着注重客观史实的《左传》系统和借助历史事件叙事体例来表达褒贬、凝聚政治原则的

“公羊学”系统。这就意味着，历史固然要以记述以往发生的事件为职志，然而，此记述并非一种单纯的“记录”，“记述”本身也可以作为一种载体来表达撰作者的意义世界。

儒家对历史的认识，充分体现了该学派借助“历史事件”来推行文教的意图。如果我们进一步将视角聚焦于儒家对于自身历史的书写，可以进一步发现：儒家对于明显具有政治立场和价值立场的儒家思想及其学派的历史价值的认知和判断，更难以摆脱叙述者自身“视野”的影响。纵观儒家学派的发展史，甚至可以做出这样的判断：任何一次对于自身历史的梳理，都是儒家的一次价值清理和谱系建构。

1911年后，随着制度化儒家的解体，儒学不再是现实秩序合法性和正当性的依据。尤其在现代学科体系传入并建立之后，儒学经历了去魅的过程，进而被要求呈现出客观化与知识化的面貌。但这样的要求其实难以落实，各种显在的和隐含的意识形态因素仍然不断地渗透到学术领域。此外，科学主义、现代性叙事等其他类型的“亚意识形态”也对理解儒学产生了不同程度的影响。例如，儒家的思想方式被一部分人视为中国科技落后的原因；作为一种源于农业社会的思想观念，儒家伦理被认为难以适应现代化的社会组织方式，等等。接受单一现代性叙事的新文化运动，对儒学的历史面貌进行了再塑造，由此引申出的历史叙述，从整体上将儒学描述为新的社会秩序和价值观念的对立面。

1840年后所出现的对于儒学命运的各种解读，有其现实的原因，对于儒学价值的批评亦不全是无的放矢，建立在历史唯物论或诸如新实在论等模式下的儒学史梳理，都给我们提供了不同于儒家自我陈述的新面向，这对我们思考儒学的现代命运及其与中国发展的关联极为有益。不过，我更关心的是新儒家内部对儒家历史的书写，他们对儒学史的叙述策略的设定，及其背后所隐藏的叙述者意图与诉求，既有方法论的意义，也有儒学重新塑造自我的努力。也就是说，进行各类儒学史撰写的比较分析，不是要重构一种儒学史或提供一种儒学史写作的规范性原则，而是试图通过“儒学”这样一个学科和价值紧张性比较明显的典型例子，来阐发历史叙述和学科研究范式如何在西学东渐的大背景下发生和演变。这种观察与分析，无疑有助于我们理解儒学史写作的前景及其与中国文化未来命运的诸多勾连。

## 第一节
## 现代儒学应如何表达信念

内在价值的体认和学科化的研究之间，存在着巨大的紧张，因此遽然以非此即彼的方式来判别高下，并不能深入问题深处。儒家在失去了制度性的依托之后，并没有远离政治，而是不断被裹挟到不同的政治运动中，甚至成为现代意识形态的有机组成部分。但是对于更多的学者而言，思考的重点已经转变为：制度化儒家解体之后的儒学在现代中国处境。不同立场的学者，对此有不同的答案，而相关思考，构成了从新文化运动开始，直到今天诸多儒学史研究者各不相同的历史叙述的背景。

制度化儒家的解体意味着儒学不再是正统价值的依凭，儒家文献也不再是以官方化的“经学”的方式来传播。在现行学科的建制中，经学体系被分解到不同的学科中，比如《尚书》《春秋》入史学科，《诗经》入文学科，《周易》《礼记》入哲学科。在这样的学科体系中，原本作为儒学载体的经典系统转而成为科学研究的对象，而客观化和中立化的研究方法则成为基本要求。[①] 在这样的背景下，康有为的《新学伪经考》等作品适成为近代以顾颉刚等为代表的“疑古派”的思想助力，而章太炎对“六经皆史”的阐发，则有将经学史学化和子学化的肇端。这样的转变有很强的古今之变的色彩，是现代性对于古典的价值体系的解构过程，当儒学被纳入现代学科体系，不证自明的天理便被科学化的论证方式所排斥。

学科化固然是大势所趋，然而，在救亡保国的压力下，如何建构起民族认同以唤醒国民抗争的意识、如何在西学东渐的大潮面前，保存中国学术之固有特性，势必成为近代文化守成主义的内在精神需要。在此趋势下，国粹派、学衡派、新儒家都试图寻找一种新的思路，来为价值理性留下空间。比如，学衡派从西方的文化浪漫主义思潮中吸取灵感来反思科学主义的片面性和绝对化；梁漱溟则从柏格森等人的思想中获得启发，强调意志和情感的独特价值，他提出的文化发展不同路向的说法，就是要为中国自身文化寻找现代转化的可能性。

自觉的学科化趋势是以胡适为代表的在西方受过现代学术训练的学者回到中国的大学之后的事。而后冯友兰、贺麟、金岳霖等受过系统西方学术训练的学者不断进入教育领域。他们并不满足于胡适在《中国哲学史大纲》（上）中所表现出的“超然物外”的态度。冯友兰的《中国哲学史》写作就是带有明显的民族情怀。他在“贞元六书”中所

---

① 1901年，蔡元培就曾主张：“是故《书》为历史学，《春秋》为政治学，《礼》为伦理学，《乐》为美术学，《诗》亦美术学。而兴观群怨，事父事君，以至多识鸟兽草木之名，则赅心理、伦理及理学，皆道学专科也。《易》如今之纯正哲学，则通科也。”（蔡元培《学堂教科论》，《蔡元培全集》第一卷，浙江教育出版社，1998年，第337—338页）基于这种考虑，蔡氏在执掌北京大学之后明确表示取消“经科”势在必行，他说：“我以为十四经中，如《易》《论语》《孟子》等，已入哲学系；《诗》《尔雅》，已入文学系；《尚书》、三礼、《大戴记》、春秋三传已入史学系；无再设经科的必要，废止之。”（蔡元培：《我在教育界的经验》，《蔡元培全集》第八卷，第509页）

探索理解儒学新思路的努力，也意味着学科化的写作与价值维护共存的可能性。冯友兰自觉以哲学的方式来总结中国哲学发展历史的旨趣，逐渐形成他的方法论的思索。他最为形象的说法是对“照着讲”和“接着讲”的辨析。在《新理学》的绪言中，冯友兰说：

> 照我们的看法，宋明以后底道学，有理学心学二派。我们现在所讲之系统，大体上是承接宋明道学中之理学一派。我们说“大体上”，因为在许多点，我们亦有与宋明以来底理学，大不相同之处。我们说“承接”，因为我们是“接着”宋明以来底理学讲底，而不是“照着”宋明以来底理学讲底。因此我们自号我们的系统为新理学。①

在冯友兰看来，儒学产生新形态是因为理学的“旧瓶”已经容纳不下新的内容，所以要引入哲学的方法，并以此来寻求儒学价值新的栖身之所。

在学科化的大势下，发挥儒学对民族凝聚力的意义的书写方式并没有消失，特别是在抗日战争的大环境中，民族主义成为唤起民众凝聚力以共同抗日的催化剂，儒家思想则是文化民族主义最好的载体。在这方面，贺麟的表述最为简捷，他将五四新文化运动看作儒学获得新生的转机，并批评了文化虚无主义和民族虚无主义。他说：

> 民族复兴本质上应该是民族文化的复兴，儒家文化的复兴。假如儒家思想没有新的前途，新的开展，则中华民族，

① 冯友兰：《新理学》，北京大学出版社，2014年，第7页。

与夫民族文化也就会没有新的前途，新的开展。换言之，儒家思想的命运，与民族的前途命运，盛衰消长，是同一而不可分的。[①]

贺麟试图化解由新文化运动对儒学的冲击而带来的古今之间的紧张，他认为儒家思想如果不能对现代社会所提出的民主政治等问题提出对应性的方案，则难以获得新的开展。

从某种意义上说，冯友兰和贺麟在论说儒家思想价值的时候，其身份既是现代学术研究者，也是儒家文化价值的自觉承担者。他们不仅立场与胡适等人不同，他们之间也存在着差异。冯友兰和贺麟都试图将民族复兴和儒学的复兴结合起来，在这样的共同目标下，梳理儒学的发展史就成为一种理论的必然要求。他们都认定需要对儒家精神进行重新定位，但对于儒家精神本质的认识，贺麟和冯友兰显示了不同的方法论旨趣，冯友兰更注重程朱理学的精神延续，而贺麟则侧重于阳明心学的脉络。

受维科和黑格尔式的西方历史观的影响，当时许多学者开始尝试从历史与思想的关系中来探索儒学发展的历史，最早以历史分期的发展来谈论儒学的历史及其当代使命的是沈有鼎教授，他在一篇名为《中国哲学今后的开展》的文章中，以“哲学的非历史性与历史性”作为讨论连续性和阶段性的方法论基础，认为思想的发展存在着一种“节律”，并认为中国古代的思想可以分为两个阶段，即从起源到秦汉时期作为第一期，自魏晋到明清是为第二期。第一期的文化，是“以儒家的穷理尽性的文化为主脉的。他是充满着慎思明辨的逻辑精神的。这一期的思

① 贺麟：《儒家思想的新开展》，高全喜编：《贺麟集》，中国人民大学出版社，2014 年，第 42—43 页。

想是刚劲的、创造的、健康的，理想的、积极的、政治的、道德的、入世的”。这一时期思想的代表人物是孔子。沈有鼎认为，第二期的文化在政治、道德、礼俗上虽然挂着儒家的牌子，但在实际的精神层面已经不再具有第一期儒家“刚健”的创造精神，实际上属于一种道家玄思的精神。

沈有鼎认为，虽然中国经历了挫折，但是文化的第三期发展已经初见端倪，这一复兴是对于第一期儒家精神的回归，同时又必然是结合了道家的艺术趣味和新的社会组织方式，甚至融汇了民主和自由的精神。①

从整体倾向看，这种三段式的划分带有黑格尔式辩证法的正反合的倾向，将宋明时期的儒学看作是失去了原始儒家刚健精神的“反”的阶段，而民主、自由和逻辑则成为描述新时期儒学的重要内容。进而，儒学的复兴成为众多学者对于文化第三期发展的呼唤。沈有鼎后来以逻辑研究闻名于世，他对于儒学三期的概括，是一种基于对儒学发展和现代需要所做出的“理性化”思考，是基于对中国文化的整体考虑，是希望创造融汇儒家和其他学派的思想新形态。

在信仰和知识分途的时代，对于儒学史的撰写会受到学科建构（冯友兰）、价值认同（贺麟）、西方历史观（沈有鼎）等不同因素的影响，各种不同的历史叙述模式在方法论层面均有其价值，考虑到儒家自身很强的实践性倾向，相关问题更具有探讨空间。

在现代历史观念的影响下，有三种儒学史的叙述模式值得关注。有两种是带有明显的信仰色彩的儒学三期说，另一种是比较具有客观性

---

① 沈有鼎：《中国哲学今后的开展》，郭齐勇主编：《中国哲学史经典精读》，高等教育出版社，2014年，第246、249—250页。

立场的儒学四期说，对这种历史叙事的区分使我们能够更清晰地看到，历史观、信仰等多重因素的复合如何影响他们对儒家使命的不同认识。

## 第二节 内在性[①]立场下的儒学史视角

经过新文化运动的激烈批判之后，儒学要在现代思想领域获得发展空间，需要很强的“辩护”精神，尤其需要从现代化的角度去说明儒学存在的价值。在这样的氛围中，以儒学为中华文化主体和个体生命依托的现代新儒家，采用一种“内在性”的反思立场，其谱系从康有为等晚清士人开始，经梁漱溟、熊十力，一直绵延到当下。他们所致力的领域各有不同，比如，梁漱溟致力于解决乡村建设问题，而牟宗三、徐复观等人则集中于探讨儒学如何与民主、科学等价值进行比较和融合。如此，后者对儒学核心精神的叙述，必然会呈现出一种不同于传统的面貌。

在牟宗三看来，儒学因其具备的“常道”，而不存在新旧之分，不同时期的儒家学者由于所面对的问题不同，而各有发明、显示新义。但他尤其强调心性之学乃是儒学之真正的精神方向，并关注对儒家思想本质的发掘。牟宗三说：

> 自孔子没，“儒分为八”，见仁见智，各有所得。此一庞大集团究谁能代表儒家之真？……究谁是儒家之本质？孟子

① “内在性”在哲学史上一般用以表达从自身立场来看待问题的角度，此处主要指从认同儒家价值的立场来看待儒学的生命和发展空间，以有别于以科学性为旨归的学科化方法。

> 固赫然之大家，然荀子又非之。在先秦，大家齐头并列，吾人只知其皆宗孔氏，并无一确定传法之统系。吾人如不能单以孔子个人为儒家，亦不能孤悬孔子于隔绝之境，复亦不便如西方哲学史然只以分别地论各个人之思想为已足，则孔子之生命与智慧必有其前后相呼应，足以决定一基本之方向，以代表儒家之本质。此点可得而确定否？如能确定，则于了解儒家之本质，孔子生命智慧之基本方向，必大有助益。如不能确定，则必只是一团混杂，难有清晰之眉目。①

牟宗三认为，对儒学史的概括与撰述，尤其需要对谁能代表儒家精神做出判断，而相关判断的形成，是以他所了解的儒学之本质和精神方向为衡准。要具备这样的认知力，需要有双重的视角：一是对儒学本身发展历史的了解，二是对现实的社会和文化发展需要的理解。据此，在20世纪50年代之后，牟宗三认为儒学要应对的问题主要有两个：一是如何落实西方的民主和科学的价值；二是对文化虚无主义主张的反传统、反儒学的政治运动进行批评。

这种对时代的整体思考和对文化存续的忧虑充分体现于1958年由唐君毅、牟宗三、徐复观和张君劢联合发表的《为中国文化敬告世界人士宣言》中。此《宣言》指出，儒学依然是一个具有生命力的思想体系，与现代的科学和民主并不矛盾，不仅如此，对后者的肯定还是中国文化道德精神自身发展的内在要求，内圣必然开出新外王。他们将之视为“返本开新”的事业。

---

① 牟宗三：《所谓“新儒学”：新之所以为新之意义》，见氏著：《心体与性体》，上海古籍出版社，2009年，第10页。

该《宣言》对五四反传统思想有所妥协，将儒学与民主和科学的兼容作为儒家现代意义的证据。为了强调儒家的现代价值，《宣言》指出“同情”和“敬意”的方法在确立中华文化主体性过程中的意义，就是说新儒家认识到学科化方法或科学主义方法不一定适合处理价值和信仰问题。这一立场表达了他们对于文化自觉和文化自信的关切，因此，牟宗三等人坚定地相信儒学会有第三期发展。

早在1948年，牟宗三在《重振鹅湖书院缘起》一文中就提出，孔子、孟子、荀子和董仲舒为儒学第一期，二程、朱熹、陆九渊和王阳明为儒学第二期，现在已经进入第三期，即“经过第二期之反显，将有类于第一期之形态”[①]。此时牟宗三对于儒学三期发展的设想，还类似于沈有鼎的分期。但是到了20世纪50年代，牟宗三的思路中出现了新的内容。

在《政道与治道》一书中，牟宗三给出了他的儒学三期划分。他认为儒家学术的第一阶段，仍是由先秦儒家开始，发展到东汉末年。[②]儒学的第二阶段主要是宋明理学的形成和发展。在牟宗三看来，魏晋南北朝直至隋唐，是一个儒学长期“歧出”的阶段，而理学的兴起才使其回归道德意识的主流。针对人们对宋明理学家过于注重内圣而忽视外王的批评，牟宗三也给予了理解，他认为在专制皇权的统治下，儒家只能下功夫向内求。

与沈有鼎的看法接近，牟宗三亦认为第一期儒学是刚健活泼的，而第二期则显得消极。但在清朝之后，儒学精神丧失，所以要期待第三期的儒学，其内容“一，自纯学术言，名数之学之吸取以充实最高

---

① 方克立主编：《现代新儒家学案》(下)，中国社会科学出版社，1995年，第423页。

② 牟宗三：《从儒家的当前使命说中国文化的现代意义》，见氏著：《政道与治道》，第4页。

之原理；二，自历史文化言，民族国家之自觉的建立以丰富普遍之理性。由道德形式转进至国家形式，由普遍理性之纯主题性发展出客观精神”。[①] 他也将儒学第三期的任务描述为“内圣开出新外王”。

这一“开出”，对于儒学而言是一种新的创造，即除了在学术层面肯定科学的价值，在政治层面更要处理其在今天的政治价值的问题。在牟宗三看来，既然世界格局已经步入民族国家阶段，那么纯粹的道德形式便难以解决现实需要，而一定要有政治上的发展：“而第三期之发扬……有二义。一，以往之儒学，乃纯以道德形式而表现，今则复需其转进至以国家形式而表现。二，以往之道德形式与天下观念相应和，今则复需一形式以与国家观念相应和。”[②] 牟宗三对于政治问题的关注，固然源于民主思想的导入，但亦存在一种寻求国家精神的内在要求。这样，儒家的道德意识便不再局限于个人的修养，而获得了与现实政治架构相衔接的可能。由此，其不但是一种人生“必须”，而且可以对治极端自由主义和唯科学主义等现代性弊端。如果没有对人之为人之大本的认识，那么科学的发展便失去方向。而如果个人主义和自由主义没有超越理性的根据来制约，则会沦为自私和贪欲。所以第三期发展中的儒家道德理想主义与民主科学的融合，其作用与价值，必将为世界性，而为人类提示一新方向。

古圣前贤未曾遇到这些新使命，故儒学的第三期发展是一个需要创造的阶段，而这亦是时代的压力所加置于现代儒者的重任。

然而，这仍不是终极性的目标。在牟宗三看来，儒学第三期发展还应有更高一层的使命，即维持中国文化的主体性。这实际上要处理

① 牟宗三：《道德的理想主义》，吉林出版集团，2010 年，第 12—13 页。

② 牟宗三：《道德的理想主义》，第 4 页。

的是文化的内在动力问题。在他看来，制度的移植要做到圆融无碍，就必然要建立在文化传统的基础之上。他甚至认为，如果失去了儒家文化的主体地位，民主和科学在中国亦不能得到真正落实，“我们……必得往后、往深处看这个文化的动源，文化生命的方向。这是从高一层次来看中国文化如何维持其本身之永恒性问题，且是个如何维持其本身之主位性的问题”①。

对此使命，他有一个更为简略的概括是“肯定道德宗教之价值，护住孔孟所开辟之人生宇宙之本源”的“道统”，“容纳希腊传统，开出学术之独立性”的“学统”和“肯定民主政治为必然”的“政统”，最后实现“三统”并建。②此“三统”为儒学第三期发展之总纲领，其他事务均围绕着此中心议题而展开。

将儒家的未来使命概括为道统、学统和政统三统并建的过程，很大程度上呼应了他所坚持的“内圣开出新外王”理想，这个理想可以看作是张之洞“中体西用”文化策略的延续，即以儒学的价值为基础，吸收西政、西艺。不同的是，张之洞坚持的儒家价值即纲常伦理，而在牟宗三这里，儒家价值变成了相对抽象的道德价值和宇宙精神。

这样，牟宗三认为儒学不仅与民主科学这些现代价值不矛盾，还可以为之提供价值支撑。因此，在牟宗三的儒学史叙述中，更侧重哲学和宗教面向的整理和阐发，而以经学为基础的制度构想则不如钱穆来得重视。他力图建立起道德和制度之间的内在关系，却坚信民主政治必然是儒家政治的现代选择，良知则必须“坎陷”而落实于民主政治的实践之上。其实这是一种典型的以古今之变替代中西之异的思路，即将西方的政治制度作为人类制度的唯一发展方向。如此，儒家价值便只

① 牟宗三：《从儒家的当前使命说中国文化的现代意义》，见氏著：《政道与治道》，第22页。

② 牟宗三：《道德的理想主义》序，第3页。

是作为民主政治的“附属品”。而以钱穆为代表的一些学者则肯定儒家在制度设计上的合理性，并认为中国未来的制度建制要吸收传统因素。钱穆的主张与梁漱溟虽然有方向上的不同，但他们都可以视为是多元现代性的先声。随着亚洲经济奇迹的出现，儒家介入现代制度的可能性被越来越多的学者肯定。

在牟宗三之后，对儒学三期说做出巨大推进的学者是杜维明。杜维明自步入学术领域起，即以对儒家精神进行新诠释为使命。而自20世纪80年代之后，他的关注点逐渐集中于阐发儒家传统的内在体验和显扬儒学的现代生命力。在中国大陆的进修和讲学，以及对新加坡经济成长经验的探究，使杜维明对儒学的现代转型有更多的理论的提炼和实践的探索，在大陆的生活经历也让他对儒学与马克思主义之间的关系深感兴趣。

20世纪90年代以后，他沿着牟宗三的儒学三期说的思路，从“文明对话”和“文化中国”等论题中思考儒学的发展可能。通过对于启蒙思潮的反思，进一步认定儒学对于当下世界文明的积极意义。在多元文化的背景、全球化与本土化交互影响的氛围里，为儒学第三期的展开拓展理论和实践空间，是杜维明为儒学“不懈奔走”的精神动力。

如果说牟宗三儒学三期说所依据的是时间性维度，那么，杜维明的儒学第三期发展则是着眼于空间扩展的视角。对亚洲经济奇迹背后独特文化因素的关注，也使他将注意力转到对儒学在东亚国家的现代化过程中的作用的分析。

与牟宗三等人试图融合儒学与西方现代性的努力有所不同，杜维明关注多元现代性的可能。后现代思潮的兴起启发他找到了儒学与现代性之间的一种奇异的联系，即儒学这种向来被视为“前现代”的思想可以作为现代性批判的资源。杜维明反思西方启蒙思潮的得失，认为儒家注重社群和整体的视野，可以矫正极端个人主义的弊端和由工具理性带来的对价值理性的宰制。东亚的工业化带来一种新型的现代化模式，为处理儒学与现代性的关系问题提供了经验性的依据。

在这样的思考框架下，杜维明为儒学提出的根本任务就不再建基于儒家的文化主体性的政治制度问题，而是不同文明之间的对话。在这样的背景下，儒家的发展取决于如何回应下述问题：（1）儒家继续发展的社会基础在哪里，民间社会的儒学运动和地域化的儒学是否可以成为其新的生长点？（2）能否出现一个儒学知识分子群体？“这种知识分子不一定要属于中国。任何一个知识分子，不管是东方的还是西方的，只要是知识分子，就会碰到儒家的问题。这种知识分子的终极关怀，可以来自基督教，可以来自佛教，可以来自伊斯兰教，可以来自各种其他的精神文明，但它的问题是儒家的。”[①] 杜维明认为儒家不可能成为与世界主要宗教相提并论的一种宗教，但其精神资源可以成为对那些宗教进行理解和反思的某种基础，因此可以有儒家式的佛教、基督教、犹太教，等等。（3）以儒学为基础的沟通和反思，能否形成一种新的东亚人文主义精神，能否形成一种对于现代性的弊端加以反思并产生矫治意义的新思想形态？

有鉴于此，杜维明对于儒学发展的历史认识，不再聚焦于心性之学的发展，而是着重于中国文化如何世界化。这意味着，儒学第三期发展的核心问题已经不是中国本土文化中儒家传统自身如何进行现代转化与更新的问题，而是如何使儒学进入汉文化圈以外的全球世界，与以西方文明为代表的各种文明进行对话与沟通的问题。

从空间拓展的角度，杜维明指出，儒家文化从春秋战国时期的鲁

---

① 杜维明：《现代精神与儒家传统》，第 495 页。

国扩散到中国，再向东亚、世界继续发展。“所谓三期儒学，一般的理解是，从大的趋势来讲，从先秦源流到儒学发展成为中国思想的主流之一，这是第一期；儒学在宋代复兴以后逐渐成为东亚文明的体现，这是第二期（这一期一直延续到19世纪末叶）；所谓第三期，就是从甲午战争、五四运动以后。”①

杜维明认为，如果单纯从学术史的角度，甚至可以把儒学分为八期、十期，甚至更多。他之所以依然沿用三期说，是因为在他看来，儒学发展到宋代，不仅表现为理论形态上的转变，更关键是儒学由中国文化的主流思想转变成东亚文明的典型体现。

从空间的视角出发，杜维明更倾向于从全球化的角度来看儒学在当下发展的可能性。据此，儒学的未来在于能否回应现代性带来的一些普遍性问题。②杜维明继续概括道，西方文化的挑战所带来的问题主要有（1）儒家的道德理性、人文思想与西方的科学精神的关系；（2）民主运动的问题；（3）宗教情操的问题；（4）心理学上对人性的理解问题。

不可否认，在全球化时代，儒学必须协调与西方文化，以及与伊斯兰、印度等多元文化之间的关系。儒学在回应这些问题时，需关照中国的文化和社会环境，不能完全脱离中国自身的社会和文化发展，也即儒学更应与中国内在的问题相结合。海外新儒家因其生活和工作的区域主要集中在美国，他们对儒家生命力问题的考虑，必然会集中到信仰冲突、海外华人的文化认同等问题上。但这些问题对于儒学的发展而言，均属衍生性的问题。如果儒学本身不能确立当下中国人精神生活

① 杜维明：《现代精神与儒家传统》，第473页。

② 杜维明：《现代精神与儒家传统》，第486页。

的基准，那么将其作为中国文化标签的行为本身就是值得怀疑的，而进一步生发出的儒学与其他文化共存和对话的问题，就只能是无源之水。

对此，另一位现代新儒学的代表人物刘述先具有清醒的认识。他虽然肯定海外新儒学的国际面向，但也承认这群习惯于从多元视角看待儒家命运的学者，身上不再有文化的负担，甚至放弃了儒家价值的“正当性”与“终极性”。他说：“所谓第三代的新儒家所面对的脉络不同，其思想的走向也就有了很大的差别。他们习惯于西方开放多元的方式，担负远没有上一代那么沉重，以其只需说明，在世界诸多精神传统之中，儒家能够占一席地，便已经足够了。他们不再像第二代新儒家，由于面对存亡继倾的危机，不免护教心切，要突出儒家价值之正当性与终极性……由现代走向后现代，下一代的新儒家似乎有必要对于新的脉络、新的问题做出适当的回应与调整。”① 于是刘述先提出了“理一分殊”的问题，人类有一种普遍的正当性价值，即所谓“理一”；而儒学或其他文明中的思想形态则可能从不同侧面来对其加以呈现，即所谓“分殊”。这样的多元主义是一种相对主义化的虚无主义。多元主义之所以存在，是因为每一元都具有独立的终极意义，否则文明之间的对话既无可能也没有必要。②

杜维明并不认为刘述先的观点能代表所有的新儒家学者，不过这并

① 刘述先：《港、台新儒家与经典诠释》，载刘述先著，东方朔编：《儒家哲学研究：问题、方法与未来开展》，第 277 页。

② 针对刘述先理一分殊的说法，陈来做出了一个比较完备的补充。他从三个层面来解释儒家价值与全球价值之间的关系。“第一是‘气一则理一，气万则理万’，气在这里可解释为文明实体（及地方、地区），理即价值体系。每一特殊的文明实体都有自己的价值体系，诸文明实体的价值都是理，都有其独特性，也都有其普遍性。第二是‘和而不同’，全球不同文明、宗教的关系应当是‘和’，和不是单一性，和是多样性、多元性、差别性的共存，而同是单一性、同质性、一元性，这是目前最理想的全球文化关系。第三是‘理一分殊’，在差异中寻求一致，为了地球人类的共同理想而努力。”陈来：《走向真正的世界文化——全球化时代的多元普遍性》，载陈来：《孔夫子与现代世界》，第 291 页。

不妨碍我们提出这样的质疑：如果一个学者，他宣称自己能代表儒家与别的文明系统展开对话，我们便有理由要求，他要与基督教或伊斯兰教的信徒一样，坚信儒家文明所包含的价值体系具有终极意义。如果不能坚信儒家价值的终极性，那么在价值选择时就难以确立自己的立场。如此，杜维明的“儒家基督徒”“儒家伊斯兰教徒”的提法，其合理性便需要追究。一旦当儒家价值与基督教、伊斯兰教价值产生冲突的时候，这些儒家混合信仰者会选择以儒家为信仰的最终基础，还是会选择其他价值，抑或同时放弃两者？历史上我们可以看到容纳儒家价值的基督徒比如利玛窦，但是终究他们依然是基督徒而非儒家信徒。因此，杜维明的文化融合方案固然看上去很美，恐怕难以真正解决文明冲突的问题。

很显然，牟宗三对儒学第三期发展的可能性的叙述中，对于西方现代政治模式和科学精神有过多的迁就，在文化主体性的“内圣”和现实政治的“外王”之间其实难以建立起一种真正的联系。而杜维明通过儒学影响的扩展而建立起的“三期”方向，则更为模糊，原因在于，儒家的意识固然具有一定的普适性，但问题的源起则必然来自中国及其周边区域，由此“世界眼光”反而会遮蔽“中国问题”。也就是说，当儒家成为多元维度中的一元，其价值的独立性和终极性会被虚无化。最终，儒家在由东亚走向世界的过程中，将消失在“世界”中。

## 第三节
## 从经济社会基础上看儒学的发展方向

牟宗三和杜维明等人对于儒学历史的叙述，在儒学价值的终极性认知等问题上存在巨大差异，他们的学识背景和生活经历在他们“体知”

精神性资源时产生了不可忽视的影响。牟宗三等人经历过抗日战争等民族生死存亡的关键时刻，这引发了他们对于民族文化的深层次的忧患意识。杜维明、刘述先等人，虽深受唐君毅、牟宗三和徐复观等人的影响而萌发了对儒家的信念，并因此成为儒学在西方学术界的代言者，但因和平时期长期的海内外的经历，更多倾向于对多元性价值的强调。虽然如此，由于对儒学的信仰，他们对儒学历史的叙述都具备同样的“内在性”视角。儒学第三期发展说最有影响力的批评者李泽厚，则因出发点的差异，对于儒家内在精神的认识，与牟宗三、杜维明等人存在很大差别，而对儒学史的认识亦呈现别样的形态。

李泽厚的思想受到历史唯物主义的深刻影响，坚信经济发展是政治民主和个人自由的基础。他在一次对话中抱怨说：“我多年来被批评，一谈经济前提或经济决定，学者们便大摇其头，有的甚至认为不值一提，认为只有谈论心性伦理才有价值，才是根本。其实这才真是本末倒置。”[①] 虽然这段话不是要反驳新儒家人士对他的批评，但谈论心性伦理确然是港台新儒家的偏好。

他对于牟宗三等人儒学三期说的批评，主要是针对他们将儒学史“窄化”为“心性伦理史”。李泽厚自述他对三期说的批评有“直接源起”和“间接源起”论。“直接源起”就是要反对新儒家以心性论为道统而进行的对儒学发展历史的概括。他说心性论的儒学史有两大偏误、两大理论困境。两大偏误是：一、孔子本人罕言性与天道；二、抹杀

① 李泽厚、刘再复：《告别革命》（第七版）增订本，香港天地图书有限公司，2011 年，第 335 页。

了荀子和董仲舒。[1] 两大理论困境是：一、内圣开出新外王；二、内在超越。在李泽厚看来，良知何以坎陷而对接民主科学，在理论上并不自洽。而内在超越则因为深受主客对置的理论影响，难以找到道德与超越性本体之间的真正联系。因此，在李泽厚看来，牟宗三等的儒学三期说，其理论思考并没有“超出宋明理学多少”，他说：

> 现代新儒学搞出一套道德形而上学……并没有脱出宋明理学的基本框架，仍然是内圣开外王，心性第一，只是略微吸收了一些外国哲学，但也不多，词语、观念、说法新颖和细致了一些而已，它远不足开出一个真正的新时期。所以我认为，它只是第三期儒学（宋明理学）在当代的隔世回响，它对广大的中国人和中国社会没起也不会起什么作用或影响，与第一、二、三期儒学无法相比。它并不能算什么大发展，也很难开出自己的“时代”。[2]

李泽厚对“间接源起”问题的讨论要更复杂一些。如果说批评“直接源起”只是因为他不满足于牟宗三和杜维明等对儒学历史的描述，那么批评“间接源起”则是因为他认为以心性为道统的儒学难以回答现代化所带来的“新”的社会问题。例如，个人的权利、利益、独立、

---

① 对于汉代儒学发展的重要性，蒙文通的说法值得注意。在他看来，秦汉之际的儒生，综合诸子的思想，切于实用，因此取得独尊地位：“宗儒者综诸子而备其制，益切于用……于是孔氏独尊于百世。”这个目标的达成，在于对经典的解释比之前代有了新的发展。“故经与传记，辅车相依，是入汉而儒者于百家之学，《六艺》之文，弃驳而集其醇，益推致其说于精渺，持义已超绝于诸子，独为汉之新儒学，论且有优于孟、荀，讵先秦百氏所能抗行哉？”蒙文通：《儒学五论题辞》，载《蒙文通全集 · 儒学甄微》，第 27 页。

② 李泽厚：《为儒学的未来把脉——在马来西亚的演讲》，载李泽厚：《杂著集》，生活 · 读书 · 新知三联书店，2008 年，第 292 页。

自主与传统儒学对于人的社会性的本质认定具有根本差异，而后现代思潮所带来的去中心化倾向等，亦是儒学未来发展所必须应对的问题。

站在现代性所带来的巨大挑战面前，李泽厚认为，儒学要发挥作用，不能仅依靠少数知识分子在书斋里的呼吁，而要从社会生活中去寻找活动空间。

李泽厚强调社会文化心理的积淀有其稳定性，他不认可儒学已经不再在中国社会发挥作用的观点。他的理由是，因为中国社会并没有真正进入现代化阶段，所以儒家思想得以依赖这个还未彻底现代化的社会基础而留存，而这也是儒学重获生命的基础。他说：

> “外王”（政治哲学）上自由、民主的美雨欧风，“内圣”（宗教学、美学）上的“后现代”同样的美雨欧风，既都随着现代化如此汹涌而来，传统儒学究竟能有何凭借或依据，来加以会通融合？“三期说”以为儒学传统已经丧亡，只有凭借和张扬孔孟、程朱、陆王、胡（五峰）刘（宗周）的圣贤“道统”才能救活，从而以“道统”的当代真传自命。在“四期说”看来，如果传统真的死光了，今日靠几位知识分子在书斋里高抬圣贤学说，恐怕是无济于事，救不活的。“四期说”以为，正因为传统还活着，还活在尚未完全进入现代化的中国亿万老百姓的心里，发掘、认识这种经千年积淀的深层文化心理，将其明确化、意识化，并提升到理论高度以重释资源，弥补欠缺，也许，这才是吸取、同化上述欧风美雨进行“转化性的创造”的基础。也许，只有这样才能从内外

两方面开出中国自己的现代化？[1]

李泽厚从马克思主义的社会存在的决定性作用出发，强调制度、风俗和经济活动对于儒家思想的影响。他对儒学历史的描述，充分关照了制度和礼俗的作用。李泽厚对此具有充分的理论和方法自觉，他并未将儒学分期视为简单的历史编纂过程，而试图通过此种叙事来重新理解儒家传统，为其发展提供方向。他说：儒学分期并不是一个简单的学术问题，“而是一个如何理解中国文化特别是儒家传统，从而涉及下一步如何发展这个传统的根本问题”[2]。

与牟宗三等人的三期说相比，李泽厚的四期说似乎仅仅突出了汉代儒学的独特作用，其实质则是要解构以心性道统为中心的儒学观，突出儒家思想的丰富性和复杂性，以便将其未来的发展与社会现实相结合，为其发展提供更为丰富的可能性。李泽厚的儒学四期说认为，第一期是先秦时期的原典儒学，代表人物是孔子、孟子和荀子。这个时期儒家的主题是“礼乐论”，不仅提供了儒家文明的基本范畴，如礼、仁、忠、恕、敬、义、诚等，而且也奠定了以仁政为核心的制度精神。第二期儒学，主要是汉代，其主题是“天人论”，基本范畴是阴阳、五行、感应、相类等，但在这个封闭的天人体系中，“个人”被屈从、困促在外在的力量中。第三期儒学即宋明理学，其主题是“心性论”，基本范畴是理、气、心、性、天理人欲、道心人心等。这个时期“人”的道德意识得到了激发，但是外在制约和内在情感之间的矛盾依然使人的自然属性并不能得到完全彰显。在李泽厚的设想中，第四期儒学

① 李泽厚：《论儒学四期》，载李泽厚：《历史本体论 · 己卯五说》，第 144—145 页。

② 李泽厚：《论儒学四期》，《历史本体论 · 己卯五说》，第 131 页。

的主题是“人类学历史本体论”，其基本范畴将是自然的人化、人的自然化、积淀、情感、文化心理结构、两种道德、历史与伦理的二律背反等。在这个阶段，“个人”将第一次成为多元发展、充分实现自己的自由人。

在李泽厚的儒学四期说中，“个人”的屈伸被解释为是否“充分实现自己”的马克思式的命题，并成为划分儒学不同阶段的决定性因素，但其关键并不取决于内在精神的发展，而是和经济社会的发展相关联。

鉴于李泽厚对于马克思主义[①]、存在主义、心理分析，以及社会经济形态的决定性作用的重视，他一反自张之洞以来的中体西用的路径，提出“西体中用”。在李泽厚看来，随着社会生产方式的普遍西方化，儒学的核心价值在文化心理结构中的支柱性地位将逐渐被替代，而儒学所关注的社会性层面的思考则必将受到理性自由主义的“范导”。如此框架下的第四期儒学，完全步入一个儒学失去主导地位的阶段。

> “儒学四期说”将以工具本体（科技－社会发展的“外王”）和心理本体（文化心理结构的“内圣”）为根本基础，重视个体生存的独特性，阐释自由直观（“以美启真”）、自由意志（“以美储善”），和自由享受（实现个体自然潜能），来重新建构“内圣外王之道”，以充满情感的“天地国亲师”的宗教性道德，范导（而不规定）以理性自由主义为原则的社会性道德，以承续中国“实用理性”“乐感文化”“一个世

① 李泽厚认为，中国人接受马克思主义有其内在的原因：“一是承认世界（包括自然与社会）有某种客观规律，二是从而对未来世界怀抱某种乌托邦大同理想，愿为之奋斗。”李泽厚：《论儒学四期》，《历史本体论·己卯五说》，第 149 页。

界”“度的艺术”的悠长传统。[1]

李泽厚基于对于当代中国现实的认识，并不认为儒学可以作为中国价值的代称，甚至随着全球化的进程，国家和民族并不能成为文化价值的唯一定义者。如是，李泽厚反对三期说和提倡四期说，并不是要置身于儒家的谱系中。所以，尽管李泽厚提出了“儒学”第四期说法，但他自己始终否认自己属于“新儒家”，或许就是要坚持他的客观性的立场。

## 第四节 建构多元化的现代儒学叙述模式

牟宗三、杜维明和李泽厚的儒学史叙事模式之间最根本的不同在于：前两人持有相同的价值立场，坚信儒家思想即便遇到前所未有的挑战，但中国未来的发展依然与儒家的命运具有内在的关联性；而李泽厚从历史唯物主义的立场出发，认为社会存在才是价值发挥作用的前提，在中国的现实已经发生根本性变化的当今，儒学作为积淀于人们思维方式中的“文化心理结构”，只是一个不可或缺的变量而已。基于如此的立场差异，他们对于儒学未来前景的预期有很大不同，对儒学历史的回溯也各有侧重。

儒学发展历史的叙述模型还有很多，在1949年之后，还出现过其他一些对儒学发展历史的叙述框架，比如，在相当长时期内流行的以世界观、认识论和方法论为基础来概括问题的“中国思想史”或“中国哲

① 李泽厚：《论儒学四期》，《历史本体论·己卯五说》，第155页。

学史”。在这方面，侯外庐和任继愈进行了成就卓著的探索。也有受政治运动影响而以儒法斗争为线索的思想史，比如杨荣国的中国思想史作品。1978 年之后，随着各种学术思潮的传入，儒学史作品呈现多样化，如李申的《中国儒教史》便以宗教视角来认识儒学。特别是由汤一介主编的九卷本《中国儒学史》，受到学界关注。然而，这些儒学史作品多是以学科化的方式来梳理历史，学界比较缺乏具有内在性视角的儒学史作品。我之所以选择牟宗三、杜维明和李泽厚的叙述模型为例来展开讨论，一是基于这些叙述的作品被广泛地讨论；二是基于他们的叙述在方法论上的独特性——如牟宗三和杜维明的内在性视角，与学科化的叙述方式之间有很大的张力，而李泽厚强调社会存在对思想意识的决定性作用，且仍以人自身的充分实现而非学术知识的积累作为其历史叙述的焦点。

对于儒学在现代学科体系中被子学化、哲学化和历史化的现象，许多学者对于学科化的儒学能否传承儒家价值提出过质疑，而这也是有关“中国哲学合法性”讨论中出现的重要议题。不过，我们亦应该看到这一形态形成的必然性。在科举、书院制度都不复存在的当下中国，大学体系中的中国哲学、中国历史和中国古典文学学科已经成为讲授儒家思想和研究儒学文献的替代性建制，学科化的儒学在某种程度上可以被视为儒家思想经现代转化而形成的一种新形态。问题在于，以“中立”和“客观”为准则的大学学科体系中的儒学研究和教育，是否应成为儒家思想在现代社会中唯一合理的存在方式？

基于经典系统与文明核心价值之间的内在关联，也基于儒家伦理依然在中国社会中发挥很大作用的现状，对于儒家经典的研读，就不应仅仅停留于名物训诂和客观化的学术研究，也应阐发其有利于世道人心的意义。如果以儒家思想为核心的中国传统文化依然是中华民族凝聚力的重要来源，那么要弘扬儒学就需要强调其对于文化传承和共识达成的意义，而这种阐发已经溢出了学科研究和教育的范围，并会促使我们对中国的历史有温情的理解。

然而，带有信仰意味的儒学史写作是否就是最合理的撰写范式？这涉及价值性与工具性之间的紧张关系。对此，刘笑敢对写作者“身份”的区分展现了一种方法论思考：他曾将中国哲学的教师身份区分为“现代学术身份”“民族文化身份”和“生命导师”三种，他认为其混同虽然不可避免，但学术研究者却需要有身份自觉，并认为“现代学术身份”是另外两种身份的基础。[①] 刘笑敢指出，不同的身份定向意味着不同的行为标准和要求。比如，现代学术身份要求客观和真实。不过，吊诡的是，儒学本身的多层次性也可能因为客观性的态度而导致描述者对对象缺乏真正的理解。例如，作为现代中国哲学研究对象的儒学和佛教，在历史上并非只是一种知识层面上的描述对象。佛教是一种宗教，而儒学也具有很强的信仰特征（宗教性），如果完全以“现代学术身份”去定位儒学的道德伦理面向，则必然会消解研究者的“民族文化身份”和“生命导师”身份。或许可以说，刘笑敢的区分看到了问题之所在，但给出的解决方法则可能引出新的问题。

在当下的学术环境中，我们应容纳多面向与多层次的儒学史叙述模式。我们现在可见许多以学科为导向的学术史书写，将儒学的发展传承过程罗列、梳理，这样的儒学史，与中国制度史甚至中国科技史类似，在方法上力争客观、中立。但这样的写法可能出现支离的问题，比如以某部经典为基础的演进史，若不能从儒学整体发展去观照，过于迁就局部细节的充实，就会失去对儒学价值转换的聚焦点。此外，还

---

① 刘笑敢：《诠释与定向：中国哲学研究方法之探究》，商务印书馆，2009 年，第 7 页。

可以有一种以发掘儒家精神生命为目的的儒学史的书写，后者与其说是一种叙述，不如说是一种建构，即书写者以儒家精神的延续为目标，与书写对象之间存在着价值观上的共振。在此建构中，虽然也有一定的客观性要求，比如必须忠实于文本，但是解释过程则可以允许存在一定程度的个人倾向。这种叙述模式看上去是在概括以往的历史事件和思想逻辑，但实际却指向未来，体现出书写者对于儒家思想之前景的期许，我们或可以称之为“建构性”的儒学史。

对于儒学的发展前景，目前有许多不同的看法，如将其视为博物馆里的陈列品，失去了现实发展的可能，甚至是某种障碍。然而，在目前的中国，不仅经济的增长促进了文化的自信，而且政治和社会的发展也亟需包括儒家价值在内的传统文化的滋养，而前文所探讨的“儒学第三期发展”叙述模式，就是某种试图通过对儒家价值进行重构，来提升文化自觉和自信的努力。

如果说儒学的第三期发展具有其自身的意义，那么我们还将面对一个现实问题，即如何认识其开端，依然会面临不同历史观的影响。如果以五四运动作为现代中国历史的开端，那么，儒学第三期发展就会侧重于强调现代儒学对于启蒙和现代性的反思，梁漱溟、熊十力的思想就会被看作是其起点。这种观点被方克立在1986年立项的“现代新儒家思潮”研究项目中采用，并业已成为学界共识。方克立认为，新儒家思潮产生于20世纪20年代，是以“接续儒家‘道统’为己任，以服膺宋明儒学为主要特征，力图用儒家学说融合、会通西学以谋求现代化的一个学术思想流派……先秦儒家，宋明新儒家，现代新儒家，这就是他们所说的儒家学术发展的三个阶段。现代新儒家所致力的就是‘儒学第三期发展'的工作"[1]。在这个框架中，方克立将现代新儒家思潮和"儒学第三期发展"相互勾连，认为这是一体之两面。那么，为什么要将现代新儒家思潮的起点设置于 20 世纪 20 年代，而不是将 1840 年之后儒家知识群体力图用新的方法吸纳西方思潮的过程视为其开端呢？对此，方克立明确指出康有为和梁启超不能成为新儒家源头的原因："我们在考虑现代新儒家产生的文化背景时，自然不能忽略他们和康有为、梁启超等人的思想联系，但康、梁在戊戌以后的保守思想却不能归入现代新儒家的范畴，辛亥前后的国粹派同它也有显著的思想特征的差异。"[2]这个理由其实并没有真正回答为何保守思想不能纳入新儒家这一问题。

根据方克立的相关论述，可知他对现代新儒家的研究是放在中国思想的现实状况中来展开的，即要立足于如何处理儒学与马克思主义之间的关系。他对现代儒学开端设定的思考，还受他对于"现代"的思考影响。他以将民主和科学视为当然的文化前景作为"现代"的标志，在这一设定下，因张之洞明确反对平等和自由、康有为坚持君主立宪，都难以担当现代儒学开创者的使命。

不过在方克立将"现代新儒学"和"儒学第三期发展"换用的时候，有可能忽视了后者是出于一种内在性的视角，立论者的目标是为儒学生命找到一种新的方向。而他所主持的"现代新儒学"研究采用的是一种学科性立场，在对新儒家立足于文化本位的努力进行肯定的同时，更站在马克思主义的世界观和方法论的角度对儒家价值进行扬弃。

在学科化和内在性视界交织的现状下，容纳多样性的儒学史撰写模

---

① 方克立：《要重视对现代新儒家的研究》，《方克立文集》，上海辞书出版社，2005 年，第 177 页。

② 方克立：《关于现代新儒家研究的几个问题》，《方克立文集》，第 190 页。

式要求我们将问题置于更为复杂的背景中，也就是说，现代儒学的形成和发展并非传统儒学的“自然而然”的发展，无论是问题的形成还是呈现方式，都无法回避西方的参照。因此，对现代儒学起点的不同认识，是由于对来自西方的挑战认识上的差异，即应将对西方挑战的回应视为晚清以来儒家群体寻找新的精神发展方向时的共同问题域。由此，我们也可以有一种另外的叙述模式，比如将张之洞、康有为、章太炎等人视为开端来思考现代儒学新的发展阶段。尤其是康有为和章太炎，他们一方面是今文经学和古文经学的殿军，另一方面又是教育改革和新的学术范式的创立者，其身份的多样性，恰好反映了儒学在现代学科体系内的矛盾境地：价值信仰性和学术中立性之间充满张力。同样，康有为和章太炎既吸收了西方思想中的许多内容，又对西方政治法律体制和科学精神进行了大量反思，最能够体现未来儒学发展所需要面对的本体性和世界性之间的复杂关联。

如果我们确定康有为等人是现代儒学的“开端”，则意味着拓展对新儒家面对现代性挑战回应方式的认知。比如，康有为作为最早提倡民权、男女平等的政治思想家，被李泽厚等人称为中国现代自由主义思潮的先驱；同样，他对大同理想的新阐发，影响了中国早期的社会主义、无政府主义等思潮的传播。他还是不平等的世界秩序的最早、最系统的批评者。从康有为的思考中可以看到，儒学的发展必须与中国的民族精神和国家意识的培养相结合，而探索中国的道路必须以中国自身问题为出发点。

2004年前后展开的中国哲学合法性争论，是一个关涉学科方法和文化自觉的多层面讨论，激发了人们对于中国文化价值的追索。对于儒学史方法的讨论，从问题意识上是对合法性讨论的延续和深化，即如果我们认为作为中国文化价值重要组成部分的儒学，在今天的现实中仍然具备某些可以面向未来的合理成分，那么如何去看待儒家发展的历史，如何去总结儒学史就不仅仅是单纯学科式的讨论所能解决的。因此，我们需要有更多的儒学史撰写尝试，无论是偏重内在性的视角，还是相对客观的学科化分析，无论是注重价值系统的延续，还是试图还原历史真相，其本身均依然可能存在多样的维度。通过对于书写实践的反思，可以促使我们对儒学有新的认识，甚至可以有助于激活传统文化而使之重新走入中国人的生活世界。

对于中国经典的各种类型的研究，均是面对历史的多层次的理解和诠释。解释者在面对文本时，自可以有不同的解释策略和角度，而所有的这些不同解释，最终所呈现出的，便是今人面对当前现实问题时可借助的种种资源。归根结底，哲学研究应对现实问题的挑战而做出回应，是比单纯的经典研究更高层次的理论要求。各种解释经典的角度，在其作为回应现实的理论资源的意义上，可以说是平等的，而不同立场的学者，可以有自己不同的选择与主张。然而，所有这些解释的最终效用，还是要等现实的检验，而其过程可能是漫长和曲折的。

第　三　章

# 思孟学派与心性儒学：近代学术视野中的子思研究

思孟学派在近代中国的儒学研究中受到特别的重视，这与现代学科传入之后，现代新儒家十分重视心性儒学有关，而 20 世纪末郭店竹简的发现，被认为是填补了思孟学派的学术链条，比如何益鑫就认为，《性自命出》是子游的作品，“它一方面影响了子思《中庸》‘性－道－教’的思想格局，一方面也影响了公孙尼子《乐记》的思想”，所以开启了思孟心性论。[①] 由此，思孟学派又一次引发学者的巨大兴趣。

从 20 世纪至今，思孟学派的研究成果众多，那么为何会有思孟学派这个说法，主要与现代学科化的儒学潮流中，人们越来越从道德伦理角度来看待儒家有关。最近几十年马王堆帛书、郭店竹简等出土文献的研究，激发了学者们对春秋战国时期儒学变迁的兴趣。以熊十力及其弟子为代表的现代新儒学思潮以心性问题为儒家之核心，思孟学派的研究，也与现代新儒学思潮的发展有关。

对于子思及其学派的研究总结可以从多种角度来进行，不同的方

① 何益鑫：《竹简〈性自命出〉章句讲疏》，上海三联书店，2020 年，第 16 页。

法必然会带来对材料的不同处理。我们从三个方面来总结思孟学派研究的特色：（1）文字的校勘与注释；（2）学说的研究；（3）人的年代行实、书的真伪年代的研究。

## 第一节

## 五行与思孟：关于子思学派的文字的校勘与注释

是谁最早提出“思孟学派”这个概念，目前还难以确知，近代学者对于“思孟”作为学派的讨论，肇端于《荀子·非十二子》中对于“五行”的批评。

《荀子·非十二子》在谈到思孟的时候说：“略法先王而不知其统，犹然而犹材剧志大，闻见杂博。案往旧造说，谓之五行，甚僻违而无类，幽隐而无说，闭约而无解。案饰其辞，而祗敬之，曰：此真先君子之言也。子思唱之，孟轲和之。世俗之沟犹瞀儒、嚾嚾然不知其所非也，遂受而传之，以为仲尼子游为兹厚于后世：是则子思孟轲之罪也。”从文字的角度，这段话的难点是关于“案造旧说，谓之五行”中的“五行”一语，因为在通行的《中庸》和《孟子》文本中，并没有五行的字样，因此，对于荀子文中的“五行”做何解释便成为确定思、孟思想特征的重要问题。近代学者对于五行问题的研究和争议，便是缘于章太炎对于唐代杨倞《荀子》注文中对于“五行”注文的质疑和梁启超对此问题的进一步讨论。

“五行”本身是一个十分复杂的概念，对之的解释也多种多样。比如，《礼记·乐记》“道五常之行真”，郑玄注“五常，五行也”；孔颖达疏“道达人情以五常之行，谓依金木水土之性也”。孔颖达的《尚书正义》中解释“五行”的“行”的时候，说“谓之行者，若在天，则五气流行；在地，世所行用也”。唐代杨倞在为《荀子 · 非十二子》中关于五行的论说做注时说：“案前古之事而自造其说，谓之五行。五行，五常——仁义礼智信，是也。”这个注释受到章太炎先生的质疑，成为引发对于五行的讨论的重要起点。

章太炎对于这个注释的评论是：五常这个说法早就存在，即使子思使用这个概念也妨，荀子为什么要讥讽这个说法呢？前人注释《中庸》中的“天命之谓性”，也有从五行和五种德性相配的方式来理解的。《孝经》也是如此。这就“犹董生以五行比君子事君父。古者洪范九畴，举五行，傅人事，义未彰著，子思始善傅会。旁有燕、齐怪迂之士，侈搪其说以为神奇。耀世诬人，自子思始。宜哉！荀卿以为讥也”[①]。章太炎认为荀子的讽刺针对的是燕国和齐国那些好怪谈的人喜用夸张的方式来说明人伦的合法性来源。

章太炎不同意用五种德行来理解五行的说法。他认为五行也就是金木水火土五行，只是思孟善于用这五行来附会人事，又加上有燕齐方士的鼓吹，所以将之神秘化为五种德行，遭到荀子的批评就不足为怪。

章太炎在别的文章中也谈及五行的问题。但基本思路是一致的，均着眼于否定其神秘化的一面，只是不同的文章表述的详略不同。在有的文章中，章太炎认为八卦和五行属于不同的系统，但“自周时，五行已不足以自立，然子思、孟轲犹道之，见《荀子 · 非十二子篇》至贾、董不能绝。巫医则之，足以杀人；祝史则之，足以蛊人主。禹一唱其术，而其祸民也若是。”[②]考虑到孟子和公羊学的亲缘关系，章太炎认为荀子所担心的是巫祝之士借方术来欺骗君王。

---

①《章太炎全集 · 太炎文录初编》，上海人民出版社，2014 年，第 8—9 页。

②《章太炎全集 ·〈訄书〉重订本》，上海人民出版社，2014 年，第 293 页。

但是，并不是所有人都会赞同章太炎带有明显自己学术立场的批评。比如梁启超便不同意章太炎的说法，他依据杨倞以五常解释五行的思路，敏锐地感觉到先秦时期可能存在着不同的“五行”系统，梁启超的说法因为有顾颉刚等人的跟进，成了当时一个讨论的热点。

1923年，梁启超在《东方杂志》发表了《阴阳五行说之来历》一文，不满于章氏的判断，他认为“五行”初见于《尚书·甘誓》“有扈氏威侮五行，怠弃三正”。根据此段文字，梁启超指出如果五行指的是五种自然物质，那么它们如何能被“威侮”呢？由此他推断这里所说的五行与后世的邹衍的五行无关，而是应解释为“威侮五种应行之道，怠弃三种正义”[①]。基于这种认识，梁启超联系荀子批评孟子的言论，试图清晰地解释《尚书》中五行的含义。

在通行的思孟文本中，人们并不能找到具体的关于五行的论述，所以梁启超认为，荀子所批评的五行，现在已经不知做何种解释。但他觉得杨倞的注释可能更接近于思孟五行的意义。

针对荀子在《非十二子》中的对“五行”说的批评，梁启超以一种存疑的方式说：“此五行不知作何解，若谓即《洪范》之五行耶？子思、孟轲书中只字未尝道及。《中庸》以君臣、父子、兄弟、夫妇、朋友五者为天下之达道，道有行义，五行或指此耶？然此为儒家常言，非思轲所创，且无所谓‘僻违、幽隐、闭约’。杨倞注释为仁义礼智信之五常，或者近是：然子思说虽无可考（或《中庸》外尚有著述）。孟子则恒言仁义礼智，未尝以信与之并列也。此文何指，姑勿深论。但决非

① 梁启超：《阴阳五行说之来历》，《东方杂志》第20卷，10期。载顾颉刚编：《古史辨》第5册，海南出版社，1982年，第202页。

如后世之五行说则可断言耳。”[①] 在梁启超看来，如果是用儒家的五常来解释五行，这是当时儒学的通识，并没有什么偏颇难解之处。

梁启超的文章引发了人们对这个问题更大的兴趣，这次争论的主要论文收集在《古史辨》第五册中。纵观当时的争论，重点在于如何理解汉代的“五行”学说，其中涉及对于“五行”内涵的争论。

1926 年，刘节对梁启超的观点做了进一步的发挥，针对章太炎对五行说的评论，他做了如下按语：“今所传子思、孟轲之书（如以《中庸》为子思作）未有言及阴阳五行者。且荀子曰：‘案往旧造说谓之五行’，则虽有旧说，尚未称为五行；至于子思、孟轲，始定其名，而又不得消息于其所著之书。若以《洪范》五行为往旧造说，则先秦以来认为孔氏所删定之书，何以谓之‘甚僻违而无类’。此非荀子以前无《洪范》，即荀氏此语失所依据。《中庸注》之说及《王制正义》所引，安知不出于燕齐怪迂之士？何以知必出于子思、孟轲哉？战国之时，齐鲁之学以孟氏为宗，而阴阳五行之说盛倡于邹衍辈，亦在齐鲁之间，或与孟氏之学有关，故荀子讥之也。”[②]

刘节说若“五行”为思孟所定之名，那么就说明《洪范》的五行说出现于思孟之后，但如此说，那么“无类”的判定就站不住。刘节进而指出五行说也有可能是燕齐方士之杜撰，因为都是齐鲁之间的人士，所以荀子是借讽刺燕齐之士来批评孟子。

顾颉刚自己承认，他的观点受到刘节的影响。他说：“五行”说以前的文献提到的不多，而使用“五行”的《洪范》《墨经》等文献在顾

① 梁启超：《阴阳五行说之来历》，《东方杂志》第 20 卷，10 期。顾颉刚编：《古史辨》第 5 册，第 203 页。

② 刘节：《洪范疏证》，顾颉刚编：《古史辨》第 5 册，第 229 页（1928 年《东方杂志》第 25 卷，2 号，收入《古史辨》第 5 册时有修改）。

颉刚看来均是后人伪作的或是有所增添的，所以，阴阳五行说应该是在邹衍以后才发达起来的。他在那篇著名的《五德始终说下的政治和历史》(1930) 一文中，根据《史记 · 孟子荀卿列传》中关于邹衍的阴阳五行说“要其归必止乎仁义节俭君臣上下六亲之施，始也滥耳。王公大人初见其术，惧然顾化其后不能行之”的说法，由此怀疑邹衍也是儒家。他接着说：“如果这个推论不错，我敢作一假设：《非十二子》中所骂的子思孟轲即是邹衍的误传，五行说当即邹衍所造。……我们研究战国文化，当把鲁邹齐三国看作一个集团。孟子是驺(邹)人，驺衍以驺为氏，当也是驺人，(《史记》上写他为齐人，或他由驺迁齐，或他以驺人久居于齐，故有此说，均未可知。)《史记》言：‘驺衍后孟子’，或驺衍闻孟子之风而悦之，刺取其说以立自己的主张，观其言仁义，言六亲可知。不过那时的齐国人说话是很浪漫的(《孟子》上有‘齐东野语’，《庄子》上有‘齐谐’，《史记》上有‘燕齐海上之方士’)，驺衍是齐彩色的儒家，他把儒家的仁义加上齐国的怪诞，遂成了这一个新学派。给人传讹，即以驺衍之说为孟子之说，因以驺衍的五行说为孟子的五行说。又因孟子受业子思门人(《史记》说)，遂又以孟子的五行说为子思的五行说，于是荀子遂有‘子思倡之，孟轲和之’的话。”① 这种推论有点乾坤大挪移的感觉，将荀子对子思孟子的批评直接对接到邹衍身上。顾颉刚的这个观点后来得到徐文珊等人的支持。徐文珊认为儒家与五行是共同孕育，然后才逐渐分道扬镳，由此，后世的儒家才可能会对五行提出批评。②

邹衍和儒家的关系当另文讨论，但是，将邹衍“五行”与子思孟子

① 顾颉刚：《五德始终说下的政治和历史》，顾颉刚编：《古史辨》第5册，第240页。

② 徐文珊：《儒家和五行的关系》，顾颉刚编：《古史辨》第5册，第394—395页。

的“五行”之间的关系确定为一种“传讹”，便将思孟之五行等同与邹衍之五行，这其实是一个消解问题的做法，虽然这符合“古史辨”所倡导的疑古的立场。

1933年谭戒甫所作的《思孟五行考》对此问题有了新的拓展。其讨论充分关注到了近代以来对于这个问题的研究成果，谭文也是从对章太炎的评论入手的，他认为章太炎的以“五常义旧”来反对杨倞之论，虽对杨倞的注有一定的“厘清”，但依然有许多未达之处，于是他就这些未及之处分条举例说明。

首先，仁义礼智信这五个字，在先秦的文献中，并没有同时并举的记录。比如孟子的四端说，但有与“乐”与“圣人”放在一起说的。比如《尽心下》中说，“仁之于父子也，义之于君臣也，礼之于宾主也，智之于贤者也，圣人之于天道也。”这里所列举的五种德性是仁、义、礼、智、圣人。

其次，五行并非仅仅是金木水火土五种自然元素，应该另有系统。他从《中庸》中的“五达道”和“三达德”中推论说，五行就是指五种德行。“天下之达道五，所以行之者三。曰君臣也，父子也，夫妇也，昆弟也，朋友之交也。五者，天下之达道也。知仁勇，三者，天下之达德也，所以行之者一也。”他认为，先秦的文献中，五行和五伦是可以互换的。

再次，对于“案往旧造说”，谭戒甫也有自己的解释：因为孔子已经有了君君臣臣父父子子的说法，但是“因为他把先祖尚未成立的四伦整齐成立，这个叫做‘案往旧’，他一方面成立四伦，别方面又新加上一伦夫妇，合成五数，这才叫做‘造说’哪”。[①]

---

① 谭戒甫：《思孟“五行”考》，载顾颉刚编：《古史辨》第5册，第417页。

子思的思想中有一个重点就是将夫妇置于五伦的中间，如《中庸》中就有“君子之道，造端于夫妇，及其至也，察乎天地”的说法。孟子在《滕文公》中也提出了五伦的思想，但是其中的顺序有很重要的调整：“后稷教民稼穑，树艺五谷，五谷熟而民人育。人之有道也，饱食暖衣，逸居而无教，则近于禽兽。圣人有忧之，使契为司徒，教以人伦：父子有亲，君臣有义，夫妇有别，长幼有序，朋友有信。”将君臣一伦置于父子一伦之后，将政治秩序伦理化。

许多人都注意到了这个顺序的变化及其背后的重要意义。谭戒甫所关注到的是“交互责任”的方面，这一点不能在这里展开论述。有趣的是他对思孟之间关系的一段描述：“五行本是子思的造说，孟子本是子思的再传弟子，又是一个不肯背师的信徒（看他对陈相的话可知），而孔学更是一脉相传的家数，何以孟子一讲到人伦，不去承接太老师子思的教条，却要远攀到孔子的始祖司徒契呢？究竟司徒契果曾施行过这一套教条吗？我看孟子还是信子思不牢，所以不去采用他的新说。”[①] 谭戒甫的贡献是强调了有自然的五行和人伦的五行两种，他对于子思孟子的师承和儒家伦理的讨论则不甚重要。

将五行与五常相联系，来区分思孟五行和邹衍阴阳五行之间的差别。按新发现的郭店竹简的“五行”文本来看，谭戒甫的讨论已经涉及思孟五行说的核心问题。

值得关注的是，这个问题被郭沫若以诗人和学者结合的方式加以讨论。郭沫若的讨论更注意到中庸的内在逻辑，他说：“思、孟所造的五行说，在现存的思、孟书——《中庸》和《孟子》——里面，虽然没有显著的表现，但也不是全无痕迹。《中庸》首句‘天命之谓性’，注

① 谭戒甫：《思孟“五行”考》，载顾颉刚编：《古史辨》第 5 册，第 422 页。

云：‘木神则仁，金神则义，火神则礼，水神则智，土神则信。’章太炎谓‘是子思遗说’（见章著《子思孟轲五行说》），大率是可靠的。”[①]

郭沫若的分析并没有止于此，他的诗人气质决定了他过人的联想能力，他从《中庸》对于中道的追求，联想到四端缺乏一个中心，这个中心便是作为《中庸》核心范畴的“诚”，并赋予这个“诚”以根源性的意义。

郭沫若分析孟子和子思对于“四端”和“诚”的描述，他引述孟子所说：“恻隐之心人皆有之，羞恶之心人皆有之，恭敬之心人皆有之，是非之心人皆有之。恻隐之心仁也，羞恶之心义也，恭敬之心礼也，是非之心智也。仁义礼智非由外铄我也，我固有之也。”（《告子上》）又说：“无恻隐之心非人也，无羞恶之心非人也，无辞让之心非人也，无是非之心非人也。恻隐之心仁之端也，羞恶之心义之端也，辞让之心礼之端也，是非之心智之端也。人之有是四端也，犹其有四体也。”（《公孙丑上》）又说：“君子所性，仁义礼智根于心。”他把仁义礼智作为人性之所固有，但缺少了一个“信”，恰如四体缺少了一个心。郭沫若认为这个“信”在孟子学说系统上并没有缺少，“信”就是“诚”了。他说：“仁之于父子也，义之于君臣也，礼之于宾主也，知之于贤者也，圣人之于天道也，命也，有性焉，君子不谓命也。”（《尽心下》）这里与仁义礼智为配的是“天道”。“天道”是什么呢？就是“诚”。“诚者天之道也，思诚者人之道也，至诚而不动者未之有也，不诚未有能动者也。”（《离娄下》）其在《中庸》中则是说：“诚者天之道也，诚之者人之道也，诚者不勉而中，不思而得，从容中道，圣人也。”这“从容中道”的圣人，也就是“圣人之于天道”的说明，是“万物皆备于我矣，

① 郭沫若：《十批判书》，东方出版社，1996年，第136页。

反身而诚，乐莫大焉”的做人的极致。再者，“诚”是“中道”，这不正合乎“土神则信”且“土居中央”吗？子思、孟轲都强调“中道”，事实上更把“诚”当成了万物的根本，不就是因为诚信是位乎五行之中极吗？故尔在思、孟书中虽然没有金木水火土的五行字面，而五行系统的演化确实是存在着的。正是因为从这样的理论根据出发，所以孟子道“性善”，而《中庸》主张“尽性”，在他们自己是有其逻辑上的必然性的。[①]

郭沫若进而认为，因为五行资料保存得最多的应当数《尚书》中的《洪范》《尧典》《皋陶谟》《禹贡》诸篇。所以，这几篇都是战国时的儒者所依托的说法近来已为学术界所公认了。但依托者是谁则至今尚无成说。据郭沫若的看法，这人也就是思、孟这一派的人。

## 第二节
## 思孟的传承和《中庸》《孟子》先后问题

近代以来，疑古思想深入人心，且受科学主义影响，因此，学者们在关注先秦儒家的时候，尤其注重文本问题，并以文本为基础来梳理思想的发展线索。而子思孟子之间相关文献上的不一致之处，往往会引发许多争论。其中的核心问题是思孟的师承和《中庸》《孟子》的先后问题。

### （一）思、孟的师承

子思师承曾子是一个流传很广的说法，关于子思和曾子的关系，

① 郭沫若：《十批判书》，第136—137页。

《孔丛子》有一段话被广泛引用，虽然《孔丛子》一书并不令人信服。但是，对于子思在与鲁穆公对话时，自高位置的描述则是与孟子的描述相当接近：

曾子谓子思曰，昔者吾从夫子巡守于诸侯，夫子未尝失人臣之礼，而犹圣道不行。今吾观子有傲世主之心，无乃不容乎？子思曰：时移世异，人有宜也。当吾先君，周制虽毁，君臣固位，上下相持，若一体然。夫欲行其道，不执礼以求之，则不能入也。今天下诸侯，方欲力争，竞招英雄，以自辅翼，此乃得士则昌，失士则亡之秋也。伋于此时，不自高，人将下吾。不自贵，人将贱吾。舜禹揖让，汤武用师，非故相诡，乃各时也。

这段话有几重意思，首先是子思师事曾子，其次是曾子希望子思在跟诸侯交往的时候不要太过张扬，但子思认为不能以孔子时的君臣关系来要求，不同时期儒家的出入进退可以与时偕行。

对于子思师事曾子的说法，章太炎并不认可。钱穆《先秦诸子系年》说：

《章太炎文录·征信论》有辨子思不师曾子一节，谓："宋人远迹子思之学，上隶曾参，寻《制言》《天圆》诸篇，与子思所论述殊矣。《檀弓》篇记曾子呼伋，古者言质，长老呼后生则斥其名，微生亩亦呼孔子曰丘，非师弟子之征也。《檀弓》复记子思所述，郑君曰：为曾子言难继，以礼抑之，足明其非弟子也。"今按：《汉志》，曾子宓子皆著孔子弟子，李克子夏弟子，世子公孙子七十子弟子，独子思云“孔子孙，为鲁穆公师”，不云师曾子。虽章氏所据《制言》《天圆》诸篇，未必真曾子书，《檀弓》亦难尽依信。然子思师曾子之说，不见于先秦古籍，则诚可疑也。①

钱穆怀疑《制言》甚至《檀弓》等文献的真实性，并由此质疑子思和曾子之间的师承关系。

章太炎的观点在《国学概论》一书中有更清晰的表达，他说：

孟子，《史记》说他是“受业子思之门”。宋人说子思是出于曾子之门，这是臆测之词，古无此说。《中庸》中虽曾引曾子的话，也不能断定子思是出于曾子的。……子思在《中庸》所主张，确含神道设教的意味，颇近宗教；孟子却一些也没有。②

康有为一贯立论大胆，多有以目的带论据的倾向。出于他的大同理想的设计，他认为，子思是子游的弟子，是他们让孔子的大同理想不至于失传。而以前人们所认为的子思是曾子的学生的说法主要是受《孔子家语》的影响，是错误的。他说：“言偃，孔子弟子，字子游。《荀子·非十二子篇》称：仲尼、子游为兹厚于世。以子游与仲尼并称，且以子思、孟子同出于子游盖子游。为传大同之道者，故独尊之。”③

①《钱穆先生全集·先秦诸子系年》，第 178 页。

② 章太炎：《国学概论》，上海古籍出版社，1999 年，第 32 页。

③ 康有为：《礼运注》，《康有为全集》第五集，第 554 页。

钱穆先生对子思的生平做过考证，他认为，子思的生年无考，但至迟在周敬王三十七八年。子思不可能亲受业于孔子。对于子思和鲁穆公的关系，他觉得如果按通常的说法子思活了62岁的话，那么，从时间上看，他就不可能是鲁穆公的老师，因此可能是82岁。[①]

### (二)《中庸》和《孟子》的先后问题

相比于对子思的师承的不同意见，孟子师事子思这一点无可争议，非议主要集中在孟子是"亲炙"还是"私淑"。不过，最令当时学者热衷的则是《中庸》和《孟子》谁先谁后的问题。特别是崔东壁的著作在1920年代经过康有为、钱玄同和顾颉刚等人的推崇使得《孟子》先于《中庸》的观点有很大的市场。这些争论有从文体、也有从义理发展的倾向等多方面的角度进入。

罗根泽很早就关注到思孟的年代的问题，他在《关于子思和孟子的年代问题》一文中，从思孟的生活年代断定孟子不可能受业于子思。"清崔述《孟子事实录》卷上：赵歧谓孟子亲师子思。王劭谓《史记》'人'字为衍。余按孔子之卒，下至孟子游齐燕人畔时，一百六十有六年矣。伯鱼之卒，在颜渊前，孔子卒时，子思当不下十岁。而孟子去齐后，居邹，之宋，之薛，之滕为文公定井田，复游于鲁，而后归老，则孟子在齐时，亦不过六十岁耳。即令子思享年八十，距孟子之生尚余三十余年，孟子何由守业于子思乎？孟子云：'予未得为孔子徒也，予私淑诸人也。'若孟子亲守业于子思，则当明言其人，以见传之有自，何得但云人而已乎？由是言之，孟子必无受业于子思之事，史记之言是

---

①《钱穆先生全集·先秦诸子系年》，第178页。

也”[①]。崔述认为《史记》中说孟子受业与“子思之门人”的“人”是多出来的字，这是说孟子与子思有直接的师生关系。但罗根泽根据史实认为孟子在齐国的时候，大约年龄在六十岁，假定子思活到八十岁，这中间还有三十年的时间差，因此，思孟只可能是精神上的继承关系。

李石岑出版于1932年的《中国哲学讲话》(后来出版时改名为《中国哲学十讲》)也明显是承袭崔述的观点所做的阐发。他先是引述了崔述《洙泗考信录》中的结论，从内容和文体来断定《中庸》必在《孟子》之后。他也继承了崔氏“诚能动人”的说法，进一步发挥《孟子》诚能动人，《中庸》则归本于诚身的观点，来阐发两者的不同。“关于这点，我以为应先审明《孟子》和《中庸》两书的根本不同之点。《孟子》和《中庸》同为儒家重要文献，可是《孟子》着重在伦理学，《中庸》便着重在形上学。前者以伦理观、人生观为主题，后者以世界观、宇宙观为主题”[②]。

李石岑提出的另一个论据是对于“诚”的解释的不同，他认为“孟子的‘思诚’与孔子的‘欲仁’‘志于仁’，都可以当做唯心论的伦理学者的动机说看，若《中庸》的态度便不同了。《中庸》是想在‘诚’字上面，建立一种‘诚’的宇宙观，它把宇宙的本质看做‘诚’，因此，由这宇宙本质的发展，便看做‘诚之’。一个是体，一个是用，体不离用，用不离体。体能生用，即用显体”[③]。

最后一个证据是关于“性”。“《孟子》是以谈性最著名的。《孟子》谈性，只谈‘人之性’，既不是‘犬之性’，也不是‘牛之性’，若《中庸》谈性，则并犬马牛羊，人类物类而一切赅括之。所以曰：‘天命之

---

① 罗根泽:《孟子传论》，商务印书馆，1928年，第25—26页。

② 李石岑:《李石岑学术论著》，浙江人民出版社，1998年，第178页。

③ 李石岑:《李石岑学术论著》，第178—179页。

谓性’。”[1] 这样他认为“处处可以见到《中庸》在《孟子》之后”。

吴承仕是从礼制的发展来讨论“五伦”的排列，进而肯定孟子早于《中庸》的。他认为五伦说由孟子而完成，五伦说的根源应该在《左传》文公十八年，“季文子使大史克对曰：举八元，使布五教于四方：父义、母慈、兄友、弟共、子孝”。而五伦的旧义，则与《丧服》中“三至亲”相应。《丧服传》“夫妻，一体也；父子，一体也；兄弟，一体也。”由“三至亲”而扩充，则谓之“六亲”，所以《老子》说“六亲不和有孝慈”。

“孟子是子思的弟子，据郑玄《三礼目录》说：‘《中庸》，子思作之以昭明圣祖之德。’《中庸》云：‘天下之达道五，君臣也，父子也，夫妇也，昆弟也，朋友之交也。’五大道正与五伦说相合。那么孟子新义似是根据师说，但是《中庸》一书的作者，未必实出于子思，前人已经论及的了。”[2]

吴承仕接下来疏解的问题是：五伦本来应按家族扩大到国家与社会，这样便应该将君臣朋友列于夫妻父子兄弟之后，不如此排列的原因是根据《丧服》的排列顺序：

《经斩衰章》：（1）子为父，（2）臣为君，（3）妻为夫；

《齐衰章》：（3）夫为妻，（4）兄弟相为；

《记》：朋友麻；

《礼三本》中是“天，地，先祖，君，师”到后来才变成“天地君亲师”；

《中庸》的五达道，首君臣而次父子，与封建社会的理论与实践相

---

① 李石岑：《李石岑学术论著》，第180页。

② 吴承仕：《五伦说之历史观》，见《吴承仕文录》，北京师范大学出版社，1984年，第7页。原载《文始》创刊号，1934/5。

符合，这就说明《中庸》不能先于《孟子》。[①]

冯友兰的《中国哲学史》中也阐述了他关于《孟子》早于《中庸》的观点，在该书中，他对于《中庸》的年代问题的讨论是从王柏的疑问出发，但又不满足于其解决的办法。据此，他说："细观《中庸》所说义理，首段自'天命之谓性'至'天地位焉，万物育焉'，末段自'在下位不获乎上'，至'无声无臭至矣'，所言人与宇宙之关系，似就孟子哲学中神秘主义之倾向，加以发挥。其文体亦大概为论著体裁。

中段自'仲尼曰，君子中庸'至'道前定则不穷'，多言人事，似就孔子之学说加以发挥。其文体亦大概为记言体裁。由此异点推测，则此中段似为子思原来所作之《中庸》，即《汉书·艺文志》儒家中之《子思》二十三篇之类。（此亦不过就其大概言之，其实中段中似亦未尝无后人附加之部分，不过有大部分似为子思原来所作之《中庸》耳。）首末二段，乃后来儒者所加，即《汉书·艺文志》'凡礼十三家'，中之《中庸说》二篇之类也。'今天下车同轨'等言，皆在后段，更可见矣。《中庸说》之作者，名其书为《中庸说》，必系所谓'子思之儒'；但其中又发挥孟子之学说，则又为所谓'孟氏之儒'。盖两派本来相近，故《荀子·非十二子篇》以之为一派。"[②]

蒋伯潜是从儒家的文体的变化来探讨庸孟的先后问题。比如蒋伯

---

① 清人崔（述）东壁认为，《中庸》必非子思所作，而是宗子思的人托名而作。而且其文理不连贯，所以"《中庸》之文采之《孟子》，《家语》之文采之《中庸》，少究心于文义，显然而易见也，乃世之学者反以为《孟子》袭《中庸》，《中庸》袭《家语》，颠之倒之，岂不以其名哉"。见顾颉刚整理：《崔东壁遗书》，上海古籍出版社，1983年，第398页。

② 冯友兰：《〈中庸〉的年代问题》，载顾颉刚编：《古史辨》第4册，第119—120页。

潜接受广东名儒陈澧将儒家记言体分为三种的说法[①]来陈述《孟子》早于《中庸》的理由。他在《诸子通考》中说："自《中庸章句》之第二章至第十一章，尚与《论语》相似，属于第一种记言体；自第十二章至第十九章，则与《坊记》《表记》《缁衣》等相似，属于第二种记言体；第二十章之'哀公问政……'与《哀公问》《仲尼燕居》《孔子闲居》《儒行》等相似，属于第三种记言体。"[②]因此认为《中庸》并非一个人所撰写。

蒋伯潜认为根据文体演变的原则，《中庸》（十二章之后）应在《孟子》之后。他的论说如下：

（1）"《孟子》全仿《论语》，尚有简约质朴记言之短章，极似《论语》者，其长篇各章，虽多铺排寓譬，但仍为记言体，而非纯粹之议论体。《中庸》则不复有简质记言之短章，其第一章及第二十一章以下各章，且纯为议论文矣。又《孟子·离娄篇》曰：'居下位而不获于上，民不可得而治也；获于上有道，弗信于友，弗获于上矣；信于友有道，事亲弗悦，弗信于友矣；悦亲有道，反身不诚，不悦于亲矣；诚身有道，不明乎善，不诚其身矣。'《中庸》第二十章，除多'不勉而中，不思而得，从容中道，圣人也；诚之者，择善而固执之者也'数句外，全与《孟子》此段相同。孟子既为子思再传之弟子，如果引用子思所作《中庸》之语，当明言'子思曰'或'《中庸》曰'，何以居然掠美耶？疑《中庸》此章乃取《孟子》而推演之。即此二点推之，则《中庸》

① 陈澧《东塾读书记》分别儒家的记言体为三种。（1）《论语》体，乃弟子记亲闻于孔子之言。所记非一时之言，记之者亦非一人，乃汇集异时异人之所记者。（2）《坊记》《表记》《缁衣》等，乃举传闻所得之孔子之言而记之。所记虽非一时之言，而记之者则为一人，乃引孔子之言而加以伸说者。（3）如《仲尼燕居》《孔子闲居》《儒行》《哀公问》之类，亦记传闻所得之孔子之言，经敷衍润色而成者。

② 蒋伯潜：《诸子通考》，浙江古籍出版社，1984年，第334页。

之完成，似当在《孟子》成书以后也。”[1]

（2）《中庸》之末段有关于“书同文，车同轨”的社会理想，这类社会理想只存在于秦统一中国前后，因此，《中庸》的这一部分的形成应该在战国末期或秦统一前后。

（3）《中庸》与《荀子 · 不苟篇》之间的关系。“中庸后半论‘诚’诸章，与《荀子 · 不苟篇》‘君子养心莫善于诚’一节极相似。但《不苟篇》仅言‘诚’为养心之要；《中庸》则直谓‘诚，可以参天地，赞化育，其陈义更高，其文辞更繁。则似《中庸》后半，乃取《荀子 · 不苟篇》之说而更推演之者’。”[2]

蒙文通写于1944年的《儒学五论》则综合《意林》《后汉书》等书征引《子思子》的相关文献记载，证明了沈约[3]所说的《礼记》四篇为子思所作的说法。[4]

## 第三节
## 子思的思想特质：“诚”及其他

郭沫若在前引同一文章中将《尚书》中的《洪范》《尧典》《皋陶谟》《禹贡》诸篇作为思孟学派的作品，立论过于宽泛。不过，他是从思想发展的内在逻辑来考虑问题的，由五行到“诚”涉及子思学说的核心内容，而并非局限于考据家对“五行”的文字追索。

近代对子思学说的义理层面的研究也可以追溯到康有为和章太炎。

---

① 蒋伯潜：《诸子通考》，第334页。

② 蒋伯潜：《诸子通考》，第337—338页。

③《隋书 · 音乐志》载沈约奏言：“《礼记 · 中庸》《表记》《坊记》《缁衣》，皆取《子思子》。”

④ 蒙文通：《儒家哲学思想之发展》，载《蒙文通全集 · 儒学甄微》，第33页。

出于其经学立场，康有为之思孟论述是今文经学的路数，有许多托古改制和微言大义的成分。他在《中庸注》中说："天下之为道术多矣，而折衷于孔子。孔子之道大矣，荡荡如天，民难名之，惟圣孙子思亲传文道，具知圣统，其云'昭明圣祖之德'，犹述作孔子之行状云尔。子思既趋庭捧手，兼传有子、子游之统，备知盛德至道之全体。原于天命，发为人道；本于至诚之性，发为大教之化。穷鬼神万物之微，著三世三统之变。其粗则在人伦言行、政治之迹，其精出于上天无声无臭之表。"[①]这样，子思便上接孔子与七十子之学，下启公羊学三世三统。

康有为还认为，思孟所传乃升平世之学，包括了民主观念的因素。他说，孔子的学说是无所不包的，但是颜回早死，传道的任务落到了孟子和荀子的身上。"荀子传礼，孟子传《诗》《书》及《春秋》。……子游受孔子大同之道，传之子思，而孟子受业于子思之门，深得孔子《春秋》之学而神明之。"[②]康有为认为孟子是孔门之保罗和龙树，并说孟子的"民贵君轻"传的是升平之说。这也就是后世孔孟并称的缘由。

康有为认为儒学的根本在《春秋》，而《春秋》的核心在公羊学，所以他以公羊学来解释《中庸》，比如"王天下有三重焉"，就被康有为解释说："三重者，三世之统也。有拨乱世，有升平世，有太平世。"[③]将公羊三世说与当时从西方传入的社会发展阶段论做了融合。

孟子之民贵君轻思想，为儒家所一贯立场，但这并非儒家之最高理想，在孔子思想还有太平大同之道，所以，要了解孔子思想的全部，可以借道于孟子，却不能停留于孟子。康有为还特别强调了思孟与孔子

① 康有为:《中庸注》,《康有为全集》第五卷，第 369 页。

② 康有为:《孟子微》,《康有为全集》第五卷，第 411 页。

③ 康有为:《中庸注》,《康有为全集》第五卷，第 387 页。

以德抗位的特色。“儒者以救世为义，立君臣之礼，令人人可行，而孔子亦托于期间，然抗节自高，不肯降下。故儒行有上不臣天子，下不友诸侯之行。曾子言以晋、楚比仁义，子思之摽使者于门外，孟子之可朝而不可召，其岩岩之节相传如此。”① 肯定了儒家的独立人格。

康有为对于思孟的一些文本的判断也并不都是立场优先，也有许多客观的判断，比如，对于《孟子·尽心下》的那段话：“仁之于父子也，义之于君臣也，礼之于宾主也，智之于贤者也，圣（人）之于天道也。”他认为，应是“圣”之于天道，而非“圣人”之于天道。②“圣”后面的人是后人误加上去，这点得到了马王堆帛书和郭店竹简等文献的支持。③

章太炎作为康有为政治上的对手，在学术也与康大异其趣，除了古文经学和今文经学不同的经学立场，甚至夹杂一些意气之争。比如章太炎早期思想中经常以自己所推崇的荀子和孟子对举的方式来讨论思孟学派，以达到扬荀抑孟的目的。但他并非完全无视思孟在儒学中的地位，兼承他自己的思想趣味他对思孟的解释借用了许多佛学的元素。

章太炎对思孟学说做了这样的评论：“子思之学，于佛注入天趣一流。超出人格而不能断灭，此之谓天趣。其书发端即曰‘天命之谓性’，结尾亦曰‘与天地参，上天之载，无声无臭’。佛法未入中土时，人皆以天为绝顶。佛法既入，乃知天尚非其至者。谢灵运言：成佛生天，居然有高下。如以佛法衡量，子思乃中国之婆罗门。……而子思所称之‘无声无臭’，相当于佛法之色界天，适与印度婆罗门相等。子

---

① 康有为:《孟子微》,《康有为全集》第五卷，第 501 页。

② 康有为:《孟子微》,《康有为全集》第五卷，第 436 页。

③ 参看庞朴:《竹帛〈五行〉篇校注》，载《庞朴文集》第 2 卷，山东大学出版社，2005 年，第 117—151 页

思之后有孟子。孟子之学，高于子思。孟子不言天，以我为最高，故曰‘万物皆备于我’。孟子觉一切万物皆由我出。如一转而入佛法，即三界皆由心造之说，而孟子只是数论。数论立神我为最高，一切万物，皆由神我流出。孟子之语，与之相契，又曰‘反身而诚，乐莫大焉’者，反观身心，觉万物确然皆备于我，故为可乐。孟子虽不言天，然仍入天界。盖由色界而入无色界天，较之子思，高出一层耳。……要之，子思、孟子均超出人格，而不能超出天界，其所得与婆罗门、数论相等。”章太炎看到子思孟子思想的超越性的一面，认为孟子之万物皆备的说法与佛教之三界心造接近，并认为孟子彻上彻下，思想有强烈的现实关怀。“然二家于修己治人之道，并不抛弃，则异于婆罗门、数论诸家。子思作《中庸》，孟子作七篇，皆论学而及政治者也。子思、孟子既入天趣，若不转身，必不能到孔、颜之地，惟庄子为得颜子之意耳。”[①] 这虽有从佛老解思孟的因素，但亦切中要害。

章太炎认为，与思孟相比，荀子比较平实，反对将天人关系神秘化，荀子反对思孟的五行实际上是反对阴阳家。据此，章太炎始终是将思孟的五行说和阴阳家的五行相类比。“荀子语语平实，但务修己治人，不求高远。论至极之道，固非荀子所及。荀子最反对言天者，《天论》云：‘圣人不求知天。’又云：‘星坠木鸣，日月有蚀，怪星常见，牛马相生，六畜为妖：怪之，可也；畏之，非也。’揆荀子之意，盖反对当时阴阳家一流（邹衍之说及后之《洪范五行传》一流），其意以为天与人实不相关。”[②] 章太炎也接受了荀子的天人观。

章太炎接受《礼记》四篇为子思所作的结论：“孟子书不见五行

① 章太炎：《国学讲演录 · 诸子论略》，华东师范大学出版社，1995 年，174—176 页。

② 章太炎：《国学讲演录 · 诸子论略》，第 176 页。

语，《中庸》亦无之。惟《表记》(《表记》《坊记》《中庸》《缁衣》皆子思作》)有水尊而不亲诸语。子思五行之说，殆即指此。(《汉书·艺文志》:《子思》二十三篇。今存四篇，见戴记。余十九篇不可见，其中或有论五行语。)孟子有外书，今不可见，或亦有五行语。荀子反对思、孟，即以五行之说为的。盖荀子专以人事为重，怪诞之语（五行之说，后邹衍辈所专务者），非驳尽不可也。汉儒孟、荀并尊，余谓如但尊荀子，则《五行传》、纬书一流不致嚣张。今人但知阴阳家以邹衍为首，察荀子所云，则阴阳家乃儒家之别流也。……要之，荀子反对思、孟，非反对思、孟根本之学，特专务人事，不及天命，即不主超出人格也。”[①]

此外，在比较思孟与荀子的学说的时候，章太炎认为，就政治操作方面而论，荀子较孟子要贴近实际和富于实践性，孟子的超越性则为荀子所不及，但对于五行则始终有未安处。比如他在《孟子大事考》中又提及五行的问题：“孟子学承子思，人所共憭。若其于六艺之学，独短于礼。而小学则其所特长也。”认为孟子对古代制度有很深入的了解，还引用《七发》中的话，认为孟子擅长“持筹而算之”，“若《荀子·非十二子篇》言子思倡说五行，孟轲和之。今七篇中绝无其语，岂皆在《外书》四篇中欤？”[②]

章氏的诸子学大多是在日本的国学讲习班中的讲授记录，与康有为的立论相比，已经明显从传统经学的范式向现代学术转变，但是新的学术规范的确立则要到胡适的《中国哲学史大纲》的出版。在胡适的作品问世之后，中国的诸子学研究便摆脱了晚清的研究模式，后者是为了

① 章太炎:《国学讲演录·诸子论略》，第177页。

②《章太炎全集·太炎文录续编》，上海人民出版社，2014年，第45—46页。

丰富儒家的观点或者作为“中学为体”的一种补充，前者则纯粹将儒学化约为一个对象化的“学问”，自此，与儒学的整体情况相一致，人们对思孟的关注也纯粹出于学理的兴趣，而非“继绝学”。

胡适对于思孟的讨论主要集中在学派的介绍，并没有在本体论和宇宙观等问题上着力，但随后出现的许多中国哲学研究著作，因为受西方哲学模式的影响，开始用宇宙观、本体论这些近代传入中国的解释模式来讨论思孟学派，这样，现代学术规范对思孟进行了一种哲学性的转换，思孟便由康有为、章太炎笔下的儒学之一派，变成为一个哲学性的对象。

胡适在《中国哲学史大纲》(上卷)第5篇《孔门弟子》中，根据韩非子《显学》篇中孔子死后“儒分为八”的论述引申说：“自从孔子死到韩非，中间二百多年，先后共有过这八大派的儒家。这八大派并不是同时发生的，如乐正氏，如子思，都是第三代的；孟氏孙氏都是第四或第五代的。颜氏仲良氏今不可考。只有子张和漆雕氏两家是孔子真传的弟子。……最可怪的是曾子、子夏、子游诸人都不在这八家之内。或言当初曾子、子夏、子游、有子诸人都是孔门的正传，‘言必称师’故不别立宗派。只有子张和漆雕氏与曾子一班人不合，故别成学派。”①

对《大学》和《中庸》的归属，胡适没有大胆假说，仅只做了一个“估计”，没有详细讨论《中庸》与思孟学派的内在关系。“《大学》一书，不知何人所作。书中有‘曾子曰’三字，后人遂以为是曾子和曾子的门人同作的。这话固不可信。但是这部书在《礼记》内比那些《仲尼燕居》《孔子闲居》诸篇，似乎可靠。《中庸》古说是孔子之孙子

① 胡适：《中国哲学史大纲》(上)，上海古籍出版社，2000年，第89页。

思所作。大概《大学》和《中庸》两部书都是孟子、荀子以前的儒书。我这句话，并无他种证据，只是细看儒家学说的趋势，似乎孟子、荀子之前总该有几部这样的书，才可使学说变迁有线索可寻。不然，那极端伦常主义的儒家，何以忽然发生了一个尊崇个人的孟子？那重君权的儒家，何以忽然生出一个鼓吹民权的孟子？那儒家的极端实际的人生哲学，何以忽然生出孟子和荀子这两派心理的人生哲学？”[①]

胡适的《中国哲学史大纲》（上）出版之后，因其开创之功，受到学术界很大的关注。但冯友兰的两卷本《中国哲学史》被更多的人肯定，认为其“释古”立场更适合当时中国思想的发展要求。在书中，冯友兰将荀子对孟子的攻击比作是宋代的朱陆之辩，只是立场不同，并在分析荀子和孟子的哲学立场的时候，引入了唯物论与唯心论的分析框架。在《中庸》与《孟子》的先后问题上，冯先生主张《中庸》在《孟子》之后，所以在他看来，《中庸》的观点是孟子哲学的延伸，是对反功利主义及其神秘主义倾向的系统的说明。比如“‘合内外之道’，为人修养之最高境界。此盖一境界，于其中仍有活动，与一切事物，而内外即人己之分，则已不复存在。《中庸》所谓‘诚’，似即指此境界。‘天’本来即‘诚’，盖‘天’本来不分所谓内外也”[②]。

在1942年出版的《新原人》和1944年出版的《新原道》中，冯先生继续坚持《中庸》和《易传》比《孟子》晚出的观点，但立足于从境界的角度来讨论《中庸》的思想，他对于《中庸》首章的解释说：“《易传》及《中庸》所说，与孟子所说（指尽心知性知天之论，引者注）意思相同。率性就是顺性，顺性而行，就是人道。性是天之所命。

① 胡适：《中国哲学史大纲》（上），第202—203页。

② 冯友兰：《中国哲学史》上，载《三松堂全集》第二卷，河南人民出版社，2000年，第583页。

道就只是率性。如此说，则人道也就是天道，人德也就是天德。《中庸》说‘达天德’。知人德只是人德底人，其境界只可以是道德境界。知人德也是天德底人，其境界才可以是天地境界。”①

钟泰在1929年出版的《中国哲学史》中，对孟子着力甚多，尽管对《大学》和《中庸》只是附论，但他强调“大学言正心诚意，与中庸言明善诚身，皆孔门之微言大义，孟荀书外，可见孔门之正学者，唯此而已。”②

1930年代范寿康在武汉大学讲授中国哲学史，在他的《中国哲学史通论》(1936)中，他认为子思学派的重要贡献，一是补充了儒家思想中的形而上学方面；二是确立了修养论上的“尊德性”和“道问学”原则；三是提出了“五伦”的思想。他说：“这样，子思在《中庸》里面，把‘诚’一面看做是天道，一面又看做是人性，他把天人合一的思想发挥得格外透彻，这在儒家对抗当时的筮人派（道家的前身）上，是极有功绩的。儒家思想到了子思可以说受了一次深化，儒家到了子思也具有一种比较明显、比较充实的形而上学。不过子思的思想在于人生哲学方面大有缺点。他一方面承认世界上有生知安行的人，一方面却又主张教育修养的必要，这种理论，由我们看来是颇难自圆其说的。而他把修养功夫分为‘尊德性’‘道问学’二纲，这在后世竟引起了朱陆的异同，使宋代哲学放出一种异彩，在我国哲学史上不失为一件极有意义的事。”③

李石岑的《中国哲学讲话》(1932年讲稿）也是一部重要的著作，他认为，《中庸》是为整个儒家思想提供哲学基础，即论述孔子所不讲

---

① 冯友兰：《贞元六书·新原道》，华东师范大学出版社，1996年，第780页。

② 钟泰：《中国哲学史》，商务印书馆，1929年，第56页。

③ 范寿康：《中国哲学史通论》，生活·读书·新知三联书店，1983年，第76页。

的“性与天道”，着重在对宇宙与人生关系做一个理论说明。他对《中庸》的基础理论的概括有二：一是论诚，也就是论道；二是论中与和。认为《中庸》上接孔孟的道，下开宋明理学的端绪，其作用首先在于对抗道家的思想，将道家的自然转变为与人相关的“诚”，这样便使道家的虚无转变为儒家的切近人伦日用。其次是开发禅家思想，认为未发之中和发而中节是触发禅机的关键。三是开宋明理学之端绪。①

蒋维乔在1935年出版的《中国哲学史纲要》中将中国哲学的派别划分为“人为主义”“享乐主义”“神秘主义”和“理性主义”，并将孟子归入“人为主义”，而认为《大学》和《中庸》则是由孔子向宋明的“理性主义”转变的中间环节。这本书对于《中庸》的讨论以“诚”为核心，指出：“‘诚’虽是宇宙的本体，却是理想的形而上的，不是实体的，所以它是兼两方面：一是万物的本质，一是万物的原理。同时它自身的意义，要从用上才见得着，例如要做到‘尽人之性、尽物之性，赞天地之化育，与天地参矣’，然后才知道诚的用处及其伟大。……从形而上的诚到形而下的器，其中缺少一种实质的媒介，无中生有自然是很不合论理的，因此《中庸》的作者，为自圆其说起见，乃把‘诚’神秘化，认为诚的创造万物，是必然的神化。”②

王蘧常出版于1936年的《诸子学派要诠》一书，主要讨论了荀子批评孟子的合理性，但对于缘何在《韩诗外传》中所提及的荀子对诸子的评议中，没有涉及思孟的公案，他提出了自己的解释：“《韩诗外传》引无子思孟子，见上及下附，王应麟曰：荀卿非子思孟子，盖其门人如韩非李斯之流，托其师说以毁圣贤，当以韩诗为正。卢文昭亦如此云。

---

① 李石岑：《中国哲学讲话》，启明书局，1948年，第202—232页。或参见浙江人民出版社，1998年，第180—207页。

② 蒋维乔等：《中国哲学史纲要》卷下，中华书局，1935年，第10页。

纪昀非之，以为子思孟子，后来论定为圣贤耳。其在当时，固亦卿之曹偶，是犹朱陆之相非，不足讶也。是也。荀子非子游、子夏、子张诸孔门弟子，又何讶于非子思孟子。即如王说，则外传无它嚣陈仲史䲡，抑又何也？《不苟》篇君子养心莫善于诚，致诚则无他事，唯仁之为守，唯义之为行，与子思孟子言未尝不合，特一以仁义为归，一以礼为统。以仁义为归，故简于礼；以礼为统，则欲行仁义，必统于礼而乃成。《礼论》篇曰：道德仁义，非礼不成，亦谓不统于礼，不足以成仁义也。此孟荀所由同门异户，遂以相非，不足异也。所谓子思孟子之罪，谓子思孟子假托孔子之辞，瞀儒从而传之，以假为真，乃其罪也。”[①] 这个解读很值得关注，认为荀子对思孟的批评犹如朱熹和陆九渊之间的争论，是儒学内部不同观点之间分歧的表现。并且，思孟与荀子之间，有许多相似之处，特别举出荀子《不苟》中的养心思想，与思孟相似。

钱穆（1944）的观点一直坚持《中庸》晚出，并认为这一派新儒家试图将道家的宇宙论与儒家生生不息的人生论结合。他提出《易传》和《中庸》的思想是“德性一元论”“德性宇宙论”，是用此种德性（宇宙）一元论的观点来求人生界与宇宙界之合一，即中国思想史里所谓天人合一，因此《易传》《中庸》不失为儒家的孔孟传统，而终与老庄异趣。[②]

钱穆还专门著文讨论“诚”与“性”，他说：“儒家在自然中看重生命，在生命中看重心，又要心不背自然，此便是《中庸》之所谓

---

① 王蘧常：《诸子学派要诠》，中华书局，1936年，第85—86页。

② 钱穆：《易传与小戴礼记中之宇宙论》，载钱穆：《中国学术思想史论丛（二）》，九州出版社，2011年，第65页。

‘诚’。”[①] 他还指出，孟子只说性善，但《中庸》已将之推广到事物。强调尽己尽物。《中庸》看重“心”，所以强调“情”，这样它在“性”上继承孟子，在“礼”上继承荀子。[②]

在近代对于子思的思想历程的分析文章中，蒙文通对于子思的解读是独到而深入的，他的论域主要有性命问题的讨论、子思与法家思想之间的关系。蒙文通认为由早期的《诗》《书》到《中庸》《孟子》，儒家思想经历了一个“由命到性”的过程。他说：在中国思想的开端中，一般是命性并举，而在《诗》《书》中多言命，而很少谈论性。并且，命和性的概念相当于后来的性和情。子思作《中庸》，说“天命之谓性、率性之谓道，修道之谓教”，开了性善论的端绪，是“大本已立”。孟子之学源于子思，而又以‘本心’‘良知’之说发挥而光大之，“此孟子之进于子思者。曰：‘诚者，不勉而中，不思而得。’而愚夫与知、与能，则‘性无有不善’；曰：‘成己，仁也，成物，知也，性之德也。’以仁、智言性，不同孔子以前之言性，而变为新说。自子思始，以下启孟子，此荀卿所由并罪思、孟者欤”[③]。

蒙文通认为荀子之责难思孟乃是因为思孟开新说。子思提出的“天命之谓性”，已是将性和命合在一起讨论，但其“喜怒哀乐之未发谓之中”的提法，显然是就形上言之。但孟子以良知、本心、四端来说性善，则都是就已发说的。所以，“有子思而后可以启孟子，有孟子则置《中庸》《乐记》之说可也”[④]。

在蒙文通看来，由存心而至于尽心，是孟子学说中最为精备的。

---

① 钱穆：《中庸之明与诚》，钱穆：《中国学术思想史论丛（二）》，第 168 页。

② 钱穆：《中庸之明与诚》，钱穆：《中国学术思想史论丛（二）》，第 172 页。

③ 蒙文通：《儒家哲学思想之发展》，载《蒙文通全集 · 儒学甄微》，第 32 页。

④ 蒙文通：《儒家哲学思想之发展》，载《蒙文通全集 · 儒学甄微》，第 34 页。

而"《中庸》以'圣人之道，发育万物，峻及于天'，合天、人于一，是犹依于命。合天、人于一，是犹依命之说以立言。则亦不免道与物俱，理、气相间，亦必言知、言心，而后义内之旨立。故孟子虽以性善为说，而言性之说少、言心之事多；正以济说性之难而易之以本心也"[①]。

如前所论，许多学者从本体论的角度，认为《中庸》的"诚"的观念的提出，受到了道家的本体论和宇宙观的影响。但蒙文通则从后世流传的《子思子》的文本中，发现其有与法家夹杂的倾向，并由此断定子思学派有"援法入儒"的倾向。蒙文通除了发现《子思子》的许多引文里面多夹杂有法家的言辞，《孔丛子》记述子思的话，虽与别的书所征引的往往一致，但里面的文字也多有法家的观念。"子思问于夫子曰：'为人君者莫不知任贤之逸也，而不能用贤。何故？'子曰：'非不欲也，所以官人任能者，由于不明也，其君以誉为赏，以毁为罚，贤者不居焉。'"这与《韩非子·有度》篇的说法接近。[②]

许多文献中都有鲁穆公问子思的记述，《孔丛子》中的《公仪》篇中说："穆公问子思曰：'吾国可兴乎？'子思对曰：'苟君与大夫慕周公、伯禽之治，行其政化，开公家之惠，杜私门之利，结恩百姓，修礼邻国，其兴也勃矣。'"而强公室、杜私门是典型的法家论说。在晁武公的《读书志》所引的《子思子》的文中，还有一段孟子和子思之间关于义和利的辩论："孟轲问牧民之道何先？子思曰：'先利之。'孟轲曰：'君子之教民，亦仁义而已，何必曰利。'子思曰：'仁义者，固所以利之也。……《易》曰：利者，义之和也。又曰：利用安身，以崇德也。

① 蒙文通：《儒家哲学思想之发展》，载《蒙文通全集·儒学甄微》，第35页。

② 蒙文通：《孔子与今文学》，蒙文通：《经学抉原》，上海人民出版社，2006年，第259—260页。

此皆利之大者也。’”这段话亦可以从《孔丛子·杂训》中找到。这是要借子思的话来综合义利兼和的思想，而不一味将义利对立。

由此蒙文通认为，子思的书应该晚于《孟子》，吸取了法家的思想，后世公羊家说“《春秋》改周之文从殷之质”，所谓从殷之质，就是取法于法家。“今文学家之大量吸取法家思想当正是以子思之儒为先导。”[①] 如果接受蒙文通的观点，那么，现代新儒家以续思孟为己任，在制度理念上，的确可能会接受墨家和法家的观点的。

自 1920 年始，马克思主义的唯物论和历史观开始影响中国的学术研究，特别是左翼的思想史立场，这方面的代表性作品可参看赵纪彬出版于 1948 年的《中国哲学思想》一书。该书对思孟的描述引述了叶适的观点，认为思孟学派的源头是曾子和春秋以来流行的五行思想，并同意郭沫若将《尚书》中的《禹贡》《洪范》判定为思孟作品的观点。他将思孟学派的思想描述为：（1）“先验主义的认识论和无类比附的类比法”，所谓先验主义指的是思孟的性善论和认识判断来自于先验的能力的知识论。（2）天人合一的神秘主义宇宙观，其论据是主张人类内心就是宇宙本体，也就是客观世界从主观世界而出。[②]

钱基博对《中庸》的解读则似乎有些迎合当时的意识形态的倾向，但是他从领袖人格的角度来解释《中庸》的义理，则是许多人所不曾强调的，因为如果从《中庸》的外王的角度来看，他所强调的正是统治者的德行和修养，因此将其理解为一种领袖伦理学也是一值得注意的方向。钱基博认为《中庸》所阐述的是一种领袖的伦理学：“‘中’就是不偏不倚，从容中道。何以故呢？因为群众的利益，尽多不一致；群

---

① 蒙文通：《孔子与今文学》，《经学抉原》，第 259—260 页。

② 赵纪彬：《中国哲学思想》，中华书局，1948 年，第 68—72 页。

众的意见，也尽多冲突；所以做群众领袖的人，就不能不多方面容纳群众的意见，酎乎其‘中’，定出一个不偏不倚的办法，然后群众冲突的意见，能够和谐，不一致的利害，成为一致。”[①] 以此为纲领，这样中庸的“以人治人”的原则，“极高明而道中庸”都成为领导人格和领导艺术的体现。

## 第四节
## 简短的结语

随着马王堆帛书的出土，特别是郭店竹简相关文献的出土，子思的思想不断引发人们的兴趣，以庞朴、杜维明、陈来、郭齐勇、姜广辉等为代表的一大批学者，利用新的材料，对子思及其相关的学术问题展开了深入的研究。但需要指出的是，《五行》篇的出土，证明了“五行”说与“阴阳五行”之间的区别。但这种证明并不意味着近代学者讨论的结束，事实上即使是了解了思孟五行自有所本，也依然需要关注思孟五行和阴阳五行之间的复杂关系。

近代学者受传统学术方法的影响，对于思孟的辞章考据的研究比较深入，但对于《中庸》义理的阐发比较单薄，这种情况已有很大的转变。从目前的研究来看，杜维明关于儒学的宗教性、内在超越等的阐发已引发广泛的关注，对于思孟学派心性层面的考察也十分深入，但对于《中庸》与《礼记》的关系、《中庸》的社会政治哲学层面的考察也还有拓展的空间。

更进一步说，从康有为、章太炎到胡适、冯友兰，他们对子思和

① 钱基博：《中庸周易为中华民族领袖忧患之伦理学》（原书没页码），游击干部训练班，1944 年。

《中庸》文本的不同处理，呈现出近代学术由传统向现代的转变，而从这种转变中，我们也可以看到儒学不断从经学转向“对象化”的学术脉络，这或许是我们今天反思子思学派的现代意义时所必须思考的背景。很显然，康有为等人关注思孟的政治哲学倾向，而后起的新儒家则更为侧重文献和心性之学脉络的延续，这也从侧面体现了儒学在现代中国的角色的转变。

# 第四章 中国阐释学传统及转向

自从以伽达默尔为代表的解释学思想传入中国之后，引发了中国学者的关注，汤一介先生曾连续撰文讨论“建构中国的解释学”传统，既关切中国传统的知识体系和思维方式，也探讨中国思想何以找到新的发展方向。

解释学作为一个外来词，有许多翻译的方式，比如“诠释学”“阐释学”等。这种源自宗教解经传统的学说十分贴近儒家的经典注释传统，基于经典的解释空间来因应时代的问题，是历代儒家普遍采用的方式，那么我们应如何来看待这种传统呢?

## 第一节 中国学术中的阐释学传统

在中国古代思想的形成时期，就开始了以阐释（又称“解释”）为特征的思想展开方式，比如，孔子说自己是“述而不作，信而好古”（《论语·述而》），就是把自己放在古代圣王的政治理想和价值观念的

“记述”与“阐释”者的身份上。这样的传统也被后来的儒家学者所继承。在汉武帝接受董仲舒的建议，设立“五经博士”来传承不同的儒家经典注释体系之后，中国古代的思想学术逐渐确立起以“经学”，以及“经典注释”为基本形态的传统。经学作为一种极具“实践性”的解释传统，为传统中国的政治和社会生活提供了价值基础，甚至是实践指南。我们在《孟子》书中可以读到这样的句子：“王者之迹熄而诗亡，诗亡然后春秋作。”（《孟子·离娄下》）由此可见，在古人心里，不同的经典所对应的是不同的政治秩序。虽然在不同的儒家学者那里，不同经典的社会功能的解释各有不同，但经典解释并不仅仅是一种单纯的知识操练，还是借由经典解释来确立制度和传播价值观念的过程。

在不同时代，经典的解释方式有很大差异，比如，在汉代主要是今文经学和古文经学之间的争论，而魏晋时期的经典解释吸收了道家思想的因素，因此带有传统经典解释中最为充分的“哲学”意蕴。到宋代，程朱和陆王之间，存在着为学功夫的差异，但他们的解释方式一般都被归入“宋学”，而与注重文字考订的“汉学”相差异。

与此同时，佛教的传入也给我们积累了许多不同文化的经典之间如何通过翻译而建立起阐述原则的经验，比如“格义”作为一种理解方式很早就得到陈寅恪和汤用彤先生的关注。在魏晋南北朝的佛教文献中，“格义”是指讲经活动中对佛教经论里出现的术语加以解说。其中很多新的概念因没有对应的既有语词，就需要“格义”。从某种意义上说，格义就是一种对于阐述方式的“方法论”反思，而并不单纯是一种阐述活动。

鉴于中国思想传统有如此多的阐释活动，所以在20世纪90年代，汤一介先生就提出了建立“中国解释学”的期望。为此，他专门撰写了四篇论文，讨论建立“中国解释学”的可能性的问题，他把中国古代的解释传统归纳为三种。[①]一是“历史事件的解释”，以《左传》对《春秋》的注解为代表，在对“事件的历史”进行诠释的过程中，形成一“叙述的历史”。二是“整体性的哲学解释”，以《系辞》对《易经》的发挥为代表。解释者的头脑中已经有了先入为主的架构模式，然后用这个总体性的模式来调度材料，展开诠解。三是“社会政治运作型的解释”，以《韩非子》对《老子》的论说为代表。《解老》篇大多以法家的社会政治观点来解释《老子》，很少涉及形而上的层面；《喻老》篇则更甚，干脆直接用历史故事来说明君主成败、国家兴衰之故，完全是政治功利性的。除了这三种解释模式（历史的、哲学的、政治的），先秦典籍中还可以找出一些其他的有关解释问题的方法，但就解释的系统性和对后世的巨大影响而言，显然上述的三种解释模式是最为重要的。

不过，汤一介先生认为真正的“中国解释学理论”应是在充分了解西方解释学，并运用西方解释学理论与方法对中国历史上注释经典的问题作系统的研究，同时对中国注释经典的历史（丰富的注释经典的资源）进行系统梳理之后，发现与西方解释学理论与方法有重大的甚至是根本性的不同，也许才有可能成为一门有中国特点的解释学（即与西方解释学有相当大的不同的研究中国对经典问题的解释的理论体系）。他提出，我们是否能建立起一种与西方解释学有相当大的不同的“中国解释学”，或者说有无必要建立一种与西方有相当大差异性的“中国解释学”理论与方法，都要经过对上述问题进行认真研究之后才可以得出合理的结论。汤一介先生晚年设立北京大学儒学研究院，组织的课题中他自己最为重视的就是“中国解释学史”。当然，如何处理解释学史和

① 参见汤一介：《论创建中国解释学问题》，《学术界》2001年第4期。

一般意义上的经学思想史、专经的解释史之间的关系，依然是需要深入讨论的问题。[①]

对建立中国阐释学传统进行过努力的不仅仅只有汤一介先生，美籍华裔学者傅伟勋、成中英和台湾学者黄俊杰，都提出过不同思路的理解中国阐释传统的方案，也初步提出了一些方法论的思考。山东大学和岳麓书院也有专门的解释学研究机构。从这个意义上看，中国阐释学应该并不算冷门学科。甚至可以这么认为，随着中国哲学的研究逐渐注重经学研究，中国阐释学的研究，甚至学科化的建制正日益成为可能。

## 第二节
## 中国近代以来阐释模式转变中的“强制阐释”

不仅是哲学界关注中国的解释传统，文学界也一直注重解释学理论的引介和借鉴。而中国社科院的张江教授针对西方文艺批评理论中出现的“强制阐释”现象的判断和批评，有很强的针对性。但在我看来，这个问题如果放在历史或我个人从事的儒学史研究领域，则可以展开出更多的角度。就拿张江教授所提出的“强制阐释”的第二点“主观预设”来说，张江教授认为“主观预设是强制阐释的核心因素和方法。它是指批评者的主观意向在前，预定明确立场，强制裁定文本的意义和价值”，从而出现前置立场、前置模式和前置结论几大误区。[②]这些分析对于剖析西方文艺理论中的一些问题，有很强的针对性。不过，如

① 参见干春松：《汤一介与北京大学儒学研究院》，《博览群书》2014 年第 11 期。

② 张江：《强制阐释论》，《文学评论》2014 年第 6 期。

果回溯人类的阐释历史，我们也可以认为，人类的阐释活动，也正是建立一个又一个“强制阐释”，然后再不断突破的过程。固然“公共解释”是一种理想的形态，但在现实中却是难以做到的。

这一点《元史学》的作者海登·怀特的态度值得肯定，他在对欧洲19世纪的历史写作进行总结的时候，“心平气和”地总结出当时历史写作中对三种历史事件的解释方式：（1）情节化解释；（2）论证式解释；（3）意识形态化解释。这就说明，人们的历史写作会不自觉地采用某种模式，这些模式一定会受到一些主观态度的影响。① 如果以海登·怀特的方式来反思张江教授的阐释模式，我们可以看到，张江教授对于强制阐释的批评十分准确，但却是用“理想”来批评“现实”，而不是将“理想”照进“现实”。

汤一介先生在倡导建立中国解释学的时候，主要考虑到了中国古代的解释实践，然而问题的尖锐性则体现在中国近代思想的变迁中。中国古代儒家价值具有独尊的地位，但这种独尊地位的确立并没有剥夺其他思想的生存和发展，所以儒释道三教各擅胜场，发展出不同的解释范式，从而形成中国思想的丰富性和复杂性。反观近代，西学的进入、外来宗教的传播具有不平等条约的支持。更为关键的是因为西方的经济和军事强势，完全摧毁了中国人的文化自信，儒家的价值被否定，以富强和保国为目标的自强运动，实质上使西方的价值观具有一种“意识形态”的地位。由此造成了启蒙话语的立场前置和结论前置。所以，晚清时期的许多思想争论其实是争夺价值观制高点的思想运动。在张之洞等人的中体西用论看来，无论社会如何变迁，无论引入西方多少技

① 参见［美］海登·怀特：《元史学：19世纪欧洲的历史想象》，陈新译，译林出版社，2009年，第10—30页。

术和设备，儒家价值的绝对性是不能被怀疑的。换句话说，就是保教构成对于保国和保种的优先性。

而在严复看来，中体西用恰如牛体马用，是一种违背了“逻辑同一律”的推论。要学习西方，不能只引进技术，而不吸收他们的价值观和思维方式。在这个争论中，我们可以看到的是两种价值观的争论，如果站在阐释学的立场来看这个问题，我们可以看到张之洞是站在儒家立场的“强制阐释”，而严复则可以算是启蒙价值观先行的“强制阐释”。

在张之洞和严复争论后的20年里，中国发生了巨大的变化，新的政体建立起来，新的学堂也取代了古代的私塾和书院，西学的传播获得了新式学堂这样的制度性支持，但是政治制度的反复，让新式知识群体将社会问题的症结归结为儒家传统的影响，在这样的意识指导下的新文化运动，高举民主与科学的大旗。从一方面来看，在中华民国成立之后的政治动荡和军阀混战的复杂形势下，主张民主和科学对于启发民众的政治参与热情和参与能力是必要的；但另一方面，这样的启蒙是建立在一种价值先行的基础上的，所以许多文章对儒家的否定构成了另一种“强制阐释”，是用一种新的强制阐释来否定前一种强制阐释。之所以作这样的分析，并不是说不需要反思“强制阐释”的问题，而是试图说明，人类社会的认识发展是建立在一个又一个认知模式基础上。这样的模式的建立不仅会得到政治或宗教权力的支持，在某种程度上也是人类认识能力的一种体现，因此，虽然我们要警惕强制阐释，但不可能避免这种现象存在并在人们的认识实践中发挥作用。

## 第三节
## 中国近代以来阐释模式转变背后的价值因素

2018年12月，中国社会科学杂志社主办的“中国阐释学建构：路径与方法”会议在海南省三亚召开，会上文史哲不同学科的专家都发表了结合各自学科传统的阐释学理论探讨。其中，吴晓明和傅永军两位教授的发言关切到中国近代的解释方法的转型，值得思考和引申。

吴晓明教授所提出的建立中国的阐释学要吸收中国传统和西方解释学资源的设想，这一点与汤一介、傅伟勋等先生的设想一致。中国阐释学的发展必须吸收发生与壮大于19世纪与20世纪欧洲的西方解释学的理论成果，将阐释学从具体的阐释实践中提炼出来，形成一种系统的方法论。也正是如此，汤一介先生才认为同样富有阐释（解释）实践资源的中国也应发展出自己的阐释理论。

中国近代新的知识体系的形成，其实就包含着对于中国阐释模式的反思。比如王国维，在他早期热衷于哲学的阶段，他认为哲学应该追求永恒的真理，而非一时一地的是非曲直。因此，他有意识地对中国古代哲学的几个核心概念进行“重新阐释”，他选择的是“论性”“释理”“原命”等。在《论性》中，他提出中国古代的人性论，一直在人性善恶上下功夫，从而发展出修养论和功夫论。王国维认为一旦从善恶论“性”，则已经落入经验性的现象，不能如康德哲学那样讨论先天的形式，所以中国思想史的人性论都只能算是“互相矛盾”的议论。[①] 类似的质疑严复也有所涉及，严复认为中国古代逻辑只注重演绎，少关

① 谢维扬、房鑫亮主编：《王国维全集》第一卷，浙江教育出版社、广东教育出版社，2009年，第6页。

注归纳，因此，很难产生新的知识。接受英国经验主义思维方式的严复，批评了中国古代哲学过于注重内在的体悟性的思考。在他看来这些体悟缺乏逻辑的支持，并没有理论价值。他特别批评王阳明的心学，认为注重良知自足的思想阻碍了实证传统的建立。[①] 由此可见，站在西方哲学的立场上，中国哲学或被看作是缺乏逻辑支持的道德教条，或被看作是无益的议论。

在这样的观念影响下，中国传统的经学要么被认为是缺乏“科学”依据的，要么被归入“史学”。前一种情况主要体现在对待“公羊学”的态度上。公羊学作为一种经学传统在汉代达到其高峰，出现了董仲舒、何休等奠基性思想家，他们创立了公羊学的一些基本理念和阐释方法。公羊学强调“口说”和“微言大义”，在“科学”的眼光中，其学术价值存疑。晚清公羊学复兴，康有为和廖平将之作为主张社会变革的理论基础，这就造成了双重的质疑：一是经学内部的古文经学家（章太炎等）对之的批评，二是政治上的保守派借由批评公羊学而反对改革。在这双重压力下，加上康有为在政治上的保皇特性，导致儒家内部对康有为的拒绝，我们从熊十力和梁漱溟等早期新儒家的著作中都可以看到，他们将康有为视为儒学的“负资产”。除了儒家内部的批评之外，现代科学主义者或是接受科学主义立场的哲学家，都不接受公羊学“属辞比事”的讨论方式，对这种方法论的鄙视也导致了今文经学的迅速衰落。

吴晓明教授所强调的章太炎和傅斯年恰好是两个值得关注的阐释学典范性人物。看上去章太炎和傅斯年之间存在着一定程度的一致性，即作为古文经学家的章太炎反对康有为的孔教论而强调语言、典章和制

---

① 严复：《救亡决论》，载王栻主编：《严复集》第一册，中华书局，1986 年，第 43 页。

度作为文明承载者的重要意义。这一点使得顾颉刚、傅斯年等早期北大学生视章太炎为“同调”。但他们很快发现了章太炎本质上还是一个“经师”，因为傅斯年他们所要剥离的是在历史上“层累”（顾颉刚词）的价值和意义。

从这个角度看傅斯年的《性命古训辨证》，他通过对“性”与“生”关系的辨析，实质是要剥离缠绕在人性论讨论背后的儒家修养理论，这背后体现的是现代学术体系传入中国之后，传统的价值观无处存身的状况。①

有人说近代中国的阐释模式的转变背后是一个“真理”取代“天理”的过程。马克斯·韦伯就提出了现代性所带来的工具理性对于价值理性的“覆盖”。现代史学对于历史文本的解读，就是一个以“工具理性”取代“价值理性”的过程。孔子删定《春秋》，主要是要确定“褒贬”的标准，司马迁编撰《史记》目的是要“究天人之际，通古今之变”，其目的都不仅仅是呈现“事实”，而是要凸显价值。而现代史学所强调的“客观”和“真实”根本上颠覆了历史的价值功能。问题在于，当我们用“真理”去取代“天理”的时候，是否造就另外一种伪装成“真理”的“天理”。

回到张江教授所批评的“强制阐释”，当我们在辨析“强制阐释”问题的时候，该如何看待这样的价值转型的问题。同样，我也看到张江教授所撰写的对于“阐”和“释”的意义清理，这当然是建立中国阐释学的基础性问题，但如何达成“公共阐释”则应该是更为关键的问题。

对于傅永军教授所提出的中国有阐释实践没有阐释理论这个判断，

① 傅斯年：《性命古训辨证》，广西师范大学出版社，2006年，第47—52页。

颇有商榷的空间。在经学的阐释实践中，实践者也在不断总结出其背后的理论体系，这方面尤其以公羊学的理论自觉最为突出。熟悉公羊学的人都知道，公羊学的发展其实就是对《公羊传》所包含的阐释理论的归纳与总结，比如“属辞比事”“隐恶扬善”“文与实不与”“夷夏”，还有“三统”“三世”等，这些体例的总结，本身就是对公羊阐释理论的总结。其他如魏晋玄学中的“言意象”关系的讨论，也是阐释理论的一种总结。只是以前人们并没有从“阐释理论形态”上去看待这些问题而已。

为了建构现代中国的阐释学，中西不同学科背景的人需要互相学习，我们这些以中国哲学为专业的人要下功夫去了解西方的解释学理论和实践，而西学背景的人也要更为深入地了解中国经学的各个层次的问题，互相借鉴才能有真正的理论推进。

## 第四节
## 阐释者的立场对阐释活动的决定性作用

阐释活动是阐释者对于文本所包含的写作策略和价值指向的一种阐明，目的是展现作品所包含的丰富内涵。如果我们接受这样的说法，作品的完成意味着作者的死亡，这就意味着阐释者对于作品理解的决定性意义，这客观上也为“强制解释”提供了可能。然而，对于经典而言，问题要更为复杂一些，首先经典的地位决定了经典的存在甚至本身成为解释的前提，尤其是信仰性文本。西方解释学最初起源于对于《圣经》这样的文本的编纂和流传的考察，但所有的努力都是为了确立经典的绝对性。

反观儒家经典的状况就比较复杂一些。儒家并没有发展成为一神教，因此儒家经典的绝对性并没有得到神学性的规定，而只是世俗权力体系的肯定，这就意味着经典一直存在着可讨论的空间。比如朱熹就一直在考虑《大学》的定本问题。我听杜维明先生讲过一个故事，他说史华慈先生在哈佛大学与中国学者一起讨论儒家经典的时候，发现学者们经常会说经典的某一部分可能会出现传抄错误之类的话题，就觉得不能理解，但事实上"疑经"本身就是经学传统中十分重要的部分。但是对于经典的"怀疑"并非要怀疑经典所要传达的价值，而是认为某种编排可以更为准确地体现儒家的价值观。所以在儒家的阐释传统中，阐释者的主体性一直得到某种程度的肯定。如果我们以此来考察现代儒家学者的身份意识，对于理解现实中存在的种种阐释策略就很有帮助。当经学瓦解之后，儒家只成为一部分人的价值依归，因此当阐释者以信仰者的身份对儒家经典进行解释的时候，他们的目的就是要重新确立儒家价值的现代意义。

但在蔡元培废除经学科之后，儒家文本已经是中国学术体系下文史哲不同学科的重要内容，由此，这些经典也成为学术研究的对象。如果阐释者宣称自己的学者身份，那么他就会强调自己是以客观和科学的态度来对待文本，有意识地剔除"情感"和"敬意"这样的价值投射。儒家作为一种价值观，深入在百姓的日常生活中，因此，亦有一批以民族文化的弘扬者的身份自居的文本阐释者，我们在各种国学班和商业培训机构中可以看到他们的身影。当然，我们还可以总结出别的身份状态，分析阐释者的立场对于我们了解不同的阐释态度是十分有价值的。

综上所述，无论是阐释学体系的建构、如何对待中国古代的阐释传统、如何看待近代中国学术转型所带来的阐释体系的转变，还是对于阐释主体的角色分析，对于我们分析中国阐释学的可能发展方向都具有十分重要的意义。就我了解的情况而言，目前中国有许多不同学科背景的人，都在思考与阐释学有关的问题，因此，中国阐释学并非冷门学问，而是一个充满活力的学科。

# 第　四　部　分

# 儒学的学科化
# 与摆脱困境的可能性

# 导 语　儒学的出路何在？

现代儒学的最大特点就是由原先的整全性的社会价值体系转变为学科化的知识体系，虽然随着制度化儒家的解体，儒家群体不再存在，儒学难以有存身之所而成为游魂。但既为“游魂”也说明“形散而实聚”，儒学作为一种文化心理结构仍在每个中国人的心里安营扎寨，成为我们安身立命之价值根柢。

以蔡元培等人废除经学科为标志，儒学被分解到哲学、文学、历史乃至宗教、民俗等学科中。其最为核心的部分成为中国哲学史学科的重要组成部分。现代新儒学的重要代表人物，或是大学的教师，或是由现代学科教育所培养，如熊十力、贺麟、钱穆、唐君毅、牟宗三、杜维明等，也或有力图跳脱现代学科而维持经学精神的，如马一浮，也或有深度介入制度和秩序重构之梁漱溟和张君劢，构成现代儒学发展之复杂群像。

20世纪以来儒学在中国哲学学科内的发展也取得了重要的成就，若是按先秦儒学、两汉经学、宋明理学这样的不同儒学发展面向来概括，近现代儒学的最重大成就是以“哲学”的形态而呈现的，或是以哲学的方式去梳理儒学源流，或是从儒学的历史中发现哲学问题。

以哲学的方式去梳理儒学源流增加了以前儒学研究所缺乏的面向，比如以本体论、宇宙论、伦理等方式来总结儒家，使隐含在以往经学和理学中的对于人自身的存在，人在宇宙、社会中的位置，以及人的终极意义等问题得到更为深入的探索。就我个人阅读而言，冯友兰先生的《新理学》，正如他自己所说，乃是“接着讲”而非“照着讲”，从共相和殊相等方法来思考命运、生死、忠孝仁爱等儒学命题，的确使现代儒学展现出与世界哲学对话的可能。

从儒学的历史中探究哲学问题，则使我们相信哲学并非只有“西方哲学”这一模式，中国古代哲学家的思考尤其是对于社群、社会角色、责任和义务等问题的思考都给世界哲学的面貌增色。在中国举办的第十八届世界哲学大会以“学以成人”作为主题，也是儒家命题对于面临困境的人类反思自我和存在的意义所作出的贡献。

然哲学式的发展能否充分展现儒学的丰富性，儒家对于养生丧死的思考，儒家对于礼乐生活和人的尊严的思考等问题，尤其是儒家经典与现代生活的关系，都难以在哲学的框架内获得充分的展开。而哲学的抽象性形态与作为生活方式的儒家之间更有难以弥合的鸿沟。

对于中国而言，儒学在近代的转折并非儒学自身命运的逻辑发展，而是在西学的压力下的被动转型，因而，当现代中国重新回到世界舞台的中心之后，儒学作为民族文化的核心、国家凝聚力的基础，特别是在生活态度的重建等方面拥有丰富资源，这些面向均难以在哲学的框架内得到充分的“自我实现”。国学热的兴起、经学研究成为显学、乡村儒学的探索，等等，都给我们展现了儒学重回中国人的精神和生活的丰富例证。儒家在寻求一种更为多元的现代儒学的样态。回顾百年以来的历史，我们可以从王国维、马一浮等学者、儒士，以及当下活跃的哲学家、儒学家的思考和实践中发现他们摆脱困境的努力，但我们能找到方向吗？

## 第一章 现代中国的国家意识建构和文化自觉

### ——国学热对儒学发展的意义

“国学”作为一种与近代国家意识的兴起有密切关系的学术思潮，与20世纪初的“国粹派”的提倡有很大的关系。面对民族危机和文化危机，以邓实、黄节等人为代表的思想人士提出：一个国家的成立，必须要有立国之精神，他们试图将传统文化中的独立、健康的成分称为“国学”，并强调，若这种国家精神能够维持，那么即使国家被外敌所灭，亦有复兴之可能。若文化灭亡，则国家就永远灭亡了。很显然，这是在亡国灭种的危机中所产生的思潮。后来章太炎等人，从历史、典章和掌故等来定义“国学”，使“国学”概念更为“学术化”。“国学”相关的讨论成为民国时期重要的学术议题。比如胡适发动的“整理国故”运动，即要反对国学观念中的“文化保守主义思潮”。

北京大学“国学门”和清华大学“国学院”等建制性的国学研究机构的成立亦体现出对学科化研究对中国文化特点的“遮盖”的纠正意图。[①] 不过，这个绵延几十年的思潮在革故鼎新的社会变革中湮灭无闻

① 参看干春松：《国学：国家认同与学科反思》，《中国社会科学》2009年第3期。

了。直到1990年代，新的国学热兴起。学术讨论加上建制化的国学研究机构的成立，眩目一时。然后，那些曾经搅动清末民初人们思想的问题依然存在。要分析晚近的“国学热”，首先要面对的问题又是“何为国学”，不过，需要增加的参照系是时隔一个世纪的两次“国学热”有什么联系和区别。

我们在使用“国学”概念的时候，如果不能注意到“国家认同”和“儒学学科化”的困境，就会简单地从“传统文化”这样的角度直接“置换”国学，在这样的意义上去理解国学，很难避免学者对这个思潮的“学术品格”和“思想意义”提出质疑。比如，从事西方哲学研究多年的谢地坤教授的《文化保守主义抑或文化批判主义：对当前“国学热”的哲学思考》[①]一文所表达的立场就很有代表性。他批评在国学热中，“国学”这个概念“广泛而模糊”。尽管他肯定了“国学”概念比以前经常使用的“中国文化”概念在化解中西对立问题上有所突破，但对国学热中拒斥西方的倾向有所警惕。

他概括了学界对于国学的四种理解：（1）把国学与中华传统文化等量齐观的观点；（2）以刘泽华为代表的对中国传统文化予以彻底否定的观点；（3）主张学不分东西，国学没有任何意义的观点；（4）国学是全球化时代的文化自觉的观点。第一种是着眼于国学的内涵，第二、三、四种则是对于传统文化的态度。尽管这样的概括并不严密，但看到了即使是参与国学讨论的学者中，对于国学的态度也是有分别的。所以，谢文的核心并不在于清理国学的内涵与外延，而是从第一种国学观出发分析这样的“国学热”的原因和思想倾向。他有一个基本的判断是：现在的思想界出现了一种反转，对于传统的肯定已经阻碍了以开放的心

---

① 载《哲学动态》2010年第10期。

态去迎接外来文化，因此，需要提倡文化批判主义，展开对“国学热”中所呈现的文化保守主义立场的批判。他说：“我们现在要思考的是，为什么会出现这种学理与事实相背离的情况？为什么在改革开放之初，中国大陆绝大多数知识分子都是以开放的心态去迎接外来文化，而在已经享受到改革开放带来的成果的今天，为什么反而会有相当一部分人热衷于宣传和复兴传统文化，甚至于还把儒家思想当做传统文化的唯一内容，当做治国救民的唯一良方。”①

我们姑且不论将文化保守主义与文化批判主义做一个“对反式”的处理是否“理据充分”，从两次国学热的核心议题看，将“国学热”视为文化保守主义是否合适？两次“国学热”的关注点何在？其内在的转换又是什么？要探讨这些问题，需要从更深层的视角去梳理“国学”概念的复杂性和文化立场的多样性。

## 第一节<br>“国学”与国家意识的建构

通过对两次“国学热”文献的阅读，可以确定“国学热”的核心关切是现代中国国家意识的建构。

就传统的立场看，中国人向来是把“天下”作为其最高的社会理想，因为没有现代意义上的“民族国家”观念，也就不可能发展出国家间竞争的观念，没有外来的压力，对国内的团结也就不甚关注。这种超国家主义的意识导致面对异族入侵或文明冲突时，总期待以时间换空

① 谢地坤：《文化保守主义抑或文化批判主义：对当前“国学热”的哲学思考》，《哲学动态》2010年第10期。

间，最后达成各民族的融合和文化的贯通。

由“天下兴亡、匹夫有责”的天下意识向充满抗争意识的爱国保种观念的转进，是近代中国思维方式的最重大的转变。这是时势所趋。西方的资本主义生产体系和新兴的民族国家体系的结合，资本的扩张本性和民族国家对国家利益的无制约的追求，使近代民族国家展现出很强的进攻性和征服性。鸦片战争之后，在西方列强的坚船利炮冲击下，中国传统的“中心—边陲”的帝国模式（朝贡体系）[①]被瓦解，并在一系列不平等条约下被动地进入民族国家体系中。

面对此大变局，许多有识之士力图通过现代国家意识的建构来凝聚人心，提升中国在弱肉强食的国际环境中的竞争力。比如杨度等倡导“金铁主义”，主张发展经济和军事力量来对抗野蛮的世界。康有为主张“物质救国”，认为壮大经济和提振科技是保卫国家主权的不二选择。在这样的背景下，近代的一些思想家提倡“国学”，就是试图通过对“国粹”的发掘，建立起国家意识和民族凝聚力，使中国具有国际竞争力。

在富国强兵的总体目标之下，“国学”的主题集中于对于民族精神和国家精神的提炼。国粹派的主要人物黄节说：“夫国粹者，国家特别之精神也。”[②]他看到东邻日本通过提倡国粹保存主义，形成了“酌本邦之国体民情为根据”、取长补短的立国精神，于是也想效仿之而在中国提倡保存国粹。国粹派的观点是：如果国家之精神特性犹存，即使国

---

① 对于帝国这个概念的理解目前有很大的差异。柄谷行人的一段话，有助于说明我们在使用这个概念时的所指。“中华帝国之下，各部族、国家只要朝贡，其地位就能获得承认。而从朝贡所接受的回馈来看，它也不过是交易的一种。只要没有威胁到帝国内部的贸易安全，帝国就不会干涉部族、国家的内部事务。”因此，帝国所实行的法律实际上是“国际法”。见［日］柄谷行人：《民族与美学》，西北大学出版社，2016 年，第 47 页。

② 黄节：《国粹保存主义》，载桑兵等编：《国学的历史》，国家图书馆出版社，2010 年，第 3 页。

家不幸被灭亡，也还有重振复兴之希望；如果失去了依托于国学而建立的国魂，那么国家就会一亡而永亡也。黄节说：“立乎地圜而名一国，则必有其立国之精神焉，虽震撼掺杂，而不可以灭之也。灭之则必灭其种族而后可。灭其种族，则必灭其国学而后可。昔者英之墟印度也，俄之裂波兰也，皆先变乱其言语文学，而后其种族乃凌迟衰微焉。”① 通过总结印度、波兰覆亡的例子来说明保存文明的因子对于国家的存续的重要意义。

在近代国学家的意识中，“国学”乃国家精神之所系，如果国家精神存在，就不会失去其凝聚力，从而必将迎来国家之复兴；如果“国学”消亡，那么即使国名仍存而实已亡。“夫国学者，国家所以成立之源泉也。吾闻处竞争之世，徒恃国学固不足以立国矣，而吾未闻国学不兴而国能自立者也。吾闻有国亡而国学不亡者矣，而吾未闻国学先亡而国仍立者也。”②

由此可见，近代“国学热”的产生源自由天下体系向民族国家体系转变过程中所产生的“国家认同”的需要，而文化传统、民族的历史和典章制度就是认同的基础。

现在的世界已然不是100多年前的殖民世界，中国也不再需要面对亡国灭种的危机。中国经济在经历了高速发展之后，已经在经济规模和军事实力上有巨大的发展，越发尊重自身的传统，并将之视为中国经济社会发展的重要经验。因此，在新时期兴起的这场“国学热”中，近代意义上的国家认同问题便转化为在文化多样性的世界环境中，中国如何坚定地走自己的发展道路的问题。毫无疑问，这是一个潜伏在众声

---

① 黄节：《国粹学报叙》，载桑兵等编：《国学的历史》，第17页。

② 国学讲习会发起人：《国学讲习会序》，载桑兵等编：《国学的历史》，第77页。

喧哗的国学言论背后的内在基础。

出于对中国发展方向的不同理解，当下的“国学热”中的国家认同也呈现出不同的面向。一些人是从中国文化本位和国家精神的一致性出发来构建他们的国家意识。所谓中国文化的本位意识，其实就是儒家为核心的包括其他优秀文化内容的精神价值体系。这一点也是中国之所以是中国，而不是其他任何别的文明的复制品的基础。另一些人则从对不平等的国际秩序的批判中强调中国应走一条独立的发展道路，这样的道路虽然“反对西方强权”，但并不必然回归中国的“道统”，强调中国的主体性，但不必然纠结于文化中的古今中西之争。更有一些学者倡导一种“新国学”，将之上升为一种新的国家哲学：“在当今中国和当今时代，我们重提国学研究，对于进一步弘扬发展中华各民族的优秀传统文化，不断实现马克思主义的中国化，更好地坚持和发展中国特色的社会主义理论体系，实现中华民族振兴的伟大历史任务；对于进一步增强中华民族文化强大的凝聚力，维系全球广大华人团结的思想基础和不可割裂的纽带，继续大力推动海峡两岸的文化交流、合作，早日实现祖国和平统一……具有十分重要的意义。”①

由此可见，20 世纪末到 21 世纪初再度兴起的“国学热”，依然以强烈的国家意识作为基础。与 20 世纪初的“国学热”相较，两者的区别在于，在 19 世纪末到 20 世纪初国家意识的建构中，救亡图存是其核心精神，而现今的“国学热”则有更复杂的面向：对内体现为文化价值的重新整合，试图理顺中国传统文化、西方文化和马克思主义之间的关系；对外则是对于不合理的国际秩序的批评和中国模式的探索，甚至包

① 李慎明：《建立马克思主义新国学观和新国学体系》，载梁涛、顾家宁编：《国学问题争鸣集（1990—2010）》，广西师范大学出版社，2010 年，第 118 页。

括对一直被视为“天经地义”的西方政治、经济模式的反思。这是文明复兴过程中的自我定位和未来定位的综合。从这个意义上，现今的国学的确是一种“新国学”。如果不能认识到“新国学”的“国家”向度，那么也就无法真正理解“国学热”再度兴起的内在原因，从而也可能会将国学视为是对于旧日帝国的怀念，而不能理解国学对于中国国家转型的重要意义。

谢地坤教授的文章虽然看到了国学的多重特性，但是他在论述中不自觉地将提倡国学等同于固守传统，忽略了国学自身的层次性和发展性，特别是没有将当下“国学热”所内含的对中国国家形态的定位和国际秩序的反思成分进行充分的考量，而是根据他自己所总结的“国学”来对之进行评断，所以他断言：“当我们已经生活在21世纪，面临着全球化时代，那种以为我们今天的经济实力有所发展，我们的文化可以独立于世界文明而自我封闭的想法，以为所谓国学能够承载整饬人心、治国安邦之重任的想法，不仅让人看到其中不合时宜的民族主义、保守主义的因素，更重要的是暴露了其脱离现实、把古代思想嫁接到现代社会实际生活的主观臆想。”[①] 姑且不论将民族主义和保守主义归结为“不合时宜”是否合适，谢地坤把倡导国学看作是“把古代思想嫁接到现代社会实际生活”，可能是缘于“国学热”中确实出现了一些极端观点，这些极端主张又的确引发了思想界的某种混乱；但若采取以偏概全的方法并将之加以普遍化，这样的批评显然是难以切中要害的。

---

① 谢地坤：《文化保守主义抑或文化批判主义：对当前“国学热”的哲学思考》，《哲学动态》2010年第10期。

## 第二节
## “国学热”：文化自觉与文化自信

国学思潮的另一个重要问题是“文化自觉”问题。文化自觉就是对自身文化传统的价值的自我认知。按照费孝通先生的理解：“文化自觉只是指生活在一定文化中的人对其文化有‘自知之明’，明白它的来历、形成过程、所具有的特色和它的发展的趋向，不带任何‘文化回归’的意思。不是要‘复旧’，同时也不主张‘全盘西化’或‘全盘他化’。自知之明是为了加强对文化转型的自主能力，取得决定适应新环境、新时代时文化选择的自主地位。”[①] 很显然，文化自觉是我们建立在文化自信基础上的新的创造，不是复古，也不是依傍。由此他提出了“各美其美，美人之美”的文化方法论，既肯定自身文化传统，也能欣赏和吸收别的文化形态的文化观念。

谢地坤文章最着力处就是对“国学热”和“文化自觉”问题的探讨。文章最具启发性的阐述就在于他对于近代以来的文化冲突与全球化时代文化多元性与普遍性问题的深刻认识，这的确是反思“国学热”所必须具备的视野。谢地坤认为：“文化自觉是我们民族觉醒的表现，反映了中国先进知识分子看到自身文化的不足与流弊，自觉地对之加以批判和改造，使之能够赶上时代的步伐，适应时代的需要。”无论是新文化运动的倡导者，还是国学大师“都是批判地继承中西文明的成果，走出了不同文化互相交流、相互融通的道路，使得这个时期的中西文

① 费孝通：《反思·对话·文化自觉》，载氏著：《从实求知录》，第398—399页。

化达到前所未有的会通融合”[①]。但是这样的论断也需要做进一步的“追究”。近代以来所呈现的各种形式的中西文化比较，大多是基于拯救处于危亡中的中华民族的动机。在器物和制度层面的改革归于失败的时候，一部分人将中国落后的原因归结为观念层面的缺失，矛头直指中国的文化传统。比如陈独秀和胡适等新文化运动代表人物，认为中国文化导致了中国的专制政治体制和对于个人自由的否定，中国人注重综合和演绎的思维方式阻碍了中国近代科学的发展。为了使中国走上独立和富强的道路，就必须与自己的文化传统告别，按胡适的说法，就是要“充分世界化”。这样的激烈的反传统思潮，虽理不必然，但亦情有可原，是一个特定时期人们对于文明的危机状态的“过激反应”，很难称得上是真正的“文化自觉”。文化自觉有一个基本的前提就是“文化自信”，即相信自身的文化传统有吸收和容纳世界先进文化的能力。新文化运动的倡导者和梁启超、陈寅恪等国学大师，虽然都是批判地继承中西文化的成果，但是他们有一个根本的不同，即国学大师们存有对于自身文化的“同情和敬意”，试图通过文化的自省进行“创造性的转化”，而不是对文化传统采取弃之如敝履的简单否定的办法。

国学思潮本身就是在西方文化冲击下的一种反应，因此，国学思潮在忧虑国家和民族的困境之时，从来不是简单地对自己的文化传统进行毫无批判的反思；国学家们在呼吁人们珍惜民族文化传统的时候，对文化传统中的负面因素也进行了尖锐的批判。晚清国粹派的重要代表人物邓实在《国学真论》中就提出要区分国学和君学，他把那些只知道维护君主统治、忽视国计民生学斥之为“君学”，他说，“自秦汉以

① 谢地坤：《文化保守主义抑或文化批判主义：对当前“国学热”的哲学思考》，《哲学动态》2010年第10期。

来，一君学之天下而已，无所谓国，无所谓一国之学”，“知有国则其所学者，上上千载，洞流索源，考郡国之利病，哀民生之憔悴，发愤著书，以救万世。其言不为一时，其学不为一人，是谓真儒之学”[①]。国粹派的视野已经不再局限于儒、道、墨、法这些内容，虽然并非一定出于主动，但他们已经意识到，融会东西，乃是中国文化发展的唯一道路。国粹派的重要人物许守微将国粹看作是精神之学，欧化看作是形质之学，结论是国粹和欧化并非互相排斥，所以他专门著文强调“国粹无阻于欧化”，“国粹也者，助欧化而愈彰，非敌欧化以自防”[②]。虽然我们可以从中看到张之洞等提出的“中体西用”论的影响，将欧化视为形质之学、国粹视为精神之学也有偏颇之处。但是，有一点却可以由此得出，即国粹派并非要“复古”，而是强调在“欧化”的同时，看到自身文化的长处。

值得注意的是，在国粹派看来，判断一种文化能否称得上“粹”的前提，所依据的标准不是该文化发源于哪一个国家，而是是否“适宜”这个国家。这就是说，即使这种思想并非出自本土，只要适合中国，那么也可以称之为“国粹”；反之，即使是在中国形成发展起来的思想传统，只要不适宜于中国，也就不能称之为“国粹”。黄节说：“是故本我国之所有，而适宜焉者，国粹也。取外国之宜于我国，而吾足以行焉者，亦国粹也。”[③]

晚清国粹派已具有相当的开放胸怀，那么，21世纪的“国学热”当然更是一种在全球化和文化多样化背景下的文化自觉。在2008年4

---

① 邓实：《国学真论》，载桑兵等编：《国学的历史》，第91页。

② 许守微：《论国粹无阻于欧化》，载桑兵等编：《国学的历史》，第61页。

③ 黄节：《国粹保存主义》，载桑兵等编：《国学的历史》，第3页。

月中国社会科学院举办的“国学研究论坛”上，新世纪国学热的重要推动者纪宝成就主张要“使今天的国学成为一个开放的文化体系，充分汲取和借鉴世界尤其是欧美近现代文化的精华部分，给国学注入新的生机，升华新的境界；不断开拓视野，注重东西文化比较，在世界文明发展的大格局中进行定位，不张扬狭隘的民族主义，而是追求在世界文化多样化的背景下，既各美其美，也美人之美”[①]。固然，“国学热”中也出现了一些极端的主张，比如一些人将国学意识形态化，或将国学商业化，但是并不能据此就否定国学研究，否定国学对于发展当代中国文化的意义，而是“要大力提倡和支持承接中华文化慧命，适应时代发展需要的新国学”[②]。

从人类发展的历史来看，世界上不同地区和国家的人民创造了多种多样的文明，这些文明因为不同的缘由产生碰撞、融合、发展，然后形成新的文明。但是，文化发展的终点绝不可能是万流归一的一花独放、一元独大，必然会是百花争艳的各美其美。曾经因为经济的落后、社会的凋敝，一部分中国人对自己的文化失去了信心。改革开放以来，中国的经济飞速发展，中国人又重拾民族自信。无论是文化虚无主义还是文化封闭主义，这两种倾向都是需要我们反思的。正确的做法是树立文化自信，处理好文化普遍性和本土性的辩证关系。

正如谢地坤研究员所言，当下中国人遇到的环境、信仰、社会公平正义等问题“不只是中国独有的，在世界上有一定普遍性”，“我们不能因为强调某一民族文化的独特性而否定世界文明的普遍性，也不能

---

① 纪宝成：《国学何为？》，载梁涛、顾家宁编：《国学问题争鸣集（1990—2010）》，第 98 页。

② 方克立：《创建适应时代需要的新国学》，载梁涛、顾家宁编：《国学问题争鸣集（1990—2010）》，第 111 页。

因为强调世界文明的普遍性而否定各个民族文化的独特性”[①]。然而，这个看似辩证的描述仍然值得反省：当我们说普遍性的时候，事实上并不存在一个与特殊性相对的普遍性，也就是说普遍性是存在于特殊性之中的。而在全球化的今天，我们需要警惕的是那些伪装成普遍主义的特殊主义，也就是说某一些特殊的文化或价值，通过经济实力、强大的传媒，甚至是武力，将自己的独特的价值观念“包装”成一种普遍性文化或价值，并以此来消解或贬低别的文化。这一点，在当今世界表现得十分明显。西方文化近代以来一直以“世界文明”自居，而将许多民族的文化贬低为“前现代”的，这样就将多元文明之间的关系转化为西方文明和非西方文明之间的关系。而发生在当今中国的国学思潮，从某种意义上，正是从反思这样的文化观念出发来重建中国文化的信心的。

人类正处于一个十字路口，面对巨大的挑战，不同的文明正基于各自的视角提出各自迎接挑战的方式，只有各民族基于自身的文化资源，发挥自身文化的创造性，才可能为人类自身的持续发展提供条件。在这样的背景下，中国所出现的“国学热”，可以被理解为与探索中国式的发展道路密切相关。建立在文化自信基础上的文化自觉，正是这次“国学热”的最重要的特征，从这个意义上说，这次“国学热”正是谢地坤研究员所提倡的文化批判主义精神的体现，因为它不但对中国的文化传统采取了批判继承的态度，而且对外来文化和不合理的世界文化秩序也持有既肯定又批判的立场。

“国学热”在当下中国还处于表面虚热的状态，无论是功夫扎实的

---

① 谢地坤：《文化保守主义抑或文化批判主义：对当前“国学热”的哲学思考》，《哲学动态》2010年第10期。

古代文献研究还是精深的思想流派研究，都还有很多艰巨的工作要做。而要融会中西、熔铸新的中国精神更是任重道远，更遑论对世界文明的发展提供精神资源了。在这样的使命下，对于“国学热”，一方面我们应该警惕防止其滑向错误的方向，另一方面要肯定其积极的作用，使其对中国和世界的发展做出贡献。

# 第二章 纯粹哲学视野下的王国维对中国哲学学科的探索

谁都不会否认王国维对于近代中国学术的贡献，但是将之作为一个哲学研究者的角色认定却是很模糊的。在郭湛波的《近五十年中国思想史》中，王国维被看作是西方哲学的介绍和传播者，即所谓“西洋哲学之介绍，继严氏以后之第一人”[①]。在李泽厚的《中国近代思想史论》中，王国维的哲学成就是在注释中出现的，而冯友兰的《中国哲学史新编》中，则主要讨论了他在美学上的贡献。就个人阅读所见，叶秀山先生对王国维的哲学“天赋”极其欣赏，认为他从事专业哲学研究的时间虽并不长，对西方哲学的理解却已经十分深入。[②]

王国维之哲学家的形象的模糊，其主要的原因在于他对于哲学的“自我放弃”，更重要的是因为我们后来走的是“哲学在中国”的路子，王国维立足于以逻辑论证和概念分析的方式进行哲学探究的方法并没有得到“显性”的继承，这样导致我们对王国维在哲学学科建构中所做出

① 郭湛波：《近五十年中国思想史》，第 59 页。

② 叶秀山：《王国维与哲学》，载《叶秀山全集》第五卷，江苏人民出版社，2019 年，第 281 页。

的贡献认识不足。因此，我们要从已经被“历史湮没”的形象中发掘王国维在中国哲学学科建构过程中所面临的困境和他运用西方哲学的方法来梳理中国哲学的开创性工作，这种工作在很大程度上决定了20世纪中国哲学研究的雏形。

在现代中国哲学研究者中，延续王国维的问题意识的最有代表性的学者是牟宗三。从儒家的道德理想主义出发，牟宗三看到了康德实践理想的设准的重要性，因为先天的道德原则的存在也是儒家的基本设准，否则“儒学第三期发展”便无从奠基。同时，对儒家道德价值的肯定和接受，又必须是遵从内心的自由选择。因此，牟宗三接受“意志自由”的设准，是要说明人们选择儒家的道德并非外在力量（诸如地理或文化传统、政治因素）的强制而是基于个体的自觉。这几乎是20世纪从哲学角度来思考儒学的现代命运的最为深刻的路径，但悖论所在则是，王国维的路径很大程度是超越价值关怀的“非儒学”走向的，对此，我们可以从他对几个儒学的基本概念的分析中得到印证。

## 第一节
## 对于哲学和哲学家角色的认识

1905年科举制度废止，标志着中国传统教育制度的衰亡和以西方教育模式为模板的新式学堂的建立，就教育内容而言，除了经学科依然存在争议，学堂的知识体系也移植自西方，这与当时的人才需求相一致。就传统的知识精英和地方士绅而言，教育制度的转化意味着他们社会角色发生了变化，他们不再具有知识上的优势地位，而取代他们是海外留学群体和新学堂培养的知识群体。哲学家就是一种“新”的社会角色。

据与王国维所发表的言论来对勘，王国维对于哲学作为一门学科的价值和哲学家的角色定位的认识的许多思想资源来自他 1902 年所翻译的《哲学概论》一书。该书绪论的大部分笔墨就是用来介绍社会上对于哲学的种种非难及作者自己对这些非难的辩护。该书指出，流行的对于哲学的非难有三种：第一种认为哲学“空漠”，是哲学家说的一些胡言乱语，对社会无益，有的人则是用哲学来“貌为高远”，故作深刻；第二种是常识性的攻击，认为哲学与科学“不两立”；第三种则是从哲学发展的历史看，认为哲学始终不能形成自己固定的学说，经常处于变化之中，难以成为一种学问。而作者认为这几种攻击有的是出于对哲学的误解，有些则本身就是哲学的特征。① 对此，作为译者的王国维自然了然于胸。

巧合的是，这些知识很快就有了用武之地。当时发生的一件事引发了王国维对于哲学必要性和哲学家角色定位作出分析。清末新政中出台的由张之洞审定的《奏定学校章程》中规定“大学及优级师范学校之削除哲学科”。王国维在发表于 1903 年 7 月《教育世界》55 号的《哲学辨惑》一文中，对此提出了猛烈的批评，他列举的五条理由是：哲学非有害之学；哲学非无益之学；中国现时研究哲学之必要；哲学为中国固有之学；研究西洋哲学之必要。②

在写于 1906 年的《奏定经学科大学文学科大学章程书后》一文中，王国维继续对前引一文中的观点加以阐发：“夫欧洲各国大学无不以神、哲、医、法四学为分科之基本。日本大学虽易哲学科以文科之名，然其文科之九科中，则哲学科裒然居首。而余八科无不以哲学概念、哲

---

① [日] 桑木严翼著，王国维译：《哲学概论》，载谢维扬、房鑫亮主编：《王国维全集》第十七卷，第 131—141 页。

② 谢维扬、房鑫亮主编：《王国维全集》第十四卷，第 6—9 页。

学史为其基本学科者。今经学科大学中虽附设理学一门，然其范围限于宋以后之哲学，又其宗旨在贵实践而忌空谈，则夫《太极图说》《正蒙》等必在摈斥之列。……吾人且不论哲学之不可不特置一科，又不论经学、文学二科中之必不可不讲哲学，且质南皮尚书之所以必废此科之理由。”[①] 王国维分三条列出张之洞不设哲学科的理由，并对之进行辩驳。其一，“必以哲学为有害之学”。哲学以追求真理为目标，或与一些流俗所见有冲突，但最终是对人类发展有益的。其二，“必以哲学为无用之学”。其实“哲学之所以有价值者，正以其超出乎利用之范围故也”。其三，“必以外国之哲学与中国古来之学术不相容也”。“若夫西洋哲学之于中国哲学，其关系亦与诸子哲学之于儒教哲学等。今即不论西洋哲学自己之价值，而欲完全知此土之哲学，势不可不研究彼土之哲学”[②]。这就是说西方哲学即使作为一种认识中国哲学的方法而存在，也是有价值的。

这里，王国维的观点与《哲学概论》有一致性，并根据中国思想传统和现实需要做了一些发挥。首先，他认定尽管中国古代没有哲学之名，但有哲学之实，也就是说哲学并非只是一种外来的观念，只是我们没有像西方人那样建立起概念系统和推理方法。其次，外国的哲学对于研究中国本土的哲学而言是十分必要的，并下了“异日昌大吾国固有之哲学者，必在其深通西洋哲学之人”这样的断语。应该说，这都是具有特别重要的学术价值的判断。

王国维对哲学的特性有正面的陈述。他指出：哲学是一种追求真理的学问，不是针对某一具体问题而做出的具体解答，其终极的价值是

① 谢维扬、房鑫亮主编:《王国维全集》第十四卷，第 33 页。

② 谢维扬、房鑫亮主编:《王国维全集》第十四卷，第 33—36 页。

给人的生活以慰藉，并提升人类的精神境界，不能以一种实用的眼光对待之。王国维反对以功利的态度和非纯粹的学术立场来对待哲学，这与当时普遍希望以“西学”来拯救民族危机的大多数知识分子的“实用”态度是不一样的。他在《论近年之学术界》一文中对于严复和康有为等人提出了批评。他认为严复翻译西方哲学经典的兴趣是非哲学的：“其兴味之所存，不存于纯粹哲学，而存于哲学之各分科。……故严氏的学风，非哲学的，而宁科学的也，此其所以不能感动吾国之思想界者也。”而对于以康有为为代表的“蒙西洋学说之影响，而改造古代之学说”的做法，王国维认为，其结果是“学问上之事业，不得不与其政治上之企图同归于失败者也”。[①]

他强调研究者应以学问为目的而非谋生之手段，认为哲学不应以物质上的利益作为有用与否的依据。哲学的功用主要在于精神上。“人之所以为人者，岂徒饮食男女，芸芸以生、厌厌以死云尔哉？饮食男女，人与禽兽之所同，其所以异于禽兽者，则岂不以理性乎哉？宇宙之变化，人事之错综，日夜相迫于前，而要求吾人之解释，不得其解则心不宁，叔本华谓人为形而上学之动物，洵不证也。”[②]哲学之即哲学不但有相对的比较的利益，又有绝对的利益者也。并不是因为哲学有用而要研究它，哲学提供人既为人，人有尊严地生活的基础。

他强调，哲学是人之为人的标识，哲学是一种追求真理而让人体会智慧的快乐的学问。正因为如此，哲学有时会显出与时代的不合拍，哲学的价值在于“纯粹的知识和微妙的感情”，而这也是人与禽兽所存之区别的“几希”。他说：“天下有最神圣、最尊贵而无与于当世之用

① 谢维扬、房鑫亮主编：《王国维全集》第一卷，第122页。

② 王国维：《哲学辨惑》，载谢维扬、房鑫亮主编：《王国维全集》第十四卷，第7页。

者，哲学与美术是也。天下之人嚣然谓之曰无用，无损于哲学、美术之价值也。至为此学者自忘其神圣之位置，而求以合当世之用，于是二者之价值失。夫哲学与美术之所志者，真理也。真理者，天下万世之真理，而非一时之真理也。其有发明此真理（哲学家），或以记号表之（美术）者，天下万世之功绩，而非一时之功绩也。唯其为天下万世之真理，故不能尽与一时一国之利益合，且有时不能相容，此即其神圣之所存也。”[①] 王国维看到了问题的关键：从哲学之学科的建立而言，先是遭到张之洞的否定。即使是主张引入哲学的人，也容易将哲学视为“功利”性的学科，而非作为改变思想方法的“基础”性的“新工具”。这或为“通经致用”传统的影响，即使到今天，人们依然是以是否“有用”去衡量哲学的价值，而不能体会“无用之大用”，由此，中国思想家总是抱着政治上的抱负，而不愿潜心于“纯粹哲学”，只有道德哲学和政治哲学的兴趣而已。

## 第二节
## 王国维的西方哲学研究

根据王国维自己的叙述，他最初接触西方哲学是在《时务报》工作的时候。当时罗振玉等成立私立东文学社，作为东文学社学员的王国维，受到当时的日本老师的影响而逐渐倾心于叔本华的哲学。深感由语言隔阂而造成思想距离的王国维将随后的大部分时间用于学习英文。在这个时期，王国维阅读了大量的西方哲学著作，包括文德尔班的《西方哲学史》、叔本华的《作为意志和表象的世界》和康德的《纯粹理性

① 王国维：《论哲学家与美术家之天职》，载谢维扬、房鑫亮主编：《王国维全集》第一卷，第131页。

批判》，对西方哲学的一些基本问题有了初步的了解。

从王国维的著作年表分析，王国维在潜心研读大量的哲学著作的时候，也是一个热衷于翻译的人。这一方面固然是因为要满足当时他们所办的《教育世界》的稿件需求，同时王国维自己也认为只有更多地了解外国的哲学，才能深化中国的哲学研究。

1902年，他翻译的哲学类著作包括《心理学》（日本，元良勇次著）、《哲学概论》（日本，桑木严翼著）、《伦理学》（日本，元良勇次著）。1903年，他翻译了《西洋伦理学史要》（英国，西额惟克著）。从1903年开始，他撰写了大量的介绍性和评论性文章，而运用西方哲学的方法研究中国哲学的著作的问世应在1904年。

从王国维的翻译和后面的言论来看，他翻译的日本人桑木严翼所著的《哲学概论》对他的影响很大。虽然从该书的内容来看，这是一本侧重于介绍哲学基本知识和研究方法的入门书，由于王国维看重学理本身，他认为翻译这样一本基础性的读物是十分必要的。该书对于哲学的各种定义进行了细心的辨析，最为重要的是对哲学的一些基本方法的介绍。书中指出，哲学的方法分为一般方法和特殊方法，“一般之方法，谓与他科学公共者；特别之方法，谓哲学所独有者”①。一般方法即归纳法和演绎法，特殊方法即直觉法和辩证法。《哲学概论》对于直觉法和辩证法是这样介绍的：“直觉法或直观法者，谓攻究哲学时一种特别之直觉，与寻常之知力异，而得直知事物之真相，由此而组织哲学者也。”② 此即费希特所说的“知的直观”，与后来牟宗三所特别强调的

---

①［日］桑木严翼著，王国维译：《哲学概论》，载谢维扬、房鑫亮主编：《王国维全集》第十七卷，第187页。

②［日］桑木严翼著，王国维译：《哲学概论》，载谢维扬、房鑫亮主编：《王国维全集》第十七卷，第192页。

“智的直觉”有关，并认为此乃理解现象和本质之间的桥梁。而辩证法之典型形态即黑格尔所用之正反合三段论：“世界之事物，常经三段之次序而发达，则解释之方法，亦不可不从此自然之行程而用正、反、合之三段。故一切事物得由正反合之关系说明之，谓之辩证法。”[①] 由此，王国维总结道：“归纳法固研究所不可缺，然其根本，不可不诉之于直觉或思辨而由此演绎之。而当其组织其所归纳之结果时，又不可不用兼分析与综合之演绎法（即如辩证法）。如此而其原理始有必然的根据。”[②]

对于哲学的基本知识和基本方法的介绍，可以说是王国维与同时代的介绍西方思想者相比最重要的特征。他 1905 年撰写的《周秦诸子的名学》，便是运用西方的逻辑和哲学方法研究中国古代的名学思想的重要著作。他说学术研究需要逻辑作为基本的工具，而中国古代则有逻辑的初步尝试：“如《墨子》《经》上下之论定义（Definition），《大取》《小取》二篇之论推理之谬妄（Fallacy of Reasoning），荀子及公孙龙之论概念（Conception），虽不足以比雅里大德勒，固吾国古典中最可宝贵之一部，亦名学史上最有兴味之事实也。”[③] 即使在 1908 年他已经失去对哲学的兴趣的时候，还专门翻译了耶方斯的《辨学》，足见他对哲学方法的挂念。

王国维对于西方哲学的研究最受人关注的是关于叔本华哲学的研究和介绍。他通过叔本华上窥康德，下及尼采。用他自己的话说：“余之

---

① [日]桑木严翼著，王国维译：《哲学概论》，载谢维扬、房鑫亮主编：《王国维全集》第十七卷，第198页。

② [日]桑木严翼著，王国维译：《哲学概论》，载谢维扬、房鑫亮主编：《王国维全集》第十七卷，第199页。

③ 谢维扬、房鑫亮主编：《王国维全集》第十四卷，第19页。

研究哲学，始于辛、壬之间，癸卯春，始读汗德之《纯理批评》，苦其不可解，读几半而辍。嗣读叔本华之书，而大好之。自癸卯之夏以至甲辰之冬，皆与叔本华之书为伴侣之时代也。其所尤惬心者，则在叔本华之知识论，汗德之说因之以上窥；然于其人生哲学，观其观察之精锐与议论之犀利，亦未尝不心怡神释也。后渐觉其有矛盾之处。去夏所作《红楼梦评论》，其立论虽全在叔氏之立脚地，然于第四章内已提出绝大之疑问。旋悟叔氏之说，半出于其主观的气质，而无关于客观的知识。此意于《叔本华与尼采》一文中始畅发之。今岁之春，复返而读汗德之书，嗣今以后，将以数年之力，研究汗德。"[①]这段话介绍了王国维自 1902 年开始阅读康德，并经由叔本华之批评而得到理解的过程，并开始发现康德哲学的"悖论"。

由于时代的限制，王国维对于西方哲学的接受方式是一种"单一性接受的水平"[②]，其最主要的表现方式就是基于接受对象的单一性而呈现出与接受对象的一致性。从王国维的论说方式来看，他十分推崇叔本华的观点，因此他所选择的立场基本上与叔本华相一致。另一方面，接受对象的单一性也使得王国维对于接受对象有着深入而正确的了解，并一度将叔本华的哲学视为"真正之哲学"，他说：哲学是世界上进步最慢的学科，从康德以来，能发现康德理论的内在问题并加以梳理的，就只有叔本华一人。"汗德之学说，仅破坏的而非建设的。彼憬然于形而上学之不可能，而欲以知识论易形而上学，故其说仅可谓之哲学之批评，未可谓之真正之哲学也。叔氏始由汗德之知识论出，而建设形而

---

① 王国维:《静庵文集》自序，载谢维扬、房鑫亮主编:《王国维全集》第一卷，第 3 页。

② 王攸欣:《选择 · 接受与疏离 —— 王国维接受叔本华朱光潜接受克罗齐美学比较研究》，生活 · 读书 · 新知三联书店，1998 年，第 245 页。

上学，复与美学、伦理学以完全之系统。”①

王国维至死都不肯剪掉作为价值象征的辫子，但是他一直向往西学和亲近维新。1898年，他有机会在作为维新派的言论阵地的《时务报》做书记员的工作。在《时务报》工作不久，他便入罗振玉创办的东文学社学日语，而日文老师藤田丰八对于叔本华哲学的介绍使他有机会了解叔本华的思想，并引导他做进一步研究。以梁启超和汪康年为代表的《时务报》人物的谈佛风气，也为王国维接受叔本华的观念提供了理论和情绪氛围。“清末探讨佛理，信仰佛法的风气相当浓厚，尤其《时务报》馆的谈佛风气必定对王国维接受禁欲主义和悲观主义的叔本华哲学产生不小的影响，因为佛教和婆罗门教是叔本华哲学的三大来源之一，叔氏哲学在一些基本倾向上与佛教相同，如彻底的悲观主义、禁欲主义的解脱说、同情悲悯的伦理学，而王国维在正式接触叔本华之前确实已略通佛理。”②

同时我们也应该看到，王国维之接受叔本华，其个性气质也是一重要原因，按他自己的说法是：“体素羸弱，性复忧郁，人生之问题，日往复于吾前，自是始决从事于哲学。”③叔本华哲学的悲观主义气质和非理性主义的意志观也十分切合王国维的思维特性。

叔本华的意志论哲学强调宇宙万物都是意志的客体化。也正是在这一点上，王国维认定叔本华是开启哲学新时代的大师。他在《叔本华之哲学及其教育学说》一文中，认为康德是叔本华的前驱，而叔本华则建立“完全之哲学系统”，那么，叔本华又是在哪些方面纠正了康德等人在认识论上的破坏性而建立起“完全的哲学系统”呢？王国维认

① 王国维：《叔本华之哲学及其教育学说》，载谢维扬、房鑫亮主编：《王国维全集》第一卷，第35页。

② 王攸欣：《选择·接受与疏离——王国维接受叔本华朱光潜接受克罗齐美学比较研究》，第229页。

③ 王国维：《静庵文集续篇》自序，载谢维扬、房鑫亮主编：《王国维全集》第十四卷，第119页。

为叔本华接受了康德的知识论，认为我们所能认识的世界，只是事物之现象而非“物之自身”。但差别在于叔本华并不认为我们永远不能认识到物自身。外物虽或不可知，但“我之为我”则在人的直观中会得以显现。这就是我们在反观自身时的“意志”。“故反观时之我，我之自身也。然则我之自身，意志也。而意志与身体，吾人实视为一物，故身体者，可谓意志之客观化，即意志之入于知力之形式中者也。吾人观我时，得由此二方面；而观物时，只由一方面，即惟由知力之形式中观之。故物之自身，遂不得而知。然由观我之例推之，则一切物之自身，皆意志也。”王国维认为叔本华由“意志”来矫正康德的知识论。[①]解决了康德的现象与物自体的之间的“断裂”，因为叔本华认识到黑格尔和谢林、费希特一样，只关注概念，而不从直观之经验来理解这个世界，使哲学成为“语言的游戏”。“叔氏之哲学则不然，其形而上学之系统，实本于一生之直观所得者，其言语之明晰，与材料之丰富，皆存于此。且彼之美学、伦理学中，亦重直观的知识，而谓此二学中，概念的知识无效也。故其言曰：哲学者存于概念，而非出于概念，即以其研究之成绩，载之于言语（概念之记号）中，而非由概念出发者也。叔氏之哲学所以凌轹古今者，其渊源实存于此。”[②]如果不能用“直观”来沟通经验和物自体的世界，那么哲学就会陷入文字游戏而难以确立对世界的理解，借由直观叔本华的思想由形而上学转向美学，这或许是王国维尝试分析《红楼梦》以及中国诗词传统的缘由。

对于叔本华的接受，深刻地影响了王国维自己的研究，特别是对《红楼梦》的研究和《人间词话》的写作。在《红楼梦评论》中，王国

---

① 王国维：《叔本华之哲学及其教育学说》，载谢维扬、房鑫亮主编：《王国维全集》第一卷，第36—37页。

② 王国维：《叔本华之哲学及其教育学说》，载谢维扬、房鑫亮主编：《王国维全集》第一卷，第43页。

维的核心观念是生活之痛苦的本质和解脱，许多描述显然直接来自叔本华。以境界说的提出和运用而在中国现代美学中独树一帜的《人间词话》，其核心理念也源于叔本华。"《人间词话》可分为两种相差颇大的理论倾向：主要当然是境界说，另一种是自然说。两种理论倾向都受叔本华影响，但前者可以说是叔本华美学的变形。……构成境界说枝叶的大部分理论表述也根源于《作为意志和表象的世界》，因此可以说王国维对于叔本华的接受和化用全面深刻地体现在境界说中。"①

除此以外，作为《教育世界》杂志的主要撰稿人，王国维还化名写作了大量的西方哲学家的传略，除了康德和叔本华，他还是尼采哲学的重要传播者。不仅如此，王国维不甘心只做一个思想的搬运者，更重要的是，既然他认为哲学之方法论有意义，他就试图借助西方哲学的形式系统来建构中国哲学的形态。

## 第三节
## 儒家观念"哲学化"的尝试：王国维对"性""理""命"等概念的分析

王国维对于哲学的重视是基于他对哲学方法的看重，所以他尝试一种处理中国传统思想的"哲学化"的形式。这不仅从他的哲学文章的写法上可以看出，更为重要的是，他试图用康德和叔本华的哲学观念来整理和讨论中国哲学的主要问题，探究中国思想"哲学化"的可能性。

他认为，总体上中国哲学侧重于道德哲学和政治哲学，而缺乏纯

① 王攸欣：《选择 · 接受与疏离 ——王国维接受叔本华朱光潜接受克罗齐美学比较研究》，生活 · 读书 · 新知三联书店，1998 年，第 49—50 页。

粹的形上学的兴趣和成果。“夫然，故我国无纯粹之哲学，其最完备者，惟道德哲学与政治哲学耳。至于周、秦、两宋间之形而上学，不过欲固道德哲学之根柢，其对形而上学非有固有之兴味也。”[①] 他列举孟子和荀子，以及二程、张载等宋明思想家，认为他们都是抱有政治上的大志的人，即使是李白、杜甫这样的诗人也不例外。他们对于纯粹哲学都缺乏兴趣。

他要改变这种现象，就要重新解释为这些思想家所一直关注的“概念”和“范畴”，在这方面，王国维最有代表性的作品是《论性》《释理》《原命》这三篇文章。[②] 就《论性》《释理》二文来看，其基本立场受到他在1902年翻译的元良勇次著《伦理学》的影响。

以《论性》为例。对于人性的讨论是中国哲学的一个核心问题，但中国哲人以前的讨论往往从经验事实出发，在人性善恶之中选择一种立场加以论证。比如，孔子本身对人性持谨慎的态度，孟子主性善，荀子主性恶，后来的儒家主流观点是继承孟子的立场，即认为人性是善的。

而王国维之讨论人性问题，则是试图从康德的知识论出发来对人性问题本身进行反思。他根据康德和叔本华对于先天认识和后天经验所做的论述指出，既然具有普遍必然性的知识只是基于先验认识形式的普遍必然性，若从“性”的经验出发，那么所讨论的“性”就不可能有一种普遍必然的性质。同时，如果把性当作后天的经验看，由于经验随着遗传和环境的变化而变化，也就不可能存在一种一成不变的“特质”。这样，人们就会在本然之善和现实人性的不完美中反复申说，这

---

① 王国维：《论哲学家与美术家之天职》，载谢维扬、房鑫亮主编：《王国维全集》第一卷，第132页。

② 相关问题的详细讨论可参看干春松：《王国维对中国哲学核心范畴的解释尝试》，《文史哲》2021年第1期。

其实讨论的不再是“性”的问题，而只是道德教化的问题了。

他借用康德对先天知识和经验知识的区分，认为类似时空和知性等范畴并非因为我们的感性认识而获得，因此，具有普遍性和必然性。经验知识虽然亦有确定性，但并不具备普遍性和必然性。由此，要分析“性”首先就得厘清其属于先天知识还是经验知识。“今试问性之为物，果得从先天中或后天中知之乎？先天中所能知者，知识之形式，而不及于知识之材质，而性固一知识之材质也。若谓于后天中知之，则所知者又非性。何则？吾人经验上所知之性，其受遗传与外部之影响者不少，则其非性之本来面目，固已久矣。故断言之曰：性之为物，超乎吾人之知识外也。”[①] 这里王国维借助康德哲学的先天经验和后天知识的“分别”进行反思的结果是，认为中国古代思想中争论久远的“性善”“性恶”问题，如是从人的经验事实来判别，便不具备可验证性或普遍性。

在对“理”的讨论中，王国维更多的是对应于西方哲学中的“理性”来进行，其词根的溯源也已经是中西兼备。如果我们将之和戴震在《孟子字义疏证》中对于“理”的分析相对照，就可以发现这两者在思维范式上的重大差别。他说，中国哲学史上的“理”从宋明之后，已经具备伦理意义。但从“理”的原义来看，主要是“理由”“理性”的意思。如果从理由的角度来讨论“理”，那么我们只能讨论事物发生的动因，至于这个动因是否具有伦理上的“正当”性，则无从了解。若是从“理性”的角度去理解“理”，也一样。“理性者，推理之能力也。为善由理性，为恶亦由理性，则理性之但为行为之形式，而不足为行为之标准，昭昭然矣。惟理性之能力，为动物之所无而人类

① 王国维：《论性》，载谢维扬、房鑫亮主编：《王国维全集》第一卷，第5页。

之所独有，故世人遂以形而上学之所谓真与伦理学之所谓善，尽归诸理之属性。不知理性者不过吾人知力之作用，以造概念，以定概念之关系，除为行为之手段外，毫无关于伦理上之价值。”[①]将“理”解释为“理性”“理由”，便解构了“天理”等作为伦理原则基础的形而上的意味，这样，王国维希望将强烈的道德哲学和政治哲学倾向从中国哲学的基本范畴中剥离出来，使哲学更加“技术化”而“非道德化”。

写于1904年的《国朝汉学派戴阮二家之哲学说》一文，对“性”“理”和“情”“欲”之间的关系做了详细的分析，最终对于宋儒所持的人受情感的控制，就会出现“灭天理、穷人欲”的结论进行了讨论。[②]但这篇看上去是呼应他《论性》《释理》的文章的要紧处并不在于此，而在于他对以老庄为代表的南方哲学和以孔子为代表的北方哲学之区别。他说：“生生主义者，北方哲学之惟一大宗旨也。苟无当于生生之事者，北方学者之所不道。故孔墨之徒，皆汲汲以用世为事，惟老庄之徒，生于南方……，遁世而不悔，其所说虽不出实用之宗旨，然其言性与道，颇有出北方学者之外者。”[③]这一是强调了地理环境和物质生活的差异，对人的思考方式的影响，也侧面肯定了哲学是“闲暇”的智力活动。不过，纯粹的思辨活动终觉不合“中国人的实际之性质”，所以从宋元明直到戴阮的哲学，终究不脱实用的窠臼。王国维由此推断说：“理论哲学之不适于吾国人之性质，而我国人之性质，其彻头彻尾实际的有如是也。”[④]虽然王国维自己说这种倾向之是非优劣他不作评价，但事实上，他还是对这种过分实用的哲学倾向持反对态度的。

---

① 王国维：《释理》，载谢维扬、房鑫亮主编：《王国维全集》第一卷，第33页。

② 谢维扬、房鑫亮主编：《王国维全集》第一卷，第99页。

③ 谢维扬、房鑫亮主编：《王国维全集》第一卷，第103页。

④ 谢维扬、房鑫亮主编：《王国维全集》第一卷，第104页。

毫无疑问，王国维对于西方哲学的了解远远超越了同时代的人，但若论他利用西方哲学的方式来整理中国哲学所做的贡献，还在于他初步创立了作为现代学科而存在的中国哲学的范式。

人们在讨论中国哲学学科建立的时候，首先谈及的是胡适的《中国哲学大纲》和冯友兰的《中国哲学史》，兼或有别人，王国维的贡献却在很大程度上被忽视了。其实，他在编辑《教育世界》时，撰写了大量介绍中国古代思想家的文章，只是因为他经常不署名，所以很多人并不了解这些是王国维的作品而已，但其结构足以成为一种典范性的模式。以《孔子的学说》为例，我们可以看到，王国维为20世纪中国思想界整理古代的哲学传统创立了一种范式，这种新范式有一些基本的特征，就是以西方的哲学问题作为出发点，对于材料的整理以西方哲学的模式为依托。比方说，将哲学的基本内容分为形而上学、伦理道德学说、政治社会观念。

很显然，他是以西方人撰写哲学史的框架来安排内容的。尽管孔子自称“六合之外，存而不论”，王国维自己也说孔子除了对“生生”问题感兴趣，没有纯粹的理论哲学的兴趣，但王国维依然将形而上作为叙述孔子思想的基础，然后才是社会观和伦理思想。在论述诸如老子和韩非等人的思想时，所用的也是同样的架构。这种模式其实就是整个20世纪我们对于中国哲学的基本叙述方式。如果我们仔细对照胡适和冯友兰的中国哲学史著作，甚至是1949年以后任继愈等人的《中国哲学史》版本，都不难发现其中的内在联系。

王国维在运用这一叙述模式时，是否像冯友兰等人那样充满着“不得不然”的内心矛盾，我们不得而知，但是这并不表明王国维没有认识到中西哲学之间的差异。或许是因为他追求一种“纯粹之学问”，有意要以西方哲学的纯粹性来改造中国哲学过于“实践理性”的思维倾向，导致他“有意为之”。不过，这也只是作为一种假设而存在。

与当时的许多学者一样，王国维充分认识到了中国哲学和西方哲学之间的差别，特别是概念上的歧义。虽然他并没有像后来的金岳霖和冯友兰那样，提出“中国哲学”和“哲学在中国”这样的反思性命题，但有着翻译体会的王国维，通过对辜鸿铭的《中庸》的翻译的评论，警示出两者的界限。他从“诚”和“意志”“自我”之间的不可通译说起，认为中国哲人在表达思想时往往用同一个概念表达不同的意思，有时甚至在上下文中都不一样。例如：“然‘中庸’虽为一种之哲学，虽视‘诚’为宇宙人生之根本，然与西洋近世之哲学固不相同。子思所谓‘诚’，固非如裴希脱（Fichte）之Ego、解林（Schelling）之Absolute、海格尔（Hegel）之Idea、叔本华（Schopenhauer）之Will、哈特曼（Hartmann）之Unconscious也。……夫述古人之说，固未必悉有条理也。往往一篇之中，时而说天道，时而说人事。岂独一篇中而已，一章之中亦复如此。幸而其所用之语意义甚为广莫，无论说天说人时，皆可用此语，姑不觉其不贯串耳。若译之为他国语，则他国语之与此语相当者，其意义不必若是之广。即令其意义等于此语或广于此语，然其所得应用之处不必尽同，故不贯串、不统一之病自不能免。而欲求其贯串统一，势不能不用意义更广之语。然语意愈广者，其语愈虚。于是古人之说之特质渐不可见，所存者其肤廓耳。译古书之难，全在于是”。[①] 虽然说的是翻译之难，但其实王国维提出了一个重要的问题，即中国哲学与西方哲学中的一些核心概念之间存在着重大的差异，是否能够通过翻译来达到充分理解是一个疑问。在中国哲学著作中，许多词的意义往往是难有确定的解释的，正可谓“诗无达诂”。这

① 谢维扬、房鑫亮主编：《王国维全集》第十四卷，第73页。

样，如果在翻译时用一些固定的概念贯穿下来，就会出现文不及义的问题。他举了辜鸿铭所翻译的《中庸》中的“中”为 Our true self，将“和”翻译为 Moral order，以及将“性”译为 Law of our being，将“道”译为 Moral law，都存在着为求用词的统一而牺牲词义本身的问题。

随后，他又提出了一个更为关键的问题：“中国语之不能译为外国语者，何可胜道！如《中庸》之第一句，无论何人不能精密译之。外国语中之无我国‘天’字相当字，与我国语中之无 God 之相当字无以异。”他说的这两种翻译方式均不同程度地存在着对中国思想的“误读”：“前病失之于减古书之意义，而后者失之于增古书之意义。”[①] 在中西哲学的交融中，通过翻译传播中国的思想，或是更多地通过翻译西方哲学名著来理解彼此，其间出现概念的迁移或“理论旅行”的现象是不可避免的，然后，如何通过不断交流来建立共识，从而做到互相理解，也正是王国维式的“警示”在今天依然值得重视的原因。

现在，我们讨论中国哲学范式的合法性问题，并且认识到，完全用西方哲学的模式来整理中国传统思想存在着许多难以解决的问题，这正如王国维所认识到的，无论是理论倾向还是概念范畴的使用，中西哲学之间都存在着巨大的差异。现在的问题是，在现有的中国哲学范式中进行调整还是干脆另起炉灶？这恐怕是一个见仁见智的问题。从这个意义上说，反思王国维在中国哲学学科创立过程中所做的工作，固然可以使我们对王国维在中国近现代哲学史上的地位做重新估价，但更重要的是可以为我们创造更为符合中国思想特色的解释体系提供思想资源。

① 谢维扬、房鑫亮主编：《王国维全集》第十四卷，第 75 页。

# 第三章 学科化背景下的价值坚持：马一浮论经学与国学

1898年，马一浮参加绍兴县试，同年应试的还有鲁迅和周作人，揭榜马一浮名列第一。虽然他们都依然走功名之路，但得风气之先的江浙士子却已然开始了新的学问人生。

马一浮先是去上海学习拉丁文、英文、法文并于1903年赴美，并游历德国和西班牙。1904年赴日本学习，其间阅读大量的西方哲学、社会科学和文学作品。最具传奇性的是，他是第一个把《资本论》带入中国的思想家。

鲁迅和周作人，先是在南京学习矿业，后去日本学医。1906年开始，章太炎在日本组织国学讲习会，[①] 鲁迅、周作人等听讲。不过，鲁迅和周作人主要的兴趣在文学。而马一浮先生则是在1904年底回国后开始潜心于经史。他们的不同取向或可以代表近代中国知识分子在面对新的知识传播形态的时候，对于中西文明的复杂态度。本章主要围绕"国学"观念在清末民初的发展，来考察马一浮面对新的学科体系冲

① 汤志钧：《章太炎年谱长编》增订本（上册），中华书局，2013年，第124页。

击的回应，通过阐述他对“国学”观念的理解，揭示其独特的价值倾向的。

## 第一节
## “国学”所蕴含的国家认同

“中国”之名由来已久，但是，传统上“中国”并非现代意义上的“国家”名称，而是代表地理上的世界中心，也有文明意义上的“中心”的意味。

清王朝虽满族入侵而建立，却秉承了文化中心主义的观念，一直到1840年。之后，他们必须直面全新的挑战，即西方的民族国家体系构成了对清帝国的宗藩体系的冲击，当章太炎用“中华民国”来为革命后的新国家命名的时候，“中华”所代表的是“民族”，而“民国”则意味着民主共和的政体，这个时候，“中国”才具有现代民族国家的意义。

“民族国家”取代“天下秩序”，对于中国近代思想家而言，实质上要面对的是对自己文化传统的认识范型的转换，即由一种普遍性的价值向“地域化”的思想转换。当儒家的观念难以在普遍性的层面与西方文化相对抗的时候，以“保教”为目标的文化意识的觉醒，体现为对于自身文化传统的珍惜和对其独特性的强调。所以，现代国家意识的建构，也就是近代“国学”观念的建立过程。

“国学”本来指的是藏书机构，后来也指国家层面的教育机构。晚清的“国学”概念使用，受到了日本的“国学”概念的影响，并由在日本的中国学生和学人的采用，这种思潮在国内的影响之大，导致晚清国粹派的形成。“国粹”一词虽由日本传入，但对于“粹”的强调明确表征出选择、重构传统资源的意图，更有强调文化自信的意图。章太炎在给《国粹学报》的祝辞中说："日本因成于人，而中国制法自己，儒、墨、道、名尚已。虽汉、宋诸明哲专精厉意，虑非岛人所能有也。自弃其重，而倚于人，君子耻之焉，始反本以言国粹。"① 章氏认为中国的文明与日本相比更有独创性，不应该舍己从人。除此而外，国粹更为"民族主义"的重要精神资源，章太炎说："为甚提倡国粹？不是要人尊信孔教，只是要人爱惜我们汉种的历史。这个历史，是就广义说的，其中可以分为三项：一是语言文字，二是典章制度，三是人物事迹。近来有一种欧化主义的人，总说中国人比西洋人所差甚远，所以自甘暴弃，说中国必定灭亡，黄种必定剿绝。因为他不晓得中国的长处，见得别无可爱，就把爱国爱种的心，一日衰薄一日。"② 章太炎所说的国学主要包括语言文字、典章制度和人物事迹方面，与康有为等人所倡导的孔教大异其趣。从国粹派的角度，国学是要培养民族的自信和国民的爱国热情，要"用国粹激动种性，增进爱国的热肠"。国粹派经常使用"国魂"的说法，强调要融会中西，重铸国魂。如许之衡说："夫国学即国魂所存，保全国学，诚为最重要之事矣。"③

近代中国"国家"意识确立的原因并不源于中国社会发展的内在要求，而是西方政治和军事的侵凌的结果，也正因为如此，国家认同所要面对的最大的挑战是如何对待西方的政教体系和文化价值的问题。由此而产生的一个巨大的矛盾是，我们需要以自身的文化传统来确立国家要素和精神属性，但又必须学习西方的文明成果以提高国家在物质生产和政治组织方面的能力。在一次一次的中西文化争论后，西方文化的优势地位被确立。其政治法律思想和其他文明成果在不平等条约和新

---

① 章太炎：《〈国粹学报〉祝辞》，载《章太炎全集·太炎文录初编》，第 213 页。

② 章太炎：《在东京留学生欢迎会上之演说辞》，在《章太炎全集·演讲集（上）》，第 8 页。

③ 许之衡：《读〈国粹学报〉感言》，《国粹学报》1905（6），载桑兵等编：《国学的历史》，第 56 页。

式教育这样的制度化体系的保障下，堂而皇之地“占领”中国的思想市场。所以从国粹派开始的国学研究者，一直要申辩提倡国学并不是要阻碍“欧化”。国粹派提出文化发展需要中西互通，他们所要反对的是两种极端的倾向，一是“醉心欧化”，认为中国万事不如人；另一种就是“盲信己国”，依然以夷夏的观念来看待外国。而国粹派所提倡的是以中国为本位的兼收并取的态度。

在这样的矛盾中，章太炎等人拒绝了在京师大学堂及后来的北京大学工作，以表明文化上的坚守立场。章太炎甘愿继续他的“国学研习班”的学术体系。尽管如此，章门弟子，并不能谨守师说，各自分化。比如，周作人、朱希祖等人开始投入新文化的传播和新学科体系的建构。另一些弟子，如黄侃等，即使在北京大学工作，也难以兼容于胡适等人为代表的西化派学者，而最终只能远走南京。

在推动新文化运动的群体中，毛子水等人开始以“国渣”来攻击“国粹”概念，他指出：如果存在国粹，那么必然有其对立面“国渣”。这事实上是要将传统文化斥为“国渣”。1920 年代开始的“整理国故”运动，看上去是要在某种程度上肯定传统文化的价值，但从“国粹”到“国故”的概念的转变，就是以一种貌似“价值中立”的立场来对传统价值观进行釜底抽薪式的解构。

“国故”这个词是章太炎用以称呼传统中国学术的，取代“国粹”这个带有价值评判色彩的名称。但是章太炎的立场是明确的，中国的精神存在于中国的历史和典章制度中。而启蒙思想的倡导者毛子水、胡适和傅斯年等人在借用“国故”这个词的时候，就是看中了其“价值”倾向的特性。他们批评一部分人对于国故的追慕心态，宣称要用“科学”的精神来“整理国故”，从而“再造文明”。实质上是要借助这个整理的过程来继续批评文化传统。

胡适给“国故”下了这样的定义：“中国一切过去的文化历史，都是我们的‘国故’，研究这一切过去的文化历史的学问，就是‘国故学’，省称‘国学’。”① 胡适认为，国故这个名称最为妥当，因为其中立，不含褒贬，所以他不愿意用国粹之类的词。在该文中，胡适特别提出了他的国学研究方法。他说他既反对康有为将儒家孔教化的做法，也并不认为古文古诗的保存就是国学。他强调一种系统整理的方法。胡适这种貌似中立的态度也遭到新文化阵营的质疑，他们认为胡适逐渐背离了他原先持有的文学革命的立场。其实，胡适否定传统价值的立场并没有变化。他认为，“故”可以理解为“过去”“死亡”。他在1928年回答一个人的来信时，甚至把“整理国故”比喻成“打鬼”，就是要让人知道“国故”也就“不过如此”。② 我们何以能从胡适的态度中看到“同情”和“敬意”呢?

与晚清国粹派的国学观比较，这个时期的文化讨论的主题出现了一些重要的转变。首先，中华民国建立之后，现代民族国家的建立已经成为事实。但是，袁世凯称帝和张勋的复辟使人们认识到国家的政治体制的确立需要国民的价值观的适应。陈独秀和胡适等人认为是传统文化的熏染让国人难以从帝制的“惯习”中解脱出来。而保守主义者则认为过于超前的政治理想难以真正解决中国的困境。对此，不同立场的学者尖锐对立。有人认为中国之为中国主要在于价值观的延续，而启蒙派的学者则认为中国的精神不在经典之中，要移植西方的政治秩序，就必须全盘接受西方的价值观念。即使是对于乡村的认识也是如此。林语堂等人认为中国人的精神特性并不在传统经典中，而是存

---

① 胡适：《〈国学季刊〉发刊宣言》，《胡适全集》第2卷，安徽教育出版社，2003年，第7页。

② 胡适：《整理国故与“打鬼”》，《胡适全集》第3卷，第147页

在于民众的生活世界中。而梁漱溟则认为要从农村去寻找失落的儒家精神。这种矛盾也可以从北京大学研究所国学门的研究主题可以看出。一方面国学门强调经典的研究，另一方面也侧重于民间歌谣的收集和习俗的调查。在这个争论中，科学精神得到了更为广泛的传播，甚至出现了“唯科学主义”的倾向。深受新文化运动影响的学者们认定科学所推论出的公理更具有普遍主义的特色，也超越了国家之间的区域局限，这种看法解构了试图通过强调传统价值来确定国家与民族精神的倾向，也就否定了国学与国家精神的统一性。在这样的改变中，清末民初“国学”观念中“民族主义”和“国家主义”反而成为需要清理的因素，有学者提出要反对国学中的“国家主义”倾向。何炳松说：“国学的国字，显然表现出一种狭小的国家主义精神。这不但违反我国先贤所主张的‘大道之行也，天下为公’这种大同的精神，而且亦违反西洋学者所主张的‘知识无国界’那种学术公开的精神。”①很显然，在何炳松看来学问所应追求的是超越民族国家的普遍价值，而不是仅仅维护国家的局部利益。②这个时期所出现的疑古思潮，或许可以作为反国家主义的国学研究的典型。

疑古派的代表人物是顾颉刚，他们秉承新的历史观念，认为早期中国历史有许多“层累”建构的内容，并非历史事实，并由此证明尧舜禹三代之治只是儒家的价值塑造。顾颉刚、傅斯年等人的历史观的转变，被认为是“革命性”的，“大概在 1920 年至 1930 年，中国一群领导性的史学家不约而同地提出新的反省，他们对史料的态度有一个革命性的变化。这些人包括胡适、傅斯年、顾颉刚、李济等。他们的文字分散

① 何炳松：《论所谓“国学”》，《小说月报》20 卷 1 号。载桑兵等编：《国学的历史》，第 405 页。

② 何炳松的科学主义立场并不坚定，在 1935 年关于本位文化的宣言中，他是牵头签名的学者之一，宣言强调中国文化的本位性，来批评西化派。

各处，如果稍加比辑，可以发现一个认识论上的改变。首先，对这一代人而言，传统的权威已经几乎倒塌了，所以六经在他们看来都只是史料了——是供人研究的材料，而不是让人寻求治国平天下大道理之所在。在这个前提下，他们同时也提倡一种历史发展的观点，也就是平等看待每一时代学术思想材料的价值，不再以为只有那最高点才有价值。"① 傅斯年开始筹建中山大学历史语言研究所的时候，就是要把历史和语言从传统的学术谱系中"解放"出来，在科学公理面前，强调地域的差异对于国家认同的意义被看作是一种固步自封，因此，即使连"国故"这个概念也成为他攻击的目标。认为要建立一种真正的"科学"的态度，必须将"国故"的概念也抛弃。

## 第二节 "国学"与"科学""学科"

"国学"虽立足于"国"，但"学"是其内核，无论是国家认同还是民族精神的重构，这些使命都是要通过对于传统思想学术的不同呈现方式来完成的。

国学的具体内含就是中国传统的学术。在中国面对现代性的挑战的时候，中国传统的价值观及承载价值观的知识体系也不可能独善其身。现代化运动打破了古代社会的有机整体结构，取而代之以目的－合理化经济体制和管理体制，现代化运动是社会理性化和世俗化过程，它以理性化发展打破了传统社会基本理性的统一性，对于思想学术而

① 王汎森：《什么可以成为历史证据》，载氏著：《中国近代思想与学术的系谱》，河北教育出版社，2001 年，第 348 页。

言，一个最大的变化就是为适应生产、分工发展而逐渐形成的专业化学科体系的建立，“多元学科的创立乃基于这样一个信念：由于现实被合理地分成了一些不同的知识群，因此系统化研究便要求研究者掌握专门的技能，并借助于这些技能去集中应对多种多样、各自独立的现实领域”[①]。这就是说社会分工必然会带来知识分工，让原先比较综合地存在的知识体系逐渐分解为适合生产活动的应用性的学科。就中国的知识系统而言，原先的知识分类体现为“四部之学”，即经史子集。严格地说，这并非现代的知识分类，当科举废除，新式学堂的建立，也必然会引入西方的专业化的学科体系。

现代专业化的知识系统是中国传统的教育和知识体系所不能提供的。最初的国粹派强调“国学”和“君学”的区分，目的是要让知识独立于政治，这样的认识始终体现在人们对“国学”的认识中。晚清的国粹派区分“国学”与“君学”就是试图确认学术的独立性，而他们所预备设立的“国粹学堂”，学制三年，科目包括经学，文字学，伦理学、心性学、哲学、宗教学、政法学、实业学，社会学、史学、典制学，考古学、地舆学、历数学、博物学、文章学，音乐、图画、书法、翻译等，形式上与旧学已经大不相同。虽然所学内容均来自中国传统的学术资源，但显然已经借鉴西方的学科体制进行了新的分类。[②]最早进行国学讲习活动的章太炎，也是新的学科分类的实践者。1906年，章太炎在日本主编同盟会机关报《民报》，曾经刊登《国学振兴社广告》，谓国学讲授内容为：“一、诸子学；二、文史学；三、制度学；

① [美] 华勒斯坦等：《开放社会科学：重建社会科学报告书》，刘锋译，生活 · 读书 · 新知三联书店，1997 年，第 9 页。

② 邓实：《拟设国粹学堂启》，载桑兵等编：《国学的历史》，第 89—90 页。

四、内典学；五、宋明理学；六、中国历史。”① 这个对于“国学”内容的设置，与传统的经史子集的分类方式有根本的差异，最明显的是没有了传统知识的价值基础“经学”。章太炎的设计体现了贯通中西的雄心，他认为真国学肯定能与新学契合。

其实新旧之学并未能如章太炎乐观期待的那般地融合，最关键的差异在于价值理性和工具理性的冲突。现代学术是通过某种可以验证的方式发展出一种系统的世俗的知识，在这样的转变中，中国原有的以经学为核心的价值体系便要经受“理性化”的洗礼。但一旦经过理性化之洗礼，不证自明的经学之恒常价值何以成立呢？

所以，在引入新的理性化的检验方法之后，新旧知识之间内在的问题也随之产生。儒家等传统思想所提供的是关于宇宙、社会和人生的整体性思考，虽也包含可验证的理性知识，但更多的是价值性的信念。当我们开始接受科学公理来取代儒家的“天理”观念的时候，这些价值观念便被斥为无法验证的“玄学”，发生于丁文江和张君劢等人之间的“科学与人生观争论”（也称科玄论战）就是新文化运动之后，新学和旧学观念之间的正面冲突。毫无疑问，新学科必然会导致中国传统思想的意义系统被分解，而最终难以突显自身的独特性。比如，当中国的传统的经典系统被归入哲学、历史和文学等不同的学科之后，这些西方化的学科方式完全剥离了经典的语境，经典原先所承载的意义和价值便难以呈现。这样的矛盾在 20 世纪 20 年代激化。有人因忧虑中国价值的解体而拒绝新的学科，而有人则想通过学科的变革而完全否定原有的价值系统。马一浮正是在这样的矛盾面前拒绝在教育部任职和到北大任教的。

---

① 章太炎：《国学讲习会序》，见汤志钧：《章太炎年谱长编》增订本（上册），第 125 页。

学科变革的背后是价值的重构。西方文化的出现解构了中国固有的天下国家观念，并将中国带入了现代化的进程之中。为了理解这个新的世界秩序，便需要寻找一种新的“共同语言”，这个语言便是“科学”，在人们的观念中，科学因为其客观性和普遍性，很大程度上甚至体现了“真理”。

在许多人眼里，科学代表着最大的普遍性，其“真理”性特质意味着中西学术所应揭示的并不是不同的真理，至多是真理的不同面向而已。因此，有人断言，学不应分中西、不应分古今，差别只是“广狭疏密”。王国维在给《国学丛刊》写的序言中说：“世界学问不出科学、史学、文学，故中国之学，西国类皆有之；西国之学，我国亦类皆有之。所异者，广狭疏密耳。……且居今日之世，讲今日之学，未有西学不兴而中学能兴者，亦未有中学不兴而西学能兴者。”[①] 他认为学问之事包含有用和无用两部分，也就是说包括理论和实用的两方面，大家之所以崇儒学，是因为其是政治、道德和利用厚生的源头，并非为了国家的荣誉而已。

在政治立场上趋于保守的刘师培、王国维，学术立场却相对激进，他们与后来的科学主义者有一种逻辑上的承继关系，在胡适看来，他所提倡的“整理国故”的运动，不过是他的“大胆假设、小心求证”的科学方法的一种运用。他说自己写的关于《红楼梦》等小说和古史考证的文字：“都只是思想学问的方法的一些例子。在这些文字里，我要读者学得一点科学精神，一点科学态度，一点科学方法。科学精神在于寻求事实，寻求整理。科学态度在于撇开成见，搁起感情，只认得事

① 王国维：《国学丛刊序》，《王国维全集》第十四卷，第131—132页。

实，只跟着证据走。”[1]

所以，“整理国故”运动表面上看起来是对新文化运动的一种背离，实际上代表着启蒙派人士对于科学方法的自信，他们试图通过科学方法的整理来证明先前国粹派和守旧派固守传统文化价值的错误。站在“真理”的基点上，他们认定中西之间不是基于地域差异上的不同，根本的就在于他们是属于不同的历史发展阶段。

虽然钱玄同和顾颉刚等人都是以传统的学术作为他们的研究重点，但是他们所发扬的“疑古”精神，所要解构的则是沉淀在历史文化之上的文化价值理想。所以他们自觉地要与晚清的国粹派，甚至章太炎式的国学划清界限。顾颉刚说：“至于老学究们所说的国学，他们要把过去的文化作为现代人的生活规律，要把古圣贤遗言看做‘国粹’而强迫青年们去服从，他们的眼光全注在应用上，他们原是梦想不到什么叫做研究的，当然说不到科学。”[2]顾颉刚说不能把“国学”的名号轻易地送给这些老学究，而是要将国学定义为“历史科学中的中国部分”来加以研究，从而将其与试图要将国学生活化的方式区分开来。

作为面对西方学术体系的挑战的一种回应，“国学”的观念呈现出这样内在的矛盾。一方面，国学作为分科被提出是中国现代学术体系完善之前一种对于西方学术分类方式的吸收和借鉴。另一方面，出于对文明存续的忧虑，“国学”又是对学术本土性的强调，试图通过强化本国价值和外来价值之间的差异来确立其存在的必要性。在这样的矛盾中，马一浮提出了他的经学与国学观念，或许可以说，在现代新儒家的代表人物中，马一浮是唯一系统思考新旧知识体系的矛盾，并提出了

---

① 胡适：《介绍我自己的思想》，《胡适论学近著》，第 507 页。

② 顾颉刚：《北京大学研究所国学门周刊一九二六年始刊词》，载《顾颉刚全集 · 宝树园文存》卷一，中华书局，2011 年，第 220 页。

比较系统的回应的。

## 第三节
## 教学的意义：马一浮对现代教育体系的抗拒

马一浮充分认识到现代教育模式与儒家价值观念之间的冲突，因此，他并不认同新的教育体制。在民国成立之后，蔡元培担任教育总长，他曾邀请马一浮为秘书长。蔡元培所主张的废除读经和男女同校，马一浮都不赞成，所以也就不愿意就聘。他说过：南京临时政府“以蔡孑民长教育。蔡君邀余作秘书长，余至而废止读经、男女同学之部令已下，不能收回，与语亦不省。又劝设通儒院，以培国本。聚三十岁以下粗明经术小学，兼通先秦各派学术源流者一二百人，甄选宁缺毋滥，优给廪饩，供给中外图籍，延聘老师宿儒及外国学者若干人，分别指导。假以岁月，使于西洋文字精通一国，能为各体文词，兼通希腊、拉丁文，庶几中土学者可与世界相见。”①

这里提到一个十分重要的机构“通儒院”，其实在京师大学堂时期，有通儒院这个机构，专门吸纳已经有科举功名的人士学习新知识。马一浮提出的这个建议有点类似于“古典学”的教育，从设想中看，是希望培育有“世界眼光”的熟悉中国古典的人士。很显然，这个建议也没有被接受。

1916 年底蔡元培执掌北京大学，本着兼容并包的原则，延聘了许多立场各异的学者加入北大，马一浮也在列。不过马一浮依然拒绝了。

---

① 马一浮：《语录类编 · 师友篇》，载吴光主编：《马一浮全集》第一册（下），浙江古籍出版社，2013 年，第 687 页。

理由就是新式大学的教育目标和方法与他的期待不同。在给蔡元培的回信中，他写道：

> 承欲以浮备讲太学，穷揽手书申喻之笃，良不敢以虚词逊谢。其所以不至者，盖为平日所学，颇与时贤异撰。今学官所立，昭在令甲。师儒之守，当务适时，不贵遗世之德、虚玄之辩。若浮者，固不宜取焉。甚愧不能徇教，孤远伫之勤。幸值自由之世，人皆获求其志。委巷穷居，或免刑僇。亦将罄其愚虑，幽赞微言，稽之群伦，敬俟来哲。研悦方始，统类犹乏，以云博喻，实病未能。若使敷席而讲，则不及终篇而诟诤至矣。谢无量淹贯众学，理无不融，浮不能及。先生若为诸生择师，此其人也。化民成俗，固将望诸师友；穷理尽性，亦当敕之在躬。道并行而不悖，以先生之宏达，倘不疾其固耶。方春时育，惟慎徽令典，多士响风，克隆肇新之化。不具。浮再拜。①
>
> 丙辰十二月二十四日

除了推荐谢无量之外，马一浮强调了他自己的学术倾向与当时蔡元培所聘请的许多人并不相同。1930 年，马一浮再一次拒绝了北大的邀请，这次的理由主要是强调现代大学教育对“义理”亦即价值的拒斥。他在给陈百年（1930 年 8 月 12 日）的回信中说：“方今学子，务求多闻，则义理非所尚：急于世用，则心性非所先。平生粗究终始，未尽玄微。耻为一往之谈，贵通天下之志。亦知语默道同，物我无间，酬

---

① 马一浮：《致蔡元培》，载吴光主编：《马一浮全集》第二册（上），第 401 页。

机赴感，教所由兴。但恐无禆仁贤厉学之心，不副髦俊研几之望，是以未敢遂承，匪欲自隐其陋也。”[①]在他看来，不关注义理，只关注实用的现代教育，与他的理念相去甚远，所以无意就聘。

马一浮短暂的教育生涯与浙大有关，不过依然是充满曲折。竺可桢主掌浙大之时，数度与马一浮商讨去浙大任教事宜，马一浮本来秉承只闻来学，未闻往教的态度，但因竺可桢先生的热情，而勉为应允。但在如何开课的技术细节上往复多次。在学校方面，是希望马一浮去开设国学概论之类的课程，但在马一浮看来，必先立乎其大，导之以义理，才能明学术流别。他在给王子余的信（1930 年 9 月 10 日）中说：今天学术界的最大弊病是方法混杂让学子们无所适从，因此即使他到浙大去任教，也并不能改变普世皆然之学风。

他在信中说，跟竺可桢校长谈过几次，并不能形成共识。大学教育要把古典语言翻译成现代文字才能进行，但，这样经典的本意已经流失很多，不但让教学成为苦差事，而且亦难以有所成效。

> 竺君不以弟为迂阔，欲使诸生于学校科目之外更从弟学，大似教外别传，实为特殊办法。弟之所言，或恐未足副竺君之望、餍诸生之求。其能相契，亦未始非弟素愿。若无悦学用力之人，则语之而不知，虽舍之可也。此当视诸生之资质如何，是否可与共学，非弟所能预必，非如普通教授有一定程序可计日而毕也。故讲论欲极自由，久暂亦无限制，乃可奉命，否则敬谢不敏。此意当先声明，并希代致竺君谅察为荷。[②]

① 马一浮：《致陈大齐》，载吴光主编：《马一浮全集》第二册（上），第 460 页。

② 马一浮：《致王子余》，载吴光主编：《马一浮全集》第二册（上），第 462 页。

大意是不想去浙大教书，后来经过沟通，竺可桢甚至破例同意学生至马一浮家听讲，并拟在刀茅巷十七号特设一房为马一浮教课之所，甚至特别允许马一浮以国外大学所经常采用的 Seminar 的方式来进行教学。显然双方的教育理念差异是明显的。不过马一浮并非不能理解竺可桢的想法，只是不愿意放弃自己坚持多年的理念。即使在新儒家或更为广泛的保守主义阵营，马一浮的想法也是相当“倔强”的。因为作为他的朋友，熊十力还有梁漱溟等都接受过北大的教职，虽然，他们未必接受新教学理念，但终究是努力适应。而马一浮所要求的自由，即不接受浙大所规定的课程纲要，以及课程方法，而是要求一种传统书院式的“讲论”。马一浮希望设立“国学讲习会”延聘“主讲大师、自由讲论”。[①] 当马一浮听说讲习会这样的方式可能不会被教育管理机构所允许，而浙大也难以授予“国学大师”这样的头衔之后，马一浮与浙大的合作意向就此终止。

不过一年多之后，马一浮却主动给竺可桢写信，要求加入西迁中的浙江大学，1938 年 2 月，辗转避难途中的马一浮致信竺可桢校长，表示愿意赴泰和任教，信的内容是说上次蒙邀请但并未就任，但日寇入侵导致浙江已难以安顿生活，一直在向西避乱中。不过平生所置办之图书有散失的危险，可否借助浙大的帮助，来保存这些重要典籍。

> 可否借重鼎言，代谋椽寄，使免失所之叹，得遂相依之情？虽过计私忧，初不敢存期必，然推己及物，实所望于仁贤。幸荷不遗，愿赐还答，并以赣中情势，及道路所经，有

---

① 马一浮：《致王子余》，载吴光主编：《马一浮全集》第二册（上），第 464 页。

无舟车可附，需费若干，不吝详告。又相随患难者，有舍甥丁安期、及门王星贤两家，妇孺并僮仆共计十五人。旅中简单生活，每月约需若干，亦望一并示及，以便量力筹措。惠而好我，示我周行，不有君子，吾安适归。幸托乡里之爱，犹蒙见齿，当不厌其渎耳。专此，敬颂道安，鹄候回玉，不宣。①

由此可见马一浮愿意担任浙大的教职主要是因为在逃难的途中需要依靠浙大的帮助。而在战乱西迁时候，浙大的古代思想方面的教师也极其缺乏，加上本来也一直期待马一浮的加盟，所以很快就达成意向。"在浙大的帮助下，马一浮一行由衢州出发，于 1938 年 3 月 29 日抵达泰和。4 月 4 日，浙大发放聘函，正式聘请马一浮任教浙大。马一浮是西迁中唯一以开设讲座而任教于浙大的教员。马一浮入教浙大之后，备受礼遇，担任文理学院中国文学系教授，并支取该系教员中的最高薪酬。在《1938 年度教职员学生名册》中，马一浮登记为公共科目教员，所教科目为"特约讲座"（《国立浙江大学二十八年一月份工作人员清册》，浙江大学档案馆，档案编号：L0-2006-001-3700-001）。马一浮的'国学讲座'每周一次，讲论'六艺论'和'义理名相'②等内容（后结集为《泰和会语》《宜山会语》）。③讲座深受学生欢迎，不少

① 吴光主编：《马一浮全集》第二册（上），第 529—530 页。

② 按刘梦溪先生的概括："义理名相"是马一浮建构的融通儒佛而又辅之以因明之学的新义理学，是其独自发明的可以施之以教的对"六艺"义理的阐明。见刘梦溪：《马一浮的"义理名相论"》，载刘梦溪：《学术与传统》中卷，北京时代华文书局，2017 年，第 615 页。

③ 刘梦溪先生认为《泰和会语》与《宜山会语》侧重点有所不同，前者侧重阐发"六艺之道"，后者关注如何成为"六艺之人"。见刘梦溪：《马一浮与"六艺论"》，载刘梦溪：《学术与传统》中卷，第 608 页。

老师也慕名而来。”[①]

尽管马一浮名声很大，但他的讲课是否受到学生们欢迎，并不一定如上述记载般热烈。从现有的《泰和会语》《宜山会语》而言，学生要听懂马一浮的讲课也是很困难的。既需要有深厚的古代经典的积累，又需要体会马一浮先生的独特理解。因此也有人说，他的课可能更适合教师来听。马一浮在给熊十力的信中就说，听者中学生并不多，反而每次十来个教师来听倒可以称为“盛况”。

1938年7月13日，马一浮在致熊十力的信中对他的课堂情况有所描述：“弟在此大似生公聚石头说法，翠岩青禅师坐下无一人，每日自击钟鼓上堂一次。人笑之曰：‘公说与谁听？’青曰：‘岂无天龙八部，汝自不见耳。’弟每赴讲，学生来听者不过十余人，诸教授来听者数亦相等，察其在坐时，亦颇凝神谛听，然讲过便了，无机会勘辨其领会深浅如何，以云兴趣，殊无可言。其间或竟无一个半个，吾讲亦自若。”[②]看来马一浮对在浙大的教学体验是很不满意。

或许就是对教学效果的不满，所以在颠沛途中，当他接到国民政府的邀请去创办书院的时候，他很快就答应了，在教育方式和教育理念方面，马一浮先生与现代的大学教育之间的距离实在是太大了。

1934年国民党政府推动“新生活运动”，虽然也有以民族文化来凝聚民心的意愿，但根本目标还是为了强化其统治。在这样的背景下，

---

① 金灿灿：《马一浮任教浙江大学始末》，载《浙江大学学报（人文社会科学版）》2012年2期。关于马一浮先生在浙江大学开设国学讲座的经历亦可参看宫云维：《马一浮主讲浙江大学“国学讲座始末”》，载《齐鲁学刊》2010年第1期。

② 吴光主编：《马一浮全集》第二册（上），第480页。尽管竺可桢十分敬重马一浮，依然认为马一浮过于复古。而当时的浙大学子，在马一浮看来是“质美而未学”，即资质上佳，而缺乏对马氏学问路径的同情。所以马一浮先生只能“救得一分是一分”。见刘梦溪：《马一浮与“六艺论”》，载刘梦溪：《学术与传统》中卷，第613页。

教育部长陈立夫奉蒋介石之命，请马一浮到四川讲学。四川是马一浮先生的出生地，亦是抗战的大后方，许多文化人会聚于此。不过，马一浮先生依然把书院的独立性作为他应聘的前提。他提出“书院为纯粹研究学术团体，不涉任何政治意味。凡在书院师生不参加任何运动”为先决条件，对此国民党政府表示同意，并许下将始终以宾礼相待的诺言。在马一浮到达重庆之后，还见了蒋介石。经过一段时间的筹备，复性书院于四川乐山乌尤寺正式建立，董事会正式聘请先生为复性书院主讲。或许可以说，这个书院是真正按照马一浮自己的设想建立起来的。他说古代的书院往往以所在地命名，如鹅湖书院、白鹿洞书院等，但现在书院开始强调精神内核，之所以命名为“复性书院”主要就是为了“矫正”现在教育机构过度重视实用，而不知“复其性”的倾向。因此，复性书院也不是如张之洞在晚清时期所办的“存古学堂”那样的重视保存古代的学术传统的学堂，而是一个“价值养成”机构。马一浮说大家都在说民族精神，但民族精神包含什么，并无定见，复性书院就要做这个工作。他在给陈布雷的信中，明确表明了复性书院与前述两种机构的不同所在。

书院性质在现行学制之外，不当隶于教部，不唯与今之学校不同，亦与旧时之书院迥别。诚得政府加以扶植，社会人士加以赞助，当略如佛氏之有丛林，政府与人民同为檀越、为护法，如某者得自比方外，是亦足示国家宽大之美、深厚之意。不以世法相绳，然后某乃可尽其说，庶几成就得少数人，使知中国异于夷狄，而不致以夷狄为神圣，使知凡民可为圣贤，而不致以圣贤为虚无。……而或者乃比之大学文科哲学系，比之国文专修馆，比之存古学堂，则为拟于不伦。[①]

马一浮所办的书院从目的和手段上看，均明确与现代的大学或教育机构不同，目的是使人知道中国之与夷狄的差别，即使这样的人数很少。

马一浮为这个书院制定了学规。他反复强调，这个学规与新式教育的章程和校训并不相同，而更接近古时书院的学规，主要是养成学生的精神气质。

马一浮对于学堂式的章程并不认同，有一次熊十力先生从上海来信，希望马一浮先生在杭州组织讲会，并订立章程，马一浮先生认为讲会可以有，但章程却并不要紧，因为修德才是关键。他引用孔子“德之不修，学之不讲”说“古人修德与讲学并举，尤重修德。后人只求讲学而遗修德，这不过口耳授受，有何是处？禅师家上堂，只是普通说法，接机引人，还在小参入室。如是方能耳提面命，指出学者病痛来，再由学者自己体会去，最为切实。”[②]由此，他为复性书院所制定的学规，主要亦是从养成品性角度入手，可以终身由之而不改的。他举有四端：一曰主敬，二曰穷理，三曰博文，四曰笃行。主敬穷理是程朱为学之方。马一浮强调的是主敬可以“胜私”和“息妄”。“私欲尽则天理纯全，妄心息则真心显现。”[③]穷理也是要探究事物同具之理，“今时学者每以某种事物为研究之对象，好言‘解决问题’‘探求真理’，未尝不用思力，然不知为性分内事，是以宇宙人生为外也。自其研究

① 马一浮：《致陈布雷》，载吴光主编：《马一浮全集》第四册，第 36—37 页。

② 马一浮：《问学私记》，载吴光主编：《马一浮全集》第一册（下），第 745 页。

③ 马一浮：《复性书院讲录》，载吴光主编：《马一浮全集》第一册（上），第 90 页。

之对象言之，则己亦外也。”[①] 这样的“穷理”是用智自私，并不是穷理致知的正道。马一浮所说的“博文”，并非指言辞记诵，而是从文和事的对应中，参透事物的本质，从而可以“立事”。马一浮将笃行视为进德之要，笃是充实而有恒，强调为仁由己，才可达成己成物之境界。

他在《复性书院开讲日示诸生》中以“常变”之道来阐述学规之大要，认为处变之中，体悟常道乃书院之本，此常道就是“学而至于圣人”。他反复说，这样的教育，并非为稻粱谋，所以在《尔雅台答问》中，经常可以看到马一浮劝告那些要舍弃自己的职业而来书院学习的人。他在回答一郭姓人士的求学之询问时说，为人子孙，要解决好自己的生计，舍弃本业而来学，则会给父母增加担忧之心。他说，求道并非追寻一种远离日常生活的“虚空之道”，而是要从洒扫应对中践行。“来书自以鄙弃仕途为高，而以不得从游为憾，谓所求在内，而吾所以勉之者在外。夫苟以行义为心，则仕宦亦非外也。若犹不免于求闻，则虽学于书院亦外也。”[②]

与此同时，梁漱溟先生在重庆也创办了勉仁书院，尽管当时许多大学也都迁往四川、重庆等地，但这两所书院的存在，本身也说明国民党政府希望借此来提振国人的民族认同，提振抗日的决心。

马一浮先生是如此看重这个书院的建设，如此执着于自己的办学理念，以至于他甚至都不能接受其他的办学思路，这种方式即使是与他同为新儒家代表人物的熊十力也难以接受。

熊十力幼时家贫，早年曾参加湖北新军，接受革命的道理。后入欧阳竟无所创办的支那内学院学习佛学。梁漱溟先生离开北大时推荐

① 马一浮：《复性书院讲录》，载吴光主编：《马一浮全集》第一册（上），第 93 页。

② 马一浮：《尔雅台答问》，载吴光主编：《马一浮全集》第一册（下），第 416 页。

熊十力教授佛教与印度哲学课程。据任继愈等先生的回忆，熊十力先生在北大的教学方式也是与众不同的，他在北大的教职也是时断时续，1938 年熊十力正好在四川的中央陆军军官学校讲中国历史，因此马一浮便力邀熊十力担任复性书院的“创议人”。但从双方的书信往还中，我们可以看到熊十力和马一浮在如何建设复性书院一事上有巨大的分歧。概括起来，主要的分歧包括：书院的宗旨和教育方法、书院的组织方式、书院的规模乃至书院的风水等。

在书院的宗旨上，马一浮强调“六艺”，以培养学生的心性为上，而熊十力则主张开设更多的课程，考虑学生的出路。马一浮认为古代的书院也并不安排学生的出路，若是以技能教育为主，那么学生就不应该选择来书院学习。“今欲对治时人病痛，亦在教其识仁、求仁、体仁而已。任何哲学、科学，任何事功，若不至于仁，只是无物，只是习气。”[1]

在书院的组织方式上，熊十力建议马一浮争取国家的支持，获得“国立”资格。而马一浮认为一旦被纳入国立，书院便难以坚持学术独立，难免与政治牵扯。马一浮认为应该学习古代寺院的组织模式，从多种渠道获得经费支持。而这却被熊十力批评说要“遗世独立”。在书院的规模上，熊十力认为应该尽量多地招收学生，而马一浮则主张循序渐进，积累声誉之后，再扩大规模。起首经费紧张，规模不宜过大。因为经费问题，马一浮也婉拒了熊十力推荐牟宗三等人来书院工作的提议。有趣的是，他们还讨论到书院的风水问题，这也导致熊十力想回到西南联大，而不愿意来书院就职。在反复动员之后，熊十力终于来到复性书院，但在开学讲话中，我们即可以看到熊十力依然坚持书院学

① 马一浮：《致熊十力》（1939 年 7 月 1 日），载吴光主编：《马一浮全集》第二册（上），第 491 页。

生应该多学习哲学、文学、历史等知识，努力适应时代。而有一次在日军轰炸中熊十力不幸腿受伤，不知这是否会让他联想到风水的问题。总之，来复性书院不到半年之后，熊十力便离开了。

复性书院一直开办到1946年，因为经费和年事渐高的困扰，在书院迁回杭州一年之后，马一浮决定关闭书院。从某种意义上看，复性书院算是一次悲壮的实验，因为就书院的规模和培养的人才而言，都难以说成功。不过，若从探索儒家价值在现代传播的可能途径而言，复性书院何尝不是一次伟大的尝试，他令我们意识到在工具理性横行的时代，价值理性的艰难处境。

## 第四节
## 性理与技艺：马一浮经学、国学观的独特性及其悖论

从前面讨论可知，章太炎等人用采用国学概念，最初的动因并不是要反对西方分科体系的传入，事实上体现的是一种防御性的文化心理。在西学东渐这样的大势下，要为中国传统学术在现代学科所笼罩的环境中寻求位置。他所持有的古文经学的立场及“六经皆史”的去价值化倾向，客观上会让胡适、傅斯年等人感受到其“科学”和“客观”[①]的态度，尽管傅斯年等人很快发现了章太炎只是一个“伪装的经师”，进而对他们之间的思想“脉络”进行切割。

章太炎虽然数次拒绝加入现代学府，但章门弟子却因为既有传统学术的基础，又有海外学习的经历，因而成为民国之后诸如北京大学等

① 固然这与章太炎的古文经学立场有关，但是，章对于现代西方学术成果的吸收也是其并不拒绝西方学术分科的原因。从《訄书》看，章太炎已经大量采用人类学、社会学、哲学以及许多自然科学的知识了。

学府的文史哲学科教师的主体。胡适和傅斯年、顾颉刚等人的白话文运动、整理国故和疑古运动，核心的诉求就是剥离“国学”所含有的价值导向，使经典和史学的研究走向实证化、史料化。黄侃等人很快感受到学术范式转型的压力，而宁愿去更具包容性的南京的中央大学或金陵大学，而北京大学自20世纪20年代开始则成为胡适派学人大本营。在以科学性、知识性为主的范式已经成为学术研究的主流的时代，马一浮感受到了时代的“危机”，有鉴于此，他对社会上所流行的“国学”概念表示出足够的警惕。

> 国学这个名词，如今国人已使用惯了，其实不甚适当。照旧时用国学为名者，即是国立大学之称。今人以吾国固有的学术名为国学，意思是别于外国学术之谓。此名为依他起，严格说来，本不可用。今为随顺时人语，故暂不改立名目。然即依固有学术为解，所含之义亦太觉广泛笼统，使人闻之，不知所指为何种学术。照一般时贤所讲，或分为小学（文字学）、经学、诸子学、史学等类，大致依四部立名。然四部之名本是一种目录，犹今图书馆之图书分类法耳。（荀勖《中经簿》本分甲、乙、丙、丁，《隋书·经籍志》始立经、史、子、集之目，至今沿用，其实不妥。今姑不具论，他日别讲。）能明学术流别者，惟《庄子·天下篇》《汉书·艺文志》最有义类。[①]

马一浮看到了章太炎的国学内容分类所带来的问题，即混淆了图

---

① 马一浮：《泰和宜山会语》，吴光主编：《马一浮全集》第一册（上），第7—8页。

书分类和学科分类，他认为《汉书 · 艺文志》和《庄子 · 天下篇》中的分类思想比较适合对于经典的分类，即以经典的社会功能来判别经典的意义。

马一浮所要强调的国学，并非一国固有的学术，而是一国固有学术中所能发现的解决人类问题的思路。国学源起于建立民族国家的需要，但马一浮则认为要超越这个使命，他所提倡的“国学”不仅是专为某一特定的国家所设定，而且是面向全人类的心灵世界。

即使在当下救亡图存之际，学术之志向亦是超越民族国家，而面向世界的。“若曰图存之道，期跂及于现代国家而止，则亦是自己菲薄。”[1]因此，马一浮的六艺学具有一种普遍主义的面向，提出今日来弘扬六艺之道，并不是狭义的保存国粹，片面发挥自己的民族精神，而是要使此种文化精神推及全人类，革新全人类习气之流失而造成的主体精神的缺失。因为六艺之道包含了时代的内容，赋予了真善美的现代价值，才是真正的自由、平等和解放。

> 西方哲人所说的真、美、善，皆包含于六艺之中，《诗》《书》是至善，《礼》《乐》是至美，《易》《春秋》是至真。《诗》教主仁，《书》教主智，合仁与智，岂不是至善么？《礼》是大序，《乐》是大和，合序与和，岂不是至美么？《易》穷神知化，显天道之常；《春秋》正名拨乱，示人道之正，合正与常，岂不是至真么？……吾敢断言，天地一日不毁，人心一日不灭，则六艺之道炳然常存。世界人类一切文化最后之归宿必归于六艺，而有资格为此文化之领导者，则

① 马一浮：《泰和宜山会语》，载吴光主编：《马一浮全集》第一册（上），第7页。

中国也。[①]

马一浮以儒家的六经作为所有中国精神的源头，并以此来“楷定”国学的范围。“楷定国学者，即是六艺之学，用此代表一切固有学术，广大精微，无所不备。”[②]马一浮对六艺的整体性把握，同样也是对现代学科体系的反思，他所要关注的是在以知识传授为主的现代教育体制中，是否能为中国的独特价值理念和道德实践找到一个独立的教育机构。因无以名之，遂亦以国学冠之。对马一浮的“六艺论”的系统结构，刘梦溪先生有一个概括：“何谓‘六艺之道’？六艺的义理内涵和道德规范就是‘六艺之道’。以‘六艺’的义理内涵和道德规范来教人，即为‘六艺之教’。经过‘六艺’义理精神的教化、濡染、熏陶，而成为敦厚、知远、良博、庄敬以及懂礼貌、知分际的理性自足之人，或不能尽其全而得其一二者，就可以称为‘六艺之人’。”[③]在这样的整体目标之下，马一浮主张国学当更为强调“人”的价值养成，而非一技之长的习得。马一浮的立场与其说是对分科之学的批评，还不如说他希望给国学留出一个专门的领地来解决价值归属的问题。他要培养的是“通儒”，而非专家。他说：“今日学者为学方法，可以为专家，不可以成通儒。……古人论学主通，今人论学贵别。……今之所谓专家者，得之于别而不免失之于通，殆未足以尽学问之能事。”[④]

---

① 马一浮：《泰和宜山会语》，载吴光主编：《马一浮全集》第一册（上），第19—20页。

② 马一浮：《泰和宜山会语》，载吴光主编：《马一浮全集》第一册（上），第8页。

③ 刘梦溪：《马一浮与“六艺论”》，载刘梦溪：《学术与传统》中卷，第613页。

④ 马一浮：《泰和宜山会语》，载吴光主编：《马一浮全集》第一册（上），第48—49页。

### （一）通儒与专家

马一浮认为通儒与专家的区别在于价值和工具之分。他批评现在的学者将事物作为对象，而未把宇宙人生看作是“分内事”，这样就会自我局限，难以成为对人类和世界有责任感的“通儒”。

那么如何培养通儒呢，就是以“六艺之学”进行培育教化。所谓六艺之学，亦即诗、书、礼、乐、易、春秋所包含的丰富的学术思想和文化传统。马一浮认为六艺即孔子之教，构成中华民族二千余年一切学术之源头，其他都是六艺之支流。所以六艺可以该摄诸子，该摄四部，甚而该摄西方文化。

马一浮的六艺论引发很多的争议，即使是最能与他互相理解的熊十力对此也有保留。不过，我们若能通观马一浮对六艺的论述，则可以发现马一浮并没有夸张地认为六艺可以解决当世的一切问题，而是强调借此可以找到解决这些问题的“条理”。马一浮说，理在事中，六艺之道，就是事物的“统类”，统就是“一理之所该摄”，而类就是事物的种类。在大千世界中，唯有掌握事物背后之理，才能相通无碍。六艺作为圣人之道，就是该摄一切的“理”。“圣人之知，统类是一，这便是始条理；圣人之道，本末一贯，这便是终条理”。[①] 六艺虽分六经，各有所主，但这个“道”，这个“条理”终究存于人之内心。“学者须知六艺本是吾人性分内所具的事，不是圣人旋安排出来。吾人性量本来广大，性德本来具足，故六艺之道即是此性德中自然流出的，性外无道也”[②]。因此，六艺统摄于“一心”。人在行为中自然流露出来的各种德性，是“天德”，将之落实在实践上，就是“王道”。

---

① 马一浮：《复性书院讲录》，载吴光主编：《马一浮全集》第一册（上），第 21 页

② 马一浮：《复性书院讲录》，载吴光主编：《马一浮全集》第一册（上）第 15 页。

对于人的德性，马一浮有自己的解释。他说如果此天德从“一德”而言，即为“仁”。就“二德”言之，则为仁、义。在六经中，《诗》《乐》为阳，则为仁。《书》《礼》为阴是智，亦是义。就“三德”言，则是仁、智、勇。并认为《春秋》是圣人之大勇。就“四德”而言，则是仁、义、礼、智。就“五德言之”，则是仁、义、礼、智、信。而“六德”，则是仁（《诗》）、知（《书》）、圣（《乐》）、义（《礼》）、中（《易》）、和（《春秋》）。这里，马一浮认为不同经典的主要功能会随着德行体系的变化而变化，这虽是总结《礼记·经解》等中的分类后而做的综合，但亦有他自己的体帖，目的是要让听者明白，六经并非一堆文字，而是一个道德系统，是应对现代社会各种问题的出发点和归宿。树立了这样的意识，方能见得六经是常道，变化的是时代，而宇宙人生之当然之则，是“方法论”，自然是有其恒常性的。他以《春秋》大义为例说，“六艺亦可统摄今世之学术也”。

> 若夫《春秋》之义，以今人语言释之，则所谓有正确之宇宙观，乃有正确之人生观，知宇宙自然之法则，乃知人事当然之法则也。此六艺之统摄今世之学术也。①

现代人之所以会认为经典已经是“过去的历史”，是因为不将之视为“方法”，而将之视为“先王之政典”，便看不到宇宙间的道理，从而也不可能理解圣人作六经的本意。“须知六经非是圣人撰造出来，而是人人自性所具之理，如非固有，圣人岂能取而与之？执言语、泥文字

① 马一浮：《语录类编·六艺篇》，载吴光主编：《马一浮全集》第一册（下），第573页。

者每以典册为经，不知宇宙间本来有这些道理，盈天地间莫非经也。”[①] 按马一浮的理解，经典所概括的是宇宙间的所有道理。

现在学术也强调各种方法，比如逻辑、比如各种自然科学的公式等，但这些算不上是根本之法，因为这些方法并没有“价值”意义，只是从“功用”层面上下手。“今人于古人修辞立诚之旨全未识得，独喜称逻辑，以为治哲学者所必由。不知逻辑本身便是一种执，律以破相之旨，便在当破之列。如禅师家言，非情识所到者，岂可辄以逻辑妄加格量？不是之思，而断断不已，但以增学者之执着而益其迷妄耳。”[②]

当有人建议复性书院除了经典教学，还应有一些实用性的学科，以为学员考虑谋生之术，马一浮也加以反对。“或谓复性书院宜仿胡文定经义、治事两斋制度，以便学人就性之所近分别研究。先生曰：胡文定分经义、治事为二，未免将体用打成两截。经义，体也；治事，用也。有体必有用，未有通经义而不能治事者。若治事而不本于经义，则是功利耳，岂足为法。”[③] 马一浮坚持经典之价值和实践功能必须要统一，不能流于功利性的境地。

### （二）六经该摄一切学术

马一浮明确反对在书院中实行现代的学术分科体系，而寻求一种整体性的价值指向。他反思经典的历史，来说明六经被割裂的缘由在于大家误读了《论语》中的“四科”之学，认为孔门弟子对六经并非各有分别，而是在通贯六经的基础上各有侧重而已。

---

① 马一浮：《语录类编 · 六艺篇》，载《马一浮全集》第一册（下），第 574 页。

② 马一浮：《语录类编 · 诸子篇》载《马一浮全集》第一册（下）第 598 页。

③ 马一浮：《问学私记》，载《马一浮全集》第一册（下），第 761 页。

分科之说，何自而起？起于误解《论语》“从我在陈”一章。记者举此十人有德行、言语、政事、文学诸目，特就诸子才质所长言之，非谓孔门设此四科也。十子者，皆身通六艺，并为大儒，岂于六艺之外别有四科？盖约人则品核殊称，约教则宗归无异。德行、文学乃总相之名，言语、政事特别相之目。总为六艺，别则《诗》《书》，岂谓各不相通而独名一事哉？故有判教而无分科。[①]

马一浮认为，“孔门四科”之说是一种误解，所谓“德行、言语、政事、文学”四科，是就诸弟子才质所长而言，孔门一以六艺为教，不会在六艺之外另设四科之目。西方的学科分别大略自哲学与具体学科的分化为始，然并不能将之来比喻儒家，儒家并非由经典分化为不同的方向，因为经典是终始条理，其核心是一贯的。

马一浮反对“局而不通”。在他看来经学的古今之争，各守封疆，使经典大义难以贯通。汉宋之争也一样，互相攻击，与经术无关。“儒家既分汉、宋，又分朱、陆，至于近时，则又成东方文化与西方文化之争、玄学与科学之争、唯心与唯物之争，万派千差，莫可究诘，皆局而不通之过也。”[②]

马一浮先生反对儒学内部的各种分歧，认为这都是囿于自己有局限的视野而产生的分歧，与经典本身并无关联。马一浮指出，桐城派姚鼐以义理、考据、词章并列为三，其实是不明义类，因为三者实为一体，不可割裂。所谓“义理、考据、词章”之说，是不能成立的。同

① 马一浮：《复性书院讲录》，载吴光主编：《马一浮全集》第一册（下），第130—131页。

② 马一浮：《复性书院讲录》，载吴光主编：《马一浮全集》第一册（下），第108页。

样，这样的批评也过于严苛。因为后世儒学发展汉宋之别已然明显，且为学宗旨亦有不同。即使就六艺的精神一贯性来说，理虽一而学亦可以分殊，况且一贯的精神本身亦需要通过六艺来展现其不同的面向。

既然现代的学术的教育并不能建立起道德意识与价值自觉，马一浮提出自己的国学概念，甚至类似于信仰层面的“判教活动”，即以此来让人觉悟一种整体性的价值认同。所以，他要反复强调六艺的贯通性。

马一浮对判教与分科的区别作了精辟的论述：

> 荀子曰：“圣人言虽千举万变，其统类一也。”统是总相，类是别相。总不离别，别不离总。举总以该别，由别以见总，知总别之不异者，乃可与言条理矣。内外本末，小大精粗，统之有宗，会之有元。备而不遗，通而不睽，交参互入，并摄兼收，错列则行布分明，汇合则圆融无碍，此条理之事也。（事犹言相。）若乃得其一支而遗其全体，守其一曲而昧乎大方，血脉不通，触涂成滞，畛域自限，封执随生，相绌相距，不该不遍，是丹而非素，专己而斥人，安其所习，毁所不见，是犹井蛙不知有海，夏虫不知有冰。……由前之说，则判教是已；由后之说，则分科是已。[①]

马一浮是从“六艺”来楷定他的国学观念的。马一浮强调他对国

① 马一浮《复性书院讲录》，载吴光主编：《马一浮全集》第一册（上），第127页。

学的定义是“楷定”[①]而非“确定”，即他并不强求别人接受他的定义。这看上去有点与他的判教的目标不甚统一，因为既然是楷定，则成为一种自我的期许而不能展现为对别人的要求。

由此可见，马一浮的国学观念是要从知识论上来解决教育的目的的问题。马一浮的六艺论并非要取代现代科学，而是要“纠偏”，即学习是仅仅为了知识，还是要成己成物。“今日学子只知求知，以物为外，其结果为徇物忘己。圣贤之学乃以求道会物归己，其结果为成己成物。一则向外驰求，往而不反；一则归其有极，言不离宗。”[②]

从价值观和方法论上入手来强调“六艺”该摄一切学术，可谓切中现代学术之一大弊端。完全放弃价值关怀去从事工具性的研究，难免会产生善恶并进的局面，对此，章太炎的“俱分进化”论已有深刻揭示。现代科学与人类伦理之间的冲突随着克隆技术、人工智能的发展越发尖锐，建构以人类可持续发展为底线的科学伦理已成为共识。

不过，马一浮也遇到一个或许是难以克服的困境，即如何将这种价值理性贯彻在人类实践中。如果从“统类”出发，能将问题抽象化的话，那么，分析六艺如何该摄诸子乃至西方学术，则会产生问题意识和解决方法之间的不一致。这也是同为新儒家阵营的熊十力经常质疑六艺论的主要原因。

马一浮分别有文字讨论六经该摄诸子、该摄四部、该摄西来学术，这或许是他的思想中最难以让人接受的部分，却也是其努力融通六艺学

---

① 马一浮先生对“楷定”有专门的解释，认为只是给出一个讨论的范围，与“确定”和“假定”不同。“确定”是不容许别人讨论，这属于“自专”。而“假定”意味着自己也并不一定认可，“今言楷定，则仁智各见，不妨各人自立范围，疑则一任别参，不能强人以必信也。如吾今言国学是六艺之学，可以该摄其余诸学，他人认为未当，不妨各自为说，与吾所楷定者无碍也”。马一浮《泰和宜山会语》，吴光主编：《马一浮全集》第一册（上），第8页。

② 马一浮：《泰和宜山会语》，载吴光主编：《马一浮全集》第一册（上），第45页。

与古今学术的艰难探索。对于“六艺”大旨的疏解，主要是通过《礼记 · 经解》和《庄子 · 天下篇》来阐发，按《经解》的说法，六经的核心是对人的教化：温柔敦厚,《诗》教也；疏通知远,《书》教也；广博易良,《乐》教也；洁净精微,《易》教也；恭俭庄敬,《礼》教也；属辞比事,《春秋》教也。而《庄子 · 天下篇》的表述更为明快,《诗》以道志,《书》以道事,《礼》以道行,《乐》以道和,《易》以道阴阳,《春秋》以道名分。而“六经统摄一切学术”，就是以此为出发点而展开的。

首先，他提出“六艺统诸子”。六经本来完满，但在学习的过程中，人们往往会接受与自己的性情相近的部分，这样于兴趣不及的地方，便会产生“遗失”。先秦诸子自成体系的主要是儒、墨、名、法、道五家，他们的思想各举六艺之一偏而发展，因此产生四种“破缺”的形态：得多失多、得多失少、得少失多，得少失少。在马一浮看来，道家思想统于“易”，故道家体大，对于宇宙间的变化观察最为深入。然因其难有恒定的想法，故而倾向于阴谋，“《易》失之贼”。庄子的《齐物》自由奔放，得之于《乐》的地方比较多，但不免“流荡”。墨子对于《礼》《乐》是得少失多，法家对于《礼》和《易》也是得少失多。而名家的惠施公孙龙，则是得少失少。马一浮以“六艺”为标准，来衡量诸子之得失，也有一定的合理性。因为诸子多以儒家为论敌，其论据多以攻击儒家为目标，由此而言诸子统于六艺也不算牵强。

其次，他认为“六艺统四部”。四部为传统的图书分类方式，因此，以儒家的经典来统摄，有一些矛盾之处。不过在马一浮看来，经史子集中都可以看到六艺之“统”，比如史，无论是编年史，还是类似《通志》《通典》之类，皆可以从《书》《礼》《春秋》中找到“历史的意义”，因此，即使没有史学,《尚书》《春秋》等完全可以替代史学的功能。依此类推,《诗》以道志,《书》以道事,而文章无非要记载故事、抒发情感,由此,集部所要承载的功能亦可以由《诗》《书》来完成。至于经部,马一浮分宗经论和释经论,简单说就是经典中有一部分是记载圣人先贤之本意,比如《论语》《孝经》等,而另一些用来理解圣人原意的经书则属于“释经”,即用以解释圣人之本意的。也就是说要了解“六艺”,首先要关注“宗经”,辅之以“释经”,方可体会六艺之全体大用。既然六艺呈现人类生活的意义和理解世界的方法,而这也是人类全部思想所共通的,因此,六艺还可以统摄西来一切学术。

> 六艺不唯统摄中土一切学术,亦可统摄现在西来一切学术。举其大概言之,如自然科学,可统于《易》,社会科学(或人文科学)可统于《春秋》。因《易》明天道,凡研究自然界一切现象者皆属之;《春秋》明人事,凡研究人类社会一切组织形态者,皆属之。[①]

具体到哲学,马一浮认为本体论近于《易》,认识论近于《乐》,经验论近于《礼》,虽看上去牵强,但马一浮要从总体上找到西学与中学在根源上的一致性的努力,却是如一的。

马一浮以六艺来楷定国学概念,包含着对分科之学的反思,其中尤其体现出分科之学对于人类总体价值的忽视。但是这样的统摄也有一定的问题,随着近代社会和科学的发展而逐渐形成的新的知识形态,会逐渐积累出价值层面的内容,从而获得自我反思的能力,类于西方现代学术从哲学和神学中分离出来之后,也会逐渐形成自身存在的价值,以

---

① 马一浮:《泰和宜山会语》,吴光主编:《马一浮全集》第一册(上),第17—18页。

及对于人类生活的世界的独有理解；而即使需要一种“总体性”的视野，总体性的视野也并不能取代具体的针对性，在现代社会生活中，六艺之学是否还能“包揽无遗”呢？在儒学遭受普遍的质疑的时代，那种“无力感”是难以避免的。

马一浮有海外学习的经历，虽然他并没有真正经历学科化的训练，但他对于现代学术的分科有很清晰的了解，但当他试图将六艺和现代的自然科学进行贯通的时候，会产生价值理性和工具理性在问题域上的重合，进而既会造成六艺与现代学科的牵强比附，也难以确立六艺对于现代学科的价值引领的路径。

> 今人以数学、物理为基本科学，是皆《易》之支与流裔。以其言，皆源于象数而其用在于制器。《易传》曰：“以制器者尚其象。”凡言象数者，不能外于《易》也。人类历史过程皆由野进于文，由乱而趋于治。其间盛衰兴废、分合存亡之迹，蕃变错综。欲识其因应之宜、正变之理者，必比类以求之，是即《春秋》之比事也；说明其故，即《春秋》之属辞也。属辞以正名，比事以定分。社会科学之义，亦是以道名分为归。凡言名分者，不能外于《春秋》也。文学、艺术统于《诗》《乐》，政治、法律、经济统于《书》《礼》，此最易知。宗教虽信仰不同，亦统于《礼》，所谓“亡于礼者之礼也”。哲学思想派别虽殊，浅深小大亦皆各有所见，大抵本体论近于《易》，认识论近于《乐》，经验论近于《礼》；唯心者《乐》之遗，唯物者，《礼》之失。凡言宇宙观者皆有《易》之意，言人生观者皆有《春秋》之意，但彼皆各有封执而不能观其会通。庄子所谓“各得一察焉以自好”，“各为其所欲

以自为方”者，由其习使然。若能进之以圣人之道，固皆六艺之材也。[①]

从学科反思的角度，从工具理性对于价值理想的悬置来批评学科的分别所导致的知识的碎片化及专业化所导致的通儒的缺乏，是现代学科发展所应该有的自我意识。但是社会分工所需要的“专才”和通儒教育之间的矛盾并不是一个“会通”所能解决的，也就是说，我们即使需要确立价值立场，但这样的价值立场也不应该干预学科自身的规律和问题意识。从文化保守主义的立场出发，马一浮的六艺论具有强烈的文化本位立场，并以此为出发点，来阐发六艺的普遍主义价值。因此，文化民族主义往往会转化为一种文化信仰，这种信仰转而成为文化价值的自我确定。

学者当知六艺之教，固是中国至高特殊之文化：唯其可以推行于全人类，放之四海而皆准，所以至高；唯其为现在人类中尚有多数未能了解，“百姓日用而不知”，所以特殊。故今日欲弘六艺之道，并不是狭义的保存国粹，单独的发挥自己民族精神而止，是要使此种文化普遍的及于全人类，革新全人类习气上之流失，而复其本然之善，全其性德之真，方是成己成物，尽己之性，尽人之性，方是圣人之盛德大业。若于此信不及，则是于六艺之道，犹未能有所入，于此至高、特殊的文化，尚未能真正认识也。[②]

① 马一浮：《泰和宜山会语》，载吴光主编：《马一浮全集》第一册（上），第18页。

② 马一浮：《泰和宜山会语》，载吴光主编：《马一浮全集》第一册（上），第19页。

这样的文化立场必然会陷入特殊主义与普遍主义的矛盾之中。如果六艺之教乃是为全人类而设，所要倡导的又是真、善、美等人类普遍的价值，那么，我们必须接受一个预设，即六艺之教是全人类唯一通向真善美的途径。而如果从价值多元化的角度，六艺所呈现的价值可能只是众多现代性批判的维度之一，因而六艺的统摄可能会构成一种价值的"强制"。如此，将文化自信转变为全人类的共信，与他所提出的国学多元主义面向并不一致，可能会排斥其他文明转而造成文化的自我封闭。

马一浮所楷定的国学观念，是对儒家经学价值的一次全面的肯定，也是对近代以来"整理国故"和"疑古派"的文化虚无主义的一种激烈的批评，表现出对在"科学"的旗号下由"国学"而导出的文明的自我否定的警惕。马一浮试图以一己之力来矫正时代的趋势，其意志之坚定，无出其右，甚而难以与熊十力等新儒家同道"共处"。在方法论的角度，他基于普遍主义的方式来肯定"六艺"所代表的中华文明的价值，既会造成对于文明多样性的遮蔽，还会造成对于现代学术发展、分科化的趋势的阻碍，这也是马一浮与熊十力之分歧之紧要处。他对于价值理性的坚持，造成了对于工具理性的否定，这也会导致体用的割裂。即使在传统儒家的论域，明体达用亦是整体，若否定教学对于生存能力的培养，那么心性之学就会陷入自我封闭的困境，而难以获得受众。他在浙大所陷入的困境和复性书院的艰难，都是其明证。马一浮对于现代大学教育模式的拒绝，以及对于以价值关怀为目标的书院纯粹性的坚持，不仅使他的书院难以吸纳高素质的学生，也难以形成一个以此为目标的教师共同体。这样的书院最终会与社会隔离，而难以将其价值理想传达给社会。由此，马一浮所希望的由国家、社会共同支撑的书院存在方式也难以真正实现。复性书院长期受制于经费的缺乏，甚至需要马一浮以书法润笔的方式来筹集经费，这也极大地制约了书院的发展，虽然我们并不能由复性书院的事例就推导出现代儒学教育模式失败的结论，不过，探索真正有生命力的儒学教育新模式依然是儒学能否在现代社会获得生命力的关键问题。

# 第　四　章　儒学能“哲学化”吗？反思中国哲学学科范式的四个角度

“国学”概念的提出是对于西学带来的学科分科模式的反思。最初人们也希望通过建制性的国学院来化解中西思想在学科化过程中所面临的困境。不过，尽管北京大学的国学门尤其是清华大学的国学院在当今的学术界被视为传奇式的存在，但他们终究只是过渡性的存在，很快，作为学科的“国学”日渐被文史哲所取代。

将《诗经》纳入文学科，《尚书》《春秋》纳入史学似乎并没有产生巨大的学理上的冲击，从近代史学家的总体倾向而言，他们可以从传统历史的“记事”特性中找到渊源，学科化的历史研究与传统史学的价值诉求之间并不会构成很大的紧张。但哲学学科遇到的问题比较尖锐。当时张之洞在厘定学制的时候，就有将哲学学科排除的意图，理由是哲学的怀疑精神会颠覆经学的永恒价值。民国之后，大学的经学科取消，以北大哲学门的建构为起点，哲学学科开始了其在中国现代学术中的历程。

建构中国哲学作为哲学学科的一种本土化的尝试，一直困难重重，不过，以哲学的方式来处理道家和宋明理学这样的“哲学性”比较强的内容似乎并无障碍，但面对先秦诸子的其他思想或是汉代之后的经学、礼学等思想传统，学科化方式的“欠缺”就十分明显。这样的质疑，终于在 20 世纪末 21 世纪初演化为一系列对于中国哲学学科范式的“反思”。

经过汇集中国哲学和西方哲学等诸多学科的学者的讨论，问题似乎已经越来越清晰：以往的“中国哲学”范式之所以被批评，是因为这些以西方（包括苏联式）的哲学框架为模式的学科化的诠释方式，歪曲、甚至遮蔽了中国思想的鲜活内容，阻碍了中国人与自己的传统之间的联系。那么，一个问题浮现在我们面前，即儒学能“哲学化”吗？

## 第一节
## 作为民族主义延伸的“中国哲学”

前文已述，“中国哲学”学科的产生，是西方现代学科体系传入中国的产物，其中夹杂着极为复杂的情感：一方面，强调哲学的“中国”特性，是基于人们对于文化独特性的保持的期待；另一方面，基于将中西问题转化为古今问题的时代风潮，人们又必须证明中国有哲学，甚或中国需要哲学。

清末新政时期张之洞在引入西方的学科制度的时候，的确想保留经学科，而取消哲学科。很显然，张之洞是将哲学在新学科体系中的地位等同于经学，都是提供“终极价值”的，既如此，保留经学科，就无需再设立哲学科。对于取消哲学科的做法，王国维提出了激烈的反对意见。王国维认为现代的学科是非意识形态化和非地域化，其追求的是普遍的真理，而哲学和美术正是以普遍真理为目标，故而应该设立哲学学科。

民国成立之后，蔡元培主政教育部，大学不再设立经学科目，传统的经典被分置于文史哲不同的学科中，此后，即使是以“新儒家”身份自居的学者，大多也不再对经学有专精的研究，反而接受了“哲学学科”的必要性，并将这样的“知识形态”视为所有民族文化发展的一种“标志”。比如，被认为在20世纪对儒家哲学做出最大贡献的牟宗三，他在《中国哲学的特质》一书中，在“中国有没有哲学”的标题下，针对“中国没有西方式的哲学，所以人们也就认为中国根本没有哲学”这样一种普遍性的认识，加以坚决驳斥，并认为哲学是“构成一个文化的重要成分、基本成分”，“任何一个文化体系，都有它的哲学，否则，它便不成其为文化体系。因此，如果承认中国的文化体系，自然也承认了中国哲学……说中国没有‘希腊传统’的哲学，没有某种内容形态的哲学，是可以的。说中国没有哲学，便是荒唐了”[①]。

这种“中国必然有哲学”的信念，是一种奇特的民族主义的表现。民族主义本身就可以有很多种解释，我在这里使用这个词，主要指的是那种强调民族的独特性和优越性的情绪。这种情绪的极端化表现，则可能是排他性地坚持本民族的历史传统，也可能是通过证明自己的文化传统与“占优势”的文化传统的相似性来提升民族自尊心和文化自信心。比如，新儒家在证明儒家的现代价值的时候，主要采用的办法是对“儒家进行现代解释”，使儒家的观念接近于西方的理念（特别是政治理念），以此来证明儒家价值的合理性。比如，牟宗三就认为，现代化虽然发轫于西方，但“只要它一旦出现，它就没有地方性，只要它是个真理，他就有普遍性，只要有普遍性，任何一个民族都应该承认它”。他说，王道政治和民主政治是共同的理想，实现民主政治也就是

① 牟宗三：《中国哲学的特质》，上海古籍出版社，2007年，第3页。

新外王的内在要求。[①]

对于“哲学”学科的认知也是如此，要是有人说中国没有哲学，这会让许多人在“民族情感”上产生困扰，由此，许多人接受这样的一种方式，即以西方哲学的概念系统去总结中国古代思想的资源，以证成一种普遍主义。不过，这样的一种方法也会受到质疑，在多元现代性的思潮下，以模仿西方而证成现代性的方式被视为是一种文化帝国主义的体现，[②]因此，后发国家的思想文化立场经常会发生一种自我矛盾的“错乱”。当以民族主义的立场来思考近代以来的哲学学科建构的时候，人们开始“坚信”外来概念体系的使用必然会极大地影响到对自身传统的理解，而造成一种“断裂”。如此，对“中国哲学”的质疑就不仅仅是一种技术性的怀疑，而转变为一种价值性的追求。

持这种观念且比较有代表性的，是“以中国解释中国”的说法。这种说法源自晚清的“中国所以为中国”[③]的说法，这种于亡国灭种危机中所产生的“文化自我识别”，本来是用以作为民族国家建构过程中的凝聚力的源头，后来被引申为对于中国的价值观和思维方式的同情和理解。

这种理解本身具有合理性，在现代化的全球化过程中，不可避免地产生了文化中心主义，从而将前现代时代“自成系统”的“后发”文

---

① 牟宗三:《政道与治道》，第 15—16 页。

② 萨义德说出了后发国家在文化观上的悖论。他说“许多人认为，奴役了他们的痛苦与屈辱带来了好处 —— 自由的思想、民族自觉意识和高技术商品。这些好处在一定的时间后使得帝国主义变得不那么令人不快了。”[美] 爱德华 · W. 萨义德:《文化与帝国主义》，李琨译，生活 · 读书 · 新知三联书店，2007 年，第 21 页。

③ 张之洞在《劝学篇》之《明纲》篇中说：“五伦之要，百行之原，相传数千年更无异义，圣人所以为圣人，中国所以为中国，实在于此。”吴剑杰编:《中国近代思想家文库：张之洞卷》，中国人民大学出版社，2014 年，第 290 页。

明贬低为“地方性”的知识，因此，对“中国哲学”这种知识形态的反思，包含有对于“自我边缘化”的反思和“文化殖民主义”的批判。

在现代新儒家的代表人物中，梁漱溟是反对将儒家之身心性命之学命名为“哲学”的。他说“至如儒家身心性命之学不可等同于今天之所谓‘哲学’；在熊先生何尝不晓得，却竟随俗漫然以哲学称之。这便有意无意地模糊了儒家的特性，没有尽到原儒的任务”[①]。梁漱溟认为熊十力以哲学来解释儒学是失掉了自己的立场。不过，熊十力认为梁漱溟反对他用宇宙论、本体论这些概念来讨论儒家的身心性命之学，是不了解他的“深心”。这个“深心”一方面是说有了宇宙论和本体论更能谈清楚身心性命，另一方面是想以此来增加人们对中国自身学问的兴趣。“我一向感觉中国学校的占势力者，都不承认国学的学问，身心性命这些名词他都讨厌，再无可引他做此工夫。我确是心病在此，所以专心闭户，想建立一套理论，这里的苦况无可求旁人了解。”[②]

后一代的新儒家便没有熊十力般的担忧，因为在他们进入学术领域之时，“哲学”学科的争议已不复存在。当牟宗三等人接受了最初发生于西方的现代化是一种普遍价值的时候，他便将儒家的现代使命“设定”为民主政治的实现和科学意识的确立。与这样的倾向相关，牟宗三对于儒家思想的理解越来越“康德化”，或者按牟宗三的说法，中国哲学所特有的认知方式，能解决康德对于现象与物自体、道德意识和道

① 梁漱溟：《勉仁斋读书录》，《梁漱溟全集》第七卷，第 755 页。

②《熊十力致梁漱溟（1958）》，梁培宽编：《梁漱溟往来书信集》，上海人民出版社，2017 年，第 702—703 页。

德行为的“割裂”。[①] 牟宗三致力于中西哲学的会通，并认为只有通过康德，这种会通才有可能，但实质上也会将中国传统哲学的问题意识引向“以西方解释中国”。

很显然，来自西方的哲学家对于中国哲学的贬低，让中国学者们感到“不适”。比如黑格尔说过：“中国几部经籍的出版，以及关于道德的许多创著，都出于孔子的手，至今成为中国人风俗礼节的根本。在孔子的主要作品中（这书已经译为英文），可以看到许多正确的道德箴言，但是他的思想中含有一种反复申说，一种反省和迂回性，使得它不能出于平凡之上。”[②]

2001 年，德里达访问中国，也说中国没有哲学。这引发了国内许多学者的愤怒情绪，认为这种说法是对中国文化的轻蔑。但李泽厚的理解很有意味。他说德里达的说法，是在推崇中国。“德里达认为，他们自己正要从哲学里挣脱出来。他说的那种哲学，就是……古希腊的追求智慧的那种思辨的、理性的形而上学，而中国没有那些东西，没有那个狭义的形而上学。但是中国有广义的形而上学，就是对人的生活价值、意义的追求，这在中国一直是有的。”[③] 这段话是要为李泽厚自己的情本体哲学发表开场白。仅仅就这段话而言，李泽厚似乎也认同了黑格尔对中国哲学的断语，只是以一种“哲学转型”的预言式的表达来

---

① 牟宗三的哲学讨论的议题有智的直觉、存有论、现象与物自体等，对于“智的直觉”，他指出：“虽然康德不承认我们人类有智的直觉，但是在中国传统哲学中，儒、释、道三教为了体证人类所具有的无限心（儒家的本心良知、道家的道心、玄智，以及佛家的真常心），必然承认人类有智的直觉。因此，他认为：唯有承认人类有智的直觉，康德的哲学所涵蕴、但却无法建立的‘道德的形上学’才能真正完成，而海德格的‘基本存有论’则不足以担当此任务。”李明辉：《康德哲学在现代中国》，载李明辉主编：《康德哲学在东亚》，台湾大学出版中心，2016 年，第 22 页。

② 黑格尔：《历史哲学》，上海书店出版社，2006 年，第 126—127 页。

③ 李泽厚、刘绪源：《该中国哲学登场了？——李泽厚 2010 年谈话录》，上海译文出版社，2011 年，第 7 页。

重新解读此断语：未来将是非形而上并注重价值、意义的“哲学”的时代。

类似的解释中我们看到的是与梁启超《欧游心影录》和梁漱溟《东西文化及其哲学》于情绪上的连续性。我们的文化与西方文化有别，西方固然有“暂时”的优势，但世界文化的未来属于我们。于是，我们可以看到对“哲学”形态的焦虑事实上是“一种民族化的诉求”[①]，是对欧洲中心主义之无所不在的隐形影响和支配权力的觉察。持这样的文化心态，仿效西方而成的“中国哲学”架构和临摹式的思想表达方式，让中国学者心灵难以舒展，中国思想的独特性很难在西方式的叙事框架之中得到有效的表达。

由于完全模仿西方的学科体系，让我们被迫地接受一种西方的知识论典范来作为解释世界的范式，这是文化边缘化之后的代价。经过近一百年的发展，我们已经不可能放弃使用“哲学”这一完全从西方文化背景中产生的词语来总结中国古代的思想资料，否则，我们便无法与西方的整个学科设置系统相衔接。尽管我们经常强调中国哲学的特殊性，甚至我们给自己设定了更高的目标：“中国哲学”不能仅仅是在中国思想中寻找与西方哲学中类似的哲学概念、哲学命题和哲学理论，而要挖掘出其中更深的哲学意蕴，或吸收西方哲学中的养分，让“中国哲学”本身成为“哲学”。但这到底是更像“西方哲学”的“本来模样”，还是我们寻求一种与“西方哲学”不同的“哲学”？

让“中国哲学”本身成为“哲学”，或者建构一种与“西方哲学”不同的“哲学”，其中充满了悖论。设若我们要建构一种与西方哲学不同的“哲学”，我们为何还要用哲学之名，何不还原为经学或性命之学

---

① 方克立：《回应中国哲学“合法性”质疑的三个问难》，载《人文杂志》2005 年第 4 期。

这些自汉代和宋明便习以为常的词。如果是像李泽厚所期待的要为哲学的未来做铺垫，这其实是另类的“文化民族主义”的表态。

## 第二节
## “中国哲学”还是“中国思想”：哲学的多样性和普遍性

从一种民族主义的思路出发来说明“以中国解释中国”，固然对于反思儒学“哲学化”是否可能是一种观念背景，但是作为一种学术性的争论，它还具有学理上的缘由。即当我们引入哲学学科的时候，强行将儒家的经典，比如《周易》《论语》《孟子》纳入“中国哲学学科”，而这些非形式化、非概念化的内容在国际上的许多大学里并没有被接受为“哲学”，相关内容主要在历史系和文学系中讲授，据有一次与安乐哲教授的交谈，他说美国的大学里只有夏威夷大学设有“中国哲学”这个专业。而曾经设有“中国哲学”学科的日本东京大学，也将“中国哲学研究室”更名为“中国思想文化学研究室”，这样的名称改变，或许只是日本学界与西方学术体制相衔接的做法，但是否也包含有对“中国哲学”的新理解呢？不得而知。

而在中国国内的学术谱系中，中国哲学史和中国思想史研究领域之间始终是你中有我，我中有你。典型的案例就如侯外庐的《中国思想史》系列作品，侧重于从社会存在和社会意识的相互关系，去讨论中国思想的发展。但相比于“中国哲学”学科在哲学学科中的迅速发展，“思想史”的研究在其历史学的存身之所中，发展并不顺利，主要就是因为思想史的研究具有更多的“价值”因素，而不如奠基于考古和文献梳理那样“客观”和“中立”。不过，20世纪90年代中期以来，受学术规范讨论的刺激，哲学界对“中国哲学”的范式进行自我反思的时候，“思想史”研究群体进一步质疑哲学史的方法对于中国古代思想的解释上的可能性。某些从事中国思想史研究的学者认为，中国传统思想学术阐释方面的一些问题和弊端，与“哲学”观念的引进和随后所形成的“哲学史”模式有关。葛兆光在其所著《中国思想史》和晚近的文章中都谈到，“哲学”“宗教”一类词语在西方都有确定的含义，用于中国思想学术的阐释很难避免圆枘方凿或削足适履。他认为，相比起来，“思想史”在描述中国历史上的各种学问时更显得从容和适当。“当初不少人采用‘哲学史’的名称与形式，是为了寻找可以纳入西方话语中的中国思想，以证明古代中国也同样拥有‘爱智’的传统，那么，使用‘思想史’这一名称本身，则意味着在西方话语之外，中国思想的传统与历史也可以有另类写法来叙述。”①

的确，在中国哲学学科初创时期，胡适和冯友兰的《中国哲学史》写作，有将中国思想纳入普遍性话语的意图，这样的方法引发了金岳霖和冯友兰等人关于“中国哲学”和“哲学在中国”的讨论。②这场争论启发人们关注应将传统中国思想的研究称为“中国哲学”还是“中国思想”，应如何理解“哲学”的叙述体系等问题。韩东晖从“家族类似”概念出发的解释对此问题的理解具有启发性。他认为，“哲学”并不指称什么，也不命名什么，并不是从某些理智活动中抽取出来的固定特征、共同性质、是其所是，也不是贯穿在历史上的哲学活动当中的一条或几条主线；如果“哲学”命名什么的话，那也只是让别人意识到自身界限的一种权宜之计，它自己并不刻意把这种权宜之计升格为普遍的法则；如果说“哲学”这个词的用法也要遵循规则的话，那么它所遵循的

① 葛兆光:《续思想史的写法》，载氏著:《中国思想史》(第二卷)，复旦大学出版社，2000年，第3—4页。

② 关于金岳霖和冯友兰之间的争论，详见本部分第五章《中国哲学和哲学在中国》的相关讨论。

规则就像一个路标。他进而指出，哲学作为一种理智生活，必定植根于我们的语言、文化、传统、制度、认识、生活和交往。哲学问题的提出和解答不是为了满足我们的好奇心，而是试图以丰富多彩的方式解决上述各个方面的困惑。哲学是有根基的，哲学的河床是人们的生活形式，但生活形式、生活世界并不是一成不变的。哲学的形态必定随着人们的生活形式、认识水平、交往活动而与时俱进。在这个意义上，"哲学"是形式多样的语言游戏，"哲学"在这些语言游戏中体现出了家族相似性。[①] 韩东晖的说法，首先强调了一个"学科"的存在，其内涵是随着历史的发展而不断变化的。其次是我们不应该将"西方哲学"作为"哲学"的唯一样态，由此，中国哲学恰好有助于我们丰富对"哲学学科"的理解。

韩东晖的说法也有一个例证，比如"宗教"概念，世界上不同宗教之间的差异是如此之大，但并不妨碍人们将之称为"宗教"，反而不同的宗教形态丰富了"宗教"的概念。其实在日趋全球化的今天，想纯粹地再现原初的"中国视角"是不可能的，也是非历史的。韩东晖提出这样的思路：也许我们可以区分中国哲学研究的不同层次，即文献整理，考据与训诂，思想史、文化史的梳理，义理诠释，思想创新，社会教化与社会批判，等等。[②] 但是韩东晖的认识忽略了一个关键性的问题，即人们思考"中国哲学"的危机并非单纯就学科的意义上着眼，而是从文化认同和民族意识的角度来展开的。或许哲学这个学科本身的指向是普遍主义的，但正如前节所揭示的，"中国哲学"就其诞生之日

---

① 韩东晖：《"哲学"概念的家族相似性与"中国哲学"学科范式问题》，《中国人民大学学报》2004年第4期。

② 韩东晖：《"哲学"概念的家族相似性与"中国哲学"学科范式问题》，《中国人民大学学报》2004年第4期。

起，就被赋予了“民族文化承载”的使命，它之所以采用西方哲学的范式，是为了克服人们将中西问题处理成古今问题所带来的文化的自我否定。也许我们可以朴素地认为在前三个层次上能够还原“中国哲学”的本来面目并着手相应的工作，但如果我们不能看到自近代以来“中国哲学”所担负的使命，也就无法化解儒学、道家等传统思想“哲学化”后的“意义丧失”。

由此可见，辨析中国哲学与中国思想的差异的意义，更主要的是从方法的反思中发现问题之所在。毫无疑问，如果我们对“哲学”的概念作适当的区分，就既可以安享哲学之名，又达到分辨中西之别的功效。对此，广义和狭义的定义区分方法又被采用。比如张志伟教授提出，就广义的哲学而论，中国哲学与西方哲学、印度哲学，以及其他文明的哲学都是哲学；但若从狭义上理解，哲学就是西方哲学，中国哲学的确不是哲学。相对于狭义的哲学，我们可以将广义的哲学称为“思想”，就此而论，世界上所有文明最高的意识形态都是“思想”；西方思想则是“哲学”。这就是说，中国文明、印度文明和西方文明都有“思想”，只是西方思想采取了“哲学”的形式，并被称为“哲学”。或者也可以这样说，就哲学所研究的对象和问题而论，中国哲学当然是哲学，但就哲学作为一个学科而论，中国哲学则不是哲学。在西方哲学的名下有一系列“部门”或者“分支”，例如本体论（形而上学）、认识论、逻辑学等，它们之间界限分明，都有规范的概念、方法和理论系统，自成一学科，而中国哲学虽然不能说没有讨论过相应的问题，但的确没有这样明晰的学科规定，也相应地没有学科性的发展。显然，如果站在西方哲学的立场看，中国哲学的确不是哲学。然而，如果从广义的哲学即“思想”的角度看，中国哲学则是哲学，我们不妨称之为

"中国思想"。[1]

中西方关于终极关怀的追问是共同的，但也难以有统一的模式，没有哪一种探究的方式可以终结对人类精神的认识。西方思想采取了概念和逻辑的方式，若从广义的哲学而言，那只是其解决问题的特殊思路，并不是唯一的思路。我们若采用西方哲学的概念分析和逻辑推理的形式来处理儒家、道家等不同的思想资源，也可以加深对这些问题的思考，对我们固有的依赖体证、感悟的问题推进方式是一种"改进"。

当代文化和哲学的发展显示出，根源性、民族性、地方性，与世界性、现代性、普遍性之间不再是启蒙时代所理解的非此即彼的对立，而是"对立统一"的辩证关联。在这个意义上，"中国的"也同时是"世界的"，"传统的"也是"现代的"。这已成为当今思想界的共识。就认识对象而言，古代中国思想家所思考的问题，也是自我、社会与自然等，也是西方哲学家所关切的，差异是进入这些问题的方式，现代化的进程，不应该是对这些差异性的抹煞，而应是互相交融之后更高程度的差异和同一的结合。

## 第三节
## 从"格义"到"融通"

针对"中国哲学"的学科范式的反思，还会涉及一个话语系统的问题，如果说，语言是思维的器官的话，当我们引入西方的知识系统的时候，首先体现为我们对于他们的话语的接受。

---

① 参见张志伟:《中国哲学还是中国思想——也谈中国哲学的合法性危机》，载《中国人民大学学报》2003 年第 2 期。

现代中国学术语言的建立与哲学作为学科的传入具有同步性。不幸的是，这种传入的初期主要是通过日本做媒介，所以，这种语言体系不仅在对西方话语的借鉴性上，而且在对于传统中国话语的继承性上，均出现了理解的多重错位。首先，受五四新文化运动的影响，否定儒家价值的人，往往也会否定传统中国的经典和语言系统。比如陈独秀和钱玄同等人，坚信中国文字和汉语将被废除，这是“循之进化公例恐终无可逃”[①]。其次，晚清时期，因为懂西文的人比较少，那么许多概念便由日本转入，比如“哲学”就是一个日本人生造的“汉字”概念，大量运用从日本转入的白话文学术话语系统来翻译和理解西方哲学的著作，使得人们在认知上有很大的隔阂，这也为中国人有效地借鉴西方的学术资源设置了“另类的”障碍。第三，运用西方哲学的范畴来概括中国哲学的问题，会导致偏离中国思想的核心关切，也背离中国传统的思维方式，出现了类似于彭永捷所说的情况：“对于中国哲学史来说，每当我们选用它自身之外的哲学话语作为工具来操作时，我们就使论说的对象不再‘是其所是’，而是‘是其所不是’；它对于所使用的那种哲学语言来说是‘是其所是’了，但对于研究对象本身却是‘是其所不是’。在这里，就不仅是言不尽意了，而是词不达意。”[②]彭永捷认为“不同哲学话语系统之间是不可相互通约的，也不可相互替代”。这样他提出了避免“汉话胡说”，建立“汉话汉说”中国哲学史的主张。他在论述中提出了可行性的方案和可能出现的解释学循环的问题，给人以很大的启发。但“汉话汉说”本身有很大的可质疑空间，因为如果执著于“汉话”，哲学的学科特征将如何体现？我们是应着力于汉语哲学

---

① 陈独秀：《四答钱玄同》，载任建树编：《陈独秀著作选编》第一卷，第410页。

② 彭永捷：《试论中国哲学史学科的话语系统》，载《中国人民大学学报》2004年第4期。

如何扩展“哲学”本身？还是要通过汉话汉说来摈斥对西方哲学的吸收和融会？

最近又有“汉语哲学”之说，韩水法和孙向晨等学者认为“汉语哲学”是要批判将西方哲学作为唯一“哲学样态”的思路，同时也认为应以“汉语”所代表的生活世界和意义世界为基础来建设一些独特的问题域，从而丰富哲学的内涵。但总体而言，“汉语哲学”的提法并没有从根本上超越“中国哲学合法性”讨论时期的问题意识。

还有一些人为了避免“哲学”所带来的话语困境，甚至提出使用“中国古学”“道术”等词的建议。语言是一个不断发展变化的过程，古代中国因为处于农业社会，语言本身的变化较小，而近代中国因为推广白话文，日常语言特别是学术语言发生了根本性的变化。这里的问题是：一方面，概念本身随着事物的变化而变化；另一方面，语言也会随着社会的变化而变化。这使我们理解古代人的观点有一定困难，即使理解上是一致的，语言的表述上也一定会有变化。

这里还有一个所谓“误读”的问题。误读在理解中是不可避免的，随着认识的深化，一些误读会被正确的认识所取代。但有一种“误读”则可以被看成是创造性的“误读”，也就是说在理解对象的过程中，不断赋予对象以新的含义，而中国思想的发展本身就是在这种创造性的“损益”“误读”中实现的。

在这里，我要特别引用中国人最初在翻译“佛经”时所采用的“格义”手段为例子，来说明“误读”的正面意义。“格义”是佛教传入中国的初期，僧人通过比拟配合的方式，用中国古代固有的概念解释佛教教义的一种方法。当时比较著名的例子是运用道家的玄理来解释佛理，间或有用儒家的道理来比附。[①] 毫无疑问，以“格义”的方式来理解佛理会产生很多的偏差，但客观的结果是，一方面使佛教更加适应中国人的接受习惯，同时中国的本土思想玄学从佛经中得到许多的滋养而不断发展。另一方面佛教的传入又进一步推动了儒家的发展，宋明理学就是在佛道的影响下而形成的。

现代中国思想吸收西方思潮的过程，可以看作是新一轮的“格义”。有些是有意的，比如严复对于“自由”和“进化”等概念的改译；有些可能是不自知的。“格义”的过程可以给一些传统的词语赋予新的含义，或者创造出一些复合性的“新词”。这种新词可能在传统的语言体系中找不着对应性的说法，但是对新的事物具有解释力，很快它就会成为语言体系中的新成员。现代汉语的发展就证明了这一点。

现在的中国哲学也是这样。许多西方的哲学概念的引入导致了中国人思考方式的转变，虽然用这套词汇会产生种种问题，但不可否认新的词汇、新的概念体系的引入是产生新思想、实现新融合的必然过程。虽然我们在用汉语理解西方哲学和阐释中国思想时发生了很多类似于“格义”的事例，[②] 但是也必然会带动中西思想的吸收和融合。所以，“汉话汉说”应该是一种在吸收西方话语过程中的理论自觉，而不应走向排他性的“语言纯洁”运动。

面对人们对“中国哲学”名称的不满，也有学者提出一些替代性的术语，如“中国道术”“中国古学”等，这也是可以理解的。因为“哲学”毕竟是一个“译名”，原则上我们也可以将之翻译成别的名称。如果列举的话，可以替代的术语还可以是“中国道学”“中国道理学”“中

---

① 参见陈寅恪：《支愍度学说考》，载《陈寅恪史学论文选集》，第 98—99 页。

② 刘笑敢教授将之称为“反向格义”，即自觉以西方哲学的概念和术语来研究、诠释中国哲学的方法。见刘笑敢：《诠释与定向：中国哲学研究方法之探究》，第 101 页。

国义理学”等。问题的关键是，如果使用新术语仅限于“名称”的改变，而难以做出“学科化”的整理的话，其意义甚至还没有“中国哲学”丰富。除了辞典式的哲学定义，我们并不拥有统一的哲学概念及真理。在反省和检讨中国哲学的过程中，我们要避免一味对“哲学”和“中国哲学”概念进行本质主义的界定和讨论。我们最好把哲学放在不断变化着的历史时空和境况中来理解，这不仅符合哲学观念演变的实情，也符合哲学真理多样性的特征。因此，当我们反省改革开放四十多年来，甚至是百年以来的中国哲学的时候，我们也需要从一个容纳变化的立场来观察。“中国哲学”是一个历史性的概念，如果我们仍然坚持有一个本来的历史的话（就像冯友兰所区分的那样），那么只有在这种意义上中国哲学是确定不移的，除此之外，我们对中国哲学的理解和解释从来就不是固定不变的。这不是公然鼓励任意解释和塑造中国哲学，也不是公然承认在各种不同的理解和解释之中没有高低、好坏的竞争。实际上，经受住时间和历史考验而被选择下来的中国哲学解释方式，都有非同寻常的典范意义。[①]

## 第四节
## “问题和方法”：儒学“哲学化”的困境与解决之道

对于方法的关注，往往源自问题域的转换。当人们从经济改革和社会发展的问题中发现新的问题时，往往会从方法上对原先的认知模式进行反思。中国改革开放的经验告诉我们，当下中国的发展是数千年中国历史发展的一部分，我们的制度探索和精神依托，不能脱离中国的

① 王中江：《中国哲学的“原创性叙事”如何可能》，《中国社会科学》2004 年第 4 期。

土壤、中国的传统，我们可以摆脱导致我们精神分裂的文化自我否定的倾向。不仅如此，我们还从中国的现代化实践中发现，中国人的智慧能为解决现实矛盾提供思路。

但是，文化自信也会导向文化的“盲目”自恋。我们发掘中国传统智慧的现实价值，并不是说中国古代的思想家们为当代的问题预备好了所有的答案，而是说现在的中国人要从现实的问题出发，引发出自己的问题意识和解决方案。这有点类似于古代哲人所讨论的“道”和“迹”的问题。那些古代圣贤留下的话是“迹”，在这些“迹”的背后所预设的是圣人之“道”。如果我们只会重复古人的言论，那是舍道而求迹。王中江说过，如果我们“单向度”地把中国传统哲学视为可恶或者完美，我们都会失去对中国传统哲学的认知和转化能力，中国传统哲学对我们也就丧失掉了复杂的内涵。一如把“和谐”“天人合一”“万物一体”等中国哲学观念公式化和口号化，简单化为人与自然的和谐，人与天地万物融合为一的时候，其实不仅是把古代的天人合一等观念的丰富性掩盖，也把观念和实践的关系简单化了，误以为观念的确立可以直接转化为实践性的方案。当中国哲学被空洞的“和谐”“天人合一”笼罩的时候，中国哲学不是由此而变得充实和丰富，而是显得苍白和贫乏。这种花架子式的摆设和廉价的推销，反而加重了中国哲学的意义危机。当我们把这些符号作为中国哲学重要范式和价值的时候，我们必须进行理论化和体系化的建构，使之成为一个复杂的、丰富的具有立体感的信念。我们现在常常强调“问题意识”，但真正的问题意识，是要能够提出具有开拓意义的“新的问题”，并深入地解决问题。[①]

---

① 王中江：《中国哲学的“原创性叙事”如何可能》，载《中国社会科学》2004年第4期。

所以我认为，真正要使“中国的哲学”成为丰富“哲学”本身的活动，要做到两点，一是严格以哲学的方法来对中国古代的思想问题进行分析。对此，李巍所提出的方法论“限制”很有启发性。他说，若是以求知本位来看待中国哲学，那么注重安身立命的这些感悟性问题就应该排斥，应“以专业的文本研究和科学的解释判定来说明中国思想如何讲道理，这正是中国哲学研究具有‘哲学的方法’的表现”[①]。因此他将以论证为手段的语义分析，作为当下中国哲学建构的关键。二是，若超越具体方法的束缚，要关注的也许不在于采取何种思维方式来整理自己的传统，而在于能否感受到我们这个时代的问题，并对这些问题作出哲学上的回应。回应时代的问题切不可拘泥于古圣前贤的片言只语。探讨中国哲学是否存在或者是以一种什么样的形式存在固然是很重要的，但更重要的是“中国哲学”能为世界提供什么？关于中国哲学合法性的讨论，特别凸现了问题意识在哲学思考中的优先性，所以，我们也应将讨论的重点由方法的可行性转变为对于时代的问题的关注，并对其进行哲学的反思。当下的任务归纳起来包括两类：一类是普遍性的，即对于全人类关注的问题提出我们自己的观念，如现代性、环境、人性（而不是简单地抽取几句古人的话做“现代转化”）；另一类属于“中国情景”，近年来对于“天下主义”“制度儒学”等问题的研究，均是试图从中国传统的秩序“原理”出发，针对现在民族国家的体系，提出中国人对于平等、协作等问题的应对之道。[②]

冯友兰在建立他的“新理学”体系的时候，就强调他是“接着讲”而非“照着讲”的。对于问题和实践的探讨，我个人最推崇梁漱溟先

---

① 李巍：《从语义分析到道理重构：早期中国哲学的新刻画》，商务印书馆，2019 年，第 30 页。

② 干春松：《从方法选择转向问题意识——对“中国哲学的合法性”问题的一种解读》，《江汉论坛》2003 年第 7 期。

生的努力。他从东西文化的比较入手，认为中国人要走自己的发展之路，模仿和移植外来制度是没有前途的。后来他以乡村建设作为探索中国建国之路的突破口，身体力行。梁漱溟相信历史赋予了中国建立新的文明模式的使命，而乡村建设则是这种模式的最佳切入途径。他认为中华民族需要有此“自觉”，若有此自觉，此“自觉”是否以“哲学”名之，并不重要。

将“中国”作为“方法”听上去是沟口雄三一个比较难解的说法，其实他要化解的就是以“世界”作为标准来“衡量”中国的做法，这就会把中国“收回”到“世界”之中，而不能发现“中国”的独特性。①我们必须承认，中国今天的制度安排、生活方式、价值观念，都与“西方”和“世界”存在着难以分割的关系，从某种意义上说，“西方”已经内在于中国，但这并非意味着我们失去了“中国”性，而是要去努力理解这种新的“中国性”，这恰好就是中国哲学产生其独特问题意识的真正土壤。

因此，反思“中国哲学”的研究范式是一个理解和实践相结合的过程。我们首先需要对过去的思想资料进行整理、解释，这是作为传统意义上的中国哲学史的研究对象的中国传统哲学，即中国古典哲学。但更重要的是，我们必须知道中国思想不是供我们凭吊的思想遗迹，而是一种文化的灵魂，这种灵魂需要在当代传承、延续和发展，提供中国文化传统理解现代与未来世界的思路。

---

①［日］沟口雄三：《作为方法的中国》，生活·读书·新知三联书店，2011年，第131页。

**第　五　章**

# 中国哲学和哲学在中国

## ——关于“中国哲学合法性”的讨论

无论从哪个角度来观察，努力寻求新的存在方式的学科化的“中国哲学”目前都处于一个极为重要的阶段。之所以下这样的判断，不仅仅是因为近年来层出不穷的出土文献的发掘，比如郭店楚简这样的出土文献的发掘，为梳理先秦学术发展的脉络提供了许多新的材料，也丰富、充实了我们对于中国思想历史的认识。更为重要的是研究中国哲学的学者对于其研究方式本身开始了反思，这种反思来自人们对于中国发展道路的认识，也来自中西文明的新格局的形成。

从大的背景来说，这种反思是中西交流深化的结果，在多元现代性已成为共识的今天，人们对普遍和多元问题的讨论有了深化。比如，陈来教授提出过“多元普遍性”的说法。我们现在之所以陷于普遍性 / 特殊性、全球性 / 地方性这样的两极化观念不能自拔，主要是在理论上不能突破西方中心主义的话语魔咒，从而难以真正建立起文化自信。在陈来看来，东西方文化都有其内在的普遍性因素，只是因为特殊的历史社会条件，西方文化的内在普遍性得到比较充分的体现，而其他地区的文化则还没有充分展开，“但在今天，只有建立全球化中的多元普遍性观念，才能使全球所有文化形态都相对化，并使它们平等化”。[①]

如此这般的新探索对中国哲学本身的存在状况提出了这样一个问题，即中国哲学（如果存在着一种可称之为中国哲学的学问的话）是否只是相对于世界哲学的一种“地方性知识”，中国哲学是否是一种普遍的世界哲学中的一种特殊的个体。与此相关的即以西方哲学的范式来剪裁中国传统的思想资源是否恰当，而这种“共相”和“殊相”的关系正是冯友兰先生曾经着力要证明的。

从微观的背景来说，由于中西思想之间的巨大差异，那种完全套用西方哲学的范式——无论是实在论的还是辩证唯物主义的，在客观上都存在着许多不兼容的地方。最典型的例子就是曾经被广泛使用的任继愈先生的四卷本的《中国哲学史》，在同一本著作中对于老子就有唯物主义者和唯心主义者两种划分。所以如何更合理地呈现中国思想的历史成为学者们关注的大问题。

这两种思考的立场归结到一起，其实质就是关于中国哲学的“合法性”[②]问题。许多人看到“合法性”三个字就“怒从心头起”，其实这个“合法性”与刑律无关，而是对思想操作规则的讨论。不过，就问题的重要性而言，则关乎中国哲学研究的前途，因为它所讨论的是我们已经沿用了近百年的“中国哲学”的所指是否存在或应如何存在的问题。

---

① 陈来：《中华文明的核心价值》，生活 · 读书 · 新知三联书店，2015 年，第 63 页。

② “合法性”是一个内涵非常复杂的概念。合法性（legitimacy）源于韦伯的论述中将合法秩序（a legitimate order）描述成由道德、宗教、习惯（custom）、惯例（convention）和法律（law）等构成的系统。广义的合法性概念指向广泛的社会领域，比法律、政治更广的范围，并且潜含着广泛的社会适用性。合法性是指符合某些规则，这些社会规则包括规章、标准、原则、典范以及价值观、逻辑等。而法律只是其中一种比较特殊的规则。因此，合法性的基础可以是法律程序，也可以是一定的社会价值或共同体所沿袭的先例。有关分析可参看哈贝马斯对于韦伯合法化概念的讨论，载氏著《合法化危机》，刘北成、曹卫东译，上海人民出版社，2000 年，第 127—133 页。

## 第一节
## “中国哲学”和“哲学在中国”

哲学这一名词是一个外来词，1895年左右，黄遵宪在《日本国志》的《学术志》中列“哲学”一词，“哲学”正式传入中国，后经梁启超等人的宣传，“哲学”很快成为学术界所习见的名词。[①]而哲学作为现代的学科体系的一部分正式进入中国则应该算是在1912年，该年北京大学设立中国哲学门。[②]1919年胡适出版了《中国哲学史大纲》(上卷)，为这一学科确定了基本走向，“1934年冯友兰的《中国哲学史》问世，以其系统性和完整性第一次呈现出该学科的全貌”[③]。因此郑家栋指出：“作为近现代意义上的知识系统和学科门类的‘中国哲学’是中西文化交流后的产物，确切地说，是引进西方哲学的概念系统诠释中国思想的结果。这就出现了一个问题：对于‘中国哲学’来说，西方哲学概念及方法的引进是建立了某种不同于中国传统哲学的话语系统和表述方式，还是建立了‘中国哲学’本身？换句话说，抑或中国历史上本不存在‘哲学’这种东西，今天所谓‘中国哲学’，乃是人们以某种取自欧美的‘哲学的方式’解读中国历史上非哲学文本创造出来的。此问题干系甚大，因为如果此一论断成立，则只存在‘中国现代哲学史’，而

---

① “哲学”系日本哲人西周翻译英文Philosophy一词的汉语表达，很快便成为定译。陈启伟：《哲学译名考》，《哲学译丛》2001年第3期。

② 1912年，京师大学堂改名北京大学，经学和文学两科合并，最初提议为“国学科”，后改名“文科”，蔡元培聘请陈独秀为文科学长，并增设“哲学门”，但正式招生要到1914年。见李四龙编：《有哲学门以来：北京大学哲学系1912—2012》，生活·读书·新知三联书店，2012年，第2页。

③ 景海峰：《学科创制过程中的冯友兰——兼论“中国哲学史”的建构及其所面临的困境》，《开放时代》2001年第7期。

并不存在一般意义上的‘中国哲学史’。”[①] 这样一来，已在中国存在了百余年的“中国哲学”学科就面临着严重的合法性问题。

其实关于中国哲学的“合法性”问题是这个学科自产生以来就一直存在的问题。人文学科与自然科学不同，在物理和化学这样的学科传入中国之时，几乎没有人会去问是法国的物理学还是美国的化学。但是自从“哲学”这个名词被引入中国之后，就面临着两种不同的理解：其一是，“哲学”取代以前的“智学”或“理学”来翻译西文中的Philosophy，或者说哲学这门学科在中国的建立仅仅是向中国人介绍西方哲学或中国人对于西方哲学的研究；其二是用“哲学”或者说西方人讨论 Philosophy 的方法来讨论中国古代的思想。这个问题也早在金岳霖先生给冯友兰的《中国哲学史》写的审查报告中就提出来了。金先生说哲学有形式也有实质，如果一种思想的形式和实质与“普遍哲学”有很大差异，那么这种思想是否是一种哲学就存在疑问。他说写中国哲学史的态度有两种：“一个态度是把中国哲学当作中国国学中之一种特别学问，与普遍哲学不必发生异同的程度问题；另一态度是把中国哲学当作发现于中国的哲学。”[②] 这两者在内容和方法上都存在着很大的区别。“自前者视之，所谓哲学（即所谓普遍哲学）并无一定之规，中国哲学与西方哲学分享哲学之名，但讨论的问题及讨论问题的方式，可以

① 郑家栋：《断裂中的传统：信念与更改之间》，中国社会科学出版社，2001 年，第 656—657 页。对此张祥龙有大致相同的说法：“‘中国哲学’这个词和与之相应的一门学问产生于中学和西方哲学在 19 世纪末和 20 世纪初的遭遇。然而，迄今为止，这种遭遇远不像历史上佛学东渐那样是一种精神上互相碰撞和自由组合的有机过程，而是迫于外在形势的亦步亦趋。西方哲学以征服者的姿态，以它现成的方法和系统化门类在宰治和切割‘中学’这块‘蛮荒之地’，告诉到那时为止还只会读‘子曰诗云’、佛禅老庄的人们什么是哲学，什么东西属于‘中国哲学’。而且这种征服还要经过他人之手。先行一步的日本人翻译西方哲学的大量词汇被借用，‘先入为主’，直到今天仍然占据着翻译界、甚至哲学界的主流。”详见张祥龙：《从现象学到孔夫子》，商务印书馆，2001 年，第 190 页。

② 金岳霖：《冯友兰〈中国哲学史〉审查报告》，载《金岳霖全集》第二卷，人民出版社，2013 年，第408 页。

与西方哲学无涉。自后者视之，有普遍哲学（且以欧洲哲学为普遍哲学），中国也不例外，只不过中国古代哲学因为疏于逻辑分析而在形式上没有明确的系统。无论胡适还是冯友兰，都把中国哲学当作发现于中国的哲学。”[①]

胡适和冯友兰先生作为“中国哲学”的主要奠基人，他们自然面临着极为严重的合法性危机，所以他们，尤其是冯友兰，花了许多的精力来证明使用“哲学”这一概念的合法性。

首先是他们在对哲学进行定义时，开始模糊哲学的边界。如胡适说：“凡研究人生切要的问题，从根本上着想，要寻一个根本的解决，这种学问叫哲学。”[②]冯友兰在《中国哲学简史》中提出：“对我来说，哲学是对人生的系统的反思的思想。”[③]这样宽泛的概念使哲学具有了极大的包容性，“这种思考，我们称之为反思，因为它把人生作为思考的对象。有关人生的学说、有关宇宙的学说以及有关知识的学说，都是由这样的思考中产生的”[④]。所以说哲学是关注人生、社会和宇宙问题，重点是如何“关注”。

其次，是将中西哲学的差异归结为一般与个别的关系。冯友兰认识到中国传统思想在逻辑和概念方面的“短处”，在20世纪20年代，他是从古今之异来理解中西之别的，所以他认为，就哲学形态而言，中国哲学无论就概念系统和论证上都是不完备的。但他也写过《论民族哲学》一文，肯定民族哲学对于提振民族精神的意义。他说：“民族哲学之所以为民族底，不在乎其内容，而在乎其表面。我们以为民族哲

① 方旭东：《中国哲学史如何可能：冯友兰的回答》，《哲学研究》2000年第9期。

② 胡适：《中国哲学史大纲》（上），第1页。

③ 冯友兰著：《中国哲学简史》，赵复三译，重庆出版社，2020年，第25—26页。

④ 冯友兰著：《中国哲学简史》，第26页。

学之所以为民族底，某民族的哲学之所以不仅是某民族的，而且是某民族底，其显然底理由是因为某民族的哲学，是接着某民族的哲学史讲底，是用某民族的言语说底。我们可以说，这些分别是表面底，在外底。不过所谓表面底、在外底者，是就哲学说。就民族说，这些分别，就于一民族在精神上底团结，及情感上底满足，有很大底贡献。这些表面能使哲学成为一民族的精神生活的里面。”[①] 在冯友兰看来，言语和历史可以构成哲学的特色，这些特色对于“哲学本身”而言，虽然并不是关键要素，但对于凝聚民族精神却十分重要。

第三，是从文化发展的现状中寻找合理的方法。冯友兰先生说，拿西方的名词来总结中国的思想史与拿中国的名词去总结西方学术的发展都是可以的，但是因为有强势文化和弱势文化的差别，所以，学习别的国家的文化成果对于弱势国家而言是十分必要的。对于哲学学科成立的背景，冯友兰先生也是直言不讳。他说之所以用西方哲学的范式来总结中国思想的历史是因为“近代的学问起于西洋”。从道理上讲也可以以中国的义理之学的线索，从西学中选出可以以义理之学为名来叙述的内容，成一西方义理学史，但在文化不平等的现状之下，这是不可能的。

由此他提出了他自己讲中国哲学史的原则：“哲学本一西洋名词。今欲讲中国哲学史，主要工作之一，即就中国历史上各种学问中，将其可以西洋所谓哲学名之者，选出而叙述之。”[②] 随后他又明确地说：“所谓中国哲学者，即中国之某种学问或某种学问之某部分之可以西洋所谓哲学名之者也。所谓中国哲学家，即中国某种学者，可以西洋所谓哲

① 冯友兰：《三松堂全集》第五卷，第 309 页。

② 冯友兰：《中国哲学史》（上），载《三松堂全集》第二卷，第 245 页。

学家名之者也。”[1]

以西方哲学的形式系统来整理中国思想的素材以构成“中国哲学”，在当时几乎是学者的共识。张岱年在完稿于1937年的《中国哲学大纲》中指出：“中国哲学与西洋哲学在根本态度上未必同；然而在问题及对象上及其在诸学术中的位置上，则与西洋哲学颇为相当。”[2] 他又说：“区别哲学与非哲学，实在是以西洋哲学为表准，在现代知识情形下，这是不得不然的。”[3]

从胡适、冯友兰、张岱年的观点看，这些中国哲学学科创始人并非没有看到这两者之间的区别，但之所以将之冠以同样的名称，确实是在现代知识情形下所不得不然。这种困境事实上是一种文化上的“认同”危机的体现，也就是说作为弱势文化的存在，在面临现代化的冲击的时候，是否存在一种足够的空间容他们以自己的方式来表达自己的文化和价值。

在整个教育体系和知识治理系统全面西方化的大背景下，要求以中国的方式来阐发中国的思想显然是一勉为其难的事，即使是现在，我们的学术评价标准依然是西方化的，类似的问题依然存在。

## 第二节
## 对胡适、冯友兰模式的反思

从上面的分析我们可以了解由胡适、冯友兰所构建的“中国哲学”学科范式在现代知识体系中得以成立的原因，及其之所以如此的根据。

---

① 冯友兰：《中国哲学史》(上)，载《三松堂全集》第二卷，第249页。

② 张岱年：《中国哲学大纲》序论，中国社会科学出版社，1994年，第2页。

③ 张岱年：《中国哲学大纲》自序，第17—18页。

近年来在反思中国哲学学科范式的争论中大家都自然会聚焦于胡适和冯友兰的“案例”。

胡适的《中国哲学史大纲》是一部未完成的作品，但这丝毫不会影响这部作品在中国哲学学科建立过程中的地位。金岳霖先生认为该书美国式的“成见”过多。他说：“《中国哲学史大纲》就是根据一种哲学的主张而写出来的。我们看那书的时候，难免一种奇怪的印象，有时候简直觉得那本书的作者是一个研究中国思想的美国人；胡先生于不知不觉间流露出来的成见，是多数美国人的成见。”[①] 其实这种成见在金先生看来也是不可避免的，不是美国人的成见也会是欧洲人的成见，因为他自己就说当时的趋势是将欧洲哲学的问题，当作是普遍的哲学问题。

不过，喜好考据的胡适大概是发现了用“哲学”来整理中国思想有很大的障碍，便没有继续写他的下卷。对于胡适为什么只写《中国哲学史大纲》的上卷而没写下卷，许多人的分析是因为冯友兰的《中国哲学史》取得了成功，使得胡适感到压力，但这多半有些捕风捉影。我倒更愿意相信是因为胡适察觉到自己以逻辑的方式来处理中国思想的局限。胡适后来逐渐“认为中国只有思想，没有哲学。以致后来他主持的北大文学院哲学系没有‘中国哲学史’课程，只有中国思想史课程。胡适在历史系开设‘中古思想史’课程，讲授的内容还是中国哲学史的资料”[②]。翟志成认为胡适对一切形而上学不仅没有体帖，毫无兴趣，而且对西方的知识论的了解也只是在常识水平，所以，他不愿意再

① 金岳霖：《冯友兰〈中国哲学史〉审查报告》，载《金岳霖全集》第二卷，第 409 页。

② 任继愈：《冯友兰先生在中国哲学史领域里的贡献》，载陈岱孙等著：《冯友兰先生纪念文集》，北京大学出版社，1993 年，第 91 页。

写下卷。[1]

金岳霖先生显然是比较赞赏冯友兰从更普遍的形式来整理中国哲学的方法，但依然有学者提出这种方法偏离了中国哲学的精神。景海峰从华勒斯坦对于现代学术的界定入手[2]，指出："'中国哲学'在现代学术形态中所对应和临摹的，显然是这样一种经过学科化、专业化之后的'哲学'，它的目标就是要建构成有清晰界定的现代性的知识体系。但这样的'中国哲学'，显然不是中国传统学术所固有的，而是现代知识形态建构中的一种想象的推及，只能是戴着中国面具的西方式哲学。中国古代哲人对人生、宇宙的思考，有自己独特的方式，所提出的问题和西方哲学也不尽相同，有些是根本无法类比的。如果硬要设定有所谓的'普遍哲学'的形式，那么中国哲人的许多思想就无法纳入其中。这种实际状态的含混性，就使得'中国哲学史'的边界极其模糊。假如推论到极端，要么说中国没有哲学（那是用了西方哲学形态中某些极为严苛的标准来衡量的），要么中国哲学就变成一只无所不装的筐（那是把所有可称之为思想的东西都视为哲学的缘故）。冯友兰（20世纪，引者注）30年代所建构的'中国哲学史'范式，显然是较为接近西方哲学标准的，这固然便利了专业化的学科建制的需要，但同时也远离了中国哲学的精神。"[3]

---

① 翟志成：《冯友兰学思生命前传（1895—1949）》，台湾"中央研究院"近代史研究所，2007年，第125页。

② 华勒斯坦指出：现代学术的本质"就在于知识的学科化的专业化.即创立了以生产新知识、培养知识创造者为宗旨的永久性制度结构"。见氏著：《开放社会科学：重建社会科学报告书》，第8—9页。

③ 景海峰：《学科创制过程中的冯友兰——兼论"中国哲学史"的建构及其所面临的困境》，《开放时代》2001年第7期。

研究逻辑和分析哲学出身的王路对冯先生论述中国哲学的模式的评价则另有角度，他通过对冯友兰先生早年的《中国哲学史》和晚年的《中国哲学史新编》的比较，发现由于前后哲学观的不同，两本哲学史在材料取舍和论述上有很大的差别。按王路的说法，早年的哲学史由于“死抠”哲学这一概念的西方的来源和含义，所以在材料选择上有可取之处。“并不是说它里面的选材都是哲学，或都与西方的哲学相对应，但至少让我们知道他要区别原始的哲学史料和辅助的哲学史料，而且它使我们知道如何进行这样的区分。”[①] 而新编哲学史由于将哲学宽泛地定义为“对人类精神的反思”，这样就导致了选材上的过于宽泛，最后导致书中不少的论述并不是哲学的论述，与此相关的是得出了“处处都有哲学”的结论。王路借此质疑这样宽泛的定义是否有助于哲学史的研究，进而是否有助于哲学的研究。

但如果对胡、冯等人将中国哲学引入现代学科体系的背景有足够的了解，我们也许能够理解冯友兰先生于哲学史选材上的困境，即：是做一部更接近于西方标准的哲学史还是做一部更接近于中国人的思想实际、但并不太符合西方学科标准的“哲学史”？显然从《中国哲学史》到《中国哲学史新编》，冯先生是在从前一种路子向后一种路子转移。从这个角度比较王路和景海峰的问题，可以发现他们是从不同的角度触及了同一个问题。

① 王路:《从冯友兰的哲学观看中国哲学史研究》,《哲学研究》2000 年第 8 期。

## 第三节
## 现代儒学的“哲学创造”何以可能

尽管胡适、冯友兰对于哲学的概念本身作了符合中国特色的发挥，[①]但是既然使用了“哲学”概念，那就必然会以西方哲学那种“普遍性”的模式去度量中国哲学。所以各种各样的折中方案就被提了出来，如徐复观先生所提出的“哲学思想”。他认为哲学除了知识论的倾向，也可以有人生道德问题的取向。“而在中国文化主流中，对人生道德问题的探索，及其所得的结论，当然也可以称之为‘哲学’。‘思想史’的‘思想’一语，含义太泛，所以我主张依然保留‘哲学’一词，而称之为‘哲学思想史’，一表示在中国的历史文化中，在这一方面的成就，虽然由于知识的处理、建构，有所不足，但其本质依然是‘哲学’的。在原用的‘哲学史’中加入‘思想’一词，不是表示折中，而是表示谨慎。”[②]

而有西方哲学背景的张祥龙认为如果用“哲学”的方式来概括中国古代的思想材料，会使中国思想陷于粗糙的局面。“在那种模式和眼界中，中国古学乃是思想上的侏儒。用黑格尔的话说就是，它乃是‘没有概念化’的、还‘停留在无规定（或无确定性）之中’的‘最浅薄的（纯粹）思想’。事实上，任何一种还依据现成的概念模式——不管它是唯理论的还是经验论的、唯心论的还是实在论的——的哲学思想都

① 方朝晖在一篇文章中认为中国人在使用“哲学”概念时，存在着一种中国化的过程，因而以一种求用的态度去误读西方哲学求真的本性。这其实是从一个角度触及到“哲学”概念在进入中国之后的问题。但是方文中的“纯粹化”倾向是很值得怀疑的，因为我们几乎无法像西方人那样去理解西方哲学，正如我们无法要求西方人像中国人那样去理解中国的文化。见方朝晖：《“哲学”范畴的中国化及其内在问题》，《上海社会科学院学术季刊》2000 年第 4 期。

② 徐复观：《中国人性论史》（先秦卷），上海三联书店，2001 年，第 1 页。

极难与东方哲理思想，特别是中国古学进行有效的对话。”[①] 所以张祥龙不赞同用“哲学”这个词来概括中国传统的学问，而是拿出近代学人频频使用的“中学”或“中国古学”而代之。他说：“中国从远古到近代，有易学、仁学、道学、方术、玄学、性命之学、理气之学、心性之学、缘起性空之学、禅学、义理之学等等，笼而通之可称为‘中学’或‘中国古学’，但没有（狭义的）哲学。”[②]

但作为在现代哲学学科建制中的从业人员，张祥龙潜在地同意了“中国的哲学”这种说法，虽然我们并没有看到他对这一词所作的明确的界定，但据我的理解应该是指“中国的哲学活动”，因为他已经用“中国古学”来概括中国古代的思想。他为中国的哲学指出的道路是要搞“中国文化本位的哲学研究”，“只有与西方哲学，特别是激变之后的现代西方哲学进行更深入和多维的对话，缘构发生，方有希望摆脱目前仍然存在的‘被征服’的状态”[③]。问题在于我们同样需要了解“中国文化本位的哲学研究”的具体含义是什么？

在西方的学术机构中，往往是在“中国思想史”这样的框架中来研究“中国哲学”的材料。这中间的原因要么是他们不承认中国有哲学，要么是认为中国哲学太缺乏概念系统的支撑。的确，就我个人经验而论，近四十年来，在西方学术机构研究“中国思想”的人逐渐在减少，而以“中国哲学”为研究志业的人则更为罕见。

就国内的研究状况而言，经学研究的兴起也分解了中国哲学的研究队伍，作为对“中国哲学”研究范式的不满，一部分更为认同儒家价值

---

① 张祥龙：《从现象学到孔夫子》，第 198 页。

② 张祥龙：《从现象学到孔夫子》，第 197 页。

③ 张祥龙：《从现象学到孔夫子》，第 198 页。

和立志于继承汉宋学术传统的学者，自觉地放弃以“哲学”的方式去处理传统的思想资源。

但也有人，如陈少明则认为放弃“哲学”并不可取，我们所要反对的是只侧重哲学史的研究而放弃了对“哲学”问题的关切，从经典出发来理解思想是正途，但若仅仅停留在对经典的解释而不能提炼出“普遍意义的论题，从而加深人类对自己生活的理解”则是当下中国哲学家的缺憾。但陈少明依然强调论证和分析的必要性，事实上还是要接受哲学的“一般性”前提。“古典智慧可以靠灵感、直觉获取，借隐喻或诗的语言表达，但现代哲学要求充分的说理，论证的程序与分析的技巧，是做哲学的基本功。”[①] 不论研究中国哲学和西方哲学，概莫能外。在这里陈少明与冯友兰先生产生了共鸣。

或许我们现在已经可以就这个问题做一个总结。如果我们必须承认这样一个事实，即现代的教育体制和学科建制是中国哲学存在的理由，那么，在这种情形不能改变的情况之下，我倒是只能采取“扩大外延”的方法，在现有的格局中容纳更多的思考空间。我在讨论儒家在中国传统社会的角色的时候，专门就“儒者”和“哲学家”进行了分疏：儒者和哲学家是有区别的，无论是从词源的角度还是西方文化中哲学家的通常形象来看，哲学家所关注的是智慧的问题，而儒家关注的则是现实秩序的建构。

许多人不同意黑格尔对于中国哲学特别是对孔子的“贬低”。毫无疑问，孔子关注的重点是为现实的政治和社会生活提供准则和合法性的依据，这也是儒家的特征。所以，儒者的安身立命之处不在于对概念进行抽象、为思想提供逻辑基础，也就是说他们并不是将西方哲学家所

① 陈少明：《做中国哲学：一些方法论的思考》，生活·读书·新知三联书店，2015 年，第 109 页。

做的工作看作是必须的和前提性的，相反，即使是魏晋和宋明时期的思想家们对此投注了很多精力，我们也不能认为这些是他们工作的核心。因为，当我们以玄学家和理学家来观照他们的时候，我们已经是不自觉地以哲学家的标准来衡量他们，而他们对于现实的关注，他们的任何“理论工作”的现实动机便被剥离了。“我不反对将儒者称为哲学家，但反对只是将儒者看做为哲学家，我想这必定是孔子所不愿意的。”[①]

这段话虽然是专门就儒家说的，但同样适用于诸子百家和其他的中国思想资源。因此我们关注中国哲学的合法性问题，就是充分关注中国思想的特殊性问题，这样不致为了符合某种既定的程式，而去削足适履。

在我看来，在现实的情况下，拒绝使用“哲学”这一名词显得过于激进，努力从中国思想中去寻找更多与西方哲学相类似的内容可以是现代哲学研究的核心内容，但这是不够的。更需要努力回答的问题是，我们现在是否能在“哲学”的名称下，做出有原创性的理论推进，或借此看到更多的思维方式和价值观上的差异，看到中国人在方法论和价值观上的独特性。由此，讨论中国哲学“合法性”的意义便显现出来了，摆脱现代儒学困境的道路也会由此打开。

① 干春松：《儒家在中国传统社会中的角色》，《光明日报》2001 年 4 月 24 日。

## 第六章 化解民族性和世界性的可能方案：具体的形上学

儒学的哲学化路径，既是社会制度变革的后果，也符合民族主义的“矛盾性”诉求，即既否认中国文化自外于世界，又要强调其独特性。对此问题的探索并没有因为“中国哲学合法性”讨论的尘埃落定而偃旗息鼓，而是朝着更为深入的方向推进。其中，陈少明教授注重经典文本和社会生活结合的路径和杨国荣教授侧重世界哲学的方案十分受学术界关注。

杨国荣教授有许多专门讨论儒家思想的著作出版，济南出版社2019年出版的《再思儒学》一书，体现他最近的一些思考，比如侧重仁和礼相结合的儒家的本然形态，以之开掘其当下的形而上的关切和实践层面的可行性。[1]然作为一个十分注重方法论探索的哲学家，他所建构的“具体形而上学”的体系可能更有讨论的空间。

① 杨国荣：《再思儒学》，济南出版社，2019年，第31页。

## 第一节
## 中国哲学：作为纯粹的学科抑或价值载体?

哲学作为一个学科性的存在，在中国大约也只有 100 年的时间。最早比较系统地论证哲学学科的必要性及中国文化中存在哲学思维的学者当推王国维。他于 1902 年翻译了日本人所撰写的通俗哲学著作《哲学概论》，并很快将此书中的结论运用于批评张之洞等人审定的《奏定学堂章程》。由于该章程规定“大学及优级师范学校之削除哲学科”，王国维提出了猛烈的批评。在发表于 1903 年 7 月《教育世界》55 号的《哲学辨惑》一文中，他列举了哲学学科有存在必要的五条理由：哲学非有害之学；哲学非无益之学；中国现时研究哲学之必要；哲学为中国固有之学；研究西洋哲学之必要。在写于 1906 年的《奏定经学科大学文学科大学章程书后》一文中，王国维分三条列出张之洞不设哲学科的理由，并对之进行辩驳。王国维强调了哲学的真理特性，哲学所具有超越民族的价值，以及中西哲学的兼容性。①

王国维的主要目的在于破解经学和哲学的关系，并认定中国的哲学研究必须要有西方哲学之基础。这实际上也预示着后来中国哲学研究将要面临的困境，即价值和知识的困境，康有为在民国时期对这个困境进行了深入的思考。他主张设立孔教会来解决信仰的问题，而学术问题则交给大学。但康的方案并不可能在民国初年的混乱政局中得到重视，后在科学主义的大潮之下，价值问题一再被“驱逐”，或者说在学科化的哲学体系中，儒家价值的传播是被质疑的。

1912 年，北京大学哲学门的建立标志着中国建制化的哲学教育和

---

① 谢维扬、房鑫亮编：《王国维全集》第十四卷，第 36 页。

研究机构的成立。因为缺乏西方哲学和印度哲学的教师，北大哲学门一开始只开设了“中国哲学”方向，由此，作为一个学科的哲学开始了在中国的行程。然而，文学、历史、哲学这样的学科，除了直接引入西方的文学、历史和哲学的知识体系，一个十分重要却困难重重的工作就是如何在新的学科框架和知识体系内吸纳并重构传统中国的知识体系。包括在北京大学曾经存在过的国学研究所和陆续成立的哲学、历史等学科，就其研究和教育内容而言，需要解决如何安顿以经史子集这样的分类方式而积累起来的中国文化传统的问题。

在民国成立之后，依价值中立原则而建立的学科体系，在处理中国传统知识体系的时候，必须要进行适度的“改造”，要体现学科的“科学性”和内容上的“知识化”。冯友兰先生在写作《中国哲学史》的时候，就强调哲学的方法就是科学的方法，在哲学中论证十分重要。因此他不认为“直觉”可以算作是哲学的方法。[①]

但是，作为中国哲学研究对象的儒释道经典与思想，与西方的学科分类体系不甚对应。如果说，西方学科体系的形成是循着信仰和科学的分途的话，那么，儒释道思想并没有经历这些过程，其信仰和知识混合的状态依然存在。

这个问题的产生，一方面是中国传统思想中儒释道的观念，并没有在实践层面形成巨大的紧张，而是以融合的状态影响着中国人的生活；另一方面，中国西方学科体系抱有十分现实的目的，即寻求“国家富强”，保持国家独立，免受西方殖民统治。

这种吸收过程呈现出观念上的错位。为了国家的富强，我们需要

① 冯友兰：《〈中国哲学史〉绪论》，载韦政通编：《中国思想史方法论文选集》，上海人民出版社，2009年，第60页。

学习西方。这导致“接受”和“吸纳”西方很大程度是一种以“反传统”的方式来表达的“民族主义”；但国人在情感上则包含对西方的拒绝和怨恨，这也使吸纳西方的目标是战胜西方。这样一种奇异的带有深刻矛盾的历史轨迹导致了中国哲学这样的学科“不可能是西方纯学术意义的现代学科。在这方面，所谓‘中国哲学’与其他民族的宗教和神学有某种模糊的对应关系。我们可以姑且将中国哲学的这一角色称为‘民族文化’的身份”[①]。按刘笑敢教授的说法，中国哲学在现阶段还是多个角色的复合体。

由此，我们可以看到，“中国哲学”作为一个知识化时代的纯粹学科制度的产物，需要体现价值中立，并作为纯粹的知识体系而存在。然而，中国哲学的研究对象所承载的历史文化价值的使命，导致这样的知识化不但不甚可能，甚至还会危害其研究对象，即当儒家观念体系被知识化、学科化，导致了儒家精神价值的“失魂”现象。也就是说，当我们用西方哲学的规范和概念体系去思考中国思想的时候，并不能真正把握中国思想的要义之所在。这也就是在21世纪初中国学术界出现关于中国哲学合法性的争论的主要原因。合法性讨论虽因中国哲学而起，其核心问题却是寻找一个中国思想的合适的表达方式，而如果不了解这个讨论的价值和情感诉求，那么这场讨论的问题意识就会被误解。

当然，问题并不就此完结，因为哲学学科既然已经建立，那么寻求自身的突破也势在必行。自冯友兰、张岱年到陈来等一大批学者已经建立起典范性的中国哲学研究模式，在这样的模式外，能否有一种新的范式既可以被看作是哲学，同时也是一种与以往的方式不同的“思想实验”呢？或者，我们需要一种更为纯正的哲学吗？陈少明、郭齐勇、杨

① 刘笑敢：《诠释与定向：中国哲学研究方法之探究》，第3页。

国荣等学者的作品就这些问题进行了思考。陈少明教授试图将一些观念和思想植入生活经验中，从而为我们理解中国古代的思想提供了一种极为“感人”的路径。按他自己的说法：“在肯定传统哲学史学科意义的前提下，我提议开拓新的中国哲学论域，即从叙事性较强的文本入手，尝试对经典做不以范畴研究为中心的哲学性探究，作为教科书思路的补充。……不以范畴为中心，不是排斥对任何古典思想概念的研究，而是要直接面对经典世界的生活经验，把观念置入具体的背景中去理解；或者更进一步，从古典的生活经验中，发掘未经明言而隐含其中的思想观念，进行有深度的哲学反思。这是防止把中国哲学史变成西方哲学的附庸的一种方式。”①

郭齐勇教授的努力则是从文化认同的角度深入，与牟宗三、唐君毅一代新儒家不同的是，郭齐勇并不着力于从一个西方哲学的范型出发来整理中国哲学的形态进而发现两者之间的相似性，而是从文化和制度角度出发来阐发中国儒家传统的固有价值。比如，在影响广泛的关于“亲亲互隐”的争论中，郭齐勇就以孟子的“吾岂好辩”作为自我激励，秉持坚决的价值护卫立场，试图针对百年来中国知识界对于儒家价值的误解进行辩驳。②如果按照刘笑敢教授的划分，郭齐勇教授的中国哲学研究应是抱持一种重建文化主体性的使命感，因而与那种将中国哲学作为“纯学术”的研究相比有很大的不同。

基于郭齐勇教授和陈少明教授等在学术界的重要影响，我们可以期待他们的研究立场和方法所可能产生的“范例”性意义。

在中国哲学研究中，将价值关怀与方法意识结合起来做通盘的系统

① 陈壁生：《探求中国哲学的多样形态——陈少明教授访谈》，《学术月刊》2007 年第 1 期。

② 参见郭齐勇：《儒家伦理争鸣集·序》，见郭齐勇主编：《儒家伦理争鸣集——以“亲亲互隐”为中心》，湖北教育出版社，2004 年，第 10 页。

性的思考，并已形成带有规范意义的系列作品的，当数杨国荣教授所进行的“具体的形上学”。该方法的提出引发了学界的讨论，这本身意味着人们对这一新思路的关注。[①]

## 第二节
## “具体的形上学”之普遍性的厚与薄

作为其哲学方法的总括性名称，杨国荣对具体的形上学的解释是：“既基于中国哲学的历史发展，又以世界哲学背景下的多重哲学智慧为其理论之源，其内在的旨趣在于从本体论、道德哲学、意义理论等层面阐释人与人的世界。”[②] 从这段话中我们或许可以看出一个总体性的倾向，即“具体的形上学”是中国哲学发展到“世界哲学"的历史时期之后，所要展开的对于存在问题和价值问题的新的思考。由此可见，这样的研究与传统中国哲学研究者立足于文献和古代学者的时代状况按照一定的方法进行总结的方式有很大的差异。

杨国荣对于“世界哲学”时代的判断，令我们想到黑格尔和马克思关于“世界历史”的说法，比如，马克思在《德意志意识形态》一书中就指出：“各民族的原始封闭状态由于日益完善的生产方式、交往，以及因交往而自然形成的不同民族之间的分工消灭得越是彻底，历史也就越是成为世界历史。”[③] 这种新的历史阶段对人类文明也产生了巨大的影响，许多人将之称为新的轴心时代。

那么，是否会迎来一个“世界哲学”的时代呢？就中国近代的哲学

---

① 何锡蓉主编：《具体形上学的思与辩——杨国荣哲学讨论集》，北京大学出版社，2011 年。

② 杨国荣：《道论：具体的形上学 · 引言》，北京大学出版社，2011 年，第 5 页。

③《马克思恩格斯选集》第 1 卷，人民出版社，1995 年，第 88 页。

史而言，民族主义的氛围一直浓厚，并影响到哲学形态的变迁。然后，若中国已经进入后民族主义时代了，那么，对于普遍哲学的探索也就会顺理成章。

就“具体的形上学”的三本著作而言，杨国荣要探索的就是中国现代哲学的普遍主义何以可能的问题。这是一种比较纯粹的哲学思考，这些思考并不依赖于某一国别或某一文化的思想倾向和经典文献，而是从存在、价值等问题出发，系统地总结已有的对此问题的哲学思考，做出哲学性的回应。但是，这样的研究也非传统的抽象的形而上学研究，“与抽象形态的形而上学或‘后形而上学’的进路不同，‘具体的形上学’以存在问题的本源性、道德的形上向度、成己与成物的历史过程为指向，通过考察存在之维在真、善、美以及认识、价值、道德、自由等诸种哲学问题中的多样体现，以敞开与澄明人的存在与世界之在”①。在我看来这是基于对传统形而上学研究的局限性的认识，从而开始的一种寻求新的普遍适用的研究范式的努力。

其一，寻求一个普遍性的平台。以《伦理与存在——道德哲学研究》一书为例，我们很难将之归入经典意义上的传统中国哲学研究，也并非以西方哲学的概念、范畴来整理中国哲学资料的工作。按照杨国荣自己的说法，“自 20 世纪 90 年代后期开始，我的关注之点，则相对侧重于理论层面”②。他所进行的是对道德哲学的一般问题，如善何以必要、道德与价值、道德自我等展开元理论式的讨论。因此，从这个层面来看，他所进行的工作已非“狭义”的中国哲学研究，与他所处的地理环境和语言环境没有直接的“生成”关系。

① 杨国荣:《道论：具体的形上学 · 引言》，第 5 页。

② 杨国荣:《成己与成物——意义世界的生成》，人民出版社，2010 年，第 1 页。

这种进入问题的方式，显然是着眼于纯粹形而上学所关注的一般性问题。长期以来，这些作品一般是由西方哲学家提供的，在很大程度上，我们甚至放弃了这类展开问题的方式，而将之划入西方哲学的范畴。中国哲学研究者很少进行原创性的哲学研究，或者进行元哲学问题的讨论。其原因很多，比如文化上的弱势心理。现代学科制度发端于西方，而中国的现代学科体系又照搬自西方。如此，中国的哲学研究要么是研究西方哲学家的作品，要么是以西方的哲学规范来研究中国的思想资料，这样做的结果是中国人日渐失去了对元哲学问题的创造力。还有受意识形态因素的影响，长期以来，国人可以接受物理学家、数学家等头衔，但能被称为哲学家的人则比较少。因此，许多研究者自觉地将自己的哲学研究活动固化于对于历史上的大哲学家的分析，或者是关注出土文献的考证和解释。

从这个意义上，杨国荣的哲学创作既从观念上突破了中国当代哲学创作的自我限制，也是向习焉不察的文化弱势心理进行挑战。与郭齐勇从肯定儒家伦理的方式来挺立文化主体性的方式不同，杨国荣则是从“世界哲学”的向度来宣示一种思考姿态。而这并非基于一种文化立场上的考虑，更多的是从切入问题本身的逻辑出发，也可以说是一种当代中国在哲学观上的革命。对于狭义的中国哲学研究者而言，其直接的冲击是：（1）把中西思想的资源平等地放到一般的哲学问题视域中，寻求对于问题的一般性关系的讨论，这样可以避免立场偏西和偏中的学者或漠视中国思想或强化中西之异的定势；（2）为中国思想的现代转化寻求一种可能的方向，无论是中国传统价值还是作为这些价值之载体的中国思想资源，都需要经过一个形式化的“思考和论证”的洗礼或转换之后，才能真正用于辅助现代人对现实问题进行反思性思考。

后一点或许是杨国荣更为重视的，他将之视为中国哲学的生成过程："中国哲学本身还在生成过程中，在我们的时代，也应有新的发展与形态。而且，现代中国哲学是在世界哲学的背景下展开的，哲学思考的普遍性是无法回避的。当然世界哲学并不是封闭的体系，也不是一家之学，它在不同的民族、文化传统中有多样的形态，在个体（特定的哲学家及其体系）那里也是千差万别。要而言之，哲学的世界性和哲学的个体性、多样性，都应加以关注，越是具有某种个性品格的哲学，就越是具有世界意义，这两者并行而不悖。"[1] 就此而论，借用冯友兰"照着讲"和"接着讲"的思路，杨国荣显然希望以"接着讲"的方式来展开他的问题域，而二人"接着讲"的差别在于：冯友兰是内在于中国的传统，杨国荣则认为在全球化时代，应该有更为普遍的资源成为中国哲学的新的内容。

其二，普遍性的限度。面对长期以来中国思想被地方化的处境，杨国荣的普遍性寻求是文化自觉的体现。或者说，在一个全球化的社会背景下，我们应该寻求的不是以新的不同范式来描述中国哲学，而是中国能否发展出自己对于重要问题的哲学式的回应。

如此这般，紧接着的问题便凸显出来，当我们阅读罗尔斯、哈贝马斯、韦伯或马克思的作品的时候，我们甚至没有去追问他们的"文化"背景。这首先是基于我们将某种西方的东西作为普遍性的题中应有之义，其次是西方不同的国家分享几乎相同的宗教价值和启蒙理念。因此，他们的差异相当于中国范围内的地方性差异。但对于中国而言，与西方的文化差异可能意味着价值观和思维方式的差异。因此，国家之间的差别如果变成为一种价值和思维方式的差异，可能并非普遍性和

① 陈赟、陈乔见：《杨国荣"具体的形上学"：当代中国哲学的建构》，《中华读书报》2012 年 2 月 29 日。

特殊性的关系那样简单。这些问题对于自然科学或许可以忽略，对于哲学则不然。也就是说，中国人和西方人可以毫无障碍地使用共同的自然科学的原理，却不能脱离自己的思维传统来展开哲学创造。或者说，当我们需要中国的哲学的时候，我们所需要的是中国人对于共同问题的独特理解，而不是去寻求与别的思想资源之间的一致性。就此而言，普遍性的哲学追寻对于哲学创造而言是否是最为重要的，便值得质疑。

更为复杂的问题是，近代以来的中西问题往往被理解为古今问题，人们甚至将思想发展的程度和社会发展的程度相类比。这样的思维模式对于中国哲学的研究者的影响在于，他们会被认为所进行的是传统的研究。杨国荣教授的研究，很大程度还要摆脱这样的思维定势。

但是，当我们试图“摆脱”中国思想的“地方性”“边缘性”，而寻求其一般性的表述的时候，对于传统的观照自然会“变薄”。也就是说，在寻求一个普遍性的角度的时候，传统经典话语的独特性及延伸出来的独特的方法论，便会埋没于相对“空洞”的论述。比如在讨论“德性”问题时，杨国荣先生注意到情境的特殊性和规范的普遍性之间的矛盾，这的确是一个伦理上的困境。接着杨国荣教授以儒家经学的“经”和“权”作为例子，认为“经”与“权”的关系的提出说明古人已经注意到规范性和情境性的冲突，“经”泛指原则的普遍性，“权”则涉及情境的分析，经与权的互补，意味着原则的规范性与情景的灵活性之间的相容。① 一般而言，这样的分析比较准确地把握了经与权的关系。但是，具体到中国的经学传统中，经与权之间的关系要复杂得多。因为在中国传统的思想体系中，“经”不但具有终极价值的意义，也体现

---

① 杨国荣：《伦理与存在——道德哲学研究》，华东师范大学出版社，2009 年，第 49 页。

为一些制度规范的原则，并且直接可以转化为一些具体的规则。因此，“经”与“权”在整体上并不构成一组对应性的范畴。将经、权之间的关系作为普遍性和情境性的互补，虽然有一定的合理性，但会将蕴含其中的复杂关系“稀释”掉。其实杨国荣教授在别的作品中，对这个问题有恰当的解释，他在解释孟子的经权的关系时指出：“对孟子来说，权的作用主要在于通过各种具体规范的适当调整，使道（最高规范）的运用更为完善，而并不是从根本上偏离道（普遍原则）。对普遍之道的神圣性，孟子始终确信不疑……道似乎被提到了至上的地位，它为人们的政治、道德行为规定了一个不可超越的界限。对道的如上理解，已蕴含着导向独断论的契机。”[①] 那么我们依然可以追问，在经学语境和哲学语境中，是否可以产生不同的问题导向。如此，则可以说明，哲学的方式并不能替代经学的方式，这是否回到了张之洞和王国维时期的问题，即在现代学科体系中，是否需要给经学一个位置？经学和哲学是否需要并存。

这就是说，哲学的国别性，在一定程度上可以理解为从自身的文化出发对一些人类的共通问题展开讨论。全球化的发展，我们可以期待一种对于存在的统一性的建立，对于整体世界的认识的深化，在指向更为抽象的统一的同时，也必然会让我们更深入地体会到存在的丰富性。这正是杨国荣教授追寻的理想的境界。但落实到具体的问题上，当我们试图将世界各国的文化资源作为彼此平等的思想来源的时候，中国问题的丰富性和中国视野的独特性，是否能够被保持，这是让人忧虑的。在这一点上，“具体的形上学”虽然迈出了重要的一步，但就目前的作品而言，我个人依然感觉到为了普遍性而对情境性的牺牲，这也是我对

① 杨国荣：《孟子评传：走向内圣之境》，广西教育出版社，1994 年，第 83—84 页。

"具体的形上学"如何可能的一丝忧虑。

## 余论
## 问题与方法

要使"中国的哲学"真正成为丰富"哲学"本身的活动，在方法上寻求突破是应对时代问题的基础。杨国荣教授注重历史和思想结合的方式，为我们提供了破解哲学过于技术性和过于"照着讲"的困境的思路，这是最值得尊重的。

对于哲学而言，问题和方法本身存有内在的关系，比如分析哲学的方法，本身就是针对形而上学而产生的。但是，如果一定要分出一个主次的话，我则倾向于认为体察我们这个时代的问题，比先期在方法上着力更为重要。人类固然有一些共同的问题，但是，作为现时代的人，生活在不同的国家和文化传统中，也会面临一些独特的问题，这就是说，当我们试图进入"世界哲学"的时候，我们同样要对"聚焦于"地区问题的哲学保持足够的关注。前述的郭齐勇的路径和陈少明的路径，便是地方性视角的代表性路径，而其通过对于文化主体性的凸显，同样可以提出世界性的哲学问题。

简而言之，对于当下的中国哲学学科而言，哲学的问题可以归纳为两类：一类是普遍性的，即对于全人类关注的问题提出我们自己的观念，如现代性、环境、人性、价值，如杨国荣教授在"具体的形上学"三书中所强调的；另一类属于"中国情景"，其根本点是要为传统资源与现实社会问题寻找对接点。这似乎让我们回到了金岳霖先生曾经提出的问题（即“中国哲学的历史”还是“在中国的哲学史”）[1]，只不过我们现在可以有平和的心态来对待这样的“对立”，承认中西哲学可以并行不悖。我们既需要在中国传播发展的普遍性的哲学，并将之转化为中国哲学的一部分，也需要一个基于中国问题和中国资源的独特的“中国哲学”，成为世界哲学的一个有机组成部分，而不是隐没于其中。

① 金岳霖：《冯友兰〈中国哲学史〉审查报告》，载《金岳霖全集》第二卷，第 408 页。

第　五　部　分

# 附录：讲演与访谈

讲　演

# 如何理解“现代新儒学”思潮①

非常高兴各位同学来听讲座。说实话，在这里讲这样一个题目稍微有点紧张，因为各位的老师、云南师大哲学系的副主任李广良教授是我的师兄，我们在中国社会科学院研究生院师从同一位导师方克立教授。方先生亦是中国新儒学研究的组织者、推动者。

1986年，方克立先生和李锦全先生一起启动了“现代新儒学思潮”的研究项目。在方克立先生的认识中，他是将马克思主义和自由主义西化派、新儒家思潮看作是中国探索现代化道路的三大思潮。方先生尤其强调要从马克思主义的方法来研究现代新儒学思潮的得失。通过编辑学案、研究资料和人物研究相结合的方式，课题组取得了许多重要的学术成果，同时也使梁漱溟、熊十力、钱穆，特别是唐君毅、牟宗三和徐复观的作品逐渐为人所知。当时我正在中国人民大学读哲学系，这些作品很大程度上改变了我对于中国哲学的认识，也使我对儒家思想

① 该文是2015年在云南师范大学所作的“士恒”学术讲座的记录，修订版发表于《光明日报》2016年11月17日的“名家讲坛”版。感谢士恒教育基金会和云南师范大学教务处的支持。收入本书时又做了一些文字上的修订。

产生了兴趣，在某种程度上决定了我的职业方向。

方先生当时组织了全国范围内的许多学者一起参与研究，然而，在一段时间之后，此课题组中学者之间的思想观念发生了分化，其中的一部分学者逐渐开始同情新儒家。据说有一位学者后来专赴香港，向牟宗三先生磕头拜师，算是正式登堂入室。这意味着有一些学者的角色也产生了转变，由研究者转变为“信徒”。

那个时候，所谓的新儒家一般指港台新儒家，虽然梁漱溟和冯友兰先生依然健在，然而他们的思想都已发生了很大的变化，大陆儒学缺乏代表者。这种情况在进入 1990 年代之后，有很大的改变。改革开放和市场经济体制的确立，一方面，经济的增长，激发了国民的民族自信心；另一方面学术规范的转变也刺激了国学热的兴起。这两方面都促进了新儒学在更大的范围内被越来越多的人所接受。

经过长达 100 年的被彻底否定的命运，儒家开始了“一阳来复”的新局面，儒学的因素又重新回到我们的生活中，例如今天讲座的主办方“云南士恒教育基金”和北京大学的“儒行社”。我们从这两个名字中就能感受到。所谓“儒行”，出自《礼记》里的一篇，其实可以看作是当时儒家的行为规范，这个社团在北大很有影响力，现在，在云南大学、云南民族大学等学校也成立了类似儒行社的机构，读经典、国学支教，这都充分说明儒家在当下社会生活中获得了新的活力。

今天的主题是讨论“新儒家”，“新儒家”这个概念关键在于“新”，其所要突出的是，这种思潮是历史上的儒家思想在 20 世纪之后的新发展。“新儒家”概念最早出现应该是在 1924 年前后，冯友兰先生用 Neo-Confucianism——“新儒家”这个词来概括宋明理学，以强调其与先秦儒学的不同。宋明时期的儒家思想和孔孟的儒家思想，无论是在论题，还是论述的核心概念上，都存在着很大的差异。因此大家常将宋明时期的儒学看作是儒学发展的新阶段。先秦儒学主要讨论的是诸如仁政、仁义、礼之类的问题，到了宋明以后，核心的概念变了，变成了“天理”“人欲”“致良知”。不过我们今天来谈“新儒学”或“新儒家”，并不是要跟大家谈论程朱、陆王的思想，而是要讨论近代以来形成的以儒家思想为基础展开其文化、政治、社会追求的一种思潮，以及推进这种思潮的一个群体。为了与宋明时期的儒学相区别，我们有时也称之为“现代新儒学”。

以往我们讨论现代新儒学思潮，认为这个思潮起源于对新文化运动全盘反传统的一种回应。以陈独秀和胡适、鲁迅为代表的新知识群体，觉得中国需要一种观念上的彻底革新。他们将近代以来中国的失败归咎于儒家传统对于专制权力的支持和个性独立的压制，由此得出结论说，中国要富强，就必须彻底否定儒家伦理价值。新文化运动时期有一个形象的说法，即“打倒孔家店”，经此运动，在许多人的心目中，形成了一个似乎是不言自明的结论：儒家死了。这种说法经由鲁迅、巴金的小说，曹禺的话剧如《雷雨》等作品，传播既深又远。

因此，现在比较流行的关于现代新儒家开端的观点，都是以梁漱溟、熊十力先生为肇端。理由就在于梁漱溟先生对新文化运动中所持的文化观进行了批评，通过文化发展的多元性的确认来否定单向的历史发展模式，强调中国文化依旧具有生命力，而且代表了未来文化发展的方向。

梁漱溟先生在蔡元培“兼容并包”的原则下被聘请到北大教书。当时梁漱溟写了一篇文章《究元决疑论》，引起蔡元培的注意，于是说你就来教印度哲学吧。他在回忆录里面说，蔡元培找他当老师的时候，他自己都没有想到，因为他自己也不知道印度哲学是怎么回事，只是写了佛教的文章，而蔡元培还是聘用他教印度哲学。这也算得上是英雄不问出处。梁漱溟于是就去了北大教书，与陈独秀、胡适、李大钊这样的人就在一起。他很不能赞同陈、胡、李的诉求，因为他们的诉求之中有很强的新旧对立思维。梁漱溟有一个基本的判断，他认为中国的文化与中国的社会结构有非常密切的关系，而如果中国和西方的社会结构有很大的差异，即使中国人天天读西方的书，也不太可能让他们很快就变成一个西方人。他对中国文化的独特性的认识在 1949 年出版的《中国文化要义》一书中有一个很简明的表述：职业分途与伦理本位。他认为中国人并没有阶级差别，而是以职业来区分人的社会身份。因为没有宗教，所以，凝聚中国人的关键力量在于伦理，即人与人之间道德意识，而不是像西方社会那样，是一种契约的精神。他认为，中国有可能吸纳西方的新的团体生活的方式，也强调要培育新的政治习惯，要培养出契约的精神。因为文化样态的差异，所以，中国要在自身文化的基础上走出一条自己的道路。他在 1921 年出版的《东西文化及其哲学》中提出，社会发展模式并不是进化论所提出的那样，是旧的向新的、差的向好的这样一种单向度的发展，不同的民族有不同的文化的发展路向，这条发展线路既可以是中国式的，也可以是印度式的，也可以是西洋式的。他提出三个路向，完全是针对单向发展论的。这某种程度上展开了对现代性的一种反思。

1919 年的巴黎和会中将德国在山东的权益转让给日本的协议击碎了国人对于“公理”的幻想，对西方的幻想也趋向破灭，这也直接导致了思想界的分化。学生们以愤怒抗议来抒发爱国热情，而思想家则要从文明的价值等角度来思考西方现代化运动的多重面相。

梁漱溟对西方文化的反思吸引了许多追随者和同情者。不过，1920 年代反思新文化运动的学派并非只有新儒学，还有个很重要的学派叫作学衡派。我们云南这边的学者应该都会比较了解学衡派。学衡派最初的据点虽然在南京，但其中不少人后来随西南联大的南迁而都在云南待过。学衡派中的主要成员，比如说像吴宓、汤用彤、梅光迪。吴宓、汤用彤、梅光迪都是哈佛毕业的，受白璧德的人文主义思想影响，他们对西方及由西方所代表的现代化的理解是不同的。从某种意义上看，学衡派可以看作是新儒家的盟友，他们的口号是“昌明国粹，融汇新知”，从这八个字我们就可以听出来，在“融汇新知”前面有“昌明国粹”。说到这里，有的学生可能会提出这样的问题：胡适不是也说要“整理国故”吗？这需要做一个辨析。胡适用“国故”替换“国粹”的概念，是有他的用意的。国粹这个概念，大家一听就知道，这含有肯定性的价值判断在里面。但当我们说国故的时候，只是说它是以前留下来的东西。胡适有个很好的朋友，叫毛之水。毛之水说，我们不要光看到国粹，也要看到国渣。不要光看到里面的好东西，也要看到里面的坏东西。胡适所期待的是“充分世界化”，所以胡适的整理国故并没有要发扬国粹的意思，而是提倡以客观科学的方法来研究历史。

不过，与学衡派逐渐消散不同的是，现代新儒家构成了一个连续性的传统。目前，大家在使用现代新儒家这个词的时候，有广义新儒家和狭义新儒家的区别。广义的新儒家群体中包括了对儒家略有同情的儒家研究者。狭义新儒家是指继承宋明心性之学的人。还有一个更狭义的说法，余英时先生写过一篇很长的文章，叫作《钱穆与新儒家》。他有一个说法就是：新儒家是熊十力一派的专称。在“熊系”中，熊十力是精神导师，接下来就是唐君毅、牟宗三和徐复观，然后就是杜维明和刘述先。

余英时的文章试图处理钱穆与新儒家的关系。他想表达的是，熊十力一系的新儒家变成了一个“宗派”，儒学成为了“信仰”。余英时说以此为标准，钱穆就不能算是新儒家，他提出的证据包括钱穆不认同熊十力一派的“道统观”，新儒家群体在 1958 年发了一个宣言叫《为中国文化敬告世界人士宣言》。钱穆先生也拒绝在宣言发表的时候联署。在余英时看来，既然钱穆拒绝签名，就说明钱穆是不认同熊十力及其学生的想法的。他说：“我这样以钱先生与新儒家作对比，并不是要重提朱陆异同的旧案，更不是说双方的分歧是朱陆异同在 20 世纪的简单重现。事实上，我是根据我所理解的钱先生的观点来说明他为什么拒绝在 1958 年的《宣言》上签名，也不肯认同于所谓‘新儒家’。”

的确，新儒家思潮是一个多面相的集合体，其内部有很多分歧。

新儒家群体中被大家研究很多的是冯友兰先生和贺麟先生。最能代表冯友兰先生新儒家倾向的书就是“贞元六书”，诸如《新理学》《新事论》《新原道》《新原人》等。因为冯友兰先生的思想倾向比较接近程朱，因此我们把冯友兰称为新理学。他喜欢用共相和殊相来讨论问题，即普遍性和特殊性，他有很强的普遍主义的倾向。而更为我们所熟悉的可能是唐君毅、牟宗三和徐复观。唐君毅、牟宗三、徐复观的学术生涯主要在港台地区展开，所以有一个专门的名词，把他们称为“港台新儒家”。他们在港台做了很多的工作，包括与自由主义的论战，这个论战中最为著名的例子，即他们在香港办了一个叫《民主评论》的杂志，与胡适和雷震在台湾办的《自由中国》杂志分庭抗礼，这是自由主义和新儒家正面论战的两个阵地，同样也促进了新儒学思潮的发展。

我们要知道，在大陆文化自毁的年代，港台新儒家在这样的花果飘零的境况下做了维持儒家一线生机的最为艰辛的工作。并培养出了一批愿意研究儒家文化的学者，其中包括杜维明、刘述先、余英时，等等。余英时是钱穆先生最喜欢的弟子；最初刺激杜维明进行学术思考的是徐复观，他后来也很推崇牟宗三和唐君毅。

在我看来，海外发展的新儒家因为地域和问题视野的关系，他们对儒家的价值的肯定越发地弱化。为什么这么说呢？徐复观、唐君毅、牟宗三、张君劢四人坚持中国文化的本位性，到了杜维明和刘述先，他们热心讨论的议题就转换为多元现代性和文明对话。他们分别参与了多次世界宗教对话，虽然他们内心并不真正将儒家看成是一种“宗教”，而认为儒家只是有“宗教性”。刘述先先生有一段话描述了他们与唐、牟、徐的差别，大意是说他们这些在美国大学教书的人不具有像牟宗三、唐君毅等身上的担负，即那种文化的担当。其实，这是一个很可以琢磨的说法；如果一个儒者没有文化的担当，那么他与其他的研究者的区别在哪里？如果他的论述有过多的价值倾向，似乎又与大学体制不符合。这其实是现代存在于大学里的儒学研究所必然要面对的问题。在我看来，正是因为卸下了“负担”，使得新儒家的问题关切越来越“稀薄化”，这样的学者是否可以被称为“新儒家”是可以讨论的。

以上说的是以前大家对新儒家的一些讨论，然而，最近我对现代新儒学思潮，特别是现代新儒学的开端有一个新的思考。核心的观点是将康有为确立为现代儒学的开端。这与方克立先生所划定的范围有很大的差别。

康有为是一个极具争议性的人物，以前只有萧公权、李泽厚等一些学者看到了他在近代思想转化过程中的巨大意义。具体的论证在讲演中难以展开，简略地说，从康有为奠基于今文经学的传统而对儒家的传统加以赓续和转化的努力，康有为对于民族国家建构的种种构想，以及他将孔教作为在民族国家建构过程中的价值认同基础的实践来看，康有为奠基了后来儒家的一些基本议题。由此而言，康有为足以构成现代儒学发展的新的起点。之所以确定这样的一个起点，既是排除意识形态叙事之后对历史事实的追认，还可以看作是一种基于对儒家未来发展的期许而做出的反思性创构。对于儒学发展的内部机理而言，现代儒学起点的厘定，是为了恢复儒学的整体性格局，是对新文化运动之后的新儒家发展侧重于心性道德层面而相对忽视立基于经典和传统并对政制传统进行继承和创新的一种纠偏。

最后我用一点时间来介绍一下大陆新儒学。大陆新儒学是近年兴起的、越来越蓬勃的思想运动，这个运动不仅包括对于儒学理论研究的推进，也有许多实践层面的探索。我在一篇文章中，把北京大学儒行社和他们的相关活动都看成是大陆新儒学兴起的其中一种形态。这种实践层面的觉醒，是文化自信的体现，这些年来其尝试在全中国方兴未艾，层出不穷。作为一名儒学研究者，我也经常被邀请去参加各种儒学活动。我今年上半年两次被邀请去曲阜参加乡村儒学的活动。中国社会科学院的赵法生教授带领几个学者在孔老夫子的故乡进行乡村民众的儒家教育。他们找到了几个村子做实验，他们通过对儒家经典内容的通俗化介绍，来提升村民的道德观念。一开始让村干部去组织，村里面也只剩下老太太、妇女、儿童，最初大家都不愿意来，就只好鼓励动员，给来的人发发肥皂和毛巾。结果去的听众还问，下次你们发什么呢？发了几次肥皂和毛巾之后，发现听众对教授们讲的道理是非常在意的。儒家经典中有许多关于家庭伦理的内容，比如孝顺，怎么孝顺公公婆婆，经过一段时间之后，取得了不错的社会效果，得到了当地政府的支持。不能小看这些日常的行为，这些行为是儒家在民间社会得以焕发生命力的一个很重要的推动力量。

当然，作为一种思想和社会相结合的思潮，大陆的儒学发展呈现出与港台新儒学不太相同的面相。特别是对于政治议题和社会秩序的关注方面，大陆儒学逐渐开拓出一系列独特的问题域，比如如何理解儒家的价值、如何看待经典教育、如何看待儒学与其他思潮之间的关系。

其他还有比如公民宗教、天下制度，围绕这些问题也有很多的争论。我今天的讲座只是提供一个线索，让大家去关注这些争论，只有真正地关注这些思潮，我们才能真正参与到这个国家文化重建和文化复兴的活动中。我个人希望，今天讲完以后，大家开始有兴趣去读有关儒家思想的经典和研究著作，开始想要了解现在学术界讨论的问题。我先讲到这里。谢谢各位！

李广良（云南师范大学教授）：今天下午我们听了一个非常有意思的讲座。这个讲座包含着极其丰富的学术内容、思想内容。今天的主题是当代新儒家与大陆新儒家。干教授从我们的导师方克立先生80年代研究港台新儒家讲起，一步步到新儒学这个词的诞生。讲到中国近代儒家复兴的思想和文化的背景。讲到从康有为、梁启超、章太炎到熊十力、梁漱溟等，他们在近代历史条件下所开创的新的儒学运动。然后从这里涉及港台新儒家一系列人物及其思想分歧。然后讲到港台新儒家和大陆新儒家的关系。这里面有一个重要的问题，我自己经常思考，就是作为纯粹学术的儒学研究和有担当的儒家之间存在的很多需要辨析的问题。我们有很多研究儒家思想的学者，但是不能称他们为新儒家。因为他们根本就不是儒家，他们只是研究儒家的学者。今天讲到第四代的新儒家，称之为学者也好，哲学家也好，他们身上的儒家的气息是越来越稀薄，血脉越来越淡。读他们的书，很难唤起我们对于儒家的同情，更不用说认同，乃至血脉相连的生命感。最近这些年，这里涉及最重要的一个问题，也就是今天的主题，就是大陆新儒家运动和大陆新儒学的兴起。这些发展在我们看来极大地改变着中国社会，特别是对未来有着特别重大的意义。我们今天讲当代中国八大思潮，除了自由主义、新左派、中国特色社会主义，大陆的儒家也是重要的一家。大陆的儒家不仅仅做着复兴中国传统文化的实践，还涉及我们的信仰、我们社会的世道人心，涉及我们的文化认同、文化的担当。不同层次的人做的工作不一样。参与其中的有学者、思想家，也有我们千千万万在民间从事这一活动的人，也有在乡村里面推广儒家传统的“乡约”的人士。根据我们的了解，这确实在改变我们的社会。我们也不能做过于乐观的评价。但的确有人苦心孤诣地在做着这样的活动。我前几年也参加过他们的活动。我最近两年因为工作的关系就很少去参加了，但偶尔也会出席。就比如说呈贡就成立了孔子书院。我还是他们的名誉院长。但我这个院长仅仅是名誉的，具体的工作一点也没有参与。这说明，在我们这里，也有人试图开展儒学复兴的运动，试着用儒学去影响、改变中国社会。这些种子撒播在中国的大地上。与此同时，我们看到，从学术思想层面，大陆儒家提出了新的思想成果。比如蒋庆先生的政治儒学影响就非常大。比如说我们的师兄，黄玉顺教授，也来我们这里讲过课的，他的生活儒学，尽管很现象学化，但我也很喜欢。我之前还想提出自由儒学，涉及自由主义与儒家思想的对话，尽管有对立，但是也有会通。我最近集中精力在读五经，我希望在更深入理解的基础上，再去推进我的自由儒学。这也算是当代大陆新儒学的一个成果吧。今天在我们这里讲大陆新儒学的发展，讲在我们的生活和学术中产生的活生生的、影响我们的思想、想象和生活的思想和学术事件。我们在大学，也要积极关注我们身边的思想和学术活动，如果有机会也要积极参与进去。今天干春松老师给我们带来从近代到当代的儒学发展的历史画卷，有生动的细节描绘。相信通过这个讲座，会让我们更好地思考儒家。也可能会让我们的一些同学更好地投入儒家的实践和儒家思想的研究之中。我就说到这里，谢谢。

同学 1：干老师你好，我是哲学系大四的学生。我想问的是：儒家和儒教的关系是什么？虽然您做过解释，但我还是不很明白。

干春松：这是一个很好的问题。儒教的问题是目前儒学研究领域争论特别激烈的议题。儒家之道一直重教化，“教”在早期儒家经典中是教化的意思，譬如我们说“神道设教”“修道之谓教”，都是教化的意思。为什么最初佛教传入中国的时候用“教”来给自己命名，我认为这是佛教要突出其教化功能，而显示其与儒教在功能上的相似性。魏晋南北朝时期的佛道教常称儒家为“儒教”，都是因为要强调三者的一致性。但是，在西方的宗教传入以后，像儒教这样的依赖社会和政治组织来进行教化的学说能不能称为宗教，就成为很大的问题。因为儒教并不强调“彼岸”，也没有宗教的仪式和宗教的组织，所以很多人说它不是宗教。但现在我们还是习惯性地称儒释道三教合流。不过，儒教概念的复杂性恰好在这里：当“教”不是作为教化，而是作为一个宗教概念的时候，其内在的特性发生了变化。发生在明代末年和清代初期的“礼仪之争”，就是耶稣会和罗马教廷对于如何定性儒家的“礼仪”的“宗教”属性产生了争论。也就是说，如果将敬天法祖作为一种宗教信仰，那么中国人如果要信仰天主教就必须拒绝祖宗崇拜这样违背天主教教义的活动。如果只是将祭拜祖宗的活动看作是一种礼仪和习俗，那么便可以共存。遗憾的是，罗马教廷最终是将敬天法祖看作是宗教活动，这样导致了儒教和天主教之间的冲突。

我们现在大致将“儒教”作为“儒家”的另外一个称呼，当我们日常用这个词的时候，也并不会仔细地做概念分析。只有在我们去研究的时候，才会发现这里面包含了极其复杂的内容，亦有极其复杂的历史演变。有意思的是，晚清民初时期，康有为在试图用宗教化的模式来改造儒家的时候，就不愿意用“儒教”的概念，而是采用了“孔教”的概念。民国时候中国人管基督教叫耶教，耶教就是关于耶稣的宗教。儒教是孔子创立的，于是叫作孔教。除了这个原因，我认为还有更重要的原因，他认为儒教不是宗教，他要建立的孔教是有一套仪式、一套规范、有建制的宗教。儒教争论中最尖锐的是关于陈焕章将孔教国教化的做法，不仅引发了别的宗教的批评，也导致了儒家内部的争论。

我个人的意见是，这个问题可以分为几个部分来思考。首先，儒家思想在传统的形态上，能不能称之为宗教？其次，如果是宗教，那么儒教与别的宗教的差别在哪里？作为宗教的儒家与作为哲学的儒家的差别何在？第三，如果传统的儒家不是宗教，那么在目前的情况下，能否将其发展为一种“宗教”。即使康有为和陈焕章的孔教计划失败了，是否意味着孔教并没有发展的可能？第四，是否可以借鉴东南亚的经验，儒家的观念渗透到其他民间宗教中，从而使儒家的价值得以保存和传播。

五四运动之后的新儒家都十分关注儒家与宗教的关系。比如梁漱溟曾经提出中国人是以伦理代宗教。牟宗三提出过建立人文教的主张。而更多的人则是从宗教性的维度来理解儒家。即使到今天，儒教在未来儒家发展中的可能性，依然是大陆儒家学者最为关注的问题之一。

（整理人：北京大学哲学系周小龙）

访　谈　一

# 儒学的历史与现代转化

干春松　黄晓峰（澎湃新闻）

澎湃新闻
2019年6月30日

北京大学哲学系儒学研究院教授干春松多年来致力于儒学思想和中国近代思想文化的研究。近年来更积极参与了当代中国新儒学的研究和讨论。最近他的新书《儒学小史》出版，《上海书评》请他谈了儒学的历史及现代转型的一些问题。

对大多数人来说，“儒家”与“儒学”似乎只是语词的差别，是这样吗？您这本书谈儒学历史，能否先请您为我们辨析一下“儒家”与“儒学”的差别？

干春松：现在我们通常使用的相关的概念其实有三个：儒学、儒家和儒教。从概念来讲，现在我们说“儒教”主要是指称儒家思想的“宗教”面向，也有用“孔教”的。但是，以前人们使用“儒教”，主要是说明儒家的“教化”功能。一般我们所说的儒家文化圈地区的韩国和日本，过去习惯于用“儒教”来统称“儒学”。不过，最近也开始流行用“儒学”。

“儒学”和“儒家”这两个概念肯定有重叠的地方，很多时候它们是可以通用的。不过，我自己侧重于认为，“儒家”更倾向于指孔子创立的思想学派。从孔子创立，吸引弟子三千，然后发展到孟子、荀子等。有这样的一群人、一个团体，一直以孔子所倡导的理念作为价值基础。相比之下，“儒学”主要侧重于学派的思想主张。我的书为什么不叫“儒家小史”，而称为“儒学小史”？就意味着其核心关切是历史上所形成的各种各样的儒家思想主张。如果是“儒家小史”，虽然也会讨论思想主张，但更多可能会关注儒家人物的生平事迹。当然，就目前的情形而言，将该书称为“儒学小史”也会面临很多问题。这本书里没怎么讲经学，经学肯定是儒家思想的最重要的形态。或许可以这么说:《儒学小史》更接近于现代学科建立、有了文史哲这样的学科分别之后，所经常采用的讨论儒家思想的一种方式，即关注儒家的核心问题和核心观念，并讨论它们在历史中的发展和变化。

书中没有过多地讨论经学问题，除了自身知识上的局限，很大程度上是因为经学目前已经成为一门专门的学科，更适合以“经学史”为名来书写。当然舍弃经学来讨论儒家思想也会产生具体的问题，就儒学发展而言，在一些阶段，确实最重要的人物可能是经学家，比如东汉的郑玄、魏晋时期的一些经学家，等等。他们甚至确立了经典解释的一些基本规范。这些人物的缺失，让儒学的发展线索会显得不完整。当然，也不是说完全不涉及经学，比如，关于汉代主要就讲了董仲舒。董仲舒的思想是以经学的方式展开的，他是公羊学的奠基性人物。讲晚清的思想，也离不开公羊学。但我在书中对他们的讨论，并不是以

“经学”的方式展开的。

本书之所以叫“小史”主要是因为篇幅小，这也决定了它不可能特别完整地介绍儒家思想的各种面相。

关于儒家的起源，从汉代刘歆的“诸子出于王官”说以来，有很多讨论，您认为将儒家的起源定于或不局限于某一职官，对我们理解儒家与儒学有什么意义？

干春松：我觉得分析儒家的起源对于理解儒学是挺重要的。我们要了解某个学派的特征的时候，肯定会讨论其来历。最早系统探讨儒家的起源的，是汉代书写历史的那批人。在近代，随着现代历史学的传入，似乎又重新点燃了人们关心儒家起源的热情。

我们说儒家的学派是从孔子开始的，但从思想上来讲，“祖述尧舜，宪章文武”，说明孔子是吸收了古代圣贤的思想资源，并加以整理、阐发而形成自己的思想体系的。

你提到的“诸子出于王官”说，是探讨儒家来源中很有影响的一种观点，人们根据儒家注重教化的思想特征，认为其可能来源于古代的司徒等强调社会教化的官员。近代的讨论吸收了比较多的社会科学的方法。像章太炎说的“达名”“类名”“私名”，相当于我们现在所讨论的泛指和专有名词。胡适和冯友兰先生在民国初期提出，儒家原初可能从事的是“相礼”等职业，或许是从孔子的生平，以及儒家弟子十分重视礼仪的现象作出的推论。

儒家为什么后面会成为最大的学派？我想是因为有教无类和因材施教的原则。墨子就不是谁都教，墨家是一个有严密组织的学派。老子也不是谁都教，他太强调个人，本来就反对拉帮结伙。所以儒家学派的人数众多，因为弟子来源十分多样化。当然，这也导致了儒家学派的分化。分化其实不可怕，它是学派兴盛的必然后果。

近代以来从历史学的角度出发重视孔子的来历，有一个很重要原因，就是要对孔子去魅化。章太炎不同意康有为等人把孔子塑造成一个教主，强调孔子是一名教师。而整个近代的立场，就是去除孔子身上的“神秘性”因素，通过把孔子还原到历史的真实场景中，去掉其身上的光环。

在儒家发展的历史上，公羊家比较强调孔子作为“制法”者的重要性，提出了素王等说法，强调孔子为汉制法，甚至为万世制法，就是要突出孔子与众不同之处。的确，为了建立一个大一统国家的指导思想，需要一种神圣性的支持，必须强调它跟古代圣王有连续性。孔子继承了古圣先王的法则，利用写《春秋》的方式来确立儒家的价值原则。由此可见，汉代与近代对于儒家起源的两次讨论，其目的是不一样的。汉初是要让孔子圣王化，而近代要把孔子去神圣化，认为孔子就是一个学者、教育家。他没有什么神秘的法力，他就是一个好老师而已。

儒学作为一种思想体系，在西汉之后逐渐成为国家主流意识形态，除了汉武帝、董仲舒这些个体的因素之外，您觉得儒学的哪些特质促成了这一局面的形成？

干春松：现在人们爱讲博弈论，类似地，某一种思想能够被选择，意味着其思想体系有许多适应当时社会需求的方面。中国建立的第一个大一统国家——秦朝，靠的是反儒崇法。秦朝二世而亡的结局让人们认识到，仅仅靠严酷的社会管制不可能保证统治的持续性，于是代秦而立的汉代当然要反思秦朝灭亡的原因。最初的替代性方案是黄老道学，也取得了很好的社会效果。但为什么汉武帝还要做出改变，在全国征集社会治理的方案呢？因为社会逐渐稳定之后，需要一整套的价值支持系统，以及能将这样的价值观落实到社会生活中去的制度操作系统。这就是董仲舒在提出了设立五经博士之后，还要建立博士弟子制度的原因。

选择儒家的原因当然可以列出很多。归纳起来说，首先是因为儒家提供了一个比较完备的经典系统。很多的时候大家会说这些经典不是儒家的，五经在孔子之前都已经存在了。但是孔子通过对这些古代经典的整理，让它们成为体现儒家价值的作品。对于治国者而言，需要一些文本性的基础作为依据。这个依据不能是口头上的，尧舜禹是各家公认的圣王，古代的经典有解释的空间。这样儒家就具有比较丰富的治理资源，这是一个。

第二，黄老道学总体倾向是“消极”的。虽然最近我的许多同事也在发掘黄老道学中的政治哲学思想，然而相比于儒家，其丰富性和复杂性，还远远不够。或者说，相比之下，儒家有更强的融摄性，它能吸收阴阳家甚至黄老的思想，使后者成为其有机的组成部分，从而令自身思想更具有解释空间。

第三，那个时候有很多制度空白。清代的赵翼讲，刘邦进了关中约法三章，是一个特别原则性的治理规范。处理具体的问题的时候，制度就不足了。因此，这些空白就要通过解释经典的方式去弥补。这是社会治理所急需的，因为社会体系、政策体系都不完备。汉武帝举贤良对策，就是需要一个新的解释。董仲舒的天人三策主要讲原则，这些原则背后都需要有一系列的制度来支持，公羊学家那时候就最有用。社会变动的时候，公羊家总会热起来，因为要给新的制度提供一个解释依据的时候，它具有解释力。别的经典解释系统都不像公羊家有那么大的解释空间。但是公羊家的热度总会很快过去，一旦制度确立了以后，或者说过渡时期结束之后，就需要更为确定性的解释，所以不难理解古文经学的兴起。这个过程有许多人做了研究，著名法学史和社会学家瞿同祖写《中国法律与中国社会》的时候就说，自从董仲舒“罢黜百家，独尊儒术”以后，这些五经博士就逐渐变成经师，进入行政系统，成为社会规范的制定者。这是制度儒家化的一个很重要的原因。也有历史学家发现在这个的过程中，循吏就取代了酷吏，整个官员系统也发生了更替。这样就形成了几千年的儒家秩序。

总而言之，为什么选择了儒家？儒家既有理念，又有制度，像仁爱就是高度统摄性的一个价值。还有一些具体的原则，比方说礼。所以它在当时的思想竞争里面脱颖而出，我觉得是很自然的。但是现在唯一要稍微解释一下的，就是董仲舒以后，儒家是不是很快就独尊了？极大的可能是还没有。汉武帝死了以后，昭帝时期还讨论盐铁问题。盐铁争论说明在国家经济政策层面，还有儒家和法家、道家之间的争论，朝廷内部还在讨论这个问题。后来宣帝还说过“霸王道杂之”的话。这从一个侧面说明董仲舒其实就起了个头，在他的时代并没有真正形成独尊的局面。后来的儒家化的社会是一个逐步的转型的结果。在董仲舒之后，思想市场的竞争还长期存在。这和儒家没有发展成排他性的宗教有关，它是劝诱性的，你参与就可以进入博士弟子的系统；如果不参与，愿意过与世无争的生活，起码存在这样的选择可能性。

在两千多年中，儒学始终是中国古代社会的主流意识形态，但与王朝兴衰相伴随的，是儒学与其物质承当即儒家之间，反复出现价值背离的现象。在您看来，这是儒学的危机，还是儒家知识分子的危机？

干春松：我自己愿意把它看作是儒家知识分子的危机。孔孟儒学其实是比较多样化的。早期的经典里面，也不是主张让人去服从。汉代以后，儒家跟现实的制度结合了以后，儒家内部有了许多获得权力职位的人，他们的身份就变得很麻烦。这些官员是不是儒生？他可能出身于儒生，但变成官员以后，更重要的身份是官员还是儒生？这其实是一个特别需要关注的问题。也就是说当儒家的原则和统治者的需要之间产生矛盾的时候，一个取得了社会权力的人该如何去选择？徐复观先生就说有一个两难，儒生的理念是民本的，治理要为老百姓服务，整个政治秩序要以老百姓为目的，但是官员的行为往往是君本的，因为他所有的权力来源都来自君主。当这两方面——民本和君本产生矛盾的时候，官员自然会走向君本。你会发现这些人很大程度上背离了儒家的价值观。但又不能绝对地说，儒生在当了官以后，他就不再是个儒生，儒家的价值就不再在他身上发挥作用。当他成为官僚体系里的一部分的时候，他两种身份其实是叠加的。一方面，你只有儒生这个身份，你才能当官，但坏处就是，你当了官以后，你的儒生身份很大程度上要屈服于你的官员身份。我觉得传统的儒家始终处于这种困境之中。

儒家其实也经常自我批评——读书是为了践行圣人之道还是"稻粱谋"？明末的时候，黄宗羲、顾炎武、王夫之对儒家有系统的自我批评。这一方面固然是对于明朝灭亡的反思，另一方面，他们某种程度上有现代意义上的知识分子意识。

传统儒家在现代视野下看很麻烦。杜维明先生曾激烈批评董仲舒，说他变成了权力的帮凶。但是我的意思是，如果想要发挥社会功能，实现齐家治国平天下的理想，是很难脱离社会的，所以，获得权力就成了一把双刃剑。我们也应该能看到，很多儒生因为是权力系统的一员，做了许多为民谋利的事。但这并不能根本上解释儒生的社会角色和价值理想之间的冲突。

近代以来，儒学面临社会变革和外来思想的双重冲击，不同的知识分子都在寻找办法，您能重点谈谈大陆新儒家对此的应对吗？

干春松：列文森等人认为，儒家再也不可能在现实生活中发挥作用。我自己其实不是特别同意这样的观点。首先从原理上不同意是在于，我们的社会秩序所呈现出来的制度体系，到底能不能仅靠移植就建立起来？列文森的观点预设了现代化在中国展开的过程，就是一个系统性的制度移植的过程。在20世纪，我们几乎把西方社会所有的制度实践都移植过了。民国成立的时候，它就是模仿美国建立起来的。那时候夸张到因为美国最初是十三个州成立的一个联合体，我们也要让各省先独立，然后再建立一个联合体。从这样的一个角度来看，我们就会发现很多制度移植过来以后，发生了各种各样的变异。过去一百年的制度移植史，就是西方制度在中国效能衰减的历史。

那么，从理论上讨论的话，制度的建立和发生效能的机理是什么？制度只有从习俗和它的文化特性上来建立，才能真正发挥作用。如果完全通过移植的话，制度的有效性会成问题，它肯定行之不远。这是我们从一百多年来的现代性现象中反思而得的。所以21世纪以来的很多儒学研究者考虑的核心问题就是，能不能从制度建构的原理上来讨论这些问题。

另外一个问题是现实的需求。1978年改革开放以来，中国的社会结构、社会治理的方式都发生了变化，处于一个地方秩序模糊的阶段。

这种“制度模糊状态”是说，一方面，家庭联产承包责任制已经改变了前三十年集体化的生产组织方式，另外一方面，这并不是对原先的家族制度的“恢复”。这就是说，在中国社会其实产生了一种新的社会结构和社会生产方式。这是社会结构对学者们提出的直接的挑战，面对这样的冲击，不同的思想的资源会提出不同的方案。比如，如何看待村民自治的问题，如何看待宗族势力复兴的问题。这需要有认真的分析。对此，民国时期的梁漱溟做了很多思考，现代也有许多儒家知识分子在追问，儒家能不能在现实的方面，尤其是乡村秩序的建构里发挥作用。这方面其实形成了一些探索，比方说乡村儒学，就是某种程度上在乡村社会重新推行儒家的基本的价值，当然这种探索无论在理论上还是实践上都很初步。政策空间也不是很大。

除了地方秩序以外，我自己还比较关心城市的问题。在我看来，中国城市现在仍然是未定型的，我们不应该把所有城市都建成超级都市，而是要把城市所具备的服务有效地扩散到乡村里面去，让乡村城市化。目前的城镇化实际上会导向乡村消失，比如如果把教育资源都集中到城市和大一些的镇，那么，等于把所有人都赶到城市里面去，实质上导致乡村的空心化。更可欲的乡镇城市化则意味着对乡村的教育和卫生事业的某种程度的“重建”。

另外讨论得比较多的是养老制度的问题。未来理想的制度可能是社会化养老，在家庭越来越原子化的情况下，可能这是一个方向。但目前社会还不能提供足够的社会保障资金和养老设施，家庭养老还是未来一段时间内主要的养老方式，更不用说家庭的关怀对老人身心健康的重要性。从制度的理想上，它可能不是最好的，但它是最现实的。如果要强调家庭养老，观念上就还是应该从国家层面提倡孝顺的原则。此外，国家是不是可以考虑出台对于孩子同父母共同居住的鼓励和补偿机制？这总比兴建养老院的成本小吧？操作上或许有困难，但具体的方式方法都可以进行充分讨论。

我个人并不太认同社会化养老是最好的方式，家庭养老应该是更值得赞许的方式。老年人有对亲情的需要，有情感上的需求，满足这些需要可能比更宽敞、更干净的生活条件更重要。经验上，我们中国人还是会认为，一个人如果连父母都不孝顺的话，那人品是大大的有问题。

在思想的层面，往往有一个显性的东西和一个隐性的东西。类似于李泽厚说的文化心理结构的问题，社会的显性结构可能完全变了，但文化心理结构还没变。

在当下的儒学复兴浪潮中，您如何看待政治儒学和心性儒学的关系？所谓“重回王道”在何种意义上是可能的？

干春松：对儒学的不同特性的理解，决定了对儒学未来应该以什么样的方式存在的不同判断。有的学者认为儒学即便不能在政治层面发挥作用，依然会在个人修养、心性培养这方面发挥作用。这是港台新儒家的一个比较明显的倾向，他们认为既然公共生活的规则已经确定了，那么儒学可以在私人层面上产生作用。但在我看来，儒学在一些局部的制度上是可以发挥它的重构的作用的。

普特南论述过意大利的民主制度跟它的社会基础的关系。再比如美国社会，从东部到西部其实完全是不同的制度形态，呈现出某种多样性。我认为中国的社会，东南西北也是很不一样的。像潮州、福建，哪怕浙江有些地方，宗族制度还在发挥作用，那就要去考虑制度重建的问题：如何让地方政治力量和家族力量之间取得平衡。对于宗族的情感发挥正面作用的情况，完全可以在制度层面肯定它。而其他地区则可能要面对另外的情况。总之，面对一个丰富多彩的中国社会，不能完全以一种单一的、一刀切方式去治理，这样会事倍功半，只有因势利导，根据各地的情况，才能有良好的收效，我觉得这是可以探索的。

我强调“重回王道”的一个很重要的原因，就是要追问，中国人对于秩序的认识跟西方人到底有没有差别？我觉得是有差别的。中国人十分看重和谐，不是强调制约性的秩序，而是强调妥协性的秩序。包括我们在理解国际关系的时候，也是认为大家应该妥协，而且能够妥协。而西方人所理解的秩序，往往不是妥协，而是利益的制衡，它完全不能理解我们对于世界秩序的理解。所以我们要做出样板来。现在的问题可能是，我们口头上反对西方那套以利益为基础的秩序原则，但在实践中可能也是遵循与他们一样的逻辑。我们需要做的是探索某种真正的共赢和互利的方式。制度自信其实包含着从自己的文化和传统中去探索出一套关于人和人、国与国之间关系的新的制度模式。

从秩序的建构的原理来讲，儒家必然要起越来越大的作用。在一个幅员广阔的国家进行社会治理，有统一的价值观是必要的，但在制度设计上，则要允许各地有多元化的探索。以前顾炎武等人提出“寓封建于郡县之中”，就是看到了广土众民的状况下摸索地方独特的秩序体系的可能性的问题。这是我比较认同的理念。

多元化的地方秩序的建构，就是发挥各地的特点。就此而言，也不一定非要强调儒家的因素，也可以是其他的传统文化资源，但在多样化的探索中，传统的因素不容忽视。如何利用传统的资源进行因地制宜的社会治理，需要深入探索。

访　谈　二

# 赛博未来，儒学怎么办？

干春松　李纯一（文汇报记者）

《文汇报》“文汇学人”专栏
2019年06月28日

“我现在也在琢磨‘人类理解论’。”干春松说起他最近完成的关于儒学哲学里“感”和“让”的概念的论文，认为国际社会其实并没有建立起相互理解的机制。为什么我们在谈话的时候能理解对方的观点，为什么中国人说合作共赢有些人就是不信？干春松觉得，如果能用哲学的语言、从儒学的角度讲清楚我们文化的理解机制，或能有助于中国在国际舞台上更好地表达自我。

儒学是一个巨大的思想资源，是一个我们可以不断回溯、汲取、阐发的意义世界，最重要的，它是我们自己的意义世界。近日，干春松携新作《儒学小史》来到上海，接受“文汇学人”的采访，他谈到急速变化的社会结构下儒家价值的默默运行，谈到缠绕着20世纪以来中国知识分子的儒家“在未来应该有一个什么样的位置”的疑问，谈到这一新旧冲突的具体化的人物——王国维。

“儒学史就是一个儒学的危机史。”干春松说，他希望能给大家提供更多的认识，“其实儒学有很复杂的面向”。如汉学家安乐哲对本书的评论：“儒”是一个一以贯之、世代相继、互系通变、生机勃勃的系统，是“一多不分”文化语义的哲学叙述。由于“儒学”，才有一个叫作“中国”的独特世界，才形成它别具一格且与时俱进的文化本体。

## 儒学史是考虑过去，谈未来需要“开脑洞”

文汇报：今年是五四百年，今天则是父亲节，我们就从这儿谈起。鲁迅在1919年写了《我们现在怎样做父亲》。但在今天父权已经不是一个主要需要打倒的对象了，相反现代社会的速度让年长者更容易落伍。例如不熟悉手机，出门打车、订票的不便利，许多都要子女代劳。您觉得这种知识权力上的倒转是当代的一个重要问题吗？

干春松：今天听到“现在怎样做父亲”这句话的感觉是很不一样的。我自己也是一个父亲。我们现在这个年纪的人和孩子这一代相比在很多方面已经“落伍”了。在这个时代，怎样做父母是一个特别困难的问题，你能给他提供的，除了经济上的支持，其他方面包括你对他的教育可能都会很尴尬。因为你自己的生活经验，那些以往的父母地位赖以存在的经验——也就是对下一代人的指导和帮助，大不一样了。

所以现在要调整的不是父权的问题，而是这种急剧变化的大背景下，父母如何和孩子相处的问题。以前我们都会说——如果和儒家相关的话，是我们的家庭结构发生了变化。这可能是一部分，但最关键的是知识和生活方式更新速度超快导致的问题。我们这一代接触电子产品的人，现在已经完全跟不上电子化生活的步伐。其结果就是你能做的事情越来越少，在许多方面甚至需要依赖孩子的帮助。现在要描述孝顺，内容也要做一个巨大的调整。以前可能是让父母衣食无忧，但在现在这个新的格局里，要应对父母们的“失能”，也就是年长者失去在这个社会结构里正常生活的能力的问题。

文汇报：您对玛莎·努斯鲍姆正在开拓的“老年哲学”领域是否有兴趣？可以说，儒家在这方面，在伦理学的范畴里有非常丰富的资源，是吗？

干春松：儒家思想有很大一部分是关注老年问题。所以，就如何对待老年人我们有很多的规范；但可能没有很多对于老年人的社会经济和法律地位的关注。一个急剧老龄化的社会究竟会变成什么样？就中国而言目前更为紧迫的问题是如何养老，而如何有尊严地养老可能还来不及思考。

如果你要讨论人工智能和科技所带来的后果，会发现这里面的问题多到超乎你想象。和儒家有关的我梳理过几个。我们可能比较倾向于说，家庭是儒家整个理论的出发点，但未来的家庭是什么样的？如果一个年轻人娶了一个机器人做妻子，家庭的功能也可以被分解掉，比方说生理需求由机器人负责，吃喝通过外卖或其他社会化的功能来解决。那么家庭关系最核心的一点，也可能是通过委托的方式产生的——他可能会面临不知道自己妈妈是谁这样的问题。

如果是这样，社会结构会发生巨大的变化，所以我不认为在现有的儒家经典里有能处理这类问题的资源。儒学史是在考虑过去是怎样的，但如果谈未来，可能真是需要一个全新的、“开脑洞”的思考。

文汇：老年人如何有尊严地生活，是一个哲学问题吗？

干春松：其实哲学也是喜欢年轻人的。儒家是有很多关于怎么生怎么死的讨论，比如慎终追远等。我认为这是社会保障制度的伦理化的一个方式。如果我们把儒家的理念社会学化，其实它的核心问题就是让老年人在这个家族的制度里得到更好的保护。

在古代，老年人总是家里地位比较高的成员，倒不太担心尊严的问题。儒家最核心的问题之一，是不仅让老人有尊严地活着，并且死了以后有人去祭奠他们，怀念他们，让他们的精神有一个延续。

我觉得比较有意思的是，我的老家浙江这一带有很多地方又兴起编家谱的热潮。我有位朋友，他在编家谱之前已经开始给全村的老年人发红包，而有了家谱编纂这件事以后，他会更有责任地考虑扩大善举的范围，比如考虑道路的维修、村里一些公共设施的维护……他会想更多的事。这样编家谱成为加强村落共同体的凝聚力的重要动力。我监制过一些家谱，发现一个村子里几个姓氏会一起编，对这种以村为单位的家谱编纂，不能视之为宗族观念的简单恢复，而应该看作是家族伦理和新的社会组织之间的新的联结方式，是地方秩序的新形态。

现在有些地方提出“新乡贤”的观念，让在外面比较成功的人来回馈自己生活过的村庄、镇乃至县市。这些现象可以回答许多人经常问的问题，即在现代社会儒家还有存在的空间吗？如果你看看这些自发的秩序——城市里可能不太明显，在农村还是很明显的，儒家观念还一直在以各种各样的方式发挥作用。

文汇：您谈到过像养老问题，儒家价值的存在其实起到很重要的社会功能。

干春松：按照中国目前的经济发展水平，是不可能完全由政府来承担养老的。但中国社会并没有出现老年人流离失所的情况，就是因为我们有一个习惯——我称之为儒家的价值观内化到普通老百姓的生活方式和思维方式里——大部分百姓还是认为赡养自己的父母是天经地义的。

我曾经给民政部提过一个报告，关于孝道对中国养老的重要意义，但是很多人批评我的观点。前两天还有朋友批评我说，提倡孝道会导致政府有意忽略自己在养老上的责任。我说我们应该分两方面来思考这个问题。一方面，的确应该呼吁政府给老年人提供更好的社会保障，但要做好养老这个事情无论是政府还是社会，都需要比较长的时间，那么在改善之前你能干什么呢？如果你想要让那些失能的老年人愉快地度过晚年——姑且不论养老不仅仅是让他们吃饱，还有情感上的慰藉，在这方面孩子的作用是无可替代的。《论语》里就讲："今之孝者，是谓能养。至于犬马，皆能有养；不敬，何以别乎？"如果只是吃饱穿暖，和喂一匹马或者喂一条狗有什么区别？所以孝道意味着强调感情上的付出，让长辈最大程度地避免孤独。这其实就是"孝敬"里的"敬"。

文汇报：您的《儒学小史》是以公共课讲义为基础写成的，您提到在这些年的讲授过程中似乎是理工科学生围着追问的更多。有没有让您印象深刻的问题？

干春松：我印象特别深的是一位数学系的学生。他修了儒学的课，想写一篇论文，选择的题材居然是孔庙的祭祀活动和民国政治之间的关系。我特别诧异。他关心的问题是在那时候的处境下，孔庙是哪些人在祭祀，祭祀的方式如何。我问他为什么会对这样的题材有兴趣？他说他想要搞清楚这样的一个价值观怎么就突然没有了。一般我们讨论的时候是讲新文化运动对儒家地位的冲击比较多，而他是从一个具体的制度设计的变迁，来看它的变化，我就觉得角度很别致。

我想儒学对他产生吸引可能是因为差异性，他平时都是在思考一些特别抽象的问题，但是回去以后需要面对爷爷奶奶等特别具体的一些处境。所以我想，儒家对年轻人最初的吸引力可能还不是经典，而是它可以回应一些生活上的感触。因为《儒学小史》这个书只是我课程上一半的内容，还有一半的内容是讲儒家怎样影响古代中国人的生活的，虽然说的是古代中国人的生活，其实每样事都和我们现在有关，所以他会觉得这一套东西没有走远，或者甚至根本就没走。

文汇：您说年轻人还不是从经典而是从日用里接触到儒家价值的。儒家的价值观像“中道”“礼让”这些德目，您觉得对今天的年轻人有吸引力吗？还是说今天的孩子大体上比较个人主义？

干春松：对我来说也是一个矛盾。因为从我自己来说，我还是希望他们有个人的意识、权利的意识，但是从思考问题的方式上，许多传统的价值观念依然在发挥着作用。那么，你说现在中国人的思维模式是因为受到儒家经典的影响吗？其实也不是。我可以有把握地说，95%的人没有认真读过哪怕一部儒家的经典。但很多人批评中国的时候还是会说：啊，这个是受到儒家的影响。许多人倾向于认为，中国人思维方式中坏的方面是受到儒家的影响，社会的许多丑恶现象都源自儒家的观念。这些想法从近代，一直延续到现在。

我们需要改变对儒家价值的讨论方式，在思维方式上倾向于中道，很难说是好是坏。今天文化之间的互相影响已经如此之大，但似乎一些基本的模式并没有发生变化——每个文化体都有一套自己的处理人与人、人与自然的关系的基本模型，这个模型不太会变的。所以，强调“中道”“礼让”的倾向，并没有因为市场经济机制的建立而被否定。我觉得鲁迅有句话最说明问题：“中国人的性情是总喜欢调和折中的，譬如你说，这屋子太暗，须在这里开一个窗，大家一定不允许的。但如果你主张拆掉屋顶他们就来调和，愿意开窗了。”即便他的出发点是批评，但我们可以反过来看到协调各种关系的方式更容易为大家所接受。

我最近参加过国务院参事室举办的一个课题意见征询会，主题是关于“一带一路”的文化风险。会上有人说，中国人倡导的方案出发点是基于共赢的原则，但这样的原则在国际上不是那么容易被人理解。反过来，我们在理解别的国家的做法的时候，也会有误解。这归根到底还是文化问题。也就是说，文化间相互理解的基础是以大家都能理解的方式来讲述自己的原则，并且要符合逻辑、符合常识，让人家知道这不是刻意宣传。文化传播也一样，对于儒家，中国人自己都存在着如此多的误解，要让别的国家的人有准确的认识，也需要长时间的努力，文化走出去一定要讲究方式方法。

文汇：儒学历史上有哪些比较大的危机，和现代以来的危机相比有何不同？

干春松：儒学史就是一个儒学的危机史。先秦的儒学史就是儒家和其他百家之间的争论——注意不是百家之间的互相争论，而是其他各家对儒家的质疑。你会看到儒家一直不回避争论，所以孟子说“予岂好辩哉”，他们都打上门了，所以我必须跟他们辩论。正是因为有这么多的挑战者，有这么多要和儒家争鸣的人，儒家的思想丰富起来。孟子和荀子很大程度上丰富了孔子的思想。

到了汉代，儒家不再像以前那样是完全处于争辩中的学说了，因为遇到的局面不一样了。大一统的国家出现了，需要一个统一的思想，而儒家恰好被选择为和整个社会相配合的思想。而一旦被选定以后，就产生了所谓经学的体系。经学的优点是让儒家有一些最为牢靠的基础文本，但变成经学就不太能够被质疑了，在知识再生产的方式上就会受到封闭，这就是它的危机。

魏晋时期，受到佛教传入的刺激，儒家被重新带进争议的状态。到了宋明也是，佛教在文化上的影响太大了。儒家认为我们需要有一套我们自己的论述，又能维护整个社会的秩序，又能解决人的内心需求，这就是宋明理学要做的工作。佛教总是讲出家，这种解脱方式与儒家强调社会生活的基本理念存在着观念上的冲突，因为一些人出家以后不再负担家庭的责任；一些庙宇往往又特别有钱，影响到国家经济格局。宋明理学的不断丰富和完善很大程度上就是要应对佛教传入给儒家带来的危机。

那么到了近代呢？我想以前那些冲击，不管是佛教也好，道教也好，它们的姿态都是放得比较低的。它们在宣传自己思想的时候，常常强调跟儒家不矛盾，甚至强调三教合流——“儒家治世、道家治身、佛家治心”，每家都有不同的功能，世俗世界还是归儒家来管理运作。但是近代西方文化的这个冲击，就是宣称儒家价值观不能应对社会的变革，儒家治理社会的方式也行不通了。近代以来的文化和西方现代性扩张过程中的殖民特性有关，对儒家造成了根本上的冲击。

这也造成了人们对儒学的质疑——这个世界根本就变了，你那套思想还有什么用？以前的危机只是说我能补充你，而现在的危机是那个锅都要端了。杨庆堃先生有一个比喻，说儒家是弥散性的。它是弥散在社会里的价值，而不是像西方那样教会和世俗分开。所以，儒家如果受到冲击，往往牵一发而动全身。西方的政教分离，新的现代性的结构不会完全摧毁教会的力量。教会还在，只是影响范围没以前大而已。但儒家是在这个社会的结构里，就拔不出来，没法从原来的制度里抽离出来，独立存在。这是目前遇到的一个最大的困难，要梳理这个困难，理智上很复杂，实际上更复杂。近代很多人都在思考这个问题，许多尝试都失败了，目前并没有一种大家都接受的方式。

文汇：您是什么时候开始“信仰”儒家的，或者愿意接受别人说您属于新儒家这个群体，因为从您的经历来说，年轻时候应该也有很多其他的思想学说很有吸引力？

干春松：这跟我思考问题的习惯有关。我觉得思想界有很多讨论是脱离中国历史文化的前提在谈中国的未来，很多时候是有意切断了和过去的关系。很长一段时间，尤其是我上学的20世纪八九十年代，基本上没人关心儒家。其实要到21世纪初，儒学才逐渐在思想版图里成为很重要的一块。从前大家思考问题时都觉得五四的那些结论已经是定论了，这一步已经不需要再反思。

但我认为，不懂儒学，何以谈中国呢？如果你不了解自己的过去，你怎么来谈未来呢？他们提出的那些方案很多是没有什么说服力的，像有些学者觉得法国那个激进的方案不好，苏格兰启蒙的方案好、英国的光荣革命的方案好，但就老是不说中国本身。他们始终在外面找，不往自己内在的资源里面找。内外失调，这难以真正形成解决中国问题的有效方案。

这也是我最初的一个动机，我研究儒学，还是希望让大家来了解儒学到底是什么样的，它在传统社会里是以怎么样的方式发挥作用，它是否可以简单地被描述成是只为帝王将相出主意的。另外对我来说，也是学一行爱一行，研究儒学的时间越长，对儒学的重要性的体会就越深。我希望能提供给大家更多的角度。其实儒学有很复杂的面向，它有反抗性的因素，有配合性的因素，有和制度相协调的部分，也有和传统制度对立的部分。如果你在为中国的发展进行一种全方位的思考，那么这个几千年的传统是不能忽视的。

文汇：您还和孟彦弘老师合编《王国维学术经典集》，您自己的散文集用王国维诗句“偶开天眼觑红尘”为题。您对王国维的关注是不是也和对中国的现代化转型的关注有关？

干春松：有特别密切的关系，我现在还在研究王国维，最近正在为王学典老师主编的《文史哲》写一篇王国维阐释学方法的文章。王国维身上有很多的元素都可以回应你前面说的问题。他是一个矛盾体，他做的学问在当时都特别新。早期是哲学阶段，对他影响最大的是康德、叔本华、尼采。中期是文学，写《红楼梦评论》，也是在哲学的影响下写成的。最后变成历史的阶段，他开始研究甲骨和其他出土文献。而他这个人又特别“旧”，辫子也不愿剪掉，在清华国学院的时候还经常去天津给溥仪讲课，完成他“南书房行走”的职责。

他是试图提出一套新的解释方式、思想展开方式。最典型的是他写过《论性》《释理》《原命》。性和理是中国传统哲学里特别重要的概念。他讨论人性的时候，说传统的性善性恶的讨论根本没到哲学的层次，只是一些经验上的讨论，因为如果你要讨论人性的问题，就应该把本体和现象分开，这就特别受康德思考方式的影响。王国维的哲学尝试以放弃为结束：“可爱者不可信，可信者不可爱。”他虽然放弃了，但是他的问题没有消失。然而到目前为止，也没有太多人特别认真地琢磨他要提出的问题是什么，他反对性善性恶的争论，所要揭示的方法论原则是什么？

如果要思考儒家的命运，王国维也是个特别好的例子。是什么让他对于南书房行走这样一个位置那么重视？他的思想如此之新，他的行为如此之旧。这之间是一个什么样的关系？他是我一直在琢磨的一个人。还有一位是梁漱溟的父亲。他们的自杀其实是特别值得我们思考的——到底传统的价值和现代的因素在他们身上一度是怎么样有机地结合在一起？又是什么最终让他们愿意以了结自己生命的方式来屈服于这种冲突？

很多做儒学的人身上，可能都有王国维一样的问题和冲突，只是他们才气没有那么高，性格也没有这么敏感。儒学作为一个这么巨大的思想的资源，到底在未来应该有一个什么样的位置？它跟我自己的研究和我自己的生活的态度之间，到底是什么关系？我觉得很多做儒学的人其实也不能讲得很清楚。这是我一直关注王国维的一个原因。

文汇：将来会像写康有为那样写一本王国维的书吗？

干春松：会。其实我刚刚完成一本关于梁漱溟的书《伦理与秩序》，已经由商务印书馆出版。梁漱溟要做乡村建设，一度特别看好土改和大工业，也就是国营工业的方式。于是他想解释这些社会形态是如何与中国的传统思想相协调的。如果说康有为是试图给儒家提供各种方案的人，那么在梁漱溟这里，他一度不认为中国能走上现代化的道路，但后来又试图解释现实中的中国道路和儒家道路之间的关系。康有为和梁漱溟都有很强的政治关切，而王国维更多是关注观念性的问题。他有很强烈的精神冲突。在某种程度上，精神上的冲突比现实上的冲突更难写。我现在还没有把握能把这种冲突用一种有高度的、不辱没他的才情的方式写出来。

文汇：您觉得在儒学研究领域，什么是原创性的哲学研究？

干春松：我们以前比较多的是写史，或者儒家文献的整理。我自己这些年在考虑儒家王道政治和世界秩序的问题，最近在阐发像“感”和“让”这样一些概念。“感”是讲儒家是怎么来论述人与人之间，比方说咱俩之间能够达成互相理解，这个机制是什么。我想这还是比较有原创性的工作，和以前看到的关注“史”的写法是不太一样的。

儒家坚信其价值观是人之常情，大家都能接受，那其内在机理是什么呢？这需要从心理机制进行探索，这是某种意义上的“人类理解论”。这个问题很大程度上受休谟的问题意识的影响，他的《人类理解研究》(1748)就是要给新世界的人们建立共识提供基础，我现在也是在琢磨这方面的问题，即儒家在何种程度上还可以成为人们的“共识”。

如果能讲清楚“感”的机制，你就能够理解儒家为什么会形成这样一套天下理论。这其实和刚才说的中西之间的理解困境有关，为什么我们现在提倡的许多观念不被人接受，是因为我们老在说历史，谈现象，如果你谈机制，可能就比较容易让人理解。我们需要提炼出立足于儒家的人类理解论。